ŒUVRES COMPLÈTES

DE

P. CORNEILLE

THÉATRE

II

PARIS. — IMPRIMERIE DE J. CLAYE
RUE SAINT-BENOIT, 7

# ŒUVRES COMPLÈTES

DE

# P. CORNEILLE

NOUVELLE ÉDITION, REVUE ET ANNOTÉE

PAR

M. J. TASCHEREAU

TOME II

PARIS

Chez P. Jannet, Libraire

—

MDCCCLVII

# MÉDÉE[1]

TRAGÉDIE

— 1635 —

1. *Médée*, représentée en 1635, ne fut imprimée que quatre ans après. L'édition originale (à Paris, chez François Targa, 1639, in-4°), fut mise sous presse en vertu d'un privilége du 11 février et achevée d'imprimer le 16 mars suivant. Entre la représentation de cette tragédie, fort bien accueillie par les spectateurs, et sa publication, Corneille était devenu l'auteur du *Cid*, et ce nouvel et immense succès lui avait donné le droit d'être difficile avec tous et le devoir surtout de l'être avec lui-même. Aussi ne se montre-t-il pas aveugle sur les défauts de son œuvre dans l'Épître dédicatoire adressée à un anonyme, que nous n'avons pas su découvrir sous ses initiales.

## A MONSIEUR P. T. N. G.

Monsieur,

Je vous donne *Médée* toute méchante qu'elle eſt, et ne vous diray rien pour ſa juſtification. Je vous la donne pour telle que vous la voudrez prendre, ſans taſcher à prévenir ou violenter vos ſentimens par un étalage des préceptes de l'art, qui doivent eſtre fort mal entendus et fort mal pratiqués quand ils ne nous font pas arriver au but que l'art ſe propoſe. Celuy de la poëſie dramatique eſt de plaire, et les régles qu'elle nous preſcrit ne ſont que des adreſſes pour en faciliter les moyens au poëte, et non pas des raiſons qui puiſſent perſuader aux ſpectateurs qu'une choſe ſoit agréable quand elle leur déplaiſt. Icy vous trouverez le crime en ſon char de triomphe, et peu de perſonnages ſur la ſcéne dont les mœurs ne ſoyent plus mauvaiſes que bonnes; mais la peinture et la poéſie ont cela de commun entre beaucoup d'autres choſes, que l'une fait ſouvent de beaux portraits d'une femme laide, et l'autre de belles imitations d'une action qu'il ne faut pas imiter. Dans la portraiture, il n'eſt pas queſtion ſi un viſage eſt beau, mais s'il reſſemble; et dans la poéſie, il ne faut pas conſidérer ſi les mœurs ſont vertueuſes, mais ſi elles ſont pareilles à celles de la perſonne qu'elle introduit. Auſſi nous décrit-elle indifféremment les bonnes et les mauvaiſes actions, ſans nous propoſer les derniéres pour exemple; et, ſi elle nous en veut faire quelque horreur, ce n'eſt point par leur punition, qu'elle n'affecte pas de nous faire voir, mais par leur laideur, qu'elle s'efforce de nous repréſenter au naturel. Il n'eſt pas beſoin d'avertir icy le public que celles de cette tragédie ne sont pas à imiter : elles paroiſſent aſſez à découvert pour n'en faire envie à perſonne. Je n'examine point ſi elles ſont vray-ſemblables ou non; cette difficulté, qui est la plus délicate de la poésie, et peut-être la moins entendue, demanderoit un discours trop long pour une épiſtre : il me suffit qu'elles ſont authoriſées ou par la vérité de l'histoire, ou par l'opinion commune des anciens. Elles vous ont agréé autrefois ſur le théatre; j'espère qu'elles vous ſatisferont encore aucunement[1] sur le papier; et demeure,

  Monſieur,

    Voſtre très-humble ſerviteur,

      CORNEILLE.

---

1. Quand on se servait d'*aucuns* pour dire *quelques uns*, on disait aussi *aucunement* pour *quelque peu*.

## ACTEURS.

CRÉON, roi de Corinthe.
ÆGÉE, roi d'Athénes.
JASON, mary de Médée.
POLLUX, argonaute, amy de Jaſon.
CRÉUSE, fille de Créon.
MÉDÉE, femme de Jaſon.
CLÉONE, gouvernante de Créüſe.
NÉRINE, ſuivante de Médée.
THEUDAS, domestique de Créon.
TROUPE des gardes de Créon.

*La ſcéne eſt à Corinthe.*

# MÉDÉE

TRAGÉDIE

—

## ACTE PREMIER

### SCÉNE I.

#### POLLUX, JASON.

POLLUX.

ue je sens à la fois de surprise et de joye!
Se peut-il qu'en ces lieux enfin je vous
    revoye, [Jason?
Que Pollux dans Corinthe ait rencontré

JASON.

Vous n'y pouviez venir en meilleure saison;
Et pour vous rendre encor l'ame plus étonnée,
Préparez-vous à voir mon second hyménée.

POLLUX.

Quoy! Médée est donc morte, amy?

JASON.

                Non, elle vit;
Mais un objet plus beau la chasse de mon lit.

POLLUX.

Dieux! et que fera t'elle?

JASON.

             Et que fit Hypsipile,
Que pousser les éclats d'un couroux inutile?
Elle jetta des cris, elle versa des pleurs,
Elle me souhaita mille et mille malheurs,

Dit que j'étois sans foy, sans cœur, sans conscience;
Et, lasse de le dire, elle prit patience.
Médée en son malheur en pourra faire autant:
Qu'elle soûpire, pleure, et me nomme inconstant;
Je la quitte à regret, mais je n'ay point d'excuse
Contre un pouvoir plus fort qui me donne à Créüse.

POLLUX.

Créüse est donc l'objet qui vous vient d'enflamer?
Je l'aurois deviné sans l'entendre nommer.
Jason ne fit jamais de communes maîtresses;
Il est né seulement pour charmer les princesses,
Et haïroit l'amour, s'il avoit sous sa loy
Rangé de moindres cœurs que des filles de roy.
Hypsipile à Lemnos, sur le Phase Médée,
Et Créüse à Corinthe, autant vaut, possédée,
Font bien voir qu'en tous lieux, sans le secours de Mars,
Les sceptres sont acquis à ses moindres regards.

JASON.

Aussi je ne suis pas de ces amans vulgaires;
J'accommode ma flame au bien de mes affaires:
Et, sous quelque climat que me jette le sort,
Par maxime d'État je me fais cet effort.
Nous voulant à Lemnos rafraîschir dans la ville,
Qu'eussions nous fait, Pollux, sans l'amour d'Hypsipile?
Et depuis, à Colchos, que fit vostre Jason,
Que cajoler Médée, et gagner la Toison?
Alors, sans mon amour, qu'eust fait vostre vaillance?
Eust-elle du dragon trompé la vigilance?
Ce peuple que la terre enfantoit tout armé,
Qui de vous l'eust défait, si Jason n'eust aimé?
Maintenant qu'un exil m'interdit ma patrie,
Créüse est le sujet de mon idolatrie;
Et j'ay trouvé l'adresse, en luy faisant la cour,
De relever mon sort sur les aisles d'amour.

POLLUX.

Que parlez-vous d'exil? la haine de Pélie...

JASON.

Me fait, tout mort qu'il est, fuir de sa Thessalie.

POLLUX.

Il est mort!

## Acte I.

**Jason.**

Écoutez, et vous fçaurez comment
Son trépas feul m'oblige à cét éloignement.
Après fix ans paffez, depuis noftre voyage,
Dans les plus grands plaifirs qu'on goufte au mariage,
Mon père, tout caduc, émouvant ma pitié,
Je conjuray Médée au nom de l'amitié...

**Pollux.**

J'ay fceu comme fon art, forçant les deftinées,
Luy rendit la vigueur de fes jeunes années;
Ce fut, s'il m'en fouvient, icy que je l'appris;
D'où foudain un voyage en Afie entrepris
Fait que, nos deux féjours divifez par Neptune,
Je n'ay point fceu depuis quelle eft voftre fortune;
Je n'en fais qu'arriver.

**Jason.**

Apprenez donc de moy
Le fujet qui m'oblige à luy manquer de foy.
Malgré l'averfion d'entre nos deux familles,
De mon tyran Pélie elle gagne les filles,
Et leur feint de ma part tant d'outrages receus,
Que ces foibles efprits font aifément déceus.
Elle fait amitié, leur promet des merveilles,
Du pouvoir de fon art leur remplit les oreilles;
Et, pour mieux leur montrer comme il eft infiny,
Leur étale fur tout mon pére rajeuny.
Pour épreuve elle égorge un bélier à leurs veuës,
Le plonge en un bain d'eaux et d'herbes inconnuës,
Luy forme un nouveau fang avec cette liqueur,
Et luy rend d'un agneau la taille et la vigueur.
Les fœurs crient miracle, et chacune ravie
Conçoit pour fon vieux pére une pareille envie,
Veut un effet pareil, le demande, et l'obtient;
Mais chacune a fon but. Cependant la nuit vient;
Médée, après le coup d'une fi belle amorce,
Prépare de l'eau pure et des herbes fans force,
Redouble le fommeil des gardes et du roy:
La fuite au feul récit me fait trembler d'effroy.
A force de pitié ces filles inhumaines
De leur pére endormy vont épuifer les veines;

Leur tendreſſe crédule, à grands coups de couteau,
Prodigue ce vieux ſang, et fait place au nouveau;
Le coup le plus mortel s'impute à grand ſervice;
On nomme piété ce cruël ſacrifice;
Et l'amour paternel qui fait agir leurs bras
Croiroit commettre un crime à n'en commettre pas.
Médée eſt éloquente à leur donner courage :
Chacune touteſfois tourne ailleurs ſon viſage;
Une ſecrete horreur condamne leur deſſein,
Et refuſe leurs yeux à conduire leur main.

POLLUX.

A me repréſenter ce tragique ſpectacle,
Qui fait un parricide, et promet un miracle,
J'ay de l'horreur moy-meſme, et ne puis concevoir
Qu'un eſprit juſque là ſe laiſſe décevoir.

JASON.

Ainſi mon pére Æson recouvra ſa jeuneſſe;
Mais oyez le ſurplus. Ce grand courage ceſſe;
L'épouvante les prend : Médée en raille, et fuit.
Le jour découvre à tous les crimes de la nuit;
Et, pour vous épargner un discours inutile,
Acaste, nouveau roy, fait mutiner la ville,
Nomme Jaſon l'autheur de cette trahiſon,
Et, pour venger ſon pére, aſſiége ma maiſon.
Mais j'étois déja loin auſſi-bien que Médée,
Et ma famille enfin à Corinthe abordée,
Nous ſaluöns Créon, dont la bénignité
Nous promet contre Acaste un lieu de ſeureté.
Que vous diray-je plus? mon bon-heur ordinaire
M'acquiert les volontez de la fille et du pére;
Si bien que de tous deux également chéry,
L'un me veut pour ſon gendre, et l'autre pour mary,
D'un rival couronné les grandeurs ſouveraines,
La majeſté d'Ægée et le ſcéptre d'Athènes
N'ont rien, à leur avis, de comparable à moy,
Et, banny que je ſuis, je leur ſuis plus qu'un roy.
Je voy trop ce bonheur, mais je le diſſimule,
Et bien que pour Créuſe un pareil feu me brûle,
Du devoir conjugal je combats mon amour,
Et je ne l'entretiens que pour faire ma cour.

Acaste cependant menace d'une guerre
Qui doit perdre Créon et dépeupler fa terre;
Puis changeant tout à coup fes réfolutions,
Il propofe la paix fous des conditions.
Il demande d'abord et Jafon et Médée :
On luy refufe l'un, et l'autre eft accordée :
Je l'empefche, on débat, et je fais tellement
Qu'enfin il fe réduit à fon banniffement.
De nouveau je l'empefche, et Créon me refufe;
Et, pour m'en confoler, il m'offre fa Créüfe.
Qu'euffay-je fait, Pollux, en cette extrémité
Qui commettoit ma vie avec ma loyauté?
Car, fans doute, à quitter l'utile pour l'honnefte,
La paix alloit fe faire aux dépens de ma tefte;
Le mépris infolent des offres d'un grand roy
Aux mains d'un ennemy livroit Médée et moy.
Je l'euffe fait pourtant, si je n'euffe efté père :
L'amour de mes enfans m'a fait l'ame légére;
Ma perte eftoit la leur, et cet hymen nouveau
Avec Médée et moy les tire du tombeau :
Eux feuls m'ont fait réfoudre, et la paix s'eft concluë.
### POLLUX.
Bien que de tous coftez l'affaire réfoluë
Ne laiffe aucune place aux confeils d'un amy,
Je ne puis touteffois l'approuver qu'à demy.
Sur quoy que vous fondiez un traitement fi rude,
C'eft montrer pour Médée un peu d'ingratitude;
Ce qu'elle a fait pour vous eft mal récompenfé.
Il faut craindre, après tout, fon courage offenfé;
Vous fçavez mieux que moy ce que peuvent fes char-
### JASON. [mes.
Ce font à la fureur d'épouvantables armes;
Mais fon banniffement nous en va garantir.
### POLLUX.
Gardez d'avoir fujet de vous en repentir.
### JASON.
Quoy qu'il puiffe arriver, amy, c'eft chofe faite.
### POLLUX.
La termine le ciel comme je le fouhaite!
Permettez cependant qu'afin de m'acquitter,

J'aille trouver le roy pour l'en féliciter.
### JASON.
Je vous y conduirois, mais j'attends ma princesse,
Qui va sortir du temple.
### POLLUX.
Adieu : l'amour vous presse,
Et je serois marry qu'un soin officieux
Vous fist perdre pour moi des temps si précieux.

## SCÈNE II.
### JASON.

Depuis que mon esprit est capable de flame,
Jamais un trouble égal n'a confondu mon
[ame.
Mon cœur, qui se partage en deux affections,
Se laisse déchirer à mille passions.
Je doy tout à Médée, et je ne puis sans honte
Et d'elle et de ma foy tenir si peu de conte ;
Je doy tout à Créon, et d'un si puissant roy
Je fais un ennemy, si je garde ma foy ;
Je regrette Médée, et j'adore Créüse ;
Je voy mon crime en l'une, en l'autre mon excuse ;
Et dessus mon regret mes desirs triomphans
Ont encor le secours du soin de mes enfans.
Mais la princesse vient ; l'éclat d'un tel visage
Du plus constant du monde attireroit l'hommage,
Et semble reprocher à ma fidélité
D'avoir osé tenir contre tant de beauté.

## SCÉNE III.
### JASON, CRÉUSE, CLÉONE.
### JASON.

Que vostre zéle est long, et que d'impatience
Il donne à vostre amant, qui meurt en vostre
### CRÉUSE. [absence !
Je n'ay pas fait pourtant au ciel beaucoup de
Ayant Jason à moy ; j'ay tout ce que je veux. [vœux ;

### JASON.

Et moy, puis-je espérer l'effet d'une priére
Que ma flame tiendroit à faveur singuliére?
Au nom de noſtre amour, ſauvez deux jeunes fruits
Que d'un premier hymen la couche m'a produits;
Employez-vous pour eux, faites auprès d'un pére
Qu'ils ne ſoient point compris en l'exil de leur mére.
C'eſt luy ſeul qui bannit ces petits malheureux,
Puisque dans les traitez il n'eſt point parlé d'eux.

### CRÉUSE.

J'avois déja parlé de leur tendre innocence,
Et vous y ſerviray de toute ma puiſſance,
Pourveu qu'à voſtre tour vous m'accordiez un point
Que jusques à tantoſt je ne vous diray point.

### JASON.

Dites, et, quel qu'il ſoit, que ma reine en diſpoſe.

### CRÉUSE.

Si je puis ſur mon pére obtenir quelque choſe,
Vous le ſçaurez après; je ne veux rien pour rien.

### CLÉONE.

Vous pourrez au palais ſuivre cét entretien.
On ouvre chez Médée, ostez-vous de ſa veuë;
Vos préſences rendroient ſa douleur plus émeuë,
Et vous feriez marris que cét esprit jaloux
Meſlaſt ſon amertume à des plaiſirs ſi doux.

## SCÉNE IV.

### MÉDÉE.

Souverains protecteurs des lois de l'hyménée,
Dieux garands de la foy que Jaſon m'a don-
née, [ardeur
Vous qu'il prit à témoins d'une immortelle
Quand par un faux ferment il vainquit ma pudeur,
Voyez de quel mépris vous traite ſon parjure,
Et m'aidez à venger cette commune injure :
S'il me peut aujourd'huy chaſſer impunément,
Vous étes ſans pouvoir ou ſans reſſentiment.
  Et vous, troupe ſçavante en noires barbaries,

Filles de l'Achéron, pestes, larves, furies,
Fiéres fœurs, fi jamais noftre commerce étroit
Sur vous et vos fermens me donna quelque droit,
Sortez de vos cachots avec les mefmes flames
Et les mefmes tourmens dont vous gefnez les ames;
Laiffez-les quelque temps repofer dans leurs fers;
Pour mieux agir pour moy faites trefve aux enfers;
Apportez-moy du fond des antres de Mégére
La mort de ma rivale et celle de fon pére;
Et, fi vous ne voulez mal fervir mon courroux,
Quelque chofe de pis pour mon perfide époux;
Qu'il coure vagabond de province en province,
Qu'il faffe lafchement la cour à chaque prince;
Banny de tous coftez, fans bien et fans appuy,
Accablé de frayeur, de mifére, d'ennuy,
Qu'à fes plus grands malheurs aucun ne compatiffe;
Qu'il ait regret à moy pour fon dernier fupplice :
Et que mon fouvenir jusques dans le tombeau
Attache à fon esprit un éternel bourreau.
Jafon me répudie! et qui l'auroit pû croire?
S'il a manqué d'amour, manque-t'il de mémoire?
Me peut-il bien quitter après tant de bien-faits?
M'ofe-t'il bien quitter après tant de forfaits?
Sçachant ce que je puis, ayant veu ce que j'ofe,
Croit-il que m'offenfer ce foit fi peu de chofe?
Quoy! mon pére traby, les élémens forcez,
D'un frére dans la mer les membres disperfez,
Luy font-ils préfumer mon audace épuifée?
Luy font-ils préfumer qu'à mon tour méprifée,
Ma rage contre luy n'ait par où s'affouvir,
Et que tout mon pouvoir fe borne à le fervir?
Tu t'abufes, Jafon: je fuis encor moy-mefme.
Tout ce qu'en ta faveur fit mon amour extrème,
Je le feray par haine, et je veux pour le moins
Qu'un forfait nous fépare ainfi qu'il nous a joints;
Que mon fanglant divorce, en meurtres, en carnage,
S'égale aux prémiers jours de noftre mariage,
Et que noftre union, que rompt ton changement,
Trouve une fin pareille à fon commencement.
Déchifer par morceaux l'enfant aux yeux du pére

N'eſt que le moindre effet qui ſuivra ma colére;
Des crimes ſi légers furent mes coups d'eſſay :
Il faut bien autrement montrer ce que je ſçay;
Il faut faire un chef-d'œuvre, et qu'un dernier ouvrage
Surpaſſe de bien loin ce foible apprentiſſage.
 Mais, pour exécuter tout ce que j'entreprens,
Quels dieux me fourniront des ſecours aſſez grands?
Ce n'eſt plus vous, enfers, qu'icy je ſollicite;
Vos feux ſont impuiſſans pour ce que je médite.
Autheur de ma naiſſance, auſſi-bien que du jour
Qu'à regret tu départs à ce fatal ſéjour,
Soleil, qui vois l'affront qu'on va faire à ta race,
Donne-moy tes chevaux à conduire en ta place :
Accorde cette grace à mon deſir bouillant.
Je veux choir ſur Corinthe avec ton char bruſlant.
Mais ne crains pas de cheute à l'univers funeſte;
Corinthe conſumé garantira le reste;
De mon juſte couroux les implacables vœux
Dans ſes odieux murs arréteront tes feux;
Créon en eſt le prince, et prend Jaſon pour gendre :
C'eſt aſſez mériter d'eſtre réduit en cendre,
D'y voir réduit tout l'iſthme, afin de l'en punir,
Et qu'il n'empeſche plus les deux mers de s'unir.

## SCÉNE V.

### MÉDÉE, NÉRINE.

#### MÉDÉE.

Et bien, Nérine, à quand, à quand cét hyménée?
En ont-ils choiſi l'heure? en ſçais-tu la journée?
N'en as-tu rien appris? n'as-tu point vu Jaſon?
N'appréhende-t'il rien après sa trahiſon?
Croit-il qu'en cét affront je m'amuſe à me plaindre?
S'il ceſſe de m'aimer, qu'il commence à me craindre;
Il verra, le perfide, à quel comble d'horreur
De mes reſſentimens peut monter la fureur.

#### NÉRINE.
Modérez les bouillons de cette violence;

Et laiffez déguifer vos douleurs au filence.
Quoy! Madame, eft-ce ainfi qu'il faut diffimuler?
Et faut-il perdre ainfi des menaces en l'air?
Les plus ardents transports d'une haine connuë
Ne font qu'autant d'éclairs avortez dans la nuë,
Qu'autant d'avis à ceux que vous voulez punir,
Pour repouffer vos coups, ou pour les prévenir.
Qui peut fans s'émouvoir fupporter une offenfe
Peut mieux prendre à fon point le temps de fa vengeance,
Et la feinte douceur, fous un appas mortel,
Méne infenfiblement fa victime à l'autel.

### MÉDÉE.

Tu veux que je me taife et que je diffimule!
Nérine, porte ailleurs ce confeil ridicule;
L'ame en eft incapable en des moindres malheurs,
Et n'a point où cacher de pareilles douleurs.
Jafon ma fait trahir mon païs et mon pére,
Et me laiffe, au milieu d'une terre étrangére,
Sans fupport, fans amis, fans retraite, fans bien,
La fable de fon peuple, et la haine du mien;
Nérine, aprés cela, tu veux que je me taife!
Ne doy-je point encor en témoigner de l'aife,
De ce royal hymen fouhaiter l'heureux jour,
Et forcer tous mes foins à fervir fon amour?

### NÉRINE.

Madame, penfez mieux à l'éclat que vous faites;
Quelque jufte qu'il foit, regardez où vous étes.
Confidérez qu'à peine un efprit plus remis
Vous tient en feureté parmy vos ennemis.

### MÉDÉE.

L'ame doit fe roidir plus elle eft menacée,
Et contre la fortune aller tefte baiffée,
La choquer hardiment, et, fans craindre la mort,
Se préfenter de front à fon plus rude effort.
Cette lafche ennemie a peur des grands courages,
Et fur ceux qu'elle abat redouble fes outrages.

### NÉRINE.

Que fert ce grand courage où l'on eft fans pouvoir?

### MÉDÉE.

Il trouve toûjours lieu de fe faire valoir.

### NÉRINE.
Forcez l'aveuglement dont vous étes féduite,
Pour voir en quel état le fort vous a réduite.
Voftre païs vous hait, voftre époux eft fans foy :
Dans un fi grand revers que vous reste-t-il?
### MÉDÉE.
Moy,
Moy, dy-je, et c'eft affez.
### NÉRINE.
Quoy! vous feule, Madame?
### MÉDÉE.
Ouy! tu vois en moy feule et le fer, et la flame,
Et la terre, et la mer, et l'enfer, et les cieux,
Et le fceptre des rois, et la foudre des dieux.
### NÉRINE.
L'impétüeufe ardeur d'un courage fenfible
A vos reffentimens figure tout poffible :
Mais il faut craindre un roy fort de tant de fujets.
### MÉDÉE.
Mon pére, qui l'étoit, rompit-il mes projets?
### NÉRINE.
Non; mais il fut furpris, et Créon fe défie ;
Fuyez, qu'à fes foupçons il ne vous facrifie.
### MÉDÉE.
Las! je n'ay que trop fuy; cette infidélité
D'un juste châtiment punit ma lafcheté.
Si je n'euffe point fuy pour la mort de Pélie,
Si j'euffe tenu bon dedans la Theffalie,
Il n'euft point veu Créüfe, et cét objet nouveau
N'euft point de noftre hymen étouffé le flambeau.
### NÉRINE.
Fuyez encor, de grace.
### MÉDÉE.
Oui, je fuiray, Nérine ;
Mais avant, de Créon on verra la ruïne.
Je brave la fortune; et toute fa rigueur
En m'oftant un mary, ne m'ofte pas le cœur.
Sois feulement fidelle, et, fans te mettre en peine,
Laiffe agir pleinement mon fçavoir et ma haine.

NÉRINE, *feule.*
Madame... Elle me quitte au lieu de m'écouter,
Ces violens transports la vont précipiter ;
D'une trop juste ardeur l'inéxorable envie
Luy fait abandonner le foucy de fa vie.
Tafchons encor un coup d'en divertir le cours.
Appaifer fa fureur, c'eft conferver fes jours.

*Fin du prémier acte.*

## ACTE II.

### SCÉNE PRÉMIÉRE.

#### MÉDÉE, NÉRINE.

##### NÉRINE.

Bien qu'un péril certain fuive voftre entre-
    prife,                                      [acquife;
Affeurez-vous fur moy, je vous fuis toute
Employez mon fervice aux flames, au poifon,
Je ne refufe rien; mais épargnez Jafon.
Voftre aveugle vengeance une fois affouvie,
Le regret de fa mort vous coûteroit la vie;
Et les coups violens d'un rigoureux ennui...

##### MÉDÉE.

Ceffe de m'en parler, et ne crains rien pour luy :
Ma fureur jusque-là n'oferoit me féduire;
Jafon m'a trop coûté pour le vouloir détruire;
Mon courroux luy fait grace, et ma prémiére ardeur
Soûtient fon intereft au milieu de mon cœur.
Je croy qu'il m'aime encor, et qu'il nourrit en l'ame
Quelques restes fecrets d'une fi belle flame :
Qu'il ne fait qu'obeïr aux volontez d'un roy
Qui l'arrache à Médée en dépit de fa foy.
Qu'il vive, et s'il le peut, que l'ingrat me demeure;
Sinon, ce m'eft affez que fa Créüfe meure;
Qu'il vive cependant, et joüiffe du jour
Que luy conferve encor mon immüable amour.
Créon feul et fa fille ont fait la perfidie;
Eux feuls termineront toute la tragédie :
Leur perte achévera cette fatale paix.

##### NÉRINE.

Contentez-vous, Madame; il fort de fon palais.

## SCÉNE II.

#### CRÉON, MÉDÉE, NÉRINE, Soldats.

##### CRÉON.

uoy! je te vois encor! avec quelle impudence
Peux-tu, fans t'effrayer, foûtenir ma préfence?
Ignores-tu l'arreft de ton banniffement?
Fais-tu fi peu de cas de mon commandement?
Voyez comme elle s'enfle et d'orgueil et d'audace!
Ses yeux ne font que feu; fes regards, que menace.
Gardes, empefchez-la de s'approcher de moy.
Va, purge mes États d'un tel monftre que toy,
Délivre mes fujets et moy mefme de crainte.

##### MÉDÉE.

De quoy m'accufe-t'on? quel crime, quelle plainte
Pour mon banniffement vous donne tant d'ardeur?

##### CRÉON.

Ah! l'innocence mefme, et la mefme candeur!
Médée eft un miroir de vertu fignalée;
Quelle inhumanité de l'avoir éxilée!
Barbare, as-tu fi-toft oublié tant d'horreurs?
Repaffe tes forfaits, repaffe tes erreurs,
Et de tant de païs nomme quelque contrée
Dont tes méchancetez te permettent l'entrée.
Toute la Theffalie en armes te pourfuit:
Ton pére te défefte, et l'univers te fuit;
Me doy-je en ta faveur charger de tant de haines,
Et fur mon peuple et moy faire tomber tes peines?
Va pratiquer ailleurs tes noires actions;
J'ay racheté la paix à ces conditions.

##### MÉDÉE.

Lafche paix, qu'entre vous, fans m'avoir écoutée,
Pour m'arracher mon bien vous avez complotée!
Paix dont le defhonneur vous demeure éternel!
Quiconque fans l'ouïr condamne un criminel,

Son crime eust-il cent fois mérité le supplice,
D'un juste châtiment il fait une injustice.
### CRÉON.
Au regard de Pélie, il fut bien mieux traité;
Avant que l'égorger tu l'avois écouté?
### MÉDÉE.
Ecouta-t'il Jason quand sa haine couverte
L'envoya sur nos bords se livrer à sa perte?
Car comment voulez-vous que je nomme un dessein
Au dessus de sa force et du pouvoir humain?
Apprenez quelle étoit cette illustre conqueste,
Et de combien de morts j'ai garanty sa teste.
Il falloit mettre au joug deux taureaux furieux:
Des tourbillons de feu s'élançoient de leurs yeux,
Et leur maistre Vulcain poussoit par leur haleine
Un long embrasement dessus toute la plaine;
Eux domptez, on entroit en de nouveaux hazards;
Il falloit labourer les tristes champs de Mars,
Et des dents d'un serpent ensemencer leur terre,
Dont la stérilité, fertile pour la guerre,
Produisoit à l'instant des escadrons armez
Contre la mesme main qui les avoit semez.
Mais, quoy qu'eust fait contre eux une valeur parfaite,
La toison n'étoit pas au bout de leur défaite:
Un dragon, enyvré des plus mortels poisons
Qu'enfantent les péchez de toutes les saisons,
Vomissant mille traits de sa gorge enflamée,
La gardoit beaucoup mieux que toute cette armée;
Jamais étoile, lune, aurore, ny soleil,
Ne virent abaisser sa paupiére au sommeil:
Je l'ay seule assoupy, seule j'ay par mes charmes
Mis au joug les taureaux, et défait les gensdarmes.
Si lors à mon devoir mon desir limité
Eust conservé ma gloire et ma fidélité,
Si j'eusse eu de l'horreur de tant d'énormes fautes,
Que devenoit Jason et tous vos Argonautes?
Sans moy, ce vaillant chef, que vous m'avez ravy,
Fust péry le prémier, et tous l'auroient suivy.
Je ne me repens point d'avoir, par mon adresse,
Sauvé le sang des dieux et la fleur de la Gréce;

Zéthez, et Calaïs, et Pollux, et Castor,
Et le charmant Orphée, et le fage Nestor,
Tous vos héros enfin tiennent de moy la vie;
Je vous les verray tous pofféder fans envie :
Je vous les ay fauvez, je vous les céde tous;
Je n'en veux qu'un pour moy, n'en foyez point jaloux.
Pour de fi bons effets laiffez-moy l'infidelle :
Il eft mon crime feul, fi je fuis criminelle;
Aimer cet inconstant, c'eft tout ce que j'ay fait :
Si vous me puniffez, rendez-moi mon forfait.
Eft-ce ufer comme il faut d'un pouvoir légitime,
Que me faire coupable et joüir de mon crime?
### CRÉON.
Va te plaindre à Colchos.
### MÉDÉE.
                Le retour m'y plaira.
Que Jafon m'y remette ainfi qu'il m'en tira;
Je fuis prefte à partir fons la mefme conduite
Qui de ces lieux aimez précipita ma fuite.
O d'un injuste affront les coups les plus crüels!
Vous faites différence entre deux criminels!
Vous voulez qu'on l'honore, et que de deux complices
L'un ait voftre couronne, et l'autre des fupplices!
### CRÉON.
Ceffe de plus mefler ton intéreft au fien,
Ton Jafon, pris à part, eft trop homme de bien;
Le féparant de toy, fa défence eft facile :
Jamais il n'a trahy fon pére ny fa ville;
Jamais fang innocent n'a fait rougir fes mains;
Jamais il n'a prêté fon bras à tes deffeins;
Son crime, s'il en a, c'eft de t'avoir pour femme.
Laiffe-le s'affranchir d'une honteufe flame;
Ren-luy fon innocence en t'éloignant de nous;
Porte en d'autres climats ton infolent courroux,
Tes herbes, tes poifons, ton cœur impitoyable,
Et tout ce qui jamais a fait Jafon coupable.
### MÉDÉE.
Peignez mes actions plus noires que la nuit :
Je n'en ay que la honte, il en a tout le fruit :
Ce fut en fa faveur que ma fçavante audace

## Acte II.

Immola fon tyran par les mains de fa race ;
Joignez-y mon païs et mon frére ; il fuffit
Qu'aucun de tant de maux ne va qu'à fon profit.
Mais vous le fçaviez tous quand vous m'avez reçeuë ;
Voftre fimplicité n'a point été deceuë,
En ignoriez-vous un, quand vous m'avez promis
Un rempart affeuré contre mes ennemis ?
Ma main, faignante encor du meurtre de Pélie,
Soûlevoit contre moy toute la Theffalie,
Quand voftre cœur, fenfible à la compaffion,
Malgré tous mes forfaits prit ma protection.
Si l'on me peut depuis imputer quelque crime,
C'eft trop peu que l'éxil, ma mort eft légitime ;
Sinon, à quel propos me traitez-vous ainfi ?
Je fuis coupable ailleurs, mais innocente icy.

### Créon.

Je ne veux plus icy d'une telle innocence,
Ny fouffrir en ma cour ta fatale préfence.
Va...

### Médée.

Dieux juftes... vengeurs !

### Créon.

Va, dy-je, en d'autres lieux
Par tes cris importuns folliciter les Dieux.
Laiffe-nous tes enfans : je ferois trop févére,
Si je les puniffois des crimes de leur mére,
Et, bien que je le pûffe avec jufte raifon,
Ma fille les demande en faveur de Jafon.

### Médée.

Barbare humanité, qui m'arrache à moy-mefme,
Et feint de la douceur pour m'ofter ce que j'aime !
Si Jafon et Créüfe ainfi l'ont ordonné,
Qu'ils me rendent le fang que je leur ay donné.

### Créon.

Ne me replique plus, fuy la loi qui t'eft faite ;
Prépare ton départ, et penfe à ta retraite.
Pour en délibérer et choifir le quartier,
De grace ma bonté te donne un jour entier.

### Médée.

Quelle grace !

#### Créon.
Soldats, remettez-la chez elle;
Sa contestation deviendroit éternelle.
*Médée rentre, et Créon continuë.*
Quel indomptable esprit! quel arrogant maintien
Accompagnoit l'orgueil d'un si long entretien!
A-t'elle rien fléchy de son humeur altiére?
A-t'elle pû descendre à la moindre priére,
Et le sacré respect de ma condition
En a-t'il arraché quelque submission?

## SCÉNE III.

### CRÉON, JASON, CRÉUSE, CLÉONE, soldats.

#### Créon.

Te voila sans rivale, et mon païs sans guerres,
Ma fille; c'est demain qu'elle sort de nos
    terres; [part;
Nous n'avons desormais que craindre de sa
Acaste est satisfait d'un si proche départ;
Et si tu peux calmer le courage d'Ægée,
Qui voit par nostre choix son ardeur négligée,
Fais état que demain nous asseure à jamais
Et dedans et dehors une profonde paix.

#### Créuse.
Je ne croy pas, seigneur, que ce vieux roy d'Athénes,
Voyant aux mains d'autruy le fruit de tant de peines,
Mesle tant de foiblesse à son ressentiment,
Que son prémier couroux se dissipe aisément.
J'espère touteffois qu'avec un peu d'adresse
Je pourray le résoudre à perdre une maistresse
Dont l'âge peu sortable et l'inclination
Répondoient assez mal à son affection.

#### Jason.
Il doit vous témoigner par son obéïssance
Combien sur son esprit vous avez de puissance;
Et s'il s'obstine à suivre un injuste couroux,
Nous sçaurons, ma princesse, en rabattre les coups;

Et nos préparatifs contre la Theſſalie
Ont trop de quoy punir ſa flame et ſa folie.
### Créon.
Nous n'en viendrons pas là; regarde ſeulement
A le payer d'eſtime et de remerciment.
Je voudrois, pour tout autre un peu de raillerie ;
Un vieillard amoureux mérite qu'on en rie :
Mais le troſne ſoûtient la majeſté des rois
Au deſſus du mépris, comme au deſſus des loix.
On doit toûjours respect au ſceptre, à la couronne.
Remets tout, ſi tu veux, aux ordres que je donne;
Je ſçauray l'appaiſer avec facilité,
Si tu ne te défens qu'avec civilité.

## SCÉNE IV.

### JASON, CRÉUSE, CLÉONE.

#### Jason.

Que ne vous doy-je point pour cette préférence
Où mes deſirs n'oſoient porter mon espé-
[rance!
C'est bien me témoigner un amour infiny,
De mépriſer un roy pour un pauvre banny!
A toutes ſes grandeurs préférer ma miſére!
Tourner en ma faveur les volontez d'un pére!
Garantir mes enfans d'un éxil rigoureux!
#### Créuse.
Qu'a pû faire de moindre un courage amoureux?
La fortune a montré dedans votre naiſſance
Un trait de ſon envie, ou de ſon impuiſſance;
Elle devoit un ſceptre au ſang dont vous naiſſez,
Et ſans luy vos vertus le méritoient aſſez.
L'amour, qui n'a pû voir une telle injuſtice,
Supplée à ſon defaut, ou punit ſa malice,
Et vous donne, au plus fort de vos adverſitez,
Le ſceptre que j'attens, et que vous méritez.
La gloire m'en demeure, et les races futures,
Contant noſtre hyménée entre vos avantures,

Vanteront à jamais mon amour généreux,
Qui d'un ſi grand héros rompt le ſort malheureux.
  Après tout, cependant, riez de ma foibleſſe;
Preſte de poſſéder le phénix de la Gréce,
La fleur de nos guerriers, le ſang de tant de dieux,
La robe de Médée a donné dans mes yeux;
Mon caprice, à ſon luſtre attachant mon envie,
Sans elle trouve à dire au bonheur de ma vie;
C'eſt ce qu'ont prétendu mes deſſeins relevez,
Pour le prix des enfans que je vous ay ſauvez.

JASON.

Que ce prix eſt léger pour un ſi bon office!
Il y faut touteſfois employer l'artifice :
Ma jalouſe en fureur n'eſt pas femme à ſouffrir
Que ma main l'en dépouille afin de vous l'offrir;
Des treſors dont ſon pére épuiſe la Scythie,
C'eſt tout ce qu'elle a pris quand elle en eſt ſortie.

CRÉUSE.

Qu'elle a fait un beau choix! jamais éclat pareil
Ne ſema dans la nuit les clartez du ſoleil;
Les perles avec l'or confuſement meſlées,
Mille pierres de prix ſur ſes bords étalées,
D'un mélange divin éblouïſſent les yeux;
Jamais rien d'approchant ne ſe fit en ces lieux.
Pour moy, tout auſſy-toſt que je l'en vis parée,
Je ne fis plus d'état de la toiſon dorée;
Et dûſſiez-vous vous-meſme en eſtre un peu jaloux,
J'en eus preſques envie auſſi-toſt que de vous.
Pour appaiſer Médée, et réparer ſa perte,
L'épargne de mon pére, entiérement ouverte,
Luy met à l'abandon tous les tréſors du roy,
Pourveu que cette robe et Jaſon ſoient à moy.

JASON.

N'en doutez point, ma reine, elle vous eſt acquiſe;
Je vay chercher Nérine, et par ſon entremiſe
Obtenir de Médée avec dextérité
Ce que refuſeroit ſon courage irrité.
Pour elle, vous ſçavez que j'en fuy les approches;
J'aurois peine à ſouffrir l'orgueil de ſes reproches;
Et je me connoy mal, ou, dans noſtre entretien,

Son couroux s'allumant allumeroit le mien.
Je n'ay point un esprit complaifant à fa rage
Jusques à fupporter fans replique un outrage,
Et ce feroient pour moy d'éternels déplaifirs
De reculer par là l'effet de vos defirs.
 Mais, fans plus de discours, d'une maifon voifine
Je vay prendre le temps que fortira Nérine.
Souffrez, pour avancer voftre contentement,
Que, malgré mon amour, je vous quitte un moment.
### CLÉONE.
Madame, j'aperçoy venir le roy d'Athénes.
### CRÉUSE.
Allez donc; voftre veuë augmenteroit fes peines.
### CLÉONE.
Souvenez-vous de l'air dont il le faut traiter.
### CRÉUSE.
Ma bouche accortement fçaura s'en acquiter.

## SCÉNE V.

### ÆGÉE, CRÉUSE, CLÉONE.

### ÆGÉE.

Sur un bruit qui m'étonne, et que je ne puis croire,
Madame, mon amour, jaloux de voftre gloire,
Vient fçavoir s'il eft vray que vous foyez d'accord,
Par un honteux hymen, de l'arreft de ma mort.
Voftre peuple en frémit, voftre cour en murmure;
Et tout Corinthe enfin s'impute à grande injure
Qu'un fugitif, un traiftre, un meurtrier de rois,
Luy donne à l'avenir des princes et des loix;
Il ne peut endurer que l'horreur de la Grèce
Pour prix de fes forfaits époufe la princeffe,
Et qu'il faille ajoufter à vos titres d'honneur,
*Femme d'un affaffin et d'un empoifonneur.*
### CRÉUSE.
Laiffez agir, grand roy, la raifon fur voftre ame,
Et ne le chargez point des crimes de la femme.

J'époufe un malheureux, et mon pére y confent,
Mais prince, mais vaillant, et fur tout innocent.
Non pas que je ne faille en cette préférence :
De voftre rang au fien je fçay la différence ;
Mais fi vous connoiffez l'amour et fes ardeurs,
Jamais pour fon objet il ne prend les grandeurs ;
Avoüez que fon feu n'en veut qu'à la perfonne,
Et qu'en moy vous n'aimiez rien moins que ma couronne.

  Souvent je ne fçay quoy, qu'on ne peut exprimer,
Nous furprend, nous emporte, et nous force d'aimer ;
Et fouvent, fans raifon les objets de nos flames
Frapent nos yeux enfemble et faififfent nos ames.
Ainfi nous avons veu le fouverain des Dieux,
Au mépris de Junon, aimer en ces bas lieux ;
Vénus quitter fon Mars, et négliger fa prife,
Tantoft pour Adonis, et tantoft pour Anchife ;
Et c'eft peut-eftre encore avec moins de raifon
Que, bien que vous m'aimiez, je me donne à Jafon.
D'abord dans mon efprit vous euftes ce partage :
Je vous eftimay plus, et l'aimay davantage.

ÆGÉE.

Gardez ces complimens pour de moins enflamez,
Et ne m'eftimez point qu'autant que vous m'aimez.
Que me fert cet aveu d'une erreur volontaire ?
Si vous croyez faillir, qui vous force à le faire ?
N'acculez point l'amour ny fon aveuglement ;
Quand on connoît fa faute, on manque doublement.

CRÉUSE.

Puis donc que vous trouvez la mienne inexcufable,
Je ne veux plus, Seigneur, me confeffer coupable.

  L'amour de mon païs et le bien de l'État
Me défendoient l'hymen d'un fi grand potentat.
Il m'euft fallu foudain vous fuivre en vos provinces,
Et priver mes fujets de l'afpect de leurs princes :
Voftre fceptre pour moy n'eft qu'un pompeux éxil.
Que me fert fon éclat, et que me donne-t-il ?
M'éleve-t'il d'un rang plus haut que fouveraine,
Et, fans le pofféder, ne me voy-je pas reine ?
Graces aux immortels, dans ma condition
J'ay dequoy m'affouvir de cette ambition :

Je ne veux point changer mon sceptre contre un autre;
Je perdrois ma couronne en acceptant la vostre.
Corinthe est bon sujet, mais il veut voir son roy,
Et d'un prince éloigné rejetteroit la loy.
Joignez à ces raisons qu'un pére un peu sur l'âge,
Dont ma seule présence adoucit le veufvage,
Ne sçauroit se résoudre à séparer de luy
De ses debiles ans l'espérance et l'appuy,
Et vous reconnoistrez que je ne vous préfére
Que le bien de l'État, mon païs et mon pére.
  Voilà ce qui m'oblige au choix d'un autre époux;
Mais, comme ces raisons sont peu d'effet sur vous,
Afin de redonner le repos à vostre ame,
Souffrez que je vous quitte.
           ÆGÉE, *seul.*
                     Allez, allez, Madame,
Étaler vos appas et vanter vos mépris
A l'infame sorcier qui charme vos esprits.
De cette indignité faites un mauvais conte;
Riez de mon ardeur, riez de vostre honte;
Favorisez celuy de tous vos courtisans
Qui raillera le mieux le déclin de mes ans;
Vous joüirez fort peu d'une telle insolence;
Mon amour outragé court à la violence,
Mes vaisseaux à la rade, assez proches du port,
N'ont que trop de soldats à faire un coup d'effort.
La jeunesse me manque, et non pas le courage :
Les rois ne perdent point les forces avec l'âge,
Et l'on verra peut-estre avant ce jour finy
Ma passion vengée et vostre orgueil puny.

*Fin du second acte.*

# ACTE III.

## SCÉNE PREMIÉRE.

### NÉRINE.

Malheureux instrument du malheur qui nous presse,
Que j'ay pitié de toy, déplorable princesse !
Avant que le soleil ait fait encor un tour,
Ta perte inévitable achéve ton amour.
Ton destin te trahit, et ta beauté fatale
Sous l'appas d'un hymen t'expose à ta rivale ;
Ton sceptre est impuissant à vaincre son effort ;
Et le jour de sa fuite est celuy de ta mort.
Sa vengeance à la main elle n'a qu'à résoudre,
Un mot du haut des cieux fait descendre le foudre ;
Les mers, pour noyer tout, n'attendent que sa loy,
La terre offre à s'ouvrir sous le palais du roy ;
L'air tient les vents tous prests à suivre sa colére,
Tant la nature esclave a peur de luy déplaire ;
Et, si ce n'est assez de tous les élémens,
Les enfers vont sortir à ses commandemens.
   Moy, bien que mon devoir m'attache à son service,
Je luy préte à regret un silence complice ;
D'un loüable desir mon cœur sollicité
Luy feroit avec joye une infidélité :
Mais, loin de s'arréter, sa rage découverte,
A celle de Créüse ajousteroit ma perte ;
Et mon funeste avis ne serviroit de rien
Qu'à confondre mon sang dans les bouillons du sien.
D'un mouvement contraire à celuy de mon ame,
La crainte de la mort m'oste celle du blâme ;
Et ma timidité s'efforce d'avancer
Ce que hors du péril je voudrois traverser.

## SCÉNE II.

### JASON, NÉRINE.

#### JASON.

érine, et bien, que dit, que fait noſtre exilée?
Dans ton cher entretien s'eſt-elle conſolée?
Veut-elle bien céder à la néceſſité?
#### NÉRINE.
Je trouve en ſon chagrin moins d'animoſité;
De moment en moment ſon ame plus humaine
Abaiſſe ſa colére, et rabat de ſa haine :
Déja ſon déplaiſir ne vous veut plus de mal.
#### JASON.
Fay-luy prendre pour tous un ſentiment égal.
Toy qui de mon amour connoiſſois la tendreſſe,
Tu peux connoiſtre auſſi quelle douleur me preſſe.
Je me ſens déchirer le cœur à ſon départ :
Créüſe en ſes malheurs prend meſme quelque part,
Ses pleurs en ont coulé; Créon meſme en ſoupire;
Luy préfére à regret le bien de ſon empire :
Et ſi, dans ſon adieu, ſon cœur moins irrité
En vouloit mériter la libéralité;
Si jusque-là Médée appaiſoit ſes menaces
Qu'elle euſt ſoin de partir avec ſes bonnes graces;
Je ſçay (comme il eſt bon) que ſes tréſors ouverts
Luy feroient, sans réſerve, entiérement offerts,
Et, malgré les malheurs où le ſort l'a réduite,
Soulageroient ſa peine, et ſoutiendroient ſa fuite.
#### NÉRINE.
Puis qu'il faut ſe réſoudre à ce banniſſement,
Il faut en adoucir le mécontentement.
Cette offre y peut ſervir; et par elle j'eſpére,
Avec un peu d'adreſſe, appaiſer ſa colére;
Mais, d'ailleurs, touteſfois n'attendez rien de moy,
S'il faut prendre congé de Créüſe et du roy :
L'objet de voſtre amour et de ſa jalouſie
De toutes ſes fureurs l'auroit toſt reſſaiſie.

### JASON.

Pour montrer fans les voir fon courage appaifé,
Je te diray, Nérine, un moyen fort aifé;
Et de fi longue main je connoy ta prudence,
Que je t'en fais fans peine entiére confidence.
  Créon bannit Médée, et fes ordres précis
Dans fon banniffement enveloppoient fes fils;
La pitié de Créüfe a tant fait vers fon pére,
Qu'ils n'auront point de part au malheur de leur mére.
Elle luy doit par eux quelque remerciment;
Qu'un préfent de fa part fuive leur compliment.
Sa robe, dont l'éclat fied mal à fa fortune,
Et n'eft à fon exil qu'une charge importune,
Luy gagneroit le cœur d'un prince libéral,
Et de tous fes tréfors l'abandon général.
D'une vaine parure, inutile à fa peine,
Elle peut acquérir de quoy faire la reine :
Créüfe, ou je me trompe, en a quelque defir,
Et je ne penfe pas qu'elle puft mieux choifir.
Mais la voicy qui fort; fouffre que je l'évite :
Ma rencontre la trouble, et mon aspect l'irrite.

## SCÉNE III.

### MÉDÉE, JASON, NÉRINE.

#### MÉDÉE.

Ne fuyez pas, Jafon, de ces funestes lieux,
C'eft à moy d'en partir : recevez mes adieux.
Accoûtumée à fuir, l'éxil m'eft peu de chofe,
Sa rigueur n'a pour moy de nouveau que fa caus
C'eft pour vous que j'ay fuy, c'eft vous qui me chaffez.
  Où me renvoyez-vous, fi vous me banniffez?
Iray-je fur le Phafe, où j'ay trahy mon pére,
Appaifer de mon fang les manes de mon frére?
Iray-je en Theffalie, où le meurtre d'un roy
Pour victime aujourd'huy ne demande que moy?
Il n'eft point de climat dont mon amour fatale
N'ait acquis à mon nom la haine générale;
Et ce qu'ont fait pour vous mon fçavoir et ma main

M'a fait un ennemy de tout le genre humain.
Reſſouvien-t'en, ingrat; remets-toy dans la plaine
Que ces taureaux affreux bruſloient de leur haleine;
Revoy ce champ guerrier dont les ſacrez ſillons
Élevoient contre toy de ſoudains bataillons;
Ce dragon qui jamais n'eut les paupiéres cloſes;
Et lors préfére-moy Créüſe, ſi tu l'oſes.
Qu'ay-je épargné depuis qui fuſt en mon pouvoir?
Ay-je auprés de l'amour écouté mon devoir?
Pour jetter un obstacle à l'ardente pourſuite
Dont mon pére en fureur touchoit déja ta fuite,
Semay-je avec regret mon frére par morceaux ?
A ce funeste objet épandu ſur les eaux,
Mon pére, trop ſenſible aux droits de la nature,
Quitta tous autres ſoins que de ſa ſépulture;
Et, par ce nouveau crime, émouvant ſa pitié
J'arrétay les effets de ſon inimitié.
Prodigue de mon ſang, honte de ma famille,
Auſſi crüelle ſœur que déloyale fille,
Ces titres glorieux plaiſoient à mes amours;
Je les pris ſans horreur pour conſerver tes jours.
Alors, certes, alors mon mérite étoit rare;
Tu n'étois point honteux d'une femme barbare.
Quand à ton pére uſé je rendis la vigueur,
J'avois encor tes vœux, j'étois encor ton cœur;
Mais cette affection, mourant avec Pélie,
Dans le meſme tombeau ſe vit enſévelie:
L'ingratitude en l'ame et l'impudence au front,
Une Scythe en ton lit te fut lors un affront;
Et moy, que tes deſirs avoient tant ſouhaitée,
Le dragon aſſoupy, la toiſon emportée,
Ton tyran maſſacré, ton pére rajeuny,
Je devins un objet digne d'eſtre banny.
Tes deſſeins achevez, j'ay mérité ta haine;
Il t'a fallu ſortir d'une honteuſe chaiſne,
Et prendre une moitié qui n'a rien plus que moy
Que le bandeau royal, que j'ay quitté pour toy.
           JASON.
Ah! que n'as-tu des yeux à lire dans mon ame,
Et voir les purs motifs de ma nouvelle flame!

Les tendres fentimens d'un amour paternel
Pour fauver mes enfans me rendent criminel,
Si l'on peut nommer crime un malheureux divorce,
Où le foin que j'ay d'eux me réduit et me force.
Toy-mefme, furieufe, ay-je peu fait pour toy
D'arracher ton trépas aux vengeances d'un roy?
Sans moy, ton infolence alloit eftre punie;
A ma feule prière on ne t'a que bannie.
C'eft rendre la pareille à tes grands coups d'effort:
Tu m'as fauvé la vie, et j'empefche ta mort.

### MÉDÉE.

On ne m'a que bannie! ô bonté fouveraine!
C'eft donc une faveur, et non pas une peine!
Je reçois une grace au lieu d'un châtiment!
Et mon éxil encor doit un remerciment!
  Ainfi l'avare foif du brigand affouvie,
Il s'impute à pitié de nous laiffer la vie;
Quand il n'égorge point, il croit nous pardonner,
Et ce qu'il n'ofte pas il penfe le donner.

### JASON.

Tes discours, dont Créon de plus en plus s'offenfe,
Le forceroient enfin à quelque violence.
Éloigne-toy d'icy tandis qu'il t'eft permis:
Les rois ne font jamais de foibles ennemis.

### MÉDÉE.

A travers tes confeils je vois affez ta rufe:
Ce n'eft là m'en donner qu'en faveur de Créüfe.
Ton amour, déguifé d'un foin officieux,
D'un objet importun veut délivrer fes yeux.

### JASON.

N'appelle point amour un change inévitable,
Où Créüfe fait moins que le fort qui m'accable.

### MÉDÉE.

Peux-tu bien, fans rougir, defavoüer tes feux?

### JASON.

Et bien, foit; fes attraits captivent tous mes vœux:
Toy, qu'un amour furtif fouilla de tant de crimes,
M'ofes-tu reprocher des ardeurs légitimes?

### MÉDÉE.

Ouy, je te les reproche, et de plus...

JASON.
                    Quels forfaits?
MÉDÉE.
La trahiſon, le meurtre, et tous ceux que j'ay faits.
JASON.
Il manque encor ce point à mon ſort déplorable,
Que de tes crüautez on me faſſe coupable.
MÉDÉE.
Tu préſumes en vain de t'en mettre à couvert;
Celuy-là fait le crime à qui le crime ſert.
Que chacun indigné contre ceux de ta femme,
La traite en ſes discours de méchante et d'infame,
Toy ſeul, dont les forfaits ont fait tout le bonheur,
Tien-la pour innocente, et défen ſon honneur.
JASON.
J'ay honte de ma vie, et je hay ſon uſage,
Depuis que je la dois aux effets de ta rage.
MÉDÉE.
La honte généreuſe, et la haute vertu!
Puisque tu la hais tant, pourquoy la gardes-tu?
JASON.
Au bien de nos enfans, dont l'âge foible et tendre
Contre tant de malheurs ne ſçauroit ſe défendre.
Deviens en leur faveur d'un naturel plus doux.
MÉDÉE.
Mon ame à leur ſujet redouble ſon courroux.
Faut-il ce deſhonneur pour comble à mes miſéres,
Qu'à mes enfans Créüſe enfin donne des fréres?
Tu vas meſler, impie, et mettre en rang pareil,
Des neveux de Siſyphe avec ceux du ſoleil!
JASON.
Leur grandeur ſoûtiendra la fortune des autres;
Créüſe et ſes enfans conſerveront les noſtres.
MÉDÉE.
Je l'empeſcheray bien, ce mélange odieux,
Qui deſhonnore enſemble et ma race et les Dieux.
JASON.
Laſſez de tant de maux, cédons à la fortune.
MÉDÉE.
Ce corps n'enferme pas une ame ſi commune;

Je n'ay jamais fouffert qu'elle me fift la loy,
Et toûjours ma fortune a dépendu de moy.
### JASON.
La peur que j'ay d'un fcéptre...
### MÉDÉE.
Ah! cœur remply de feinte,
Tu masques tes defirs d'un faux titre de crainte,
Un fcéptre eft l'objet feul qui fait ton nouveau choix.
### JASON.
Veux-tu que je m'expofe aux haines de deux rois,
Et que mon imprudence attire fur nos teftes,
D'un et d'autre cofté, de nouvelles tempeftes?
### MÉDÉE.
Fuy-les, fuy-les tous deux, fuy Médée à ton tour,
Et garde au moins ta foy, fi tu n'as plus d'amour.
### JASON.
Il eft aifé de fuir, mais il n'eft pas facile
Contre deux rois aigris de trouver un azile.
Qui leur réfiftera, s'ils viennent à s'unir?
### MÉDÉE.
Qui me réfiftera, fi je te veux punir,
Déloyal? auprès d'eux crains-tu fi peu Médée?
Que toute leur puiffance, en armes débordée,
Dispute contre moy ton cœur qu'ils m'ont furpris,
Et ne fois du combat que le juge et le prix!
Joins-leur, fi tu le veux, mon pére et la Scythie,
En moy feule ils n'auront que trop forte partie.
Bornes-tu mon pouvoir à celuy des humains?
Contr'eux, quand il me plaift, j'arme leurs propres mains;
Tu le fçais, tu l'as veu, quand ces fils de la terre
Par leurs coups mutüels terminérent leur guerre.
Miférable! je puis adoucir des taureaux;
La flame m'obéït, et je commande aux eaux;
L'enfer tremble, et les cieux, fi-toft que je les nomme:
Et je ne puis toucher les volontez d'un homme!
Je t'aime encor, Jafon, malgré ta lascheté;
Je ne m'offenfe plus de ta legéreté;
Je fens à tes regards décroiftre ma colére;
De moment en moment ma fureur fe modére,
Et je cours fans regret à mon banniffement,

Puisque j'en voy fortir ton établiffement.
Je n'ay plus qu'une grace à demander en fuite :
Souffre que mes enfans accompagnent ma fuite ;
Que je t'admire encor en chacun de leurs traits,
Que je t'aime et te baife en ces petits portraits ;
Et que leur cher objet, entretenant ma flame,
Te préfente à mes yeux auffi-bien qu'à mon ame.

### JASON.

Ah ! repren ta colére, elle a moins de rigueur.
M'enlever mes enfans, c'eft m'arracher le cœur ;
Et Juppiter tout preft à m'écrafer du foudre,
Mon trépas à la main, ne pourroit m'y réfoudre.
C'eft pour eux que je change ; et la Parque, fans eux,
Seule de noftre hymen pourroit rompre les nœuds.

### MÉDÉE.

Cét amour paternel, qui te fournit d'excufes,
Me fait fouffrir auffi que tu me les refufes :
Je ne t'en preffe plus ; et, prefte à me bannir,
Je ne veux plus de toy qu'un léger fouvenir.

### JASON.

Ton amour vertüeux fait ma plus grande gloire :
Ce feroit me trahir qu'en perdre la mémoire ;
Et le mien envers toy qui demeure éternel
T'en laiffe en cét adieu le ferment folemnel.
Puiffent brifer mon chef les traits les plus févéres
Que lancent des grands Dieux les plus afpres coléres,
Qu'ils s'uniffent enfemble afin de me punir,
Si je ne perds la vie avant ton fouvenir !

## SCÉNE IV.

### MÉDÉE, NÉRINE.

#### MÉDÉE.

J'y donneray bon ordre : il eft en ta puiffance
D'oublier mon amour, mais non pas ma vengeance :
Je la fçauray graver en tes esprits glacez,
Par des coups trop profonds pour en eftre effacés.
Il aime fes enfans, ce courage infléxible :

Son foible est découvert; par eux il eſt ſenſible,
Par eux mon bras armé d'une juste rigueur,
Va trouver des chemins à luy percer le cœur.

NÉRINE.

Madame, épargnez-les, épargnez vos entrailles;
N'avancez point par là vos propres funérailles.
Contre un ſang innocent pourquoy vous irriter,
Si Créüſe en vos laqs ſe vient précipiter?
Elle-meſme s'y jette, et Jason vous la livre.

MÉDÉE.

Tu flates mes deſirs.

NÉRINE.

      Que je ceſſe de vivre,
Si ce que je vous dy n'eſt pure vérité!

MÉDÉE.

Ah! ne me tien donc plus l'ame en perpléxité.

NÉRINE.

Madame, il faut garder que quelqu'un ne nous voye,
Et du palais du roy découvre noſtre joye :
Un deſſein éventé ſuccéde rarement.

MÉDÉE.

Rentrons donc, et mettons nos ſecrets ſeurement.

*Fin du troiſiéme acte.*

## ACTE IV.

### SCÉNE PRÉMIÉRE.

#### MÉDÉE, NÉRINE.

MÉDÉE, *feule dans fa grotte magique.*

C'eſt trop peu de Jaſon que ton œil me dérobe,
C'eſt trop peu de mon lit, tu veux encor ma robe,
Rivale inſatiable; et c'eſt encor trop peu,
Si, la force à la main, tu l'as ſans mon aveu:
Il faut que par moy-meſme elle te ſoit offerte,
Que, perdant mes enfans, j'achéte encor leur perte;
Il en faut un hommage à tes divins attraits,
Et des remercîmens au vol que tu me fais.
Tu l'auras; mon refus feroit un nouveau crime;
Mais je t'en veux parer pour eſtre ma victime,
Et, ſous un faux ſemblant de libéralité,
Saouler et ma vengeance et ton avidité.
Le charme eſt achevé, tu peux entrer, Nérine.
     *Nérine fort, et Médée continuë.*
Mes maux dans ces poiſons trouvent leur médecine :
Voy combien de ſerpens à mon commandement
D'Afrique jusqu'icy n'ont tardé qu'un moment,
Et, contraints d'obéïr à mes clameurs funeſtes,
Ont ſur ce don fatal vomy toutes leurs peſtes.
L'amour à tous mes ſens ne fut jamais ſi doux
Que ce triſte appareil à mon esprit jaloux.
Ces herbes ne ſont pas d'une vertu commune;
Moy-meſme en les cueillant je fis paſlir la lune,
Quand, les cheveux flottans, le bras et le pied nu,
J'en dépouillay jadis un climat inconnu.

Voy mille autre venins : cette liqueur épaiſſe
Meſle du ſang de l'hydre avec celuy de Neſſe ;
Python eut cette langue ; et ce plumage noir
Eſt celuy qu'une harpye en fuyant laiſſa choir ;
Par ce tiſon Althée aſſouvit ſa colére,
Trop pitoyable ſœur, et trop crüelle mére ;
Ce feu tomba du ciel avecque Phaéton ;
Cét autre vient des flots du pierreux Phlégéton ;
Et celuy-cy jadis remplit en nos contrées
Des taureaux de Vulcain les gorges enſoufrées.
Enfin, tu ne vois là, poudres, racines, eaux,
Dont le pouvoir mortel n'ouvriſt mille tombeaux ;
Ce préſent déceptif a beu toute leur force,
Et, bien mieux que mon bras, vengera mon divorce.
Mes tyrans par leur perte apprendront que jamais...
Mais d'où vient ce grand bruit que j'entens au palais ?

NÉRINE.

Du bonheur de Jaſon, et du malheur d'Ægée :
Madame, peu s'en faut qu'il ne vous ait vengée.
  Ce généreux vieillard, ne pouvant ſupporter
Qu'on luy vole à ſes yeux ce qu'il croit mériter,
Et que ſur ſa couronne et ſa perſévérance
L'éxil de voſtre époux ait eu la préférence,
A taſché, par la force, à repouſſer l'affront
Que ce nouvel hymen luy porte ſur le front.
Comme cette beauté, pour luy toute de glace,
Sur les bords de la mer contemploit la bonace,
Il la voit mal ſuivie, et prend un ſi beau temps
A rendre ſes deſirs et les voſtres contens.
De ſes meilleurs ſoldats une troupe choiſie
Enferme la princeſſe, et ſert ſa jalouſie ;
L'effroy qui la ſurprend la jette en paſmoiſon ;
Et tout ce qu'elle peut, c'eſt de nommer Jaſon.
Ses gardes à l'abord font quelque réſiſtance,
Et le peuple leur préte une foible aſſiſtance ;
Mais l'obstacle léger de ces débiles cœurs
Laiſſoit honteuſement Créüſe à leurs vainqueurs :
Déja presque en leur bord elle étoit enlevée...

MÉDÉE.

Je devine la fin, mon traiſtre l'a ſauvée.

## Acte IV.

### Nérine.
Ouy, madame, et de plus Ægée est prisonnier ;
Voſtre époux à ſon myrthe ajouſte ce laurier :
Mais apprenez comment.

### Médée.
N'en dy pas davantage :
Je ne veux point ſçavoir ce qu'a fait ſon courage ;
Il ſuffit que ſon bras a travaillé pour nous,
Et rend une victime à mon juste courroux.
Nérine, mes douleurs auroient peu d'allégeance,
Si cét enlévement l'oſtoit à ma vengeance :
Pour quitter ſon païs en eſt-on malheureux ?
Ce n'eſt pas ſon éxil, c'eſt ſa mort que je veux ;
Elle auroit trop d'honneur de n'avoir que ma peine,
Et de verſer des pleurs pour eſtre deux fois reine.
Tant d'inviſibles feux enfermez dans ce don,
Que d'un titre plus vray j'appelle ma rançon,
Produiront des effets bien plus doux à ma haine.

### Nérine.
Par là vous vous vengez, et ſa perte eſt certaine :
Mais contre la fureur de ſon pére irrité
Où penſez-vous trouver un lieu de ſeureté ?

### Médée.
Si la priſon d'Ægée a ſuivy ſa défaite,
Tu peux voir qu'en l'ouvrant je m'ouvre une retraite,
Et que les fers briſez, malgré leurs attentats,
A ma protection engagent ſes États.
Dépeſche ſeulement, et cours vers ma rivale
Luy porter de ma part cette robe fatale :
Méne-luy mes enfans, et fay-les, ſi tu peux,
Préſenter par leur pére à l'objet de ſes vœux.

### Nérine.
Mais, Madame, porter cette robe empeſtée,
Que de tant de poiſons vous avez infectée,
C'eſt pour voſtre Nérine un trop funeste employ :
Avant que ſur Créüſe ils agiroient ſur moy.

### Médée.
Ne crains pas leur vertu, mon charme la modére,
Et lui deffend d'agir que ſur elle et ſon pére.

Pour un si grand effet prens un cœur plus hardy,
Et, sans me répliquer, fay ce que je te dy.

## SCÉNE II.

### CRÉON, POLLUX, Soldats.

CRÉON.

Nous devons bien chérir cette valeur parfaite
Qui de nos ravisseurs nous donne la défaite.
Invincible héros, c'est à vostre secours
Que je doy désormais le bon-heur de mes jours ;
C'est vous seul aujourd'huy dont la main vengeresse
Rend à Créon sa fille, à Jason sa maîtresse,
Met Ægée en prison, et son orgueil à bas,
Et fait mordre la terre à ses meilleurs soldats.

POLLUX.

Grand roy, l'heureux succès de cette délivrance
Vous est beaucoup mieux dû qu'à mon peu de vaillance.
C'est vous seul et Jason, dont les bras indomptez
Portoient avec effroy la mort de tous costez ;
Pareils à deux lyons dont l'ardente furie
Dépeuple en un moment toute une bergerie.
L'éxemple glorieux de vos faits plus qu'humains
Échauffoit mon courage et conduisoit mes mains :
J'ai suivy, mais de loin, des actions si belles,
Qui laissoient à mon bras tant d'illustres modelles.
Pourroit-on reculer en combattant sous vous,
Et n'avoir point de cœur à seconder vos coups ?

CRÉON.

Vostre valeur, qui souffre en cette repartie,
Oste toute croyance à vostre modestie :
Mais, puisque le refus d'un honneur mérité
N'est pas un petit trait de générosité,
Je vous laisse en joüir. Autheur de la victoire,
Ainsi qu'il vous plaira, départez-en la gloire ;
Comme elle est vostre bien, vous pouvez la donner.
Que prudemment les dieux sçavent tout ordonner !
Voyez, brave guerrier, comme vostre arrivée

Au jour de nos malheurs fe trouve réfervée,
Et qu'au point que le fort ofoit nous menacer,
Ils nous ont envoyé de quoy le terraffer.
  Digne fang de leur roy, demy-dieu magnanime,
Dont la vertu ne peut recevoir trop d'eftime,
Qu'avons-nous plus à craindre? et quel destin jaloux,
Tant que nous vous aurons, s'ofera prendre à nous?
POLLUX.
Appréhendez pourtant, grand prince.
CRÉON.
Et quoy?
POLLUX.
Médée,
Qui par vous de fon lit fe voit dépoffédée.
Je crains qu'il ne vous foit malaifé d'empefcher
Qu'un gendre valeureux ne vous coûte bien cher.
Après l'affaffinat d'un monarque et d'un frére,
Peut-il eftre de fang qu'elle épargne ou révére?
Accoûtumée au meurtre, et fçavante en poifon,
Voyez ce qu'elle a fait pour acquérir Jafon;
Et ne préfumez pas, quoy que Jafon vous die,
Que pour le conferver elle foit moins hardie.
CRÉON.
C'eft dequoy mon esprit n'est plus inquiété;
Par fon banniffement j'ay fait ma feureté;
Elle n'a que fureur et que vengeance en l'ame:
Mais, en fi peu de temps que peut faire une femme?
Je n'ay prescrit qu'un jour de terme à fon départ.
POLLUX.
C'eft peu pour une femme, et beaucoup pour fon art:
Sur le pouvoir humain ne réglez pas les charmes.
CRÉON. [mes;
Quelques puiffans qu'ils foient, je n'en ay point d'alar-
Et, quand bien ce délay devroit tout hazarder,
Ma parole eft donnée, et je la veux garder.

## SCÉNE III.

### CRÉON, POLLUX, CLÉONE.

CRÉON.

Que font nos deux amans, Cléone?
CLÉONE.
La princeſſe,
Seigneur, près de Jaſon reprend ſon allé-
Et ce qui ſert beaucoup à ſon contentement, [greſſe;
C'eſt de voir que Médée eſt ſans reſſentiment.
CRÉON.
Et quel dieu ſi propice a calmé ſon courage?
CLÉONE.
Jaſon, et ſes enfans qu'elle vous laiſſe en gage.
La grace que pour eux madame obtient de vous
A calmé les transports de ſon esprit jaloux.
Le plus riche préſent qui fuſt en ſa puiſſance
A ſes remercimens joint ſa reconnoiſſance.
Sa robe ſans pareille, et sur qui nous voyons
Du Soleil ſon ayeul briller mille rayons,
Que la princeſſe meſme avoit tant ſouhaitée,
Par ces petits héros luy vient d'eſtre apportée,
Et fait voir clairement les merveilleux effets
Qu'en un cœur irrité produiſent les bien-faits.
CRÉON. [dre?
Et bien, qu'en dites-vous? qu'avons-nous plus à crain-
POLLUX.
Si vous ne craignez rien, que je vous trouve à plaindre!
CRÉON.
Un ſi rare préſent montre un esprit remis.
POLLUX.
J'eus toûjours pour ſuspects les dons des ennemis,
Ils font aſſez ſouvent ce que n'ont pû leurs armes.
Je connoy de Médée et l'esprit, et les charmes,
Et veux bien m'expoſer aux plus cruels trépas,
Si ce rare préſent n'eſt un mortel appas.
CRÉON.
Ses enfans ſi chéris, qui nous ſervent d'oſtages,

Nous peuvent-ils laisser quelque sorte d'ombrages?
### POLLUX.
Peut-estre que contre eux s'étend sa trahison,
Qu'elle ne les prend plus que pour ceux de Jason,
Et qu'elle s'imagine, en haine de leur pére,
Que, n'étant plus sa femme, elle n'est plus leur mére.
Renvoyez-luy, seigneur, ce don pernicieux,
Et ne vous chargez point d'un poison précieux.
### CLÉONE.
Madame cependant en est toute ravie,
Et de s'en voir parée elle brusle d'envie.
### POLLUX.
Où le péril égale et passe le plaisir,
Il faut se faire force, et vaincre son desir.
Jason, dans son amour, a trop de complaisance
De souffrir qu'un tel don s'accepte en sa présence.
### CRÉON.
Sans rien mettre au hazard, je sçauray dextrement
Accorder vos soupçons et son contentement.
Nous verrons, dès ce soir sur une criminelle,
Si ce présent nous cache une embusche mortelle.
Nise, pour ses forfaits destinée à mourir
Ne peut par cette épreuve injustement périr:
Heureuse, si sa mort nous rendoit ce service,
De nous en découvrir le funeste artifice!
Allons-y de ce pas, et ne consumons plus
De temps ny de discours en débats superflus.

## SCÉNE IV.

### ÆGÉE, *en prison.*

Demeure affreuse des coupables,
Lieux maudits, funeste séjour,
Dont jamais avant mon amour
Les sceptres n'ont été capables,
Redoublez puissamment vostre mortel effroy,
Et joignez à mes maux une si vive atteinte,
Que mon ame chassée ou s'enfuyant de crainte
Desrobe à mes vainqueurs le supplice d'un roy,

Le triste bonheur où j'aspire !
　　　Je ne veux que haſter ma mort,
　　　Et n'accuſe mon mauvais ſort
　　　Que de ſouffrir que je respire.
Puisqu'il me faut mourir, que je meure à mon choix;
Le coup m'en ſera doux, s'il eſt ſans infamie :
Prendre l'ordre à mourir d'une main ennemie,
C'eſt mourir, pour un roy, beaucoup plus d'une fois.

　　　Malheureux prince, on te mépriſe
　　　Quand tu t'arreſtes à ſervir ;
　　　Si tu t'efforces de ravir,
　　　Ta priſon ſuit ton entrepriſe.
Ton amour qu'on dédaigne, et ton vain attentat,
D'un éternel affront vont ſouiller ta mémoire :
L'un t'a déja coûté ton repos et ta gloire ;
L'autre va te coûter ta vie et ton Etat.

　　　Destin, qui punis mon audace,
　　　Tu n'as que de justes rigueurs ;
　　　Et s'il eſt d'aſſez tendres cœurs
　　　Pour compatir à ma disgrace,
Mon feu de leur tendreſſe étouffe la moitié,
Puisqu'à bien comparer mes fers avec ma flame,
Un vieillard amoureux mérite plus de blâme
Qu'un monarque en priſon n'eſt digne de pitié.

　　　Crüel autheur de ma miſére,
　　　Peste des cœurs, tyran des rois,
　　　Dont les impérieuſes loix
　　　N'épargnent pas meſme ta mére,
Amour, contre Jaſon tourne ton trait fatal ;
Au pouvoir de tes dards je remets ma vengeance :
Atterre ſon orgueil, et montre ta puiſſance
A perdre également l'un et l'autre rival.

　　　Qu'une implacable jalouſie
　　　Suive ſon nuptial flambeau ;
　　　Que ſans ceſſe un objet nouveau
　　　S'empare de ſa fantaiſie ;

Que Corinthe à fa veuë accepte un autre roy ;
Qu'il puiffe voir fa race à fes yeux égorgée ;
Et, pour dernier malheur, qu'il ait le fort d'Ægée,
Et devienne à mon âge amoureux comme moy !

## SCÉNE V.

### ÆGÉE, MÉDÉE.

ÆGÉE.                                    [lumiére

Mais d'où vient ce bruit fourd ? quelle paffe
Diffipe ces horreurs et frape ma paupiére ?
Mortel, qui que tu fois, détourne icy tes pas,
Et de grace, m'appren l'arreft de mon trépas,
L'heure, le lieu, le genre ; et, fi ton cœur fenfible
A la compaffion peut fe rendre acceffible,
Donne-moy les moyens d'un généreux effort
Qui des mains des bourreaux affranchiffe ma mort.

MÉDÉE.

Je viens l'en affranchir. Ne craignez plus, grand prince ;
Ne penfez qu'à revoir voftre chére province.
*Elle donne un coup de baguette fur la porte de la prifon,
qui s'ouvre auffi toft, et en ayant tiré Ægée, elle en
donne encor un fur fes fers qui tombent.*
Ny grilles, ny verroux ne tiennent contre moy.
Ceffez, indignes fers, de captiver un roy ;
Et-ce à vous à preffer les bras d'un tel monarque ?
Et vous, reconnoiffez Médée à cette marque,
Et fuyez un tyran dont le forcénement
Joindroit voftre fupplice à mon banniffement ;
Avec la liberté reprenez le courage.

ÆGÉE.

Je les reprens tous deux pour vous en faire hommage,
Princeffe, de qui l'art propice aux malheureux
Oppofe un tel miracle à mon fort rigoureux :
Difpofez de ma vie, et du fceptre d'Athénes ;
Je dois et l'une et l'autre à qui brife mes chaifnes.
Si voftre heureux fecours me tire de danger,

Je ne veux en fortir qu'afin de vous venger ;
Et fi je puis jamais, avec voftre affiftance,
Arriver jusqu'aux lieux de mon obéïffance,
Vous me verrez, fuivy de mille bataillons,
Sur ces murs renverfez planter mes pavillons,
Punir leur traiftre roy de vous avoir bannie,
Dedans le fang des fiens noyer fa tyrannie,
Et remettre en vos mains et Créüfe et Jafon,
Pour venger voftre éxil plûtoft que ma prifon.

### MÉDÉE.

Je veux une vengeance et plus haute et plus prompte,
Ne l'entreprenez pas, voftre offre me fait honte :
Emprunter le fecours d'aucun pouvoir humain,
D'un reproche éternel diffameroit ma main.
En eft-il, après tout, aucun qui ne me céde ?
Qui force la nature a-t'il befoin qu'on l'aide ?
Laiffez-moy le foucy de venger mes ennuis,
Et, par ce que j'ay fait, jugez ce que je puis.
L'ordre en eft tout donné, n'en foyez point en peine :
C'eft demain que mon art fait triompher ma haine ;
Demain je fuis Médée, et je tire raifon
De mon banniffement et de voftre prifon.

### ÆGÉE.

Quoy ! Madame, faut-il que mon peu de puiffance
Empefche les devoirs de ma reconnoiffance ?
Mon fceptre ne peut-il eftre employé pour vous ?
Et vous feray-je ingrat autant que voftre époux ?

### MÉDÉE.

Si je vous ay fervy, tout ce que j'en fouhaite,
C'eft de trouver chez vous une feure retraite,
Où de mes ennemis menaces ny préfens
Ne puiffent plus troubler le repos de mes ans.
Non-pas que je les craigne ; eux et toute la terre
A leur confufion me livreroient la guerre ;
Mais je hay ce defordre, et n'aime pas à voir
Qu'il me faille pour vivre ufer de mon fçavoir.

### ÆGÉE.

L'honneur de recevoir une fi grande hofteffe
De mes malheurs paffez efface la tristeffe.
Difpofez d'un païs qui vivra fous vos loix,

Si vous l'aimez affez pour luy donner des rois;
Si mes ans ne vous font méprifer ma perfonne,
Vous y partagerez mon lit et ma couronne :
Sinon, fur mes fujets faites état d'avoir,
Ainfi que fur moy-mefme, un abfolu pouvoir.
Allons, Madame, allons; et par voftre conduite
Faites la feureté que demande ma fuite.
### MÉDÉE.
Ma vengeance n'auroit qu'un fuccés imparfait:
Je ne me venge pas, fi je n'en voy l'effet;
Je dois à mon couroux l'heur d'un fi doux fpectacle.
Allez, prince, et fans moy ne craignez point d'obstacle;
Je vous fuivray demain par un chemin nouveau.
Pour voftre feureté confervez cet anneau;
Sa fecrette vertu, qui vous fait invifible,
Rendra voftre départ de tous coftez paifible.
 Icy, pour empefcher l'alarme que le bruit
De voftre délivrance auroit bien-toft produit,
Un fantofme pareil et de taille et de face
Tandis que vous fuïrez, remplira voftre place.
Partez fans plus tarder, prince chéry des Dieux,
Et quittez pour jamais ces détestables lieux.
### ÆGÉE.
J'obéïs fans replique, et je pars fans remife.
Puiffe d'un prompt fuccès voftre grande entreprife
Combler nos ennemis d'un mortel defespoir,
Et me donner bien-toft le bien de vous revoir!

*Fin du quatrième acte.*

## ACTE V.

### SCÉNE PRÉMIÉRE.

#### MÉDÉE, THEUDAS.

##### THEUDAS.

h, déplorable prince! ah, fortune crüelle!
Que je porte à Jason une triste nouvelle!
Médée, *luy donnant un coup de baguette
qui le fait demeurer immobile.*
Arreste, miférable, et m'appren quel effet
A produit chez le roy le préfent que j'ay fait.
##### Theudas.
Dieux! je fuis dans les fers d'une invifible chaifne!
##### Médée.
Dépefche, ou ces longueurs attireront ma haine.
##### Theudas.
Apprenez donc l'effet le plus prodigieux
Que jamais la vengeance ait offert à nos yeux.
 Voftre robe a fait peur, et, fur Nife éprouvée,
En dépit des foupçons, fans péril s'eft trouvée;
Et cette épreuve a fceu fi bien les afleurer,
Qu'incontinent Créüfe a voulu s'en parer.
Mais cette infortunée à peine l'a vétuë,
Qu'elle fent auffi-toft une ardeur qui la tuë;
Un feu fubtil s'allume, et fes brandons épars
Sur voftre don fatal courent de toutes parts;
Et Cléone et le roy s'y jette pour l'éteindre:
Mais (ô nouveau fujet de pleurer et de plaindre!)
Ce feu faifit le roy, ce prince en un moment
Se trouve envelopé du mefme embrafement.

MÉDÉE.
Courage! enfin il faut que l'un et l'autre meure.
THEUDAS.
La flame disparoit, mais l'ardeur leur demeure;
Et leurs habits charmez, malgré nos vains efforts,
Sont des brafiers fecrets attachez à leur corps;
Qui veut les dépouiller, luy-mefme les déchire,
Et ce nouveau fecours eft un nouveau martyre.
MÉDÉE.
Que dit mon déloyal? que fait-il là dedans?
THEUDAS.
Jafon, fans rien fçavoir de tous ces accidens,
S'acquitte des devoirs d'une amitié civile
A conduire Pollux hors des murs de la ville,
Qui va le rendre en hafte aux nopces de fa fœur,
Dont bien-toft Ménélas doit eftre poffeffeur;
Et j'allois luy porter ce funeste meffage.

MÉDÉE, *luy donnant un autre coup de baguette.*
Va, tu peux maintenant achever ton voyage.


## SCÈNE II.

MÉDÉE.

Est-ce affez, ma vengeance, eft-ce affez de
deux morts? 
Confulte avec loifir tes plus ardens transports.
Des bras de mon perfide arracher une femme,
Eft-ce pour affouvir les fureurs de mon ame?
Que n'a-t'elle déja des enfans de Jafon,
Sur qui plus pleinement venger fa trahifon!
Suppléons-y des miens; immolons avec joye
Ceux qu'à me dire adieu Créüfe me renvoye:
Nature, je le puis fans violer ta loy;
Ils viennent de fa part, et ne font plus à moy.
Mais ils font innocens : auffi l'étoit mon frére;
Ils font trop criminels d'avoir Jafon pour pére;
Il faut que leur trépas redouble fon tourment;
Il faut qu'il fouffre en pére auffi-bien qu'en amant.

Mais quoy! j'ay beau contre eux animer mon audace,
La pitié la combat, et fe met en fa place;
Puis cédant tout à coup la place à ma fureur,
J'adore les projets qui me faifoient horreur :
De l'amour auffi-toft je paffe à la colére,
Des fentimens de femme aux tendreffes de mére.
 Ceffez dorefnavant, penfers irréfolus,
D'épargner des enfans que je ne verray plus.
Chers fruits de mon amour, fi je vous ay fait naiftre,
Ce n'eft pas feulement pour careffer un traiftre :
Il me prive de vous, et je l'en vay priver.
Mais ma pitié renaift, et revient me braver;
Je n'éxécute rien, et mon ame éperduë
Entre deux paffions demeure fufpenduë.
N'en déliberons plus, mon bras en réfoudra.
Je vous perds, mes enfans; mais Jafon vous perdra;
Il ne vous verra plus... Créon fort tout en rage;
Allons à fon trépas joindre ce triste ouvrage.

## SCÉNE III.

### CRÉON, Domestiques.

#### Créon.

Loin de me foulager vous croiffez mes tourmens,
Le poifon à mon corps unit mes vétemens;
Et ma peau, qu'avec eux voftre fecours m'arrache,
Pour fuivre voftre main de mes os fe détache.
Voyez comme mon fang en coule à gros ruiffeaux;
Ne me déchirez plus, officieux bourreaux;
Voftre pitié pour moy s'eft affez hazardée;
Fuyez, ou ma fureur vous prendra pour Médée.
C'eft avancer ma mort que de me fecourir;
Je ne veux que moy-mefme à m'aider à mourir.
Quoy! vous continüez, canailles infidelles!
Plus je vous le défens, plus vous m'étes rebelles!
Traiftres, vous fentirez encor ce que je puis;
Je feray voftre roy, tout mourant que je fuis;
Si mes commandemens ont trop peu d'efficace,
Ma rage pour le moins me fera faire place :

Il faut ainsi payer voſtre crüel ſecours.
*Il ſe défait d'eux et les chaſſe à coups d'épée.*

## SCÉNE IV

### CRÉON, CRÉUSE, CLÉONE.

#### CRÉUSE.

Où fuyez-vous de moy, cher autheur de mes jours?
Fuyez-vous l'innocente et malheureuſe ſource
D'où prennent tant de maux leur effroyable course?
Ce feu qui me conſume, et dehors et dedans,
Vous venge-t-il trop peu de mes vœux imprudens?
Je ne puis excuſer mon indiscrete envie,
Qui donne le trépas à qui je doy la vie;
Mais ſoyez ſatisfait des rigueurs de mon ſort,
Et ceſſez d'ajouſter voſtre haine à ma mort.
L'ardeur qui me dévore, et que j'ay méritée,
Surpaſſe en cruauté l'aigle de Prométhée,
Et je croy qu'Ixion au choix des châtimens
Préféreroit ſa rouë à mes embraſemens.

#### CRÉON.

Si ton jeune deſir eut beaucoup d'imprudence,
Ma fille, j'y devois oppoſer ma défence.
Je n'impute qu'à moy l'excès de mes malheurs,
Et j'ay part en ta faute ainſi qu'en tes douleurs.
Si j'ay quelque regret, ce n'eſt pas à ma vie,
Que le déclin des ans m'auroit bien-toſt ravie:
La jeuneſſe des tiens, ſi beaux, ſi floriſſans,
Me porte au fond du cœur des coups bien plus preſſans.
Ma fille, c'eſt donc là ce royal hyménée
Dont nous penſions toucher la pompeuſe journée!
La Parque impitoyable en éteint le flambeau[1],
Et pour lit nuptial il te faut un tombeau!
Ah! rage, déſespoir, destins, feux, poiſons, charmes,
Tournez tous contre moy vos plus crüelles armes:

---

[1]. Toutes les éditions jusqu'en 1654 inclusivement portent:
L'impiteuſe Clothon en porte le flambeau.

S'il faut vous aſſouvir par la mort de deux rois,
Faites en ma faveur que je meure deux fois,
Pourveu que mes deux morts emportent cette grace
De laiſſer ma couronne à mon unique race,
Et cet espoir ſi doux, qui m'a toûjours flaté,
De revivre à jamais en ſa postérité.

CRÉUSE.

Cléone, ſoûtenez, je chancelle, je tombe,
Mon reste de vigueur ſous mes douleurs ſuccombe ;
Je ſens que je n'ay plus à ſouffrir qu'un moment.
Ne me refuſez pas ce triste allégement [1],
Seigneur, et, ſi pour moy quelque amour vous demeure,
Entre vos bras mourans permettez que je meure.
Mes pleurs arrouſeront vos mortels déplaiſirs;
Je meſlerai leurs eaux à vos bruſlans ſoûpirs.
Ah! je bruſle, je meurs, je ne ſuis plus que flame !
De grace, haſtez-vous de recevoir mon ame.
Quoy ! vous vous éloignez !

CRÉON.

Ouy, je ne verray pas,
Comme un laſche témoin, ton indigne trépas:
Il faut, ma fille, il faut que ma main me délivre
De l'infame regret de t'avoir pû ſurvivre.
Inviſible ennemy, ſors avecque mon ſang.

*Il ſe tuë d'un poignard.*

CRÉUSE.

Courez à luy, Cléone; il ſe perce le flanc.

CRÉON.

Retourne, c'en eſt fait. Ma fille, adieu; j'expire,
Et ce dernier ſoûpir met fin à mon martyre :
Je laiſſe à ton Jaſon le ſoin de nous venger.

CRÉUSE.

Vain et triſte confort! ſoulagement léger!
Mon pére...

---

1. Au lieu de ces deux derniers vers on lit ceux qui suivent dans toutes les éditions, jusqu'en 1654 inclusivement :

Le cœur me va manquer ; je n'en puis plus, hélas !
Ne me refuſez point ce funeste ſoulas.

ACTE V.

CLÉONE.
Il ne vit plus, fa grande ame eft partie.
CRÉUSE.
Donnez donc à la mienne une mefme fortie;
Apportez-moy ce fer qui, de ses maux vainqueur,
Eft déja fi fçavant à traverfer le cœur.
Ah! je fens fers, et feux, et poifon, tout enfemble;
Ce que fouffroit mon père à mes peines s'affemble.
Hélas! que de douceurs auroit un prompt trépas!
Dépefchez-vous, Cléone, aidez mon foible bras.
CLÉONE.
Ne defespérez point; les Dieux, plus pitoyables,
A nos juftes clameurs fe rendront éxorables,
Et vous conferveront, en dépit du poifon,
Et pour reine à Corinthe, et pour femme à Jafon.
Il arrive, et, furpris, il change de vifage;
Je lis dans fa palleur une fecrette rage,
Et fon étonnement va paffer en fureur.

## SCÉNE V.

### JASON, CRÉUSE, CLÉONE, THEUDAS.

JASON.

Que voy-je icy, grands Dieux! quel fpectacle
d'horreur! [errante,
Où que puiffent mes yeux porter ma veuë
Je vois ou Créon mort, ou Créüfe mou-
Ne t'en va pas, belle ame, attens encor un peu, [rante.
Et le fang de Médée éteindra tout ce feu.
Pren le trifte plaifir de voir punir fon crime,
De te voir immoler cette infame victime;
Et que ce fcorpion, fur la playe écrafé,
Fourniffe le reméde au mal qu'il a caufé.
CRÉUSE.
Il n'en faut point chercher au poifon qui me tuë;
Laiffe-moy le bon-heur d'expirer à ta veuë,
Souffre que j'en joüiffe en ce dernier moment:
Mon trépas fera place à ton reffentiment;

Le mien céde à l'ardeur dont je fuis poffédée;
J'aime mieux voir Jafon que la mort de Médée.
Approche, cher amant, et retien ces transports :
Mais garde de toucher ce miférable corps ;
Ce brafier, que le charme ou répand ou modére,
A négligé Cléone, et dévoré mon pére :
Au gré de ma rivale il eft contagieux.
Jafon, ce m'eft.affez de mourir à tes yeux :
Empefche les plaifirs qu'elle attend de ta peine ;
N'attire point ces feux esclaves de fa haine.
 Ah, quel aspre tourment! quels douloureux abois !
Et que je fens de morts fans mourir une fois !

### JASON.

Quoy! vous m'estimez donc fi lafche que de vivre?
Et de fi beaux chemins font ouverts pour vous fuivre!
Ma reine, fi l'hymen n'a pû joindre nos corps,
Nous joindrons nos esprits, nous joindrons nos deux morts ;
Et l'on verra Charon paffer chez Radamante,
Dans une mefme barque, et l'amant et l'amante.
Hélas! vous recevez, par ce préfent charmé
Le déplorable prix de m'avoir trop aimé ;
Et puisque cette robe a caufé voftre perte,
Je dois eftre puny de vous l'avoir offerte.
Quoy! ce poifon m'épargne, et ces feux impuiffans
Refufent de finir les douleurs que je fens !
Il faut donc que je vive, et vous m'étes ravie !
Justes Dieux! quel forfait me condamne à la vie?
Eft-il quelque tourment plus grand pour mon amour
Que de la voir mourir, et de fouffrir le jour?
Non, non ; fi par ces feux mon attente eft trompée,
J'ay de quoy m'affranchir au bout de mon épée,
Et l'éxemple du Roy, de fa main transpercé,
Qui nage dans les flots du fang qu'il a verfé,
Inftruit fuffifamment un généreux courage
Des moyens de braver le destin qui l'outrage.

### CRÉUSE.

Si Créüfe eut jamais fur toy quelque pouvoir,
Ne t'abandonne point aux coups du defespoir.
Vy pour fauver ton nom de cette ignominie,
Que Créüfe foit morte, et Médée impunie ;

## Acte V.

Vy pour garder le mien en ton cœur affligé,
Et du moins ne meurs point que tu ne fois vengé.
 Adieu : donne la main ; que, malgré ta jaloufe,
J'emporte chez Pluton le nom de ton époufe.
Ah, douleurs! c'en eft fait, je meurs à cette fois,
Et perds en ce moment la vie avec la voix,
Si tu m'aimes...

    JASON.
    Ce mot luy coupe la parole,
Et je ne fuivray pas fon ame qui s'envole!
Mon esprit, retenu par fes commandemens,
Réferve encor ma vie à de pires tourmens!
Pardonne, chére époufe, à mon obéiffance ;
Mon déplaifir mortel défére à ta puiffance,
Et de mes jours maudits tout preft de triompher,
De peur de te déplaire, il n'ofe m'étouffer.
 Ne perdons point de temps, courons chez la forciére
Délivrer par fa mort mon ame prifonniére.
Vous autres, cependant, enlevez ces deux corps :
Contre tous les démons mes bras font affez forts,
Et la part que voftre aide auroit en ma vengeance
Ne m'en permettroit pas une entiére allégeance.
Préparez feulement des geînes, des bourreaux ;
Devenez inventifs en fupplices nouveaux,
Qui la faffent mourir tant de fois fur leur tombe
Que fon coupable fang leur vaille une hécatombe ;
Et fi cette victime, en mourant mille fois,
N'appaife point encor les manes de deux rois,
Je feray la feconde ; et mon esprit fidelle
Ira gefner là bas fon ame criminelle,
Ira faire affembler pour fa punition
Les peines de Titye à celles d'Ixion.

  *Cléone et le reste emportent le corps de Créon*
   *et de Créüfe, et Jafon continuë feul.*

 Mais leur puis-je imputer ma mort en facrifice ?
Elle m'eft un plaifir, et non pas un fupplice.
Mourir, c'eft feulement auprès d'eux me ranger,
C'eft rejoindre Créüfe, et non pas la venger.
Instrumens des fureurs d'une mére infenfée,
Indignes rejettons de mon amour paffée,

Quel malheureux destin vous avoit réfervez
A porter le trépas à qui vous a fauvez?
C'eft vous, petits ingrats, que, malgré la nature,
Il me faut immoler deffus leur fépulture;
Que la forciére en vous commence de fouffrir;
Que fon prémier tourment foit de vous voir mourir.
Touteffois qu'ont-ils fait qu'obéïr à leur mére?

## SCÉNE VI.

### MÉDÉE, JASON.

MÉDÉE, *en haut, fur un balcon.*

Lafche, ton defespoir encor en délibére?
Léve les yeux, perfide, et reconnoy ce bras
Qui t'a déja vengé de ces petits ingrats;
Ce poignard que tu vois vient de chaffer leurs ames,
Et noyer dans leur fang les restes de nos flames.
Heureux pére et mary, ma fuite et leur tombeau
Laiffent la place vuide à ton hymen nouveau.
Réjoüy-t'en, Jafon, va poffeder Créüfe:
Tu n'auras plus icy perfonne qui t'accufe;
Ces gages de nos feux ne feront plus pour moy
De reproches fecrets à ton manque de foy.

JASON.

Horreur de la nature, éxécrable tygreffe.

MÉDÉE.

Va, bien-heureux amant, cajoller ta maîtreffe,
A cet objet fi cher tu dois tous tes discours;
Parler encor à moy, c'eft trahir tes amours.
Va luy, va luy conter tes rares avantures,
Et contre mes effets ne combats point d'injures.

JASON.

Quoy! tu m'ofes braver, et ta brutalité
Penfe encor échaper à mon bras irrité?
Tu redoubles ta peine avec cette infolence.

MÉDÉE.

Et que peut contre moy ta débile vaillance?
Mon art faifoit ta force, et tes exploits guerriers

Tiennent de mon secours ce qu'ils ont de lauriers.
### JASON.
Ah! c'est trop en souffrir; il faut qu'un prompt supplice
De tant de crüautez à la fin te punisse.
Sus, sus, brisons la porte, enfonçons la maison;
Que des bourreaux soudain m'en sassent la raison.
Ta teste répondra de tant de barbaries.
### MÉDÉE, *en l'air, dans un char tiré par deux dragons.*
Que sert de t'emporter à ces vaines furies?
Épargne, cher époux, des efforts que tu perds;
Voy les chemins de l'air qui me sont tous ouverts;
C'est par là que je fuis, et que je t'abandonne
Pour courir à l'éxil que ton change m'ordonne.
Suy-moy, Jason, et trouve en ces lieux desolez
Des postillons pareils à mes dragons aislez.
Enfin je n'ay pas mal employé la journée
Que la bonté du roy, de grace, m'a donnée;
Mes desirs sont contens. Mon pére et mon païs,
Je ne me repens plus de vous avoir trahis;
Avec cette douceur j'en accepte le blâme.
Adieu, parjure: aprens à connoistre ta femme,
Souvien-toy de sa fuite, et songe une autre fois
Lequel est plus à craindre ou d'elle ou de deux rois.

## SCÉNE VII.
### JASON.
Dieux! ce char volant, disparu dans la nuë,
La desrobe à sa peine, aussi-bien qu'à ma veuë,
Et son impunité triomphe arrogamment
Des projets avortez de mon ressentiment.
Créüse, enfans, Médée, amour, haine, vengeance,
Où doy-je desormais chercher quelque allégeance?
Où suivre l'inhumaine, et dessous quels climats
Porter les châtimens de tant d'assassinats?
Va, furie exécrable, en quelque coin de terre
Que t'emporte ton char, j'y porteray la guerre:
J'apprendray ton séjour de tes sanglans effets,

Et te fuivray par tout au bruit de tes forfaits.
Mais que me fervira cette vaine pourfuite,
Si l'air est un chemin toûjours libre à ta fuite,
Si toûjours tes dragons font prefts à t'enlever,
Si toujours tes forfaits ont dequoy me braver?
Malheureux, ne perds point contre une telle audace
De ta juste fureur l'impuiffante menace;
Ne cours point à ta honte, et fuy l'occafion
D'accroiftre fa victoire et ta confufion.
Miferable! perfide! ainfi donc ta foibleffe
Épargne la forciére, et trahit ta princeffe!
Eft-ce là le pouvoir qu'ont fur toy fes defirs,
Et ton obéïffance à fes derniers foûpirs?
Venge-toy, pauvre amant, Créüfe le commande;
Ne luy refufe point un fang qu'elle demande;
Écoute les accens de fa mourante voix,
Et vole fans rien craindre à ce que tu luy dois.
A qui fçait bien aimer il n'eft rien d'impoffible.
Euffes-tu pour retraite un roc inacceffible,
Tygreffe, tu mourras; et, malgré ton fçavoir,
Mon amour te verra foûmife à fon pouvoir;
Mes yeux fe repaiftront des horreurs de ta peine:
Ainfi le veut Créüfe, ainfi le veut ma haine.
Mais quoy! je vous écoute, impuiffantes chaleurs!
Allez, n'ajoûtez plus de comble à mes malheurs.
Entreprendre une mort que le ciel s'eft gardée,
C'eft préparer encor un triomphe à Médée.
Tourne avec plus d'effet fur toy-mefme ton bras,
Et puny-toy, Jafon, de ne la punir pas.

Vains transports, où fans fruit mon defespoir s'amufe,
Ceffez de m'empefcher de réjoindre Créüse.
Ma reine, ta belle ame, en partant de ces lieux,
M'a laiffé la vengeance, et je la laiffe aux dieux;
Eux feuls, dont le pouvoir égale la justice,
Peuvent de la forciére achever le fupplice.
Trouve-le bon, chére ombre, et pardonne à mes feux
Si je vay te revoir plûtoft que tu ne veux.
*Il fe tuë.*

*Fin du cinquiéme et dernier acte.*

# EXAMEN DE MÉDÉE

Cette tragédie a été traitée en grec par Euripide, et en latin par Sénéque; et c'eſt ſur leur éxemple que je me ſuis authoriſé à en mettre le lieu dans une place publique, quelque peu de vray-ſemblance qu'il y aye à y faire parler des rois, et à y voir Médée prendre les deſſeins de ſa vengeance. Elle en fait confidence, chez Euripide, à tout le chœur, compoſé de Corinthiénnes ſujettes de Créon, et qui devoient eſtre du moins au nombre de quinze, à qui elle dit hautement qu'elle fera périr leur roy, leur princeſſe et ſon mary, ſans qu'aucune d'elles ait la moindre penſée d'en donner avis à ce prince.

Pour Sénéque, il y a quelque apparence qu'il ne luy fait pas prendre ces réſolutions violentes en préſence du chœur, qui n'eſt pas toûjours ſur le théatre, et n'y parle jamais aux autres acteurs ; mais je ne puis comprendre comme, dans ſon quatriéme acte, il luy fait achever ſes enchantemens en place publique; et j'ay mieux aimé rompre l'unité éxacte du lieu pour faire voir Médée dans le meſme cabinet où elle a fait ſes charmes, que de l'imiter en ce point.

Tous les deux m'ont ſemblé donner trop peu de défiance à Créon des préſens de cette magicienne, offenſée au dernier point, qu'il témoigne craindre chez l'un et chez l'autre, et dont il a d'autant plus lieu de ſe défier, qu'elle luy demande inſtamment un jour de délay pour ſe préparer à partir, et qu'il croit qu'elle ne le demande que pour machiner quelque choſe contre luy, et troubler les nopces de ſa fille.

J'ay creu mettre la chose dans un peu plus de justesse, par quelques précautions que j'y ay apportées : la premiére, en ce que Créüse souhaite avec passion cette robe que Médée empoisonne, et qu'elle oblige Jason à la tirer d'elle par adresse : ainsi, bien que les présens des ennemis doivent estre suspects, celuy cy ne le doit pas estre, parce que ce n'est pas tant un don qu'elle fait, qu'un payement qu'on luy arrache de la grace que ses enfans reçoivent ; la seconde, en ce que ce n'est pas Médée qui demande ce jour de délay, qu'elle employe à sa vengeance, mais Créon qui le luy donne de son mouvement, comme pour diminuër quelque chose de l'injuste violence qu'il luy fait, dont il semble avoir honte en luy-mesme ; et la troisiéme enfin, en ce qu'après les défiances que Pollux luy en fait prendre presque par force, il en fait faire l'épreuve sur une autre, avant que de permettre à sa fille de s'en parer.

L'épisode d'Ægée n'est pas tout à fait de mon invention. Euripide l'introduit en son troisiéme acte, mais seulement comme un passant à qui Médée fait ses plaintes, et qui l'asseure d'une retraite chez lui à Athénes, en considération d'un service qu'elle promet de luy rendre. En quoy je trouve deux choses à dire : l'une, qu'Ægée étant dans la cour de Créon, ne parle point du tout de le voir ; l'autre, que, bien qu'il promette à Médée de la recevoir et protéger à Athénes après qu'elle se sera vengée, ce qu'elle fait dès ce jour-là mesme, il luy témoigne touteffois qu'au sortir de Corinthe il va trouver Pitheus à Troezène, pour consulter avec luy sur le sens de l'oracle qu'on venoit de luy rendre à Delphes, et qu'ainsi Médée seroit demeurée en assez mauvaise posture dans Athénes en l'attendant, puisqu'il tarda manifestement quelque temps chez Pitheus, où il fit l'amour à sa fille Æthra, qu'il laissa grosse de Thésée, et n'en partit point que sa grossesse ne fust constante. Pour donner un peu plus d'interest à ce monarque dans l'action de cette tragédie, je le fais amoureux de Créüse, qui luy préfére Jason, et je porte ses ressentimens à l'enlever, afin qu'en cette entreprise, demeurant prisonnier de ceux qui la sauvent de ses mains, il aye obligation à Médée de sa délivrance, et que la reconnoissance qu'il luy en doit l'engage plus fortement à sa protection, et mesme à l'épouser, comme l'histoire le marque.

Pollux est de ces personnages protatiques, qui ne sont introduits que pour écouter la narration du sujet. Je pense l'avoir déja dit, et j'ajouste que ces personnages sont d'ordinaire assez difficiles à imaginer dans la tragédie, parce que les événemens publics et éclatans dont elle est composée sont connus de tout le monde, et que s'il est aisé de trouver des gens qui les sçachent pour les raconter, il n'est pas aisé d'en trouver qui les ignorent pour les entendre ; c'est ce qui m'a fait avoir recours à cette fiction, que Pollux, depuis son retour de Colchos, avoit toûjours été en Asie, où il n'avoit rien appris de ce qui s'étoit passé dans la Grece, que la mer en sépare. Le contraire arrive en la comédie : comme elle n'est que d'intriques particuliers, il n'est rien si facile que de trouver des gens qui les ignorent ; mais souvent il n'y a qu'une seule personne qui les puisse expliquer. Ainsi l'on n'y manque jamais de confidents quand il y a matiére de confidence.

Dans la narration que fait Nérine au quatriéme acte, on peut considérer que, quand ceux qui écoutent ont quelque chose d'important dans l'esprit, ils n'ont pas assez de patience pour écouter le détail de ce qu'on leur vient raconter, et que c'est assez pour eux d'en apprendre l'événement en un mot : c'est ce que fait voir icy Médée, qui, ayant sceu que Jason a arraché Créüse à ses ravisseurs et pris Ægée prisonnier, ne veut point qu'on luy explique comment cela s'est fait. Lors qu'on a affaire à un esprit tranquille, comme Achorée à Cléopatre dans *la Mort de Pompée*, pour qui elle ne s'interesse que par un sentiment d'honneur, on prend le loisir d'exprimer toutes les particularitez ; mais avant que d'y descendre, j'estime qu'il est bon mesme alors d'en dire tout l'effet en deux mots dès l'abord.

Sur tout, dans les narrations ornées et pathétiques, il faut très soigneusement prendre garde en quelle assiette est l'ame de celuy qui parle et de celuy qui écoute, et fe paffer de cet ornement qui ne va guére fans quelque étalage ambitieux, s'il y a la moindre apparence que l'un des deux foit trop en péril, ou dans une paffion trop violente pour avoir toute la patience néceffaire au récit qu'on fe propofe.

J'oubliois à remarquer que la prifon où je mets Ægée eft un fpectacle defagréable que je confeillerois d'éviter; ces grilles qui éloignent l'acteur du fpectateur, et luy cachent toûjours plus de la moitié de fa perfonne, ne manquent jamais à rendre fon action fort languiffante. Il arrive quelquefois des occafions indifpenfables de faire arréter prifonniers fur nos théatres quelques-uns de nos principaux acteurs; mais alors il vaut mieux fe contenter de leur donner des gardes qui les fuivent, et n'affoibliffent ny le fpectacle, ny l'action, comme dans *Polyeucte* et dans *Héraclius*. J'ay voulu rendre vifible icy l'obligation qu'Ægée avoit à Médée; mais cela fe fût mieux fait par un récit.

Je feray bien aife encor qu'on remarque la civilité de Jafon envers Pollux à fon départ : il l'accompagne jufques hors de la ville; et c'eft une adreffe de théatre affez heureufement pratiquée pour l'éloigner de Créon et Créüfe mourans, et n'en avoir que deux à la fois à faire parler. Un autheur est bien embaraffé quand il en a trois, et qu'ils ont tous trois une affez forte paffion dans l'ame pour leur donner une jufte impatience de la pouffer au dehors : c'eft ce qui m'a obligé à faire mourir ce roy malheureux avant l'arrivée de Jafon, afin qu'il n'euft à parler qu'à Créüfe; et à faire mourir cette princeffe avant que Médée fe montre fur le balcon, afin que cét amant en colére n'aye plus à qui s'adreffer qu'à elle; mais on aurait eu lieu de trouver à dire qu'il ne fuft pas auprés de fa maîtreffe dans un fi grand malheur, fi je n'euffe rendu raifon de fon éloignement.

J'ay feint que les feux que produit la robe de Médée, et qui font périr Créon et Créüfe, étoient invifibles, parce que j'ay mis leurs perfonnes fur la fcéne dans la catastrophe. Ce fpectacle de mourans m'étoit néceſſaire pour remplir mon cinquiéme acte, qui ſans cela n'euſt pû atteindre à la longueur ordinaire des noſtres ; mais à dire le vray, il n'a pas l'effet que demande la tragédie ; et ces deux mourans importunent plus par leurs cris et par leurs gémiſſemens, qu'ils ne font pitié par leur malheur. La raiſon en eſt, qu'ils ſemblent l'avoir mérité par l'injuſtice qu'ils ont faite à Médée, qui attire ſi bien de ſon coſté toute la faveur de l'auditoire, qu'on excuſe ſa vengeance après l'indigne traitement qu'elle a receu de Créon et de ſon mary, et qu'on a plus de compaſſion du déſespoir où ils l'ont réduite, que de tout ce qu'elle leur fait ſouffrir.

Quant au ſtile, il eſt fort inégal en ce poëme ; et ce que j'y ay meſlé du mien approche ſi peu de ce que j'ay traduit de Sénéque, qu'il n'eſt point beſoin d'en mettre le texte en marge pour faire diſcerner au lecteur ce qui eſt de luy ou de moy. Le temps m'a donné le moyen d'amaſſer aſſez de forces pour ne laiſſer pas cette différence ſi viſible dans le *Pompée,* où j'ay beaucoup pris de Lucain, et ne crois pas eſtre demeuré fort au-deſſous de luy, quand il a fallu me paſſer de ſon ſecours.

# L'ILLUSION

COMÉDIE[1]

— 1636 —

1. *L'Illusion comique*, représentée en 1636, peu avant *le Cid*, ne fut imprimée que deux ans après ce chef-d'œuvre. Le privilége est du 14 février 1639, l'achevé d'imprimer du 16 mars suivant. La pièce parut *A Paris, chez François Targa*, 1639, in-4º.

## A MADAMOISELLE M. F. D. R.

MADAMOISELLE,

Voici un étrange monſtre que je vous dédie. Le premier acte n'eſt qu'un prologue, les trois ſuivans font une comédie imparfaite, le dernier est une tragédie : et tout cela couſu enſemble fait une comédie. Qu'on en nomme l'invention bizarre et extravagante tant qu'on voudra, elle eſt nouvelle ; et ſouvent la grâce de la nouveauté, parmi nos François, n'eſt pas un petit degré de bonté. Son ſuccès ne m'a point fait de honte ſur le théatre, et j'oſe dire que la repréſentation de cette pièce capricieuſe ne vous a point déplu, puisque vous m'avez commandé de vous en adreſſer l'épître quand elle iroit ſous la preſſe. Je ſuis au déſespoir de vous la préſenter en ſi mauvais état qu'elle en eſt méconnoiſſable : la quantité de fautes que l'imprimeur a ajoutées aux miennes la déguiſe, ou, pour mieux dire, la change entièrement. C'eſt l'effet de mon abſence de Paris, d'où mes affaires m'ont rappelé ſur le point qu'il l'imprimoit, et m'ont obligé d'en abandonner les épreuves à ſa discrétion. Je vous conjure de ne la lire point que vous n'ayez pris la peine de corriger ce que vous trouverez marqué en ſuite de cette épître. Ce n'eſt pas que j'y aye employé toutes les fautes qui s'y ſont couléés ; le nombre en eſt ſi grand, qu'il euſt épouvanté le lecteur : j'ai ſeulement choiſy celles qui peuvent apporter quelque corruption notable au ſens, et qu'on ne peut pas deviner aiſément. Pour les autres, qui ne font que contre la rime, ou l'orthographe, ou la ponctuation, j'ai cru que le lecteur judicieux y suppléeroit sans beaucoup de difficulté, et qu'ainsi il n'étoit pas besoin d'en charger cette premiére feuille. Cela m'apprendra à ne hasarder plus de piéces à l'impression durant mon absence. Ayez assez de bonté pour ne dédaigner pas celle-ci, toute déchirée qu'elle est; et vous m'obligerez d'autant plus à demeurer toute ma vie,

    Madamoiselle,
              Le plus fidelle et le plus passionné
           de vos serviteurs,

                        CORNEILLE.

# ACTEURS

ALCANDRE, magicien.
PRIDAMANT, pére de Clindor.
DORANTE, amy de Pridamant.
MATAMORE, capitan gascon, amoureux d'Ifabelle.
CLINDOR, fuivant du capitan et amant d'Ifabelle.
ADRASTE, gentilhomme amoureux d'Ifabelle.
GÉRONTE, pére d'Ifabelle.
ISABELLE, fille de Géronte.
LYSE, fervante d'Ifabelle.
GEOLIER de Bordeaux.
PAGE du capitan.
CLINDOR, repréfentant THÉAGÉNE, feigneur anglois.
ISABELLE, repréfentant HIPPOLYTE, femme de Théagéne.
LYSE, repréfentant CLARINE, fuivante d'Hippolyte.
ERASTE, efcuyer de Florilame.
TROUPE de domestiques d'Adraste.
TROUPE de domestiques de Florilame.

*La fcéne eft en Touraine, en une campagne proche de la grotte du magicien.*

# L'ILLUSION

COMÉDIE

—

## ACTE PREMIER

### SCÉNE I.

PRIDAMANT, DORANTE.

DORANTE.

Ce mage qui d'un mot renverſe la nature,
N'a choiſy pour palais que cette grotte obſcure.
La nuit qu'il entretient ſur cet affreux ſéjour,
N'ouvrant ſon voile épais qu'aux rayons d'un faux jour,
De leur éclat douteux n'admet en ces lieux ſombres
Que ce qu'en peut ſouffrir le commerce des ombres.
N'avancez pas! ſon art au pied de ce rocher
A mis dequoy punir qui s'en oſe approcher;
Et cette large bouche eſt un mur inviſible,
Où l'air en ſa faveur devient inacceſſible,
Et luy fait un rempart, dont les funeſtes bords
Sur un peu de pouſſiére étalent mille morts.
Jaloux de ſon repos plus que de ſa défenſe,
Il perd qui l'importune, ainſi que qui l'offenſe;
Malgré l'empreſſement d'un curieux deſir,
Il faut, pour luy parler, attendre ſon loiſir:
Chaque jour il ſe montre, et nous touchons à l'heure

Où, pour se divertir, il fort de la demeure.
### PRIDAMANT.
J'en attens peu de chofe, et brufle de le voir.
J'ay de l'impatience, et je manque d'espoir.
Ce fils, ce cher objet de mes inquiétudes,
Qu'ont éloigné de moy des traitemens trop rudes,
Et que depuis dix ans je cherche en tant de lieux,
A caché pour jamais fa préfence à mes yeux.
Sous ombre qu'il prenoit un peu trop de licence,
Contre fes libertez je roidis ma puiffance ;
Je croyois le dompter à force de punir,
Et ma févérité ne fit que le bannir.
Mon ame vit l'erreur dont elle étoit féduite :
Je l'outrageois préfent, et je pleuray fa fuite ;
Et l'amour paternel me fit bien-toft fentir
D'une injuste rigueur un jus e repentir.
Il l'a fallu chercher : j'ay veu dans mon voyage
Le Po, le Rhin, la Meufe, et la Seine, et le Tage :
Toûjours le mefme foin travaille mes esprits ;
Et ces longues erreurs[1] ne m'en ont rien appris.
Enfin, au défespoir de perdre tant de peine,
Et n'attendant plus rien de la prudence humaine,
Pour trouver quelque borne à tant de maux foufferts,
J'ay déja fur ce point confulté les enfers ;
J'ay veu les plus fameux en la haute fcience
Dont vous dites qu'Alcandre a tant d'expérience :
On m'en faifoit l'état que vous faites de luy,
Et pas-un d'eux n'a pû foulager mon ennuy.
L'enfer devient müet quand il me faut répondre,
Ou ne me répond rien qu'afin de me confondre.
### DORANTE.
Ne traitez pas Alcandre en homme du commun ;
Ce qu'il fçait en fon art n'eft connu de pas-un.
Je ne vous diray point qu'il commande au tonnerre,
Qu'il fait enfler les mers, qu'il fait trembler la terre,
Que de l'air, qu'il mutine en mille tourbillons,
Contre fes ennemis il fait des bataillons,

---

1. *Erreurs* est pris ici pour *voyages au hasard*. C'est le sens étymologique : *Errare*.

Que de ſes mots ſçavans les forces inconnuës
Transportent les rochers, font deſcendre les nuës,
Et briller dans la nuit l'éclat de deux ſoleils;
Vous n'avez pas beſoin de miracles pareils :
Il ſuffira pour vous qu'il lit dans les penſées ,
Qu'il connoît l'avenir et les choſes paſſées :
Rien n'eſt ſecret pour luy dans tout cét univers,
Et pour luy nos destins ſont des livres ouverts.
Moy-meſme, ainſi que vous, je ne pouvois le croire;
Mais, ſi-toſt qu'il me vit, il me dit mon histoire ;
Et je fus étonné d'entendre le discours
Des traits les plus cachez de toutes mes amours.
PRIDAMANT.
Vous m'en dites beaucoup.
DORANTE.
J'en ay veu davantage.
PRIDAMANT.
Vous eſſayez en vain de me donner courage,
Mes ſoins et mes travaux verront, ſans aucun fruit ,
Clorre mes tristes jours d'une éternelle nuit.
DORANTE.
Depuis que j'ay quitté le ſéjour de Bretagne
Pour venir faire icy le noble de campagne,
Et que deux ans d'amour, par une heureuſe fin,
M'ont acquis Sylvérie et ce château voiſin,
De pas un, que je ſçache, il n'a deçeu l'attente :
Quiconque le conſulte en ſort l'ame contente.
Croyez-moy, ſon ſecours n'eſt pas à négliger :
D'ailleurs, il eſt ravy quand il peut m'obliger;
Et j'oſe me vanter qu'un peu de mes priéres
Vous obtiendra de luy des faveurs ſinguliéres.
PRIDAMANT.
Le ſort m'eſt trop cruël pour devenir ſi doux.
DORANTE.
Espérez mieux : il ſort et s'avance vers nous.
Regardez-le marcher; ce viſage ſi grave,
Dont le rare ſçavoir tient la nature esclave,
N'a ſauvé toutefois des ravages du temps
Qu'un peu d'os et de nerfs qu'ont décharnés cent ans;
Son corps, malgré ſon âge, a les forces robustes,

Le mouvement facile et les démarches justes :
Des reſſorts inconnus agitent le vieillard,
Et font de tous les pas des miracles de l'art.

## SCÉNE II.

### ALCANDRE, PRIDAMANT, DORANTE.

#### DORANTE.

Grand démon du ſçavoir, de qui les doctes veilles [veilles
Produiſent chaque jour de nouvelles mer-
A qui rien n'eſt ſecret dans nos intentions,
Et qui vois, ſans nous voir, toutes nos actions ;
Si de ton art divin le pouvoir admirable
Jamais en ma faveur ſe rendit ſecourable,
De ce pére affligé ſoulage les douleurs ;
Une vieille amitié prend part en ſes malheurs.
Rennes, ainſy qu'à moy, luy donna la naiſſance,
Et presque entre ſes bras j'ay paſſé mon enfance ;
Là, ſon fils, pareil d'âge et de condition,
S'uniſſant avec moy d'étroite affection...

#### ALCANDRE.

Dorante, c'eſt aſſez, je ſcay ce qui l'améne ;
Ce fils eſt aujourd'huy le ſujet de ſa peine.
  Vieillard, n'eſt-il pas vray que ſon éloignement
Par un juste remords te geſne inceſſamment
Qu'une obstination à te montrer ſévére
L'a banny de ta veuë, et cauſe ta miſére ?
Qu'en vain, au repentir de ta ſévérité,
Tu cherches en tous lieux ce fils ſi maltraité ?

#### PRIDAMANT.

Oracle de nos jours qui connois toutes choſes,
En vain de ma douleur je cacherois les cauſes ;
Tu ſçais trop quelle fut mon injuste rigueur,
Et vois trop clairement les ſecrets de mon cœur.
Il eſt vray, j'ay failly ; mais, pour mes injuſtices,
Tant de travaux en vain ſont d'aſſez grands ſupplices ;

## ACTE I.

Donne enfin quelque borne à mes regrets cuifans,
Ren-moy l'unique appuy de mes debiles ans.
Je le tiendray rendu, fi jen ay des nouvelles;
L'amour pour le trouver me fournira des aifles.
Où fait-il fa retraite? en quels lieux doy-je aller?
Fuft-il au bout du monde, on m'y verra voler.

#### ALCANDRE.

Commencez d'espérer; vous fçaurez par mes charmes
Ce que le ciel vengeur refufoit à vos larmes.
Vous reverrez ce fils plein de vie et d'honneur:
De fon banniffement il tire fon bonheur.
C'eft peu de vous le dire en faveur de Dorante
Je vous veux faire voir fa fortune éclatante.
Les novices de l'art, avec tous leurs encens,
Et leurs mots inconnus, qu'ils feignent tous-puiffans,
Leurs herbes, leurs parfums et leurs cérémonies,
Apportent au métier des longueurs infinies,
Qui ne font, après tout, qu'un myftére pipeur,
Pour fe faire valoir, et pour vous faire peur:
Ma baguette à la main, j'en feray davantage,

*Il donne un coup de baguette, et on tire un rideau, derrière lequel font en parade les plus beaux habits des comédiens.*

Jugez de voftre fils par un tel équipage:
Et bien? celui d'un prince a-t'il plus de fplendeur?
Et pouvez-vous encor douter de fa grandeur?

#### PRIDAMANT.

D'un amour paternel vous flatez les tendreffes;
Mon fils n'eft point de rang à porter ces richeffes,
Et fa condition ne fçauroit confentir
Que d'une telle pompe il s'ofe revêtir.

#### ALCANDRE.

Sous un meilleur deftin fa fortune rangée,
Et fa condition avec le temps changée,
Perfonne maintenant n'a de quoy murmurer
Qu'en public de la forte il aime à fe parer.

#### PRIDAMANT.

A cét efpoir fi doux j'abandonne mon ame:
Mais parmy ces habits je voy ceux d'une femme;
Seroit-il marié?

## L'ILLUSION.

ALCANDRE.
Je vay de fes amours
Et de tous fes hazards vous faire le discours.
Touteffois, fi voftre ame étoit affez hardie,
Sous une illufion vous pourriez voir fa vie,
Et tous ses accidens devant vous exprimez
Par des fpectres pareils à des corps animez;
Il ne leur manquera ny geste, ny parole.

PRIDAMANT.
Ne me foupçonnez point d'une crainte frivole,
Le portrait de celuy que je cherche en tous lieux
Pourroit-il, par fa veuë, épouvanter mes yeux?

ALCANDRE.
Mon cavalier, de grace, il faut faire retraite,
Et fouffrir qu'entre nous l'histoire en foit fecrette.

PRIDAMANT.
Pour un fi bon amy je n'ay point de fecrets.

DORANTE.
Il nous faut fans replique, accepter fes arrefts;
Je vous attens chez moy.

ALCANDRE.
Ce foir, fi bon luy femble,
Il vous apprendra tout quand vous ferez enfemble.

## SCÉNE III.

### ALCANDRE, PRIDAMANT.

ALCANDRE.
Voftre fils tout d'un coup ne fut pas grand feigneur;
Toutes les actions ne vous font pas honneur,
Et je ferois marry d'expofer fa mifère
En fpectacle à des yeux autres que ceux d'un père.
Il vous prit quelque argent, mais ce petit butin
A peine luy dura du foir jufqu'au matin;
Et, pour gagner Paris, il vendit par la plaine
Des brévets[1] à chaffer la fiévre et la migraine,

---

1. Des *brévets*, des recettes, des remèdes prétendus brevetés.

## ACTE I.

Dit la bonne avanture, et s'y rendit ainſi.
Là, comme on vit d'esprit, il en vécut auſſi.
Dedans ſaint Innocent il ſe fit ſecrétaire [1],
Après, montant d'état, il fut clerc d'un notaire.
Ennuyé de la plume il la quitta ſoudain,
Et fit danſer un ſinge au faux-bourg Saint-Germain [2];
Il ſe mit ſur la rime, et l'eſſay de ſa veine
Enrichit les chanteurs de la Samaritaine.
Son ſtile prit après de plus beaux ornemens ;
Il ſe hazarda meſme à faire des romans,
Des chanſons pour Gautier, des pointes pour Guillaume.
Depuis, il trafiqua de chapelets, de baume,
Vendit du mithridate en maiſtre opérateur,
Revint dans le palais, et fut ſolliciteur :
Enfin, jamais Buscon, Lazarille de Tormes,
Sayavédre, et Gusman [3] ne prirent tant de formes.
C'étoit là pour Dorante un honneſte entretien !

PRIDAMANT.
Que je vous ſuis tenu de ce qu'il n'en ſçait rien !

ALCANDRE.
Sans vous faire rien voir, je vous en fais un conte,
Dont le peu de longueur épargne voſtre honte.
  Las de tant de métiers ſans honneur et ſans fruit,
Quelque meilleur destin à Bordeaux l'a conduit;
Et là, comme il penſoit au choix d'un éxercice,
Un brave du païs l'a pris à ſon ſervice.
Ce guerrier amoureux en a fait ſon agent :
Cette commiſſion l'a remeublé d'argent ;
Il ſçait avec adreſſe, en portant les paroles,
De la vaillante dupe attraper les pistoles;
Meſme de ſon agent il s'eſt fait ſon rival,
Et la beauté qu'il ſert ne luy veut point de mal.
Lorsque de ſes amours vous aurez veu l'histoire,
Je vous le veux montrer plein d'éclat et de gloire,

---

1. Des écrivains publics se tenaient autrefois près de l'église des Saints-Innocents, sur l'emplacement aujourd'hui occupé par le marché appelé encore des Innocents.
2. A la Foire Saint-Germain.
3. Héros ou personnages de romans de cette Espagne dont le futur auteur du *Cid* venait de se mettre à étudier la littérature.

Et la mesme action qu'il pratique aujourd'huy.
### PRIDAMANT.
Que déja cét espoir soulage mon ennuy!
### ALCANDRE.
Il a caché son nom en battant la campagne,
Et s'est fait de Clindor le sieur de La Montagne ;
C'est ainsi que tantost vous l'entendrez nommer :
Voyez tout sans rien dire, et sans vous alarmer.

Je tarde un peu beaucoup pour vostre impatience:
N'en concevez pourtant aucune défiance :
C'est qu'un charme ordinaire a trop peu de pouvoir
Sur les spectres parlans qu'il faut vous faire voir.
Entrons dedans ma grotte, afin que j'y prépare
Quelques charmes nouveaux pour un effet si rare.

*Fin du prémier acte.*

## ACTE II

### SCÉNE PRÉMIÉRE.

ALCANDRE, PRIDAMANT.

#### ALCANDRE.

Quoy qu'il s'offre à nos yeux, n'en ayez point d'effroy,
De ma grotte, fur tout, ne fortez qu'après moy,
Sinon, vous étes mort. Voyez déja paroiftre
Sous deux fantômes vains voftre fils et fon maiftre.

#### PRIDAMANT.

O Dieux! je fens mon ame après luy s'envoler.

#### ALCANDRE.

Faites-luy du filence, et l'écoutez parler.

### SCÉNE II.

MATAMORE, CLINDOR.

#### CLINDOR.

Quoy, monfieur, vous refvez! et cette ame hautaine,
Après tant de beaux faits femble eftre encor en peine!
N'étes-vous point laffé d'abattre des guerriers?
Et vous faut-il encor quelques nouveaux lauriers?

#### MATAMORE.

Il eft vray que je refve, et ne fçaurois réfoudre
Lequel je doy des deux le prémier mettre en poudre,
Du grand fophy de Perfe ou bien du grand Mogor.

CLINDOR.
Et de grace, monſieur, laiſſez-les vivre encor.
Qu'ajouſteroit leur perte à voſtre renommée ?
D'ailleurs quand auriez-vous raſſemblé voſtre armée?
MATAMORE.
Mon armée ? ah, poltron ! ah, traiſtre ! pour leur mort
Tu crois donc que ce bras ne ſoit pas aſſez fort ?
Le ſeul bruit de mon nom renverſe les murailles,
Défait les escadrons, et gagne les batailles [1].
Mon courage invaincu contre les empereurs
N'arme que la moitié de ſes moindres fureurs ;
D'un ſeul commandement que je fais aux trois Parques,
Je dépeuple l'État des plus heureux monarques ;
Le foudre eſt mon canon, les destins mes ſoldats :
Je couche d'un revers mille ennemis à bas.
D'un ſouffle je réduis leurs projets en fumée ;
Et tu m'oſes parler cependant d'une armée !
Tu n'auras plus l'honneur de voir un ſecond Mars ;
Je vay t'aſſaſſiner d'un ſeul de mes regards,
Veillaque [2] ! Toutesfois, je ſonge à ma maiſtreſſe ;
Ce penſer m'adoucit. Va, ma colére ceſſe,
Et ce petit archer, qui dompte tous les dieux,
Vient de chaſſer la mort qui logeoit dans mes yeux.
Regarde, j'ay quitté cette effroyable mine,
Qui maſſacre, détruit, briſe, bruſle, extermine ;
Et, penſant au bel œil qui tient ma liberté,
Je ne ſuis plus qu'amour, que grace, que beauté.
CLINDOR.
O dieux ! en un moment que tout vous eſt poſſible !

1. Il y a plus qu'une réminiscence de ces deux vers dans l'*Épître au Roi* de Boileau :

Condé, dont le nom seul fait tomber les murailles,
Force les escadrons, et gagne les batailles.

2. Nous ne trouvons ce mot que dans Trévoux, et voici l'étymologie qu'il lui prête : « On appelle ainsi un homme de mau-« vaise foi, sans probité et sans honneur ! Je crois que ce mot « est corrompu de celui de *Valaque*. La nation des Valaques « est notée par tous les historiens pour sa méchanceté et sa dé-« loyauté. » Nous sommes plutôt porté à croire que le mot vient de l'espagnol *vellaco*, coquin, fripon.

Je vous vois auffi beau que vous étiez terrible,
Et ne croy point d'objet fi ferme en fa rigueur,
Qu'il puiffe constamment vous refufer son cœur.
#### MATAMORE.
Je te le dis encor, ne fois plus en alarme :
Quand je veux, j'épouvante; et, quand je veux, je charme;
Et, felon qu'il me plaift, je remplis tour à tour
Les hommes de terreur, et les femmes d'amour.
 Du temps que ma beauté m'étoit inféparable,
Leurs perfécutions me rendoient miférable ;
Je ne pouvois fortir fans les faire pafmer;
Mille mouroient par jour à force de m'aimer;
J'avois des rendez-vous de toutes les princeffes ;
Les reines, à l'envy, mendioient mes careffes;
Celle d'Ethïopie et celle du Japon
Dans leurs foùpirs d'amour ne mefloient que mon nom.
De paffion pour moy deux fultanes troublérent;
Deux autres, pour me voir, du ferrail s'échapérent :
J'en fus mal quelque temps avec le Grand Seigneur.
#### CLINDOR.
Son mécontentement n'alloit qu'à voftre honneur.
#### MATAMORE.
Ces pratiques nuifoient à mes deffeins de guerre,
Et pouvoient m'empefcher de conquérir la terre.
D'ailleurs j'en devins las; et, pour les arréter,
J'envoyay le Destin dire à fon Jupiter
Qu'il trouvaft un moyen qui fift ceffer les flames,
Et l'importunité dont m'accabloient les dames,
Qu'autrement ma colére iroit dedans les cieux
Le degrader foudain de l'empire des dieux,
Et donneroit à Mars à gouverner fa foudre.
La frayeur qu'il en eut le fit bien-toft réfoudre:
Ce que je demandois fut preft en un moment;
Et depuis, je fuis beau quand je veux feulement.
#### CLINDOR.
Que j'aurois, fans cela, de poulets à vous rendre!
#### MATAMORE.
De quelle que ce foit, garde-toy bien d'en prendre,
Sinon de... tu m'entens? Que dit-elle de moy?

### CLINDOR.
Que vous étes des cœurs et le charme et l'effroy ;
Et que, fi quelque effet peut fuivre vos promeffes,
Son fort eft plus heureux que celuy des déeffes.
### MATAMORE.
Écoute. En ce temps-là, dont tantoft je parlois,
Les déeffes auffi fe rangeoient fous mes loix ;
Et je te veux conter une étrange avanture
Qui jetta du defordre en toute la nature,
Mais defordre auffi grand qu'on en voye arriver.
  Le Soleil fut un jour fans fe pouvoir lever,
Et ce vifible dieu que tant de monde adore,
Pour marcher devant luy ne trouvoit point d'Aurore :
On la cherchoit par tout, au lit du vieux Thiton,
Dans les bois de Céphale, au palais de Memnon ;
Et faute de trouver cette belle fourriére,
Le jour jusqu'à midy fe paffa fans lumiére.
### CLINDOR.
Où pouvoit eftre alors la reine des clartez ?
### MATAMORE.
Au milieu de ma chambre à m'offrir fes beautez :
Elle y perdit fon temps, elle y perdit fes larmes ;
Mon cœur fut infenfible à fes plus puiffans charmes ;
Et tout ce qu'elle obtint pour fon frivole amour
Fut un ordre précis d'aller rendre le jour.
### CLINDOR.
Cét étrange accident me revient en mémoire ;
J'étois lors en Méxique, où j'en appris l'histoire,
Et j'entendis conter que la Perfe en couroux
De l'affront de fon dieu murmuroit contre vous.
### MATAMORE.
J'en ouïs quelque chofe, et je l'euffe punie ;
Mais j'étois engagé dans la Tranffilvanie,
Où fes ambaffadeurs, qui vindrent l'excufer,
A force de préfens me fçeurent appaifer.
### CLINDOR.
Que la clémence eft belle en un fi grand courage !
### MATAMORE.
Contemple, mon amy, contemple ce vifage ;
Tu vois un abrégé de toutes les vertus.

D'un monde d'ennemis fous mes pieds abatus,
Dont la race eft périe, et la terre déferte,
Pas-un qu'à fon orgueil n'a jamais deu fa perte.
Tous ceux qui font hommage à mes perfections
Conferveut leurs États par leurs fubmiffions.
 En Europe, où les rois font d'une humeur civile,
Je ne leur raze point de chafteau, ny de ville;
Je les fouffre régner : mais, chez les Africains,
Par tout où j'ay trouvé des rois un peu trop vains,
J'ay détruit leurs païs pour punir leurs monarques,
Et leurs vastes déferts en font de bonnes marques;
Ces grands fables qu'à peine on paffe fans horreur
Sont d'affez beaux effets de ma juste fureur.

###### CLINDOR.
Revenons à l'amour, voicy voftre maitreffe.
###### MATAMORE.
Ce diable de rival l'accompagne fans ceffe.
###### CLINDOR.
Où vous retirez-vous?
###### MATAMORE.
Ce fat n'eft pas vaillant,
Mais il a quelque humeur qui le rend infolent.
Peut-eftre qu'orgueilleux d'eftre avec cette belle,
Il feroit affez vain pour me faire querelle.
###### CLINDOR.
Ce feroit bien courir luy-mefme à fon malheur.
###### MATAMORE.
Lors que j'ay ma beauté, je n'ay point de valeur.
###### CLINDOR.
Ceffez d'eftre charmant, et faites-vous terrible.
###### MATAMORE.
Mais tu n'en prévois pas l'accident infaillible :
Je ne fçaurois me faire effroyable à demy;
Je tûrois ma maitreffe avec mon ennemy.
Attendons en ce coin l'heure qui les fépare.
###### CLINDOR.
Comme voftre valeur, voftre prudence eft rare.

## SCÉNE III.

### ADRASTE, ISABELLE.

#### ADRASTE.

Hélas! s'il eſt ainſi, quel malheur eſt le mien!
Je ſoûpire, j'endure, et je n'avance rien;
Et, malgré les transports de mon amour ex-[trême,
Vous ne voulez pas croire encor que je vous aime.

#### ISABELLE.

Je ne ſçay pas, Monſieur, dequoy vous me blaſmez,
Je me connois aimable, et croy que vous m'aimez;
Dans vos ſoûpirs ardens j'en voy trop d'apparence;
Et, quand bien de leur part j'aurois moins d'aſſeurance,
Pour peu qu'un honneſte homme ait vers vous de crédit,
Je luy fais la faveur de croire ce qu'il dit.
Rendez-moy la pareille, et, puisqu'à voſtre flame
Je ne déguiſe rien de ce que j'ay dans l'ame,
Faites-moy la faveur de croire ſur ce point
Que, bien que vous m'aimiez, je ne vous aime point.

#### ADRASTE.

Crüelle, eſt-ce là donc ce que vos injustices
Ont réſervé de prix à de ſi longs ſervices?
Et mon fidelle amour eſt-il ſi criminel,
Qu'il doive eſtre puny d'un mépris éternel?

#### ISABELLE.

Nous donnons bien ſouvent de divers noms aux choſes:
Des épines pour moy, vous les nommez des roſes;
Ce que vous appellez ſervice, affection,
Je l'appelle ſupplice, et perſécution.
Chacun dans ſa croyance également s'obstine,
Vous penſez m'obliger d'un feu qui m'aſſaſſine;
Et ce que vous jugez digne du plus haut prix
Ne mérite, à mon gré, que haine et que mépris.

#### ADRASTE.

N'avoir que du mépris pour des flames ſi ſaintes
Dont j'ay receu du ciel les premiéres atteintes!
Ouy, le ciel, au moment qu'il me fit respirer,

Ne me donna de cœur que pour vous adorer.
Mon ame vint au jour pleine de voſtre idée;
Avant que de vous voir vous l'avez poſſédée;
Et quand je me rendis à des regards ſi doux,
Je ne vous donnay rien qui ne fuſt tout à vous;
Rien que l'ordre du ciel n'euſt déja fait tout voſtre.
###### ISABELLE.
Le ciel m'euſt fait plaiſir d'en enrichir une autre;
Il vous fit pour m'aimer, et moy pour vous haïr:
Gardons-nous bien tous deux de luy deſobéïr.
Vous avez, après tout, bonne part à ſa haine,
Ou d'un crime ſecret il vous livre à la peine;
Car je ne penſe pas qu'il ſoit tourment égal
Au ſupplice d'aimer qui vous traite ſi mal.
###### ADRASTE.
La grandeur de mes maux vous étant ſi connuë,
Me refuſerez-vous la pitié qui m'eſt deuë?
###### ISABELLE.
Certes j'en ay beaucoup, et vous plains d'autant plus
Que je voy ces tourmens tout-à-fait ſuperflus,
Et n'avoir pour tout fruit d'une longue ſouffrance,
Que l'incommode honneur d'une triſte conſtance.
###### ADRASTE.
Un pére l'authoriſe, et mon feu maltraité
Enfin aura recours à ſon authorité.
###### ISABELLE.
Ce n'eſt pas le moyen de trouver voſtre conte;
Et d'un ſi beau deſſein vous n'aurez que la honte.
###### ADRASTE.
J'eſpére voir pourtant, avant la fin du jour,
Ce que peut ſon vouloir au defaut de l'amour.
###### ISABELLE.
Et moy, j'eſpére voir, avant que le jour paſſe,
Un amant accablé de nouvelle diſgrace.
###### ADRASTE.
Et quoy! cette rigueur ne ceſſera jamais?
###### ISABELLE.
Allez trouver mon pére, et me laiſſez en paix.
###### ADRASTE.
Voſtre ame, au repentir de ſa froideur paſſée,

Ne la veut point quitter fans eftre un peu forcée :
J'y vay tout de ce pas, mais avec des fermens
Que c'eft pour obéïr à vos commandemens.
### ISABELLE.
Allez continüer une vaine pourfuite.

## SCÉNE IV.

### MATAMORE, ISABELLE, CLINDOR.

### MATAMORE.

t bien ? dés qu'il m'a veu, comme a-t'il
pris la fuite ! [instant ?
M'a-t'il bien fçeu quitter la place au mefme
### ISABELLE.
Ce n'eft pas honte a luy ; les rois en font autant,
Du moins fi ce grand bruit qui court de vos merveilles
N'a trompé mon esprit en frappant mes oreilles.
### MATAMORE.
Vous le pouvez bien croire ; et, pour le témoigner,
Choififfez en quels lieux il vous plaift de régner ;
Ce bras tout auffi-toft vous conquefte un empire :
J'en jure par luy-mefme, et cela c'eft tout dire.
### ISABELLE.
Ne prodiguez pas tant ce bras toûjours vainqueur ;
Je ne veux point régner que deffus voftre cœur :
Toute l'ambition que me donne ma flame,
C'eft d'avoir pour fujet les defirs de voftre ame.
### MATAMORE.
Il vous font tous acquis, et, pour vous faire voir
Que nous avons fur eux un abfolu pouvoir,
Je n'écouteray plus cette humeur de conquefte ;
Et laiffant tous les rois leurs couronnes en tefte,
J'en prendray feulement deux ou trois pour valets,
Qui viendront à genoux vous rendre mes poulets.
### ISABELLE.
L'éclat de tels fuivans attireroit l'envie
Sur le rare bonheur où je coule ma vie ;
Le commerce discret de nos affections

N'a besoin que de luy pour ces commissions.
### MATAMORE.
Vous avez, Dieu me sauve, un esprit à ma mode ;
Vous trouvez, comme moy, la grandeur incommode,
Les sceptres les plus beaux n'ont rien pour moy d'exquis ;
Je les rens aussi-tost que je les ay conquis,
Et me suis veu charmer quantité de princesses,
Sans que jamais mon cœur les voulust pour maitresses.
### ISABELLE.
Certes en ce point seul je manque un peu de foy
Que vous ayez quitté des princesses pour moy !
Que vous leur refusiez un cœur dont je dispose !
### MATAMORE.
Je croy que La Montagne en sçaura quelque chose.
Vien ça. Lorsqu'en la Chine, en ce fameux tournoy,
Je donnay dans la veuë aux deux filles du roy,
Que te dit-on en cour de cette jalousie
Dont pour moy toutes deux eurent l'ame saisie ?
### CLINDOR.
Par vos mépris enfin l'une et l'autre mourut.
J'étois lors en Egypte, où le bruit en courut ;
Et ce fut en ce temps que la peur de vos armes
Fit nager le grand Caire en un fleuve de larmes.
Vous veniez d'assommer dix géans en un jour ;
Vous aviez désolé les païs d'alentour,
Razé quinze chasteaux, applany deux montagnes,
Fait passer par le feu villes, bourgs et campagnes,
Et défait, vers Damas, cent mille combatans.
### MATAMORE.
Que tu remarques bien, et les lieux, et les temps !
Je l'avois oublié.
### ISABELLE.
    Des faits si pleins de gloire
Vous peuvent-ils ainsi sortir de la mémoire ?
### MATAMORE.
Trop pleine de lauriers remportés sur les rois,
Je ne la charge point de ces menus exploits.

## SCÈNE V.

**MATAMORE, ISABELLE, CLINDOR, PAGE.**

PAGE.

onsieur.

MATAMORE.
Que veux-tu, page ?
PAGE.
Un courier vous demande.
MATAMORE.
D'où vient-il ?
PAGE.
De la part de la reine d'Islande.
MATAMORE.
Ciel, qui fçay comme quoi j'en fuis perfécuté,
Un peu plus de repos avec moins de beauté !
Fay qu'un fi long mépris enfin la defabufe.
CLINDOR.
Voyez ce que pour vous ce grand guerrier refufe.
ISABELLE.
Je n'en puis plus douter.
CLINDOR.
Il vous le difoit bien.
MATAMORE.
Elle m'a beau prier, non, je n'en feray rien.
Et, quoy qu'un fol espoir ofe encor lui promettre,
Je luy vais envoyer fa mort dans une lettre.
Trouvez-le bon, ma reine, et fouffrez cependant
Une heure d'entretien de ce cher confident,
Qui, comme de ma vie il fçait toute l'histoire,
Vous fera voir fur qui vous avez la victoire.
ISABELLE.
Tardez encore moins; et par ce prompt retour
Je jugeray quelle eft envers moy voftre amour.

## SCÈNE VI.

### CLINDOR, ISABELLE.

CLINDOR.

ugez plûtoft par là l'humeur du perfonnage :
Ce page n'eft chez luy que pour ce badinage,
Et venir d'heure en heure avertir fa gran-
[deur
D'un courier, d'un agent, ou d'un ambaffadeur.

ISABELLE.

Ce meffage me plaift bien plus qu'il ne luy femble ;
Il me défait d'un fou pour nous laiffer enfemble.

CLINDOR.

Ce discours favorable enhardira mes feux
A bien ufer du temps fi propice à mes vœux.

ISABELLE.

Que m'allez-vous conter ?

CLINDOR.

Que j'adore Ifabelle,
Que je n'ay plus de cœur ny d'ame que pour elle ;
Que ma vie...

ISABELLE.

Épargnez ces propos fuperflus ;
Je les fçay, je les croy ; que voulez-vous de plus ?
Je néglige à vos yeux l'offre d'un diadéme ;
Je dédaigne un rival : en un mot, je vous aime.
C'eft aux commencemens des foibles paffions
A s'amufer encor aux protestations :
Il fuffit de nous voir au point où font les noftres ;
Un coup d'œil vaut pour vous tous les difcours des autres.

CLINDOR.

Dieux ! qui l'euft jamais creu, que mon fort rigoureux
Se rendift fi facile à mon cœur amoureux !
Banny de mon païs par la rigueur d'un pére,
Sans fupport, fans amis, accablé de miféres,
Et réduit à flater le caprice arrogant
Et les vaines humeurs d'un maiftre extravagant :

Ce pitoyable état de ma triste fortune
N'a rien qui vous déplaife ou qui vous importune;
Et d'un rival puiffant les biens et la grandeur
Obtiennent moins fur vous que ma fincére ardeur.
### ISABELLE.
C'eft comme il faut choifir. Un amour véritable
S'attache feulement à ce qu'il voit aimable.
Qui regarde les biens ou la condition
N'a qu'un amour avare, ou plein d'ambition,
Et fouille lafchement, par ce meflange infame,
Les plus nobles defirs qu'enfante une belle ame.
Je fçay bien que mon pére a d'autres fentimens,
Et mettra de l'obstacle à nos contentemens:
Mais l'amour fur mon cœur a pris trop de puiffance
Pour écouter encor les loix de la naiffance.
Mon pére peut beaucoup, mais bien moins que ma foy.
Il a choify pour luy, je veux choifir pour moy.
### CLINDOR.
Confus de voir donner à mon peu de mérite...
### ISABELLE.
Voicy mon importun; fouffrez que je l'évite.


## SCÉNE VII.

### ADRASTE, CLINDOR.

#### ADRASTE.

Que vous étes heureux! et quel malheur me fuit! [fuit.
Ma maîtreffe vous fouffre, et l'ingrate me
Quelque gouft qu'elle prenne en voftre com-
Si-tost que j'ay paru, mon abord l'a bannie.  pagnie,
### CLINDOR.
Sans avoir veu vos pas s'adreffer en ce lieu,
Laffe de mes difcours, elle m'a dit adieu.
### ADRASTE.
Laffe de vos discours! voftre humeur eft trop bonne,
Et voftre esprit trop beau pour ennuyer personne.
Mais que luy contiez-vous qui pûft l'importuner?

#### CLINDOR.
Des choses qu'aisément vous pouvez deviner,
Les amours de mon maistre, ou plùtost les sottises,
Ses conquestes en l'air, ses hautes entreprises.
#### ADRASTE.
Voulez-vous m'obliger? vostre maistre, ny vous,
N'étes pas gens tous deux à me rendre jaloux;
Mais, si vous ne pouvez arrêter ses saillies,
Divertissez ailleurs le cours de ses folies.
#### CLINDOR.
Que craignez-vous de luy, dont tous les complimens
Ne parlent que de morts et de saccagemens,
Qu'il bat, terrasse, brise, étrangle, brusle, assomme?
#### ADRASTE.
Pour estre son valet, je vous trouve honneste homme;
Vous n'étes point de taille à servir sans dessein
Un fanfaron plus fou que son discours n'est vain.
Quoy qu'il en soit, depuis que je vous voy chez elle,
Toûjours de plus en plus je l'éprouve cruelle :
Ou vous servez quelqu'autre, ou vostre qualité
Laisse dans vos projets trop de témérité.
Je vous tiens fort suspect de quelque haute adresse :
Que vostre maistre, enfin, fasse une autre maitresse;
Ou, s'il ne peut quitter un entretien si doux,
Qu'il se serve du moins d'un autre que de vous.
Ce n'est pas qu'après tout les volontez d'un pére,
Qui sçait ce que je suis, ne terminent l'affaire;
Mais purgez-moy l'esprit de ce petit soucy,
Et si vous vous aimez, bannissez-vous d'icy :
Car si je vous voy plus regarder cette porte,
Je sçay comme traiter les gens de vostre sorte.
#### CLINDOR.
Me prenez-vous pour homme à nuire à vostre feu[1]?
#### ADRASTE.
Sans replique, de grace, ou nous verrons beau jeu.
Allez; c'est assez dit.

---

1. On lit dans toutes les éditions jusqu'en 1654 inclusivement :

Me croyez-vous bastant de nuire à vostre feu ?

#### CLINDOR.
Pour un léger ombrage,
C'eſt trop indignement traiter un bon courage.
Si le ciel en naiſſant ne m'a fait grand ſeigneur,
Il m'a fait le cœur ferme et ſenſible à l'honneur :
Et je pourrois bien rendre un jour ce qu'on me préte.
#### ADRASTE.
Quoi ! vous me menacez ?
#### CLINDOR.
Non, non, je fais retraite.
D'un ſi crüel affront vous aurez peu de fruit ;
Mais ce n'eſt pas icy qu'il faut faire du bruit.

### SCÉNE VIII.
#### ADRASTE, LYSE.

#### ADRASTE.
e beliſtre inſolent me fait encor bravade.
#### LYSE.
A ce conte, monsieur, voſtre esprit eſt malade ?
#### ADRASTE.
Malade, mon esprit !
#### LYSE.
Ouy, puisqu'il eſt jaloux
Du malheureux agent de ce prince des foux.
#### ADRASTE.
Je ſçay ce que je ſuis, et ce qu'eſt Iſabelle,
Et crains peu qu'un valet me ſupplante auprès d'elle.
Je ne puis touteſſois ſouffrir ſans quelque ennuy
Le plaiſir qu'elle prend à cauſer avec luy.
#### LYSE.
C'eſt dénier enſemble et conſeſſer la debte.
#### ADRASTE.
Nomme, ſi tu le veux, ma boutade indiscrette,
Et trouve mes ſoupçons bien ou mal à propos,
Je l'ay chaſſé d'icy pour me mettre en repos.
En effet, qu'en eſt-il ?
#### LYSE.
Si j'oſe vous le dire,

## Acte II.

Ce n'eſt plus que pour luy qu'Iſabelle ſoûpire.
### Adraste.
Lyſe, que me dis-tu !
### Lyse.
     Qu'il poſſéde ſon cœur,
Que jamais feux naiſſans n'eurent tant de vigueur,
Qu'ils meurent l'un pour l'autre, et n'ont qu'une penſée.
### Adraste.
Trop ingrate beauté, déloyale, inſenſée,
Tu m'oſes donc ainſi préferer un maraut ?
### Lyse.
Ce rival orgueilleux le porte bien plus haut,
Et je vous en veux faire entiére confidence :
Il ſe dit gentilhomme, et riche.
### Adraste.
        Ah ! l'impudence !
### Lyse.
D'un pére rigoureux fuyant l'authorité
Il a couru long-temps d'un et d'autre coſté ;
Enfin, manque d'argent peut-eſtre, ou par caprice,
De noſtre Fiérabras il s'eſt mis au ſervice,
Et, ſous ombre d'agir pour ſes folles amours,
Il a ſçeu pratiquer de ſi ruſez détours,
Et charmer tellement cette pauvre abuſée,
Que vous en avez veu voſtre ardeur mépriſée :
Mais parlez à ſon pére, et bien-toſt ſon pouvoir
Remettra ſon esprit aux termes du devoir.
### Adraste.
Je viens tout maintenant d'en tirer aſſeurance
De recevoir les fruits de ma perſévérance ;
Et devant qu'il ſoit peu nous en verrons l'effet :
Mais écoute, il me faut obliger tout à fait.
### Lyse.
Où je vous puis ſervir j'oſe tout entreprendre !
### Adraste.
Peux-tu dans leurs amours me les faire ſurprendre ?
### Lyse.
Il n'eſt rien plus aiſé, peut-eſtre dès ce ſoir.
### Adraste.
Adieu donc. Souvien-toy de me les faire voir.

Cependant prén cecy feulement par avance.
### LYSE.
Que le galand alors foit frotté d'importance.
### ADRASTE.
Croy-moy, qu'il fe verra, pour te mieux contenter,
Chargé d'autant de bois qu'il en pourra porter.

## SCÉNE IX.

### LYSE.

L'arrogant croit déjà tenir ville gaignée ;
Mais il fera puny de m'avoir dédaignée.
Parce qu'il eft aimable, il fait le petit dieu,
Et ne veut s'adreffer qu'aux fi les de bon lieu.
Je ne mérite pas l'honneur de fes careffes :
Vraiment c'eft pour fon nez, il lui faut des maîtreffes ;
Je ne fuis que fervante : et qu'eft-il que valet ?
Si fon vifage eft beau, le mien n'eft pas trop laid :
Il fe dit riche et noble, et cela me fait rire ;
Si loin de fon païs, qui n'en peut autant dire ?
Qu'il le foit, nous verrons ce foir, fi je le tiens,
Dancer fous le cotret fa nobleffe et fes biens.

## SCÉNE X.

### ALCANDRE, PRIDAMANT.

### ALCANDRE.

Le cœur vous bat un peu.
### PRIDAMANT.
Je crains cette menace.
### ALCANDRE.
Lyfe aime trop Clindor pour caufer fa disgrace.
### PRIDAMANT.
Elle en eft méprifée, et cherche à fe venger.
### ALCANDRE.
Ne craignez point : l'amour la fera bien changer.

*Fin du fecond acte.*

# ACTE III.

## SCÉNE PRÉMIÉRE.

### GÉRONTE, ISABELLE.

#### GÉRONTE.

ppaifez vos foûpirs, et tariffez vos larmes;
Contre ma volonté ce font de foibles armes:
Mon cœur, quoy que fenfible à toutes vos douleurs,
Écoute la raifon, et néglige vos pleurs. [mefme.
Je fçay ce qu'il vous faut beaucoup mieux que vous
Vous dédaignez Adrafte à caufe que je l'aime;
Et, parce qu'il me plaift d'en faire voftre époux,
Voftre orgueil n'y voit rien qui foit digne de vous.
Quoy! manque-t'il de bien, de cœur, ou de nobleffe?
En eft-ce le vifage, ou l'efprit qui vous bleffe?
Il vous fait trop d'honneur.

#### ISABELLE.

Je fçay qu'il eft parfait,
Et que je répons mal à l'honneur qu'il me fait;
Mais fi voftre bonté me permet en ma caufe,
Pour me juftifier, de dire quelque chofe,
Par un fecret inftinct, que je ne puis nommer,
J'en fais beaucoup d'état, et ne le puis aimer.
Souvent je ne fçay quoy que le ciel nous infpire
Soûleve tout le cœur contre ce qu'on defire,
Et ne nous laiffe pas en état d'obéïr
Quand on choifit pour nous ce qu'il nous fait haïr.
Il attache icy bas avec des fympathies
Les ames que fon ordre a là-haut afforties:
On n'en fçauroit unir fans fes avis fecrets;
Et cette chaifne manque où manquent fes decrets.

Aller contre les loix de cette providence,
C'eſt le prendre à partie, et blaſmer ſa prudence,
L'attaquer en rebelle, et s'expoſer aux coups
Des plus aſpres malheurs qui ſuivent ſon courroux.
GÉRONTE.
Inſolente! eſt-ce ainſi que l'on ſe justifie?
Quel maiſtre vous apprend cette philoſophie?
Vous en ſçavez beaucoup, mais tout voſtre ſçavoir
Ne m'empeſchera pas d'uſer de mon pouvoir.
Si le ciel pour mon choix vous donne tant de haine,
Vous a-t'il miſe en feu pour ce grand capitaine?
Ce guerrier valeureux vous tient-il dans ſes fers?
Et vous a-t'il domptée avec tout l'univers?
Ce fanfaron doit-il relever ma famille?
ISABELLE.
Et de grace, monſieur, traitez mieux voſtre fille!
GÉRONTE.
Quel ſujet donc vous porte à me déſobéir?
ISABELLE.
Mon heur et mon repos, que je ne puis trahir.
Ce que vous appelez un heureux hyménée
N'eſt pour moy qu'un enfer, ſi j'y ſuis condamnée
GÉRONTE.
Ah! qu'il en eſt encor de mieux faites que vous,
Qui ſe voudroient bien voir dans un enfer ſi doux!
Après tout, je le veux; cédez à ma puiſſance.
ISABELLE.
Faites un autre eſſay de mon obéïſſance.
GÉRONTE.
Ne me répliquez plus quand j'ay dit : *je le veux*.
Rentrez; c'eſt deſormais trop contesté nous deux.

## SCÉNE II.

### GÉRONTE.

u'à préſent la jeuneſſe a d'étranges manies!
Les régles du devoir luy ſont des tyran-
nies;                                    [impuiſſans
Et les droits les plus ſaints deviennnent

Acte III.

Contre cette fierté qui l'attache à ſon ſens.
Telle eſt l'humeur du ſexe; il aime à contredire,
Rejette obſtinément le joug de noſtre empire,
Ne ſuit que ſon caprice en ſes affections,
Et n'eſt jamais d'accord de nos élections.
N'eſpére pas pourtant, aveugle et ſans cervelle,
Que ma prudence céde à ton esprit rebelle.
Mais ce fou viendra-t'il toûjours m'embarraſſer ?
Par force ou par adreſſe il me le faut chaſſer.

## SCÉNE III.

### GÉRONTE, MATAMORE, CLINDOR.

MATAMORE, *à Clindor.*

Ne doit-on pas avoir pitié de ma fortune ?
Le grand Viſir encor de nouveau m'importune ;
Le Tartare, d'ailleurs, m'appelle à son ſecours ;
Narſingue et Calicut m'en preſſent tous les jours ;
Si je ne les refuſe, il me faut mettre en quatre.

CLINDOR

Pour moy, je ſuis d'avis que vous les laiſſiez battre.
Vous emploiriez trop mal vos invincibles coups
Si, pour en ſervir un, vous faiſiez trois jaloux.

MATAMORE.

Tu dis bien, c'eſt aſſez de telles courtoiſies ;
Je ne veux qu'en amour donner des jalouſies.
Ah ! monſieur, excuſez ſi, faute de vous voir,
Bien que ſi près de vous, je manquois au devoir.
Mais quelle émotion paroit ſur ce viſage ?
Où ſont vos ennemis, que j'en faſſe carnage ?

GÉRONTE.

Monſieur, graces aux dieux, je n'ay point d'ennemis.

MATAMORE.

Mais graces à ce bras qui vous les a ſoûmis.

GÉRONTE.

C'eſt une grace encor que j'avois ignorée.

##### MATAMORE.
Depuis que ma faveur pour vous s'eſt déclarée,
Ils ſont tous morts de peur, ou n'ont oſé branſler.
##### GÉRONTE.
C'eſt ailleurs maintenant qu'il vous faut ſignaler :
Il fait beau voir ce bras plus craint que le tonnerre,
Demeurer ſi paiſible en un temps plein de guerre,
Et c'eſt pour acquérir un nom bien relevé,
D'eſtre dans une ville à battre le pavé !
Chacun croit voſtre gloire à faux titre uſurpée,
Et vous ne paſſez plus que pour traiſneur d'épée.
##### MATAMORE.
Ah, ventre ! il eſt tout vray que vous avez raiſon ;
Mais le moyen d'aller, ſi je ſuis en priſon ?
Iſabelle m'arreſte, et ſes yeux pleins de charmes
Ont captivé mon cœur, et ſuspendu mes armes.
##### GÉRONTE.
Si rien que ſon ſujet ne vous tient arrêté,
Faites voſtre équipage en toute liberté ;
Elle n'eſt pas pour vous, n'en ſoyez point en peine.
##### MATAMORE.
Ventre ! que dites-vous ? je la veux faire reine.
##### GÉRONTE.
Je ne ſuis pas d'humeur à rire tant de fois,
Du grotesque récit de vos rares exploits,
La ſottiſe ne plaiſt qu'alors qu'elle eſt nouvelle :
En un mot, faites reine une autre qu'Iſabelle.
Si, pour l'entretenir, vous venez plus icy...
##### MATAMORE.
Il a perdu le ſens, de me parler ainſi.
Pauvre homme, ſçay-tu bien que mon nom effroyable
Met le grand Turc en fuite, et fait trembler le diable ;
Que pour t'anéantir je ne veux qu'un moment ?
##### GÉRONTE.
J'ay chez moy des valets à mon commandement,
Qui, n'ayant pas l'esprit de faire des bravades,
Répondroient de la main à vos rodomontades.
##### MATAMORE, *à Clindor.*
Dy-luy ce que j'ay fait en mille et mille lieux.

## Acte III.

#### Géronte.
Adieu. Modérez-vous, il vous en prendra mieux.
Bien que je ne fois pas de ceux qui vous haïffent,
J'ay le fang un peu chaud, et mes gens m'obéïffent.

### SCÉNE IV.
#### MATAMORE, CLINDOR.

#### Matamore.
Respect de ma maîtreffe, incommode vertu,
Tyran de ma vaillance, à quoy me réduis-tu ?
Que n'ay-je eu cent rivaux en la place [d'un pére,
Sur qui, fans t'offenfer, laiffer choir ma colére !
Ah ! vifible démon, vieux fpectre décharné,
Vray fuppoft de Satan, médaille de damné,
Tu m'ofes-donc bannir, et mefme avec menaces,
Moy, de qui tous les rois briguent les bonnes graces ?
#### Clindor.
Tandis qu'il eft dehors, allez dès aujourd'huy
Caufer de vos amours, et vous moquer de luy.
#### Matamore.
Cadediou, fes valets feroient quelque infolence.
#### Clindor.
Ce fer a trop dequoy dompter leur violence.
#### Matamore.
Ouy, mais les feux qu'il jette en fortant de prison
Auroient en un moment embrafé la maifon,
Devoré tout à l'heure ardoifes, et goutiéres,
Faiftes, lates, chévrons, montans, courbes, filiéres,
Entretoifes, fommiers, colomnes, foliveaux,
Parnes, foles, appuis, jambages, traveteaux,
Portes, grilles, verroux, ferrures, tuilles, pierre,
Plomb, fer, plaftre, ciment, peinture, marbre, verre,
Caves, puys, cours, perrons, falles, chambres, greniers,
Offices, cabinets, terraffes, escaliers,
Juge un peu quel defordre aux yeux de ma charmeufe ;
Ces feux étouferoient fon ardeur amoureufe.

Va luy parler pour moy, toy qui n'és pas vaillant;
Tu puniras à moins un valet infolent.
### Clindor.
C'eft m'expofer...
### Matamore.
Adieu : je vois ouvrir la porte,
Et crains que fans respect cette canaille forte.

## SCÉNE V.

### CLINDOR, LYSE.

### Clindor, *feul*.

Le fouverain poltron, à qui pour faire peur
Il ne faut qu'une feuille, une ombre, une vapeur ! [fille,
Un vieillard le maltraite, il fuit pour une
Et tremble à tous momens de crainte qu'on l'étrille.
Lyfe, que ton abord doit eftre dangereux !
Il donne l'épouvante à ce cœur généreux,
Cét unique vaillant, la fleur des capitaines,
Qui dompte autant de rois qu'il captive de reines !
### Lyse.
Mon vifage eft ainfi malheureux en attraits ;
D'autres charment de loin, le mien fait peur de prés.
### Clindor.
S'il fait peur à des fous, il charme les plus fages.
Il n'eft pas quantité de femblables vifages.
Si l'on brufle pour toy, ce n'eft pas fans fujet !
Je ne connus jamais un fi gentil objet ;
L'efprit beau, prompt, accort, l'humeur un peu railleufe,
L'embonpoint raviffant, la taille avantageufe,
Les yeux doux, le teint vif, et les traits délicats :
Qui feroit le brutal qui ne t'aimeroit pas ?
### Lyse.
De grace, et depuis quand me trouvez-vous fi belle ?
Voyez bien, je fuis Lyfe, et non-pas Ifabelle.
### Clindor.
Vous partagez vous deux mes inclinations :

## ACTE III.

J'adore la fortune, et tes perfections.
### LYSE.
Vous en embraſſez trop, c'eſt aſſez pour vous d'une,
Et mes perfections cédent à la fortune.
### CLINDOR.
Quelque effort que je face à luy donner ma foy,
Penſes-tu qu'en effet je l'aime plus que toy?
L'amour et l'hyménée ont diverſe methode; [mode.
L'un court au plus aimable, et l'autre au plus com-
Je ſuis dans la miſére, et tu n'as point de bien;
Un rien s'ajuste mal avec un autre rien;
Et, malgré les douceurs que l'amour y déploye,
Deux malheureux enſemble ont toûjours courte joye.
Ainſi j'aspire ailleurs, pour vaincre mon malheur;
Mais je ne puis te voir ſans un peu de douleur,
Sans qu'un ſoûpir échape à ce cœur qui murmure,
De ce qu'à mes deſirs ma raiſon fait d'injure.
A tes moindres coups d'œil je me laiſſe charmer.
Ah! que je t'aimerois, s'il ne faloit qu'aimer!
Et que tu me plairois, s'il ne faloit que plaire!
### LYSE.
Que vous auriez d'esprit, ſi vous ſçaviez vous taire,
Ou remettre du moins en quelque autre faiſon
A montrer tant d'amour avec tant de raiſon!
Le grand tréſor pour moy qu'un amoureux si ſage,
Qui, par compaſſion, n'oſe me rendre hommage,
Et porte ſes deſirs à des partis meilleurs,
De peur de m'accabler ſous nos communs malheurs!
Je n'oubliray jamais de ſi rares mérites.
Allez continüer cependant vos viſites.
### CLINDOR.
Que j'aurois avec toy l'esprit bien plus content[1]!

1. Au lieu de ces vingt derniers vers, on lit dans toutes les éditions jusqu'en 1654 inclusivement les seize qui suivent:

> Un rien s'aſſemble mal avec un autre rien.
> Mais ſi tu ménageois ma flamme avec adreſſe,
> Une femme eſt ſujette, une amante eſt maîtreſſe;
> Les plaiſirs ſont plus grands à ſe voir moins ſouvent:
> La femme les achète, et l'amante les vend.

LYSE.
Ma maîtreſſe là-haut eſt ſeule, et vous attend.
CLINDOR.
Tu me chaſſes ainſi !
LYSE.
Non, mais je vous envoye
Aux yeux où vous aurez une plus longue joye.
CLINDOR.
Que meſme tes dédains me ſemblent gracieux !
LYSE.
Ah, que vous prodiguez un temps ſi précieux !
Allez.
CLINDOR.
Souvien-toy donc que ſi j'en aime une autre...
LYSE.
C'eſt de peur d'ajouſter ma miſére à la voſtre.
Je vous l'ay déjà dit, je ne l'oubliray pas.
CLINDOR.
Adieu. Ta raillerie a pour moy tant d'appas,
Que mon cœur à tes yeux de plus en plus s'engage,
Et je t'aimerois trop à tarder davantage.

Un amour par devoir bien aiſément s'altére,
Les nœuds en ſont plus forts quand il eſt volontaire ;
Il hait toute contrainte, et ſon plus doux appas
Se gouſte quand on aime, et qu'on peut n'aimer pas ;
Seconde avec douceur celuy que je te porte.
LYSE.
Vous me connoiſſez mal pour m'aimer de la ſorte,
Et vous en parlez moins de voſtre ſentiment,
Qu'à deſſein de railler par divertiſſement.
Je prens tout en riant, comme vous me le dites.
Allez continüer cependant vos viſites.
CLINDOR.
Un peu de tes faveurs me rendroit plus content.

## SCENE VI.

### LYSE

L'ingrat! il trouve enfin mon vifage charmant,
Et, pour fe divertir, il contrefait l'amant
Qui néglige mes feux, m'aime par raillerie,
Me prend pour le jouët de fa galanterie,
Et, par un libre aveu de me voler fa foy,
Me jure qu'il m'adore, et ne veut point de moy.
Aime en tous lieux, perfide, et partage ton ame,
Choify qui tu voudras pour maîtreffe, ou pour femme,
Donne à tes interefts à ménager tes vœux;
Mais ne croy plus tromper aucune de nous deux.
Ifabelle vaut mieux qu'un amour politique,
Et je vaux mieux qu'un cœur où cét amour s'applique.
J'ay raillé comme toy, mais c'étoit feulement
Pour ne t'avertir pas de mon reffentiment.
Qu'euft produit fon éclat que de la défiance?
Qui cache fa colére affeure fa vengeance;
Et ma feinte douceur prépare beaucoup mieux
Ce piége où tu vas choir, et bien-toft, à mes yeux.
  Touteffois qu'as-tu fait qui te rende coupable?
Pour chercher fa fortune eft-on fi punissable?
Tu m'aimes, mais le bien te fait eftre inconstant :
Au fiécle où nous vivons, qui n'en feroit autant?
Oublions des mépris où par force il s'excite,
Et laiffons-le joüir du bonheur qu'il mérite;
S'il m'aime, il fe punit en m'ofant dédaigner,
Et fi je l'aime encor, je le dois épargner.
Dieu! à quoy me réduit ma folle inquiétude,
De vouloir faire grace à tant d'ingratitude!
Digne foif de vengeance, à quoy m'expofez-vous,
De laiffer affoiblir un fi juste courroux?
Il m'aime, et de mes yeux je m'en voy méprifée!
Je l'aime, et ne luy fers que d'objet de rifée!
Silence, amour, filence, il eft temps de punir,
J'en ay donné ma foy, laiffe-moi la tenir ;
Puisque ton faux espoir ne fait qu'aigrir ma peine,
Fay céder tes douceurs à celles de la haine.

Il eſt temps qu'en mon cœur elle régne à ſon tour,
Et l'amour outragé ne doit plus eſtre amour.

## SCÉNE VII.

#### MATAMORE.

Les voila, ſauvons-nous. Non, je ne voy per-
ſonne. [ſonne.
Avançons hardiment. Tout le corps me friſ-
Je les entens, fuyons. Le vent faiſoit ce bruit.
Marchons ſous la faveur des ombres de la nuit.
Vieux reſveur, malgré toy, j'attens icy ma reine.
Ces diables de valets me mettent bien en peine.
De deux mille ans et plus je ne tremblay ſi fort.
C'eſt trop me hazarder ; s'ils ſortent, je ſuis mort ;
Car j'aime mieux mourir que leur donner bataille,
Et profaner mon bras contre cette canaille.
Que le courage expoſe à d'étranges dangers !
Touteſfois, en tout cas, je ſuis des plus légers ;
S'il ne faut que courir, leur attente eſt dupée :
J'ay le piéd pour le moins auſſi bon que l'épée.
Tout de bon, je les voy ; c'eſt fait, il faut mourir :
J'ay le corps ſi glacé, que je ne puis courir.
Destin, qu'à ma valeur tu te montres contraire !...
C'eſt ma reine elle-meſme, avec mon ſecrétaire.
Tout mon corps ſe déglace ; écoutons leurs discours,
Et voyons ſon adreſſe à traiter mes amours.

## SCÉNE VIII.

#### CLINDOR, ISABELLE, MATAMORE.

ISABELLE. *Matamore écoute caché.*

Tout ſe prépare mal du coſté de mon pére ;
Je ne le vy jamais d'une humeur ſi ſévére,
Il ne ſouffrira plus voſtre maiſtre, ny vous ;
Voſtre rival, d'ailleurs, eſt devenu jaloux.
C'eſt par cette raiſon que je vous fais deſcendre ;
Dedans mon cabinet ils pourroient nous ſurprendre ;
Icy nous parlerons en plus de ſeureté :

## Acte III.

Vous pourrez vous couler d'un et d'autre coſté ;
Et, ſi quelqu'un ſurvient, ma retraite est ouverte.
### Clindor.
C'eſt trop prendre de ſoin pour empeſcher ma perte.
### Isabelle.
Je n'en puis prendre trop pour aſſeurer un bien
Sans qui tous autres biens à mes yeux ne ſont rien,
Un bien qui vaut pour moy la terre toute entiére,
Et pour qui ſeul enfin j'aime à voir la lumiére.
Un rival par mon pére attaque en vain ma foy,
Voſtre amour ſeul a droit de triompher de moy :
Des discours de tous deux je ſuis perſécutée ;
Mais pour vous je me plais à me voir mal-traitée,
Et des plus grands malheurs je bénirois les coups,
Si ma fidelité les enduroit pour vous.
### Clindor.
Vous me rendez confus, et mon ame ravie
Ne vous peut, en revanche, offrir rien que ma vie ;
Mon ſang eſt le ſeul bien qui me reste en ces lieux,
Trop heureux de le perdre en ſervant vos beaux yeux !
Mais ſi mon astre un jour, changeant ſon influence,
Me donne un accès libre aux lieux de ma naiſſance,
Vous verrez que ce choix n'eſt pas fort inégal,
Et que, tout balancé, je vaux bien mon rival.
Mais, avec ces douceurs, permettez-moy de craindre
Qu'un pére et ce rival ne veuillent vous contraindre.
### Isabelle.
N'en ayez point d'alarme, et croyez qu'en ce cas,
L'un aura moins d'effet que l'autre n'a d'apas.
Je ne vous diray point où je ſuis réſoluë ;
Il ſuffit que ſur moy je me rens abſoluë.
Ainſi tous les projets ſont des projets en l'air ;
Ainſi...
### Matamore.
Je n'en puis plus, il eſt temps de parler.
### Isabelle.
Dieux ! on nous écoutoit.
### Clindor.
C'eſt noſtre capitaine ;
Je vay bien l'appaiſer, n'en ſoyez pas en peine.

## SCÉNE IX.

### MATAMORE, CLINDOR.

MATAMORE.

h, traiſtre !
CLINDOR.
Parlez bas, ces valets...
MATAMORE.
Et bien, quoy ?
CLINDOR.
Ils fondront tout à l'heure et sur vous, et sur moy.
MATAMORE *le tire à un coin du théâtre.*
Viens ça. Tu ſçais ton crime, et qu'à l'objet que j'aime,
Loin de parler pour moy, tu parlois pour toi-meſme ?
CLINDOR.
Ouy, pour me rendre heureux j'ay fait quelques efforts.
MATAMORE.
Je te donne le choix de trois ou quatre morts.
Je vay, d'un coup de poin, te briſer comme verre,
Ou t'enfoncer tout vif au centre de la terre,
Ou te fendre en dix parts d'un ſeul coup de revers,
Ou te jetter ſi haut au deſſus des éclairs,
Que tu ſois dévoré des feux élémentaires.
Choiſy donc promptement, et penſe à tes affaires.
CLINDOR.
Vous-meſme choiſiſſez.
MATAMORE.
Quel choix propoſes-tu ?
CLINDOR.
De fuir en diligence, ou d'eſtre bien batu.
MATAMORE.
Me menacer encor ! ah ventre ! quelle audace !
Au lieu d'eſtre à genoux, et d'implorer ma grace !...
Il a donné le mot, ces valets vont ſortir...
Je m'en vay commander aux mers de t'engloutir.
CLINDOR.
Sans vous chercher ſi loin un ſi grand cimetiére,
Je vous vay, de ce pas, jetter dans la riviére.

MATAMORE.
Ils font d'intelligence. Ah, tefte !
CLINDOR.
Point de bruit :
J'ay déjà maffacré dix hommes cette nuit ;
Et, fi vous me faſchez, vous en croiſtrez le nombre.
MATAMORE.
Cadediou, ce coquin a marché dans mon ombre ;
Il s'eſt fait tout vaillant d'avoir fuivy mes pas :
S'il avoit du respect, j'en voudrois faire cas.

Ecoute : je fuis bon, et ce feroit dommage
De priver l'univers d'un homme de courage.
Demande-moy pardon, et ceſſe par tes feux
De profaner l'objet digne feul de mes vœux ;
Tu connois ma valeur, éprouve ma clémence.
CLINDOR.
Plûtoſt, fi voſtre amour a tant de véhémence,
Faiſons deux coups d'épée au nom de fa beauté.
MATAMORE.
Parbieu, tu me ravis de généroſité.
Va, pour la conquérir, n'ufe plus d'artifices ;
Je te la veux donner pour prix de tes fervices :
Plain-toy dorefnavant d'avoir un maiſtre ingrat.
CLINDOR.
A ce rare préfent, d'aiſe le cœur me bat.
Protecteur des grands rois, guerrier trop magnanime,
Puiſſe tout l'univers bruire de voſtre estime !

## SCÉNE X.

### ISABELLE, MATAMORE, CLINDOR.

ISABELLE.

Je rends graces au ciel de ce qu'il a permis
Qu'à la fin, fans combat, je vous voy bons amis.
MATAMORE. [flame
Ne penſez plus, ma reine, à l'honneur que ma
Vous devoit faire un jour de vous prendre pour femme ;
Pour quelque occaſion j'ay changé de deſſein :

Mais je vous veux donner un homme de ma main;
Faites-en de l'état, il est vaillant luy-mesme;
Il commandoit sous moy.
#### Isabelle.
Pour vous plaire, je l'aime.
#### Clindor.
Mais il faut du silence à nostre affection.
#### Matamore.
Je vous promets silence, et ma protection,
Avoüez-vous de moy par tous les coins du monde.
Je suis craint à l'égal sur la terre et sur l'onde ;
Allez, vivez contens sous une mesme loy.
#### Isabelle.
Pour vous mieux obéir je luy donne ma foy.
#### Clindor.
Commandez que sa foy de quelque effet suivie....

## SCÉNE XI.

### GÉRONTE, ADRASTE, MATAMORE, CLINDOR, ISABELLE, LYSE,
Troupe de domestiques.

#### Adraste.

Cét insolent discours te coûtera la vie,
Suborneur.
#### Matamore.
Ils ont pris mon courage en défaut.
Cette porte est ouverte, allons gagner le haut.
*Il entre chez Isabelle après qu'elle et Lyse y sont entrées.*
#### Clindor.
Traistre, qui te fais fort d'une troupe brigande,
Je te choisiray bien au milieu de la bande.
#### Géronte.
Dieux! Adraste est blessé, courez au médecin,
Vous autres, cependant, arrêtez l'assassin.
#### Clindor.
Ah, ciel! je céde au nombre. Adieu, chére Isabelle,

Je tombe au précipice où mon destin m'appelle.
### GÉRONTE.
C'en eſt fait, emportez ce corps à la maiſon;
Et vous, conduiſez toſt ce traiſtre à la priſon.

## SCÈNE XII.
### ALCANDRE, PRIDAMANT.

#### PRIDAMANT.
Hélas! mon fils eſt mort.
#### ALCANDRE.
Que vous avez d'alarmes!
#### PRIDAMANT.
Ne luy refuſez point le ſecours de vos charmes.
#### ALCANDRE.
Un peu de patience, et, ſans un tel ſecours,
Vous le verrez bien-toſt heureux en ſes amours.

*Fin du troiſiéme acte.*

# ACTE IV.

## SCÉNE PREMIÉRE.

### ISABELLE.

Enfin le terme approche; un jugement inique
Doit abuſer demain d'un pouvoir tyrannique,
A ſon propre aſſaſſin immoler mon amant,
Et faire une vengeance au lieu d'un châti-
Par un décret injuste autant comme ſévére, [ment.
Demain doit triompher la haine de mon pére.
La faveur du païs, la qualité du mort,
Le malheur d'Iſabelle, et la rigueur du ſort,
Hélas! que d'ennemis, et de quelle puiſſance,
Contre le foible appuy que donne l'innocence,
Contre un pauvre inconnu de qui tout le forfait
Eſt de m'avoir aimée, et d'eſtre trop parfait!
Ouy, Clindor, tes vertus et ton feu légitime
T'ayant acquis mon cœur ont fait auſſi ton crime.
Mais en vain après toy l'on me laiſſe le jour;
Je veux perdre la vie en perdant mon amour:
Prononçant ton arreſt, c'eſt de moy qu'on diſpoſe,
Je veux ſuivre ta mort, puiſque j'en ſuis la cauſe,
Et le meſme moment verra par deux trépas
Nos esprits amoureux ſe rejoindre là-bas.
Ainſi, pére inhumain, ta crüauté deceuë
De nos ſaintes ardeurs verra l'heureuſe iſſuë;
Et, ſi ma perte alors fait naiſtre tes douleurs,
Auprès de mon amant je riray de tes pleurs.
Ce qu'un remors cuiſant te coûtera de larmes
D'un ſi doux entretien augmentera les charmes;

## Acte IV.

Ou, s'il n'a pas aſſez de quoy te tourmenter,
Mon ombre chaque jour viendra t'épouvanter,
S'attacher à tes pas dans l'horreur des ténébres,
Préſenter à tes yeux mille images funébres,
Jetter dans ton esprit un éternel effroy,
Te reprocher ma mort, t'appeler aprés moy,
Accabler de malheurs ta languiſſante vie,
Et te réduire au point de me porter envie.
Enfin...

### SCÉNE II.

#### ISABELLE, LYSE.

LYSE.

Quoi! chacun dort, et vous étes ici?
Je vous jure, monſieur en eſt en grand soucy.
   ISABELLE. [plus de crainte,
Quand on n'a plus d'espoir, Lyſe, on n'a
Je trouve des douceurs à faire icy ma plainte.
Icy je vis Clindor pour la derniére fois;
Ce lieu me redit mieux les accens de ſa voix,
Et remet plus avant dans mon ame éperduë
L'aimable ſouvenir d'une ſi chere veuë.

LYSE.
Que vous prenez de peine à groſſir vos ennuis!

ISABELLE.
Que veux-tu que je faſſe en l'état où je ſuis?

LYSE.
De deux amans parfaits dont vous étiez ſervie,
L'un doit mourir demain, l'autre eſt déjà ſans vie:
Sans perdre plus de temps à ſoûpirer pour eux,
Il en faut trouver un qui les vaille tous deux.

ISABELLE.
De quel front oſes-tu me tenir ces paroles?

LYSE.
Quel fruit espérez-vous de vos douleurs frivoles?
Penſez-vous, pour pleurer et ternir vos appas,
Rappeler voſtre amant des portes du trépas?

Songez plûtoſt à faire une illustre conqueſte!
Je ſçay pour vos liens une ame toute preſte,
Un homme incomparable.
### ISABELLE.
      Oſte-toi de mes yeux.
### LYSE.
Le meilleur jugement ne choiſiroit pas mieux.
### ISABELLE.
Pour croiſtre mes douleurs faut-il que je te voye?
### LYSE.
Et faut-il qu'à vos yeux je déguiſe ma joye?
### ISABELLE.
D'où te vient cette joye ainſi hors de ſaiſon?
### LYSE.
Quand je vous l'auray dit, jugez ſi j'ay raiſon.
### ISABELLE.
Ah! ne me conte rien.
### LYSE.
    Mais l'affaire vous touche.
### ISABELLE.
Parle-moy de Clindor, ou n'ouvre point la bouche.
### LYSE.
Ma belle humeur, qui rit au milieu des malheurs,
Fait plus en un moment qu'un ſiécle de vos pleurs;
Elle a ſauvé Clindor.
### ISABELLE.
  Sauvé Clindor?
### LYSE.
       Luy-meſme:
Jugez après cela comme quoy je vous aime.
### ISABELLE.
Et de grace, où faut-il que je l'aille trouver?
### LYSE.
Je n'ay que commencé, c'eſt à vous d'achever.
### ISABELLE.
Ah, Lyſe!
### LYSE.
  Tout de bon, feriez-vous pour le ſuivre?
### ISABELLE.
Si je ſuivrois celuy ſans qui je ne puis vivre?.

## ACTE IV.

Lyse, si ton esprit ne le tire des fers,
Je l'accompagneray jusques dans les enfers.
Va, ne demande plus si je suivrois sa fuite.
### LYSE.
Puisqu'à ce beau dessein l'amour vous a réduite,
Écoutez où j'en suis, et secondez mes coups;
Si vostre amant n'échappe, il ne tiendra qu'à vous.
La prison est tout proche...
### ISABELLE.
Et bien?
### LYSE.
Ce voisinage
Au frére du concierge a fait voir mon visage;
Et comme c'est tout un que me voir et m'aimer,
Le pauvre malheureux s'en est laissé charmer.
### ISABELLE.
Je n'en avois rien sçeu!
### LYSE.
J'en avois tant de honte,
Que je mourrois de peur qu'on vous en fist le conte,
Mais depuis quatre jours vostre amant arrété
A fait que l'allant voir je l'ay mieux écouté.
Des yeux et du discours flattant son espérance,
D'un mutuël amour j'ai formé l'apparence.
Quand on aime une fois, et qu'on se croit aimé,
On fait tout pour l'objet dont on est enflamé.
Par là j'ay sur son ame asseuré mon empire,
Et l'ay mis en état de ne m'oser dédire.
Quand il n'a plus douté de mon affection,
J'ay fondé mes refus sur sa condition;
Et luy, pour m'obliger, juroit de s'y déplaire,
Mais que malaisément il s'en pouvoit défaire;
Que les clefs des prisons qu'il gardoit aujourd'huy
Etoient le plus grand bien de son frére et de luy.
Moy, de dire soudain que sa bonne fortune
Ne luy pouvoit offrir d'heure plus opportune;
Que, pour se faire riche, et pour me posséder
Il n'avoit seulement qu'à s'en accommoder;
Qu'il tenoit dans les fers un seigneur de Bretagne,
Déguisé sous le nom du sieur de La Montagne;

Qu'il falloit le fauver, et le fuivre chez luy,
Qu'il nous feroit du bien, et feroit noftre appuy.
Il demeure étonné; je le preffe, il s'excufe;
Il me parle d'amour, et moy je le refufe;
Je le quitte en colére; il me fuit tout confus,
Me fait nouvelle excufe, et moy nouveau refus.

ISABELLE.

Mais enfin?

LYSE.

J'y retourne, et le trouve fort triste;
Je le juge ébranlé; je l'attaque, il réfiste.
Ce matin, *en un mot le péril eft preffant,*
Ay-je dit, *tu peux tout, et ton frére eft abfent.*
*Mais il faut de l'argent pour un fi long voyage,*
M'a-t-il dit, *il en faut pour faire l'équipage ;*
*Ce cavalier en manque.*

ISABELLE.

Ah, Lyfe! tu devois
Luy faire offre auffi-toft de tout ce que j'avois.
Perles, bagues, habits.

LYSE.

J'ay bien fait davantage.
J'ay dit qu'à vos beautez ce captif rend hommage,
Que vous l'aimez de mefme, et fuirez avec nous.
Ce mot me l'a rendu si traitable et fi doux,
Que j'ay bien reconnu qu'un peu de jaloufie
Touchant voftre Clindor brouilloit fa fantaifie,
Et que tous ces détours provenoient feulement
D'une vaine frayeur qu'il ne fuft mon amant.
Il eft party foudain après voftre amour fçeuë,
A trouvé tout aifé, m'en a promis l'iffuë,
Et vous mande par moy qu'environ à my-nuit
Vous foyez toute prefte à déloger fans bruit.

ISABELLE.

Que tu me rends heureufe!

LYSE.

Ajouftez-y, de grace,
Qu'accepter un mary pour qui je fuis de glace,
C'eft me facrifier à vos contentemens.

## Acte IV.

ISABELLE.

Auſſi...

LYSE.
Je ne veux point de vos remercimens,
Allez ployer bagage; et, pour groſſir la ſomme,
Joignez à vos bijoux les écus du bon homme.
Je vous vends ſes treſors, mais à fort bon marché;
J'ay deſrobé ſes clefs depuis qu'il est couché,
Je vous les livre.

ISABELLE.
Allons-y travailler enſemble.

LYSE.
Paſſez-vous de mon aide.

ISABELLE.
Et quoy! le cœur te tremble?

LYSE.
Non, mais c'eſt un ſecret tout propre à l'éveiller;
Nous ne nous garderions jamais de babiller.

ISABELLE.
Folle, tu ris toûjours.

LYSE.
De peur d'une ſurpriſe
Je dois attendre icy le chef de l'entrepriſe;
S'il tardoit à la ruë il ſeroit reconnu,
Nous vous irons trouver dès qu'il ſera venu,
C'eſt là ſans raillerie.

ISABELLE.
Adieu donc, je te laiſſe,
Et conſens que tu ſois aujourd'huy la maîtreſſe.

LYSE.
C'eſt du moins...

ISABELLE.
Fay bon guet.

LYSE.
Vous, faites bon butin.

## SCÉNE III.

### LYSE.

insi, Clindor, je fais moy seule ton destin;
Des fers où je t'ay mis c'est moi qui te délivre,
Et te puis, à mon choix, faire mourir, ou vivre
On me vengeoit de toy par delà mes desirs;
Je n'avois de dessein que contre tes plaisirs.
Ton sort trop rigoureux m'a fait changer d'envie;
Je te veux asseurer tes plaisirs et ta vie;
Et mon amour éteint, te voyant en danger,
Renaist pour m'avertir que c'est trop me venger.
J'espére aussi, Clindor, que, pour reconnoissance,
De ton ingrat amour étouffant la licence...

## SCÉNE IV.

### MATAMORE, ISABELLE, LISE.

#### ISABELLE.

uoi! chez nous, et de nuit!
#### MATAMORE.
      L'autre jour...
#### ISABELLE.
         Qu'est-cecy,
L'autre jour? est-il temps que je vous trouve ici?
#### LYSE.
C'est ce grand capitaine. Où s'est-il laissé prendre?
#### ISABELLE.
En montant l'escalier je l'en ai veu descendre.
#### MATAMORE.
L'autre jour, au défaut de mon affection,
J'asseuray vos appas de ma protection.
#### ISABELLE.
Après?

#### MATAMORE.
 On vint icy faire une brouillerie;

Vous rentraſtes voyant cette forfanterie,
Et, pour vous protéger, je vous ſuivy ſoudain.
###### ISABELLE.
Voſtre valeur prit lors un généreux deſſein.
Depuis?
###### MATAMORE.
Pour conſerver une dame ſi belle,
Au plus haut du logis j'ay fait la ſentinelle.
###### ISABELLE.
Sans ſortir?
###### MATAMORE.
Sans ſortir.
###### LYSE.
C'eſt-à-dire, en deux mots,
Que la peur l'enfermoit dans la chambre aux fagots.
###### MATAMORE.
La peur?
###### LYSE.
Ouy, vous tremblez; la voſtre eſt ſans égale.
###### MATAMORE.
Parce qu'elle a bon pas, j'en fais mon Bucéphale;
Lors que je la domptay, je luy fis cette loy;
Et depuis, quand je marche, elle tremble ſous moy.
###### LYSE.
Voſtre caprice eſt rare à choiſir des montures.
###### MATAMORE.
C'eſt pour aller plus viſte aux grandes avantures.
###### ISABELLE.
Vous en exploitez bien : mais changeons de discours.
Vous avez demeuré là dedans quatre jours?
###### MATAMORE.
Quatre jours.
###### ISABELLE.
Et vécu?
###### MATAMORE.
De nectar, d'ambroſie[1].

---

1. Corneille a imprimé dans l'édition originale *ambroisie*. Dès l'édition de 1644, et dans toutes celles qui l'ont suivie jusques

## LYSE.
Je croy que cette viande aifément raffafie ?
## MATAMORE.
Aucunement.
## ISABELLE.
Enfin, vous étiez defcendu...
## MATAMORE.
Pour faire qu'un amant en vos bras fuft rendu,
Pour rompre fa prifon, en fracaffer les portes,
Et brifer en morceaux fes chaifnes les plus fortes.
## LYSE.
Avouez franchement que, preffé de la faim,
Vous veniez bien plutoft faire la guerre au pain.
## MATAMORE.
L'un et l'autre, parbieu. Cette ambrofie est fade,
J'en eus au bout d'un jour l'estomach tout malade.
C'eft un mets délicat, et de peu de foûtien ;
A moins que d'eftre un dieu l'on n'en vivroit pas bien ;
Il caufe mille maux ; et, dés l'heure qu'il entre,
Il allonge les dents, et rétreffit le ventre.
## LYSE.
Enfin c'eft un ragouft qui ne vous plaifoit pas ?
## MATAMORE.
Quitte pour chaque nuit faire deux tours en bas,
Et là, m'accommodant des reliefs de cuifine,
Mefler la viande humaine avecque la divine.
## ISABELLE.
Vous aviez, après tout, deffein de nous voler.
## MATAMORE.
Vous-mefmes, après tout, m'ofez-vous quereller ?
Si je laiffe une fois échapper ma coléré...
## ISABELLE.
Lyfe, fay-moy sortir les valets de mon pére.
## MATAMORE.
Un fot les attendroit.

y compris 1682, il a écrit *ambrosie*, plus conforme à l'étymologie.

## SCÈNE V.
### ISABELLE, LYSE.

LYSE.
Vous ne le tenez pas.
ISABELLE.
Il nous avoit bien dit que la peur a bon pas.
LYSE.
Vous n'avez cependant rien fait, ou peu de chofe?
ISABELLE.
Rien du tout, que veux-tu? fa rencontre en eft caufe.
LYSE.
Mais vous n'aviez alors qu'à le laiffer aller.
ISABELLE.
Mais il m'a reconnuë, et m'eft venu parler.
Moy qui, feule et de nuit, craignois fon infolence,
Et beaucoup plus encor de troubler le filence,
J'ay crû, pour m'en défaire, et m'ofter de foucy,
Que le meilleur étoit de l'amener icy.
Voy quand j'ay ton fecours que je me tiens vaillante,
Puisque j'ofe affronter cette humeur violente.
LYSE.
J'en ay ry comme vous, mais non fans murmurer :
C'eft bien du temps perdu.
ISABELLE.
Je vay le réparer.
LYSE.
Voicy le conducteur de noftre intelligence;
Sçachez auparavant toute fa diligence.

## SCÉNE VI.
### ISABELLE, LYSE, LE GEOLIER.

ISABELLE.
Et bien, mon grand amy, braverons-nous le fort?
Et viens-tu m'apporter ou la vie ou la mort?
Ce n'eft plus qu'en toy feul que mon espoir fe fonde.
LE GEOLIER.
Banniffez vos frayeurs, tout va le mieux du monde;

Il ne faut que partir, j'ay des chevaux tous prests,
Et vous pourrez bien-tost vous moquer des arrests.
     ISABELLE.
Je te doy regarder comme un dieu tutélaire,
Et ne sçay point pour toy d'assez digne salaire.
     LE GEOLIER.
Voicy le prix unique où tout mon cœur prétend.
     ISABELLE.
Lyse, il faut te résoudre à le rendre content.
     LYSE.
Ouy, mais tout son aprest nous est fort inutile ;
Comment ouvrirons-nous les portes de la ville ?
     LE GEOLIER.
On nous tient des chevaux en main seure aux faux-bourgs ;
Et je sçay un vieux mur qui tombe tous les jours :
Nous pourrons aisément sortir par les ruïnes.
     ISABELLE.
Ah ! que je me trouvois sur d'étranges épines !
     LE GEOLIER.
Mais il faut se haster.
     ISABELLE.
       Nous partirons soudain,
Viens nous aider là haut à faire nostre main.

## SCÉNE VII.

### CLINDOR *en prison*.

Aimables souvenirs de mes chéres délices,
 Qu'on va bien-tost changer en d'infames
  supplices,        [froy,
 Que malgré les horreurs de ce mortel ef-
Vos charmans entretiens ont de douceurs pour moy !
Ne m'abandonnez point, soyez-moi plus fidelles
Que les rigueurs du sort ne se montrent crüelles ;
Et, lorsque du trépas les plus noires couleurs
Viendront à mon esprit figurer mes malheurs,
Figurez aussi-tost à mon ame interdite
Combien je fus heureux pardelà mon mérite.
Lorsque je me plaindray de leur sévérité,

## ACTE IV.

Redites-moy l'excès de ma témérité ;
Que d'un si haut dessein ma fortune incapable
Rendoit ma flame injuste, et mon espoir coupable ;
Que je fus criminel quand je devins amant,
Et que ma mort en est le juste châtiment.
  Quel bonheur m'accompagne à la fin de ma vie !
Isabelle, je meurs pour vous avoir servie ;
Et, de quelque tranchant que je souffre les coups,
Je meurs trop glorieux, puisque je meurs pour vous.
Hélas ! que je me flatte, et que j'ay d'artifice
A me dissimuler la honte d'un supplice !
En est-il de plus grand, que de quitter ces yeux
Dont le fatal amour me rend si glorieux ?
L'ombre d'un meurtrier creuse icy ma ruïne ;
Il succomba vivant, et, mort, il m'assassine ;
Son nom fait contre moy ce que n'a pû son bras ;
Mille assassins nouveaux naissent de son trépas,
Et je voy de son sang, fécond en perfidies,
S'élever contre moy des ames plus hardies,
De qui les passions, s'armant d'autorité,
Font un meurtre public avec impunité.
Demain de mon courage on doit faire un grand crime,
Donner au déloyal ma teste pour victime ;
Et tous pour le païs prenant tant d'interest
Qu'il ne m'est pas permis de douter de l'arrest.
Ainsi de tous costez ma perte étoit certaine.
J'ay repoussé la mort, je la reçoy pour peine.
D'un péril évité je tombe en un nouveau,
Et des mains d'un rival en celles d'un bourreau.
Je frémis à penser à ma triste avanture ;
Dans le sein du repos je suis à la torture ;
Au milieu de la nuit, et du temps du sommeil,
Je voy de mon trépas le honteux appareil ;
J'en ay devant les yeux les funestes ministres ;
On me lit du sénat les mandemens sinistres ;
Je sors les fers aux pieds ; j'entens déjà le bruit
De l'amas insolent d'un peuple qui me suit ;
Je voy le lieu fatal où ma mort se prépare :
Là mon esprit se trouble, et ma raison s'égare,
Je ne découvre rien qui m'ose secourir,

Et la peur de la mort me fait déjà mourir.
Iſabelle, toi ſeule, en réveillant ma flame,
Diſſipes ces terreurs, et raſſeures mon ame ;
Et ſi-toſt que je penſe à tes divins attraits,
Je vois évanoüir ces infames portraits.
Quelques rudes aſſauts que le malheur me livre,
Garde mon ſouvenir, et je croiray revivre.
Mais d'où vient que de nuit on ouvre ma priſon ?
Amy, que viens-tu faire icy hors de ſaiſon ?

## SCÈNE VIII.

### CLINDOR, LE GEOLIER.

LE GEOLIER *cependant qu'Iſablle et Lyſe paroiſſent à quartier.*

Les juges aſſemblez pour punir voſtre audace,
Meus de compaſſion, enfin vous ont fait grace.
CLINDOR.
M'ont fait grace, bons dieux !
LE GEOLIER.
Ouy, vous mourrez de nuit.
CLINDOR.
De leur compaſſion eſt-ce là tout le fruit ?
LE GEOLIER.
Que de cette faveur vous tenez peu de conte !
D'un ſupplice public c'eſt vous ſauver la honte.
CLINDOR.
Quels encens puis-je offrir au maiſtre de mon ſort,
Dont l'arreſt me fait grace, et m'envoye à la mort ?
LE GEOLIER.
Il la faut recevoir avec meilleur viſage.
CLINDOR.
Fay ton office, amy, ſans cauſer davantage.
LE GEOLIER.
Une troupe d'archers là dehors vous attend ;
Peut-eſtre en les voyant ferez-vous plus content.

## SCÈNE IX.

### CLINDOR, ISABELLE, LYSE, LE GEOLIER.

Isabelle *dit ces mots à Lyse, cependant que le Geolier ouvre la prison à Clindor.*

Lyse, nous l'allons voir.
                    LYSE.
                              Que vous êtes ravie !
                    ISABELLE.
Ne le ferois-je point de recevoir la vie ?
Son destin et le mien prennent un mesme cours,
Et je mourrois du coup qui trancheroit ses jours.
                    LE GEOLIER.
Monsieur, connoissez-vous beaucoup d'archers sem-
                    CLINDOR.                    [blables ?
Ah ! madame, est-ce vous ? surprises adorables !
Trompeur trop obligeant ! tu disois bien vraiment
Que je mourrois de nuit, mais de contentement.
                    ISABELLE.
Clindor !
                    LE GEOLIER.
        Ne perdons point le temps à ces caresses,
Nous aurons tout loisir de flater nos maîtresses 1.
                    CLINDOR.
Quoy ! Lyse est donc la sienne ?
                    ISABELLE.
                                Ecoutez le discours
De vostre liberté qu'ont produit leurs amours.
                    LE GEOLIER.
En lieu de seureté le babil est de mise,
Mais icy ne songeons qu'à nous oster de prise.
                    ISABELLE.
Sauvons-nous : mais avant, promettez-nous tous deux
Jusqu'au jour d'un hymen de modérer vos feux;
Autrement, nous rentrons.

---

1. On lit dans toutes les premières éditions, jusqu'en 1654 inclusivement, *baiser* au lieu de *flater*.

CLINDOR.
Que cela ne vous tienne,
Je vous donne ma foy.
LE GEOLIER.
Lyfe, reçoy la mienne.
ISABELLE.
Sur un gage fi beau j'ofé tout hazarder.
LE GEOLIER.
Nous nous amufons trop, il eft temps d'évader.

## SCÉNE X.

### ALCANDRE, PRIDAMANT.

ALCANDRE.

e craignez plus pour eux ny périls, ny
disgraces ; [ver leurs traces.
Beaucoup les pourfuivront, mais fans trou-
PRIDAMANT.
A la fin, je respire.
ALCANDRE.
Après un tel bonheur,
Deux ans les ont montez en haut degré d'honneur.
Je ne vous diray point le cours de leurs voyages,
S'ils ont trouvé le calme, ou vaincu les orages,
Ny par quel art non-plus ils fe font élevez ;
Il fuffit d'avoir veu comme ils fe font fauvez,
Et que, fans vous en faire une histoire importune,
Je vous les vay montrer en leur haute fortune.
Mais, puis qu'il faut paffer à des effets plus beaux,
Rentrons pour évoquer les fantofmes nouveaux :
Ceux que vous avez veus repréfenter de fuite
A vos yeux étonnez leur amour et leur fuite,
N'étant pas destinez aux hautes fonctions,
N'ont point affez d'éclat pour leurs conditions.

*Fin du quatriéme acte.*

## ACTE V.

### SCÉNE PREMIÉRE.

#### ALCANDRE, PRIDAMANT.

##### PRIDAMANT.

Qu'Isabelle est changée, et qu'elle est écla-
[tante!
##### ALCANDRE.
Lyse marche après elle, et lui sert de suivante;
Mais derechef surtout n'ayez aucun effroy,
Et de ce lieu fatal ne sortez qu'après moy;
Je vous le dis encor, il y va de la vie.
##### PRIDAMANT.
Cette condition m'en oste assez l'envie.

### SCÉNE II.

#### ISABELLE *repréfentant Hippolyte*, LYSE *repréfentant Clarine*.

##### LYSE.

Ce divertissement n'aura-t'il point de fin?
Et voulez-vous passer la nuit dans ce jardin?
##### ISABELLE.
Je ne puis plus cacher le sujet qui m'améne;
C'est grossir mes douleurs que de taire ma peine.
Le prince Florilame...
##### LYSE.
Et bien, il est absent.
##### ISABELLE.
C'est la source des maux que mon ame ressent.

Nous fommes les voifins, et l'amour qu'il nous porte
Dedans fon grand jardin nous permet cette porte :
La princeffe Rofine et mon perfide époux,
Durant qu'il eft absent, en font leur rendez-vous :
Je l'attens au paffage, et luy feray connoiftre
Que je ne fuis pas femme à rien fouffrir d'un traiftre.

LYSE.

Madame, croyez-moy, loin de le quereller,
Vous ferez beaucoup mieux de tout diffimuler.
Il nous vient peu de fruit de telles jaloufies ;
Un homme en court plûtoft après fes fantaifies ;
Il eft toûjours le maiftre, et tout noftre discours,
Par un contraire effet, l'obftine en fes amours.

ISABELLE.

Je diffimuleray fon adultére flame !
Une autre aura fon cœur, et moy le nom de femme !
Sans crime, d'un hymen peut-il rompre la loy ?
Et ne rougit-il point d'avoir fi peu de foy ?

LYSE.

Cela fut bon jadis ; mais au temps où nous fommes,
Ny l'hymen, ny la foy, n'obligent plus les hommes :
Leur gloire a fon brillant et fes régles à part ;
Où la noftre fe perd la leur eft fans hazard ;
Elle croift aux dépens de nos lafches foibleffes[1] ;
L'honneur d'un galant homme eft d'avoir des maiftreffes.

ISABELLE.

Ofte-moy cét honneur et cette vanité,
De fe mettre en crédit par l'infidélité.
Si, pour haïr le change et vivre fans amie,
Un homme tel que luy tombe dans l'infamie,

---

1. Dans toutes les éditions, jusqu'en 1654 inclusivement, on lit, au lieu de ces trois derniers vers, les sept qui suivent :

> Madame, leur honneur a des régles à part :
> Où le noftre fe perd, le leur eft fans hazard,
> Et la mefme action, entr'eux et nous commune,
> Eft pour nous defhonneur, pour eux bonne fortune.
> La chafteté n'eft plus la vertu d'un mary ;
> La princeffe du voftre a fait fon favory,
> Sa réputation croiftra par fes careffes.

## ACTE V.

Je le tiens glorieux d'eſtre infame à ce prix;
S'il en eſt mépriſé, j'eſtime ce mépris.
  Le blaſme qu'on reçoit d'aimer trop une femme
Aux maris vertüeux eſt un illuſtre blaſme.
### LYSE.
Madame, il vient d'entrer; la porte a fait du bruit.
### ISABELLE.
Retirons-nous, qu'il paſſe.
### LYSE.
Il vous voit et vous fuit.

## SCÉNE III.

CLINDOR *repréſentant Théagéne,*
ISABELLE *repréſentant Hippolyte,*
LYSE *repréſentant Clarine.*

### CLINDOR.

Vous fuyez, ma princeſſe, et cherchez des remiſes:
Sont-ce là les douceurs que vous m'aviez [promiſes?
Eſt-ce ainſi que l'amour ménage un entre-
Ne fuyez plus, madame, et n'appréhendez rien [1], [tien?
Florilame eſt abſent, ma jalouſe endormie.
### ISABELLE.
En êtes-vous bien ſeur?

---

1. On trouve, jusque dans l'édition de 1654 inclusivement, au lieu de ces trois derniers vers, les onze qui suivent:
   Sont-ce là les faveurs que vous m'aviez promiſes?
   Où ſont tant de baiſers dont voſtre affection
   Devoit eſtre prodigue à ma réception?
   Voicy l'heure et le lieu; l'occaſion eſt belle:
   Je ſuis ſeul, vous n'avez que cette damoiſelle
   Dont la dextérité ménagea nos amours.
   Le temps eſt précieux, et vous fuyez toûjours!
   Vous voulez, je m'aſſeure, avec ces artifices,
   Que les difficultez augmentent nos délices.
   A la fin je vous tiens. Quoy! vous me repouſſez!
   Que craignez-vous encor? Mauvaiſe! c'eſt aſſez.

CLINDOR.
                Ah! Fortune ennemie!
        ISABELLE.
Je veille, déloyal : ne croy plus m'aveugler ;
Au milieu de la nuit je ne voy que trop clair;
Je voy tous mes foupçons paffer en certitudes,
Et ne puis plus douter de tes ingratitudes!
Toy mefme par ta bouche as trahy ton fecret.
O l'esprit avifé pour un amant discret!
Et que c'eft en amour une haute prudence,
D'en faire avec fa femme entiére confidence!
Où font tant de fermens de n'aimer rien que moy?
Qu'as-tu fait de ton cœur? qu'as-tu fait de ta foy?
Lors que je la receus, ingrat, qu'il te fouvienne
De combien différoient ta fortune et la mienne,
De combien de rivaux je dédaignay les vœux,
Ce qu'un fimple foldat pouvoit eftre auprès d'eux ;
Quelle tendre amitié je recevois d'un pére!
Je le quittay pourtant pour fuivre ta mifére;
Et je tendis les bras à mon enlévement,
Pour fouftraire ma main à fon commandement.
En quelle extrémité depuis ne m'ont réduite
Les hazards dont le fort a traverfé ta fuite?
Et que n'ay-je fouffert avant que le bon-heur
Elevaft ta baffeffe à ce haut rang d'honneur!
Si pour te voir heureux ta foy s'eft relafchée...
Remets-moy dans le fein dont tu m'as arrachée.
L'amour que j'ay pour toy m'a fait tout hazarder,
Non-pas pour des grandeurs, mais pour te poffèder.
        CLINDOR.
Ne me reproche plus ta fuite ny ta flame.
Que ne fait point l'amour quand il poffède une ame?
Son pouvoir à ma venuë attachoit tes plaifirs,
Et tu me fuivois moins que tes propres defirs.
J'étois lors peu de chofe, ouy, mais qu'il te fouvienne
Que ta fuite égala ta fortune à la mienne,
Et que pour t'enlever c'étoit un foible appas
Que l'éclat de tes biens qui ne te fuivoient pas.
Je n'eus, de mon cofté, que l'épée en partage,
Et ta flame, du tien, fut mon feul avantage.

Celle-là m'a fait grand en ces bords étrangers,
L'autre expofa ma tefte à cent et cent dangers.
   Regrette maintenant ton pére et fes richeffes ;
Fafche-toy de marcher à cofté des princeffes ;
Retourne en ton païs chercher avec tes biens
L'honneur d'un rang pareil à celuy que tu tiens.
De quel manque, après tout, as-tu lieu de te plaindre ?
En quelle occafion m'as-tu veu te contraindre ?
As-tu receu de moy ny froideurs, ny mépris ?
Les femmes, à vray dire, ont d'étranges esprits !
Qu'un mary les adore, et qu'un amour extrême
A leur bizarre humeur le foûmette luy-mefme,
Qu'il les comble d'honneurs et de bons traitemens,
Qu'il ne refufe rien à leurs contentemens,
S'il fait la moindre bréche à la foy conjugale,
Il n'eft point à leur gré de crime qui l'égale,
C'eft vol, c'eft perfidie, affaffinat, poifon,
C'eft maffacrer fon pére, et brufler fa maifon ;
Et jadis des Titans l'effroyable fupplice
Tomba fur Encelade avec moins de justice.
           ISABELLE.
Je te l'ay déjà dit, que toute ta grandeur
Ne fut jamais l'objet de ma fincére ardeur ;
Je ne fuivois que toy quand je quittay mon pére ;
Mais puisque ces grandeurs t'ont fait l'ame legére,
Laiffe mon intéreft ; fonge à qui tu les dois.
   Florilame luy feul t'a mis où tu te vois :
A peine il te connut qu'il te tira de peine ;
De foldat vagabond il te fit capitaine,
Et le rare bonheur qui fuivit cet employ
Joignit à fes faveurs les faveurs de fon roy.
Quelle forte amitié n'a-t'il point fait paroiftre
A cultiver depuis ce qu'il avoit fait naiftre ?
Par fes foins redoublez n'es-tu pas aujourd'huy
Un peu moindre de rang, mais plus puiffant que luy ?
Il euft gagné par là l'esprit le plus farouche ;
Et pour remerciement tu veux fouiller fa couche !
Dans ta brutalité trouve quelques raifons,
Et contre fes faveurs défen tes trahifons.
Il ta comblé de biens, tu luy voles fon ame

Il t'a fait grand feigneur, et tu le rens infame!
Ingrat, c'eſt donc ainſi que tu rens les bien-faits?
Et ta reconnoiſſance a produit ces effets?
CLINDOR.
Mon ame (car encore ce beau nom te demeure,
Et te demeurera jusqu'à tant que je meure),
Crois-tu qu'aucun respect ou crainte du trépas
Puiſſe obtenir ſur moy ce que tu n'obtiens pas?
Dy que je ſuis ingrat, appelle-moy parjure;
Mais à nos feux ſacrez ne fay plus tant d'injure:
Ils conſervent encor leur prémiére vigueur;
Et ſi le fol amour qui m'a ſurpris le cœur
Avoit pû s'étouffer au point de ſa naiſſance,
Celui que je te porte euſt eu cette puiſſance.
Mais en vain mon devoir taſche à luy réſiſter;
Toy-meſme as éprouvé qu'on ne le peut dompter.
Ce dieu qui te força d'abandonner ton pére,
Ton païs et tes biens, pour ſuivre ma miſére,
Ce dieu meſme aujourd'huy force tous mes deſirs
A te faire un larcin de deux ou trois ſoûpirs.
A mon égarement ſouffre cette échapée,
Sans craindre que ta place en demeure uſurpée.
L'amour dont la vertu n'eſt point le fondement
Se détruit de ſoy-meſme, et paſſe en un moment;
Mais celuy qui nous joint eſt un amour ſolide[1],
Où l'honneur a ſon luſtre, où la vertu préſide;
Sa durée a toûjours quelques nouveaux appas,
Et ſes fermes liens durent jusqu'au trépas.
Mon ame, derechef pardonne à la ſurpriſe

[1]. On lit ici au lieu de ces deux derniers vers, dans toutes les éditions jusqu'à 1654 inclusivement, ceux que nous allons rapporter :

<blockquote>
Ce dieu meſme à préſent malgré moi me reduit<br>
A te faire un larcin des plaiſirs d'une nuit.<br>
A mes ſens déreglez ſouffre cette licence,<br>
Une pareille amour meurt dans la joüiſſance.<br>
Celle dont la vertu n'eſt point le fondement<br>
Se détruit de ſoy-meſme et paſſe en un moment.<br>
Mais celle qui nous joint eſt une amour ſolide.
</blockquote>

Que ce tyran des cœurs a fait à ma franchife;
Souffre une folle ardeur qui ne vivra qu'un jour,
Et qui n'affoiblit point le conjugal amour.
### ISABELLE.
Hélas! que j'aide bien à m'amufer moy-mefme!
Je voy qu'on me trahit, et veux croire qu'on m'aime;
Je me laiffe charmer à ce discours flateur,
Et j'excufe un forfait dont j'adore l'autheur.
Pardonne, cher époux, au peu de retenuë
Où d'un prémier transport la chaleur eft venuë :
C'eft en ces accidens manquer d'affection
Que de les voir fans trouble et fans émotion.
Puisque mon teint fe fane et ma beauté fe paffe,
Il eft bien jufte auffi que mon amour fe laffe ;
Et mefme je croiray que ce feu paffager
En l'amour conjugal ne pourra rien changer.
Songe un peu touteffois à qui ce feu s'adreffe,
En quel péril te jette une telle maîtreffe.
Diffimule, déguife, et fois amant discret;
Les grands en leur amour n'ont jamais de fecret;
Ce grand train qu'à leurs pas leur grandeur propre attache
N'eft qu'un grand corps tout d'yeux à qui rien ne fe cache,
Et dont il n'eft pas un qui ne fist fon effort
A fe mettre en faveur par un mauvais rapport.
Toft ou tard Florilame apprendra tes pratiques,
Ou de fa défiance, ou de fes domestiques;
Et lors (à ce penfer je friffonne d'horreur)
A quelle extrémité n'ira point fa fureur?
Puisqu'à ces paffe-temps ton humeur te convie,
Cours après tes plaifirs, mais affeure ta vie.
Sans aucun fentiment je te verray changer,
Lors que tu changeras fans te mettre en danger.
### CLINDOR.
Encor une fois donc tu veux que je te die
Qu'auprès de mon amour je méprife ma vie?
Mon ame eft trop atteinte, et mon cœur trop bleffé,
Pour craindre les périls dont je fuis menacé,
Ma paffion m'aveugle, et, pour cette conquefte,
Croit hazarder trop peu de hazarder ma tefte.
C'eft un feu que le temps pourra feul modérer;

C'eſt un torrent qui paſſe, et ne ſçauroit durer.
### ISABELLE.
Eh bien, cours au trépas, puiſqu'il a tant de charmes,
Et néglige ta vie auſſi bien que mes larmes.
Penſes-tu que ce prince, après un tel forfait,
Par ta punition ſe tienne ſatisfait ?
Qui ſera mon appuy lors que ta mort infame
A ſa juſte vengeance expoſera ta femme,
Et que ſur la moitié d'un perfide étranger
Une ſeconde fois il croira ſe venger ?
Non, je n'attendray pas que ta perte certaine
Puiſſe attirer ſur moy les reſtes de ta peine,
Et que de mon honneur, gardé ſi chérement,
Il faſſe un ſacrifice à ſon reſſentiment.
Je préviendray la honte où ton malheur me livre,
Et ſçauray bien mourir, ſi tu ne veux pas vivre.
Ce corps, dont mon amour t'a fait le poſſeſſeur,
Ne craindra plus bien-toſt l'effort d'un raviſſeur.
J'ay vécu pour t'aimer, mais non pour l'infamie
De ſervir au mary de ton illuſtre amie.
Adieu ; je vay du moins, en mourant avant toy,
Diminüer ton crime, et dégager ta foy.
### CLINDOR.
Ne meurs pas, chére épouſe, et dans un ſecond change
Voy l'effet merveilleux où ta vertu me range.
M'aimer malgré mon crime, et vouloir par ta mort
Éviter le hazard de quelque indigne effort !
Je ne ſçay qui je dois admirer davantage,
Ou de ce grand amour, ou de ce grand courage.
Tous les deux m'ont vaincu : je reviens ſous tes loix,
Et ma brutale ardeur va rendre les abois ;
C'en eſt fait, elle expire, et mon âme plus ſaine
Vient de rompre les nœuds de ſa honteuſe chaîſne.
Mon cœur, quand il fut pris, s'étoit mal défendu ;
Perds-en le ſouvenir.
### ISABELLE.
Je l'ay déjà perdu.
### CLINDOR.
Que les plus beaux objets qui ſoient deſſus la terre
Conſpirent deſormais à me faire la guerre ;

## Acte V.

Ce cœur, inexpugnable aux affauts de leurs yeux,
N'aura plus que les tiens pour maiftres et pour dieux.
LYSE.
Madame, quelqu'un vient..

### SCÉNE IV.

CLINDOR, repréfentant Théagéne,
ISABELLE, repréfentant Hippolyte,
LYSE, repréfentant Clarine, ÉRASTE,
Troupe de Domestiques
de Florilame.

ÉRASTE, poignardant Clindor,
Reçoy, traiftre, avec joye
Les faveurs que par nous ta maîtreffe t'envoye.
PRIDAMANT à Alcandre.
On l'affaffine, ô dieux ! daignez le fecourir.
ÉRASTE.
Puiffent les fuborneurs ainfi toûjours périr !
ISABELLE.
Qu'avez-vous fait, bourreaux ?
ÉRASTE.
Un juste et grand éxemple,
Qu'il faut qu'avec effroy tout l'avenir contemple,
Pour apprendre aux ingrats, aux dépens de fon fang,
A n'attaquer jamais l'honneur d'un fi haut rang.
Noftre main a vengé le prince Florilame,
La princeffe outragée, et vous mefme, madame,
Immolant à tous trois un déloyal époux,
Qui ne méritoit pas la gloire d'eftre à vous.
D'un fi lafche attentat fouffrez le prompt fupplice,
Et ne vous plaignez point quand on vous rend justice.
Adieu.
ISABELLE.
Vous ne l'avez maffacré qu'à demy,
Il vit encor en moy ; faoulez fon ennemy :
Achevez, affaffins, de m'arracher la vie.
Cher époux, en mes bras on te l'a donc ravie !
Et de mon cœur jaloux les fecrets mouvements

## 136 L'ILLUSION.

N'ont pû rompre ce coup par leurs preſſentimens !
O clarté trop fidelle, hélas ! et trop tardive,
Qui ne fais voir le mal qu'au moment qu'il arrive !
Falloit-il ?... Mais j'étouffe, et dans un tel malheur,
Mes forces et ma voix cédent à ma douleur ;
Son vif excès me tuë enſemble et me conſole,
Et puiſqu'il nous rejoint...

LYSE.

Elle perd la parole.
Madame... Elle ſe meurt ; épargnons les discours,
Et courons au logis appeler du ſecours.

*Icy on rabaiſſe une toile qui couvre le jardin et les corps de Clindor et d'Iſabelle ; et le magicien et le pére ſortent de la grotte.*

## SCÈNE V.

### ALCANDRE, PRIDAMANT.

ALCANDRE.

Ainſi de noſtre espoir la fortune ſe jouë : [rouët;
Tout s'élève ou s'abaiſſe au branſle de ſa
Et ſon ordre inégal qui régit l'univers,
Au milieu du bonheur a ſes plus grands
[revers.

PRIDAMANT.

Cette réfléxion, mal propre pour un pére,
Conſoleroit peut-eſtre une douleur légére ;
Mais après avoir veu mon fils aſſaſſiné,
Mes plaiſirs foudroyez, mon espoir rüiné,
J'aurois d'un ſi grand coup l'ame bien peu bleſſée,
Si de pareils discours m'entroient dans la penſée.
Hélas ! dans ſa miſére, il ne pouvoit périr ;

---

1. Boileau a encore imité ces deux vers de Corneille. Il a dit dans sa Satire I :

Ainsi de la vertu la fortune se jouë,

Et dans son Épître V :

Qu'à son gré désormais la fortune me jouë ;
On me verra dormir au branle de sa roue.

## Acte V.

Et son bonheur fatal luy seul l'a fait mourir !
  N'attendez pas de moy des plaintes davantage :
La douleur qui se plaint cherche qu'on la soulage ;
La mienne court après son déplorable sort.
Adieu : je vay mourir, puisque mon fils est mort.

### Alcandre.

D'un juste desespoir l'effort est légitime,
Et de le détourner je croirois faire un crime.
Ouy, suivez ce cher fils sans attendre à demain :
Mais épargnez du moins ce coup à vostre main ;
Laissez faire aux douleurs qui rongent vos entrailles,
Et, pour les redoubler, voyez ses funérailles.

*Icy on releve la toile, et tous les comédiens paroissent avec leur portier, qui content de l'argent sur une table, et en prennent chacun leur part.*

### Pridamant.

Que voy-je ! chez les morts conte-t'on de l'argent ?

### Alcandre.

Voyez si pas-un d'eux s'y montre négligent.

### Pridamant.

Je voy Clindor ! ah dieux ! quelle étrange surprise !
Je voy ses assassins, je voy sa femme et Lyse !
Quel charme en ce moment étouffe leurs discords,
Pour assembler ainsi les vivans et les morts ?

### Alcandre.

Ainsi tous les acteurs d'une troupe comique,
Leur poéme récité, partagent leur pratique,
L'un tuë, et l'autre meurt, l'autre vous fait pitié ;
Mais la scéne préside à leur inimitié,     [paroles ;
Leurs vers sont leurs combats, leur mort suit leurs
Et, sans prendre intérest en pas-un de leurs rôles,
Le traistre et le trahy, le mort et le vivant,
Se trouvent à la fin amis comme devant.
  Vostre fils et son train ont bien sceu, par leur fuite,
D'un pére et d'un prévost éviter la poursuite ;
Mais, tombant dans les mains de la nécessité,
Ils ont pris le théâtre en cette extrémité.

### Pridamant.

Mon fils comédien !

ALCANDRE.
D'un art ſi difficile
Tous les quatre, au beſoin, ont fait un doux azile;
Et depuis ſa priſon, ce que vous avez veu,
Son adultére amour, ſon trépas impréveu[1],
N'eſt que la triſte fin d'une piéce tragique,
Qu'il expoſe aujourd'huy ſur la ſcéne publique,
Par où ſes compagnons en ce noble métier
Raviſſent à Paris un peuple tout entier.
Le gain leur en demeure, et ce grand équipage
Dont je vous ay fait voir le ſuperbe étalage,
Eſt bien à voſtre fils, mais non pour s'en parer
Qu'alors que ſur la ſcéne il ſe fait admirer.

PRIDAMANT.
J'ay pris ſa mort pour vraye, et ce n'étoit que feinte,
Mais je trouve par tout meſmes ſujets de plainte.
Eſt-ce là cette gloire, et ce haut rang d'honneur
Où le devoit monter l'excès de ſon bonheur?

ALCANDRE.
Ceſſez de vous en plaindre. A preſent le théatre
Eſt en un point ſi haut que chacun l'idolatre;
Et ce que voſtre temps voyoit avec mépris
Eſt aujourd'huy l'amour de tous les bons esprits,
L'entretien de Paris, le ſouhait des provinces,
Le divertiſſement le plus doux de nos princes,
Les délices du peuple et le plaiſir des grands;
Il tient le premier rang parmy leurs paſſe-temps :
Et ceux dont nous voyons la ſageſſe profonde
Par ſes illuſtres ſoins conſerver tout le monde,
Trouvent dans les douceurs d'un ſpectacle ſi beau
Dequoy ſe délaſſer d'un si peſant fardeau.
Meſme noſtre grand roy, ce foudre de la guerre,
Dont le nom ſe fait craindre aux deux bouts de la terre,
Le front ceint de lauriers, daigne bien quelquefois
Prêter l'œil et l'oreille au théatre françois :
C'eſt là que le Parnaſſe étale ſes merveilles;
Les plus rares esprits luy conſacrent leurs veilles;

---

1. On lit dans l'édition originale ſeulement, *ſon trépas impourveu*. Dès 1644 *impréveu* y fut ſubſtitué.

Et tous ceux qu'Apollon voit d'un meilleur regard
De leurs doctes travaux luy donnent quelque part.
 D'ailleurs, li par les biens on prife les perfonnes,
Le théatre eft un fief dont les rentes font bonnes [1];
Et voftre fils rencontre en un métier fi doux
Plus d'accommodement qu'il n'euft trouvé chez vous.
Défaites-vous enfin de cette erreur commune,
Et ne vous plaignez plus de fa bonne fortune.

### PRIDAMANT.

Je n'ofe plus m'en plaindre, et voy trop de combien
Le métier qu'il a pris eft meilleur que le mien.
Il eft vray que d'abord mon ame s'eft émeuë :
J'ay creu la comédie au point où je l'ay veuë ;
J'en ignorois l'éclat, l'utilité, l'appas,
Et la blafmois ainfi, ne la connoiffant pas;
Mais, depuis vos discours, mon cœur plein d'allegreffe
A banny cette erreur avecque la trifteffe.
Clindor a trop bien fait.

### ALCANDRE.

 N'en croyez que vos yeux.

### PRIDAMANT.

Demain, pour ce fujet, j'abandonne ces lieux;
Je vole vers Paris. Cependant, grand Alcandre,
Quelles graces icy ne vous doy-je point rendre ?

### ALCANDRE.

Servir les gens d'honneur eft mon plus grand defir.
J'ay pris ma récompenfe en vous faifant plaifir.
Adieu. Je fuis content, puisque je vous voy l'eftre.

### PRIDAMANT.

Un fi rare bien-fait ne fe peut reconnoiftre :
Mais, grand mage, du moins croyez qu'à l'avenir
Mon ame en gardera l'éternel fouvenir.

1. Voir l'*Histoire de Corneille*, pages 50 et 51.

*Fin du cinquiéme et dernier acte.*

# EXAMEN DE L'ILLUSION.

Je diray peu de chofe de cette piéce : c'eft une galanterie extravagante qui a tant d'irrégularitez, qu'elle ne vaut pas la peine de la confidérer, bien que la nouveauté de ce caprice en aye rendu le fuccès affez favorable pour ne me repentir pas d'y avoir perdu quelque temps. Le prémier acte ne femble qu'un prologue ; les trois fuivans forment une piéce, que je ne fçay comment nommer : le fuccès en eft tragique ; Adraste y eft tué, et Clindor en péril de mort ; mais le ftile et les perfonnages font entiérement de la comédie. Il y en a mefme un qui n'a d'eftre que dans l'imagination, inventé exprès pour faire rire, et dont il ne fe trouve point d'original parmi les hommes : c'eft un capitan qui foutient affez fon caractére de fanfaron pour me permettre de croire qu'on en trouvera peu, dans quelque langue que ce foit, qui s'en acquittent mieux. L'action n'y eft pas complète, puisqu'on ne fait à la fin du quatriéme acte qui la termine, ce que deviennent les principaux acteurs, et qu'ils fe dérobent plutoft au péril qu'ils n'en triomphent. Le lieu y eft affez régulier, mais l'unité de jour n'y eft pas obfervée. Le cinquième eft une tragédie affez courte pour n'avoir pas la juste grandeur que demande Aristote, et que j'ay tafché d'expliquer. Clindor et Ifabelle, étans devenus comédiens, fans qu'on le fçache, y repréfentent une histoire, qui a du rapport avec la leur, et femble en eftre la fuite. Quelques-uns ont attribué cette conformité à un manque d'invention ; mais c'eft un trait d'art pour mieux abuſer par une fauſſe mort le pére de Clindor qui les regarde, et rendre ſon retour de la douleur à la joye plus ſurprenant et plus agréable.

Tout cela couſu enſemble fait une comédie dont l'action n'a pour durée que celle de ſa repréſentation, mais ſurquoy il ne ſeroit pas ſeur de prendre éxemple. Les caprices de cette nature ne ſe hazardent qu'une fois; et quand l'original auroit paſſé pour merveilleux, la copie n'en peut jamais rien valoir. Le ſtile ſemble aſſez proportionné aux matiéres, ſi ce n'eſt que Lyſe, en ſa ſixiéme ſcéne du troiſiéme acte, ſemble s'élever un peu trop au deſſus du caractére de ſervante. Ces deux vers d'Horace luy ſerviront d'excuſe, auſſi-bien qu'au pére du menteur, quand il ſe met en coléte contre ſon fils au cinquiéme :

> Interdum tamen et vocem Comedia tollit,
> Iratusque Chremes tumido delitigat ore.

Je ne m'étendray pas davantage ſur ce poëme. Tout irrégulier qu'il eſt, il faut qu'il aye quelque mérite, puiſqu'il a ſurmonté l'injure des temps, et qu'il paroiſt encor ſur nos théatres, bien qu'il y aye plus de vingt et cinq[1] années qu'il eſt au monde, et qu'une ſi longue révolution en aye enſévely beaucoup ſous la pouſſiére, qui ſembloient avoir plus de droit que luy de prétendre à une ſi heureuſe durée.

---

1. Les Examens des pièces de Corneille par lui-même ont paru pour la première fois dans l'édition de 1660.

## AU LECTEUR [1]

Voicy une Seconde Partie des piéces de théatre un peu plus ſupportables que celles de la prémiére. Elles ſont toutes aſſez réguliéres, avec cette différence touteſfois, que les régles ſont obſervées avec plus de ſévérité dans les unes que dans les autres; car il y en a qu'on peut élargir et reſſerrer, ſelon que les incidens du poëme le peuvent ſouffrir. Telle eſt celle de l'unité de jour, ou des vingt et quatre heures. Je croy que nous devons toûjours faire noſtre poſſible en ſa faveur, juſqu'à forcer un peu les événemens que nous traitons, pour les y accommoder; mais ſi je n'en pouvois venir à bout, je la négligerois meſme ſans ſcrupule, et ne voudrois pas perdre un beau ſujet pour ne l'y pouvoir réduire. Telle eſt encore celle de l'unité du lieu, qu'on doit arreſter s'il ſe peut dans la ſalle d'un palais, ou dans quelque eſpace qui ne ſoit pas de beaucoup plus grand que le théatre, mais qu'on peut étendre juſqu'à

---

1. Nous avons donné, page 1 du tome I de cette édition, la préface que Corneille mit en tête de la Première Partie de ses Œuvres qu'il commença à recueillir en 1644. Cette première partie renfermait huit pièces : *Mélite, Clitandre, la Veuve, la Galerie du Palais, la Suivante, la Place Royale, Médée* et *l'Illusion comique*. La Seconde Partie, renfermant sept pièces : *Le Cid, Horace, Cinna, Polyeucte, Pompée, le Menteur* et *la Suite du Menteur*, parut en 1648. Elle était précédée de l'avertissement que nous reproduisons ici, et que tous les éditeurs de Corneille ont omis et semblent avoir ignoré.

toute une ville, et fe fervir mefme, s'il en eft befoin, d'un peu des environs. Je dirois la mefme chofe de la liaifon des fcénes, fi j'ofois la nommer une régle; mais comme je n'en voy rien dans Aristote; que noftre Horace n'en dit que ce petit mot *Neu quid hiet*, dont la fignification peut-eftre douteufe; que les anciens ne l'ont pas toûjours obfervée, quoy qu'il leur fuft affez aifé, ne mettant qu'une fcéne ou deux à chaque acte; que le miracle de l'Italie, le *Pastor Fido*, l'a entiérement négligée, j'aime mieux l'appeler un divertiffement qu'une régle; mais un embelliffement qui fait grand effet, comme il eft aifé de le remarquer par les exemples du *Cid* et de l'*Horace*. Sabine ne contribuë non plus aux incidents de la tragédie dans ce dernier que l'infante dans l'autre, étant toutes deux des perfonnages épifódiques qui s'émeuvent de tout ce qui arrive felon la paffion qu'elles en reffentent, mais qu'on pourroit retrancher fans rien ofter de l'action principale; néanmoins l'une a été condamnée presque de tout le monde comme inutile, et de l'autre perfonne n'en a murmuré, cette inégalité ne provenant que de la liaifon des fcénes qui attachent Sabine au reste des perfonnages, et qui, n'étant pas obfervée dans *le Cid*, y laiffe l'infante y tenir fa cour à part.

Au reste, comme les tragédies de cette Seconde Partie font prifes de l'hiftoire, j'ay cru qu'il ne feroit pas hors de propos de vous donner au-devant de chacune le texte ou l'abrégé des autheurs d'où je les ay tirées, afin qu'on puiffe voir par là ce que j'y ay adjoûté du mien et jusqu'où je me fuis perfuadé que peut aller la licence poëtique en traitant des fujets véritables[1].

1. Ces extraits d'historiens n'ont pas été reproduits par Corneille dans les éditions où il a donné ses Examens, c'est-à-dire, comme on vient de le voir, à partir de 1660.

# LE CID

TRAGÉDIE[1]

— 1636 —

1. *Le Cid* fut publié pour la première fois (à Paris, chez Augustin Courbé, 1637, in-4º), avec le titre de *tragi-comédie*. Le privilége du roi portait la date du 21 janvier 1637, et l'achevé d'imprimer était du 24 mars suivant. Dans l'édition du même format publiée par le même libraire en 1639, et dans l'édition in-4º également, publiée en 1644 par la veuve Jean Camusat, la pièce était toujours qualifiée de tragi-comédie; elle ne devint *tragédie* que lorsque Corneille publia la Seconde Partie de ses Œuvres, celle qui renfermait *le Cid*, en 1648.

A MADAME

## DE COMBALET[1].

Madame,

Ce portrait vivant que je vous offre repréſente un héros aſſez reconnoiſſable aux lauriers dont il eſt couvert. Sa vie a été une ſuite continuelle de victoires; ſon corps, porté dans ſon armée, a gagné des batailles après ſa mort; et ſon nom, au bout de ſix cents ans, vient encore triompher en France. Il y a trouvé une réception trop favorable pour ſe repentir d'eſtre ſorti de ſon pays, et d'avoir appris à parler une autre langue que la ſienne. Ce ſuccès a paſſé mes plus ambitieuſes eſpérances, et m'a ſurpris d'abord; mais il a ceſſé de de m'étonner depuis que j'ay veu la ſatiſfaction que

---

1. Marie-Madelaine de Vignerot, nièce du cardinal de Richelieu, avait été mariée par son oncle, alors simple évêque de Luçon, à Antoine de Beauvoir du Roure, seigneur de Combalet, favori du duc de Luynes. Son mari, qu'elle aimait peu, fut tué en 1621 devant Montauban. Craignant d'être sacrifiée à quelque nouveau calcul et d'être mariée encore contre son gré, elle fit vœu de demeurer veuve. Gui Patin (voir *Histoire de Corneille*, p. 91) et Tallemant des Réaux prétendent que le cardinal charmait son veuvage. Il l'avait fait prendre comme dame d'atour par la reine, et il fit revivre pour elle le duché d'Aiguillon en 1638, un an après cette dédicace de Corneille. Dans les éditions du *Cid* de 1639 et de 1644, on laissa encore, par habitude, en tête de cette épître : *A Madame de Combalet*; mais ensuite, dans les recueils des *Œuvres* jusqu'en 1660, époque à partir de laquelle Corneille retrancha ses épîtres dédicatoires, on put lire : *A Madame la duchesse d'Aiguillon*. Elle mourut en 1675.

vous avez témoignée quand il a paru devant vous. Alors j'ay ofé me promettre de luy tout ce qui en eft arrivé, et j'ai creu qu'après les éloges dont vous l'avez honoré, cet applaudiffement univerfel ne luy pouvoit manquer. Et véritablement, Madame, on ne peut douter avec raifon de ce que vaut une chofe qui a le bonheur de vous plaire; le jugement que vous en faites eft la marque affeurée de fon prix : et comme vous donnez toûjours libéralement aux véritables beautés l'estime qu'elles méritent, les fauffes n'ont jamais le pouvoir de vous éblouir. Mais votre générofité ne s'arrefte pas à des louanges ftériles pour les ouvrages qui vous agréent; elle prend plaifir à s'étendre utilement fur ceux qui les produifent, et ne dédaigne point d'employer en leur faveur ce grand crédit que votre qualité et vos vertus vous ont acquis. J'en ai reffenti des effets qui me font trop avantageux pour m'en taire, et je ne vous dois pas moins de remercîments pour moy que pour *le Cid*. C'eft une reconnoiffance qui m'eft glorieufe, puisqu'il m'eft impoffible de publier que je vous ay de grandes obligations, fans publier en mefme temps que vous m'avez affez estimé pour vouloir que je vous en euffe. Auffi, Madame, fi je fouhaite quelque durée pour cet heureux effort de ma plume, ce n'eft point pour apprendre mon nom à la postérité, mais feulement pour laiffer des marques éternelles de ce que je vous dois, et faire lire à ceux qui naiftront dans les autres fiècles la protestation que je fais d'eftre toute ma vie,

Madame,

   Votre très-humble, très-obéiffant
   et très-obligé ferviteur,
    CORNEILLE.

# AVERTISSEMENT

Fragment de l'historien Mariana, *Historia de España*,
L. IVe, c. 50.

« Avia pocos dias ante hecho campo con Don Gomez
« conde de Gormaz. Vencióle, y dyóle la muerte. Lo
« que resultó de este caso, fué que casó con doña Xime-
« na, hija y heredera del mismo conde. Ella misma
« requirió al rey que se le diesse por marido (ya estaba
« muy prendada de sus partes), ó le castigasse con-
« forme á las leyes, por la muerte que dió á su padre.
« Hizóse el casamiento, que á todos estaba á cuento,
« con el qual, por el gran dote de su esposa, que se
« allegó al estado que él tenia de su padre, se aumentó
« en poder y riquezas. »

Voilà ce qu'a prefté l'histoire à Don Guillem de Castro, qui a mis ce fameux événement sur le théâtre avant moy. Ceux qui entendent l'espagnol y remarqueront deux circonstances : l'une, que Chiméne ne pouvant s'empefcher de reconnoiftre et d'aimer les belles qualités qu'elle voyoit en Don Rodrigue, quoiqu'il euft tué fon pére (*estaba prendada de sus partes*), alla propofer elle-mefme au roy cette généreufe alternative, ou qu'il le luy donnaft pour mari, ou qu'il le fift punir fuivant les lois; l'autre, que ce mariage fe fit au gré de tout le monde (*á todos estaba á cuento*). Deux chroniques du *Cid* ajoutent qu'il fut célébré par l'archevefque de Séville, en préfence du roy et de toute fa cour; mais je me fuis contenté du texte de l'historien, parce que toutes deux ont quelque chofe qui fent le roman, et peuvent ne perfuader pas davantage que celles que nos François ont faites de Charlemagne et de Roland. Ce que j'ay rapporté de Mariana suffit pour faire voir l'état qu'on fit de Chiméne et de son mariage dans son siècle mesme, où elle vécut en un tel éclat que les roys d'Arragon et de Navarre tinrent à honneur d'estre ses gendres, en épousant ses deux filles. Quelques-unes ne l'ont pas si bien traitée dans le nostre ; et, sans parler de ce qu'on a dit de la Chiméne du théatre, celuy qui a composé l'histoire d'Espagne en françois l'a notée, dans son livre, de s'estre tost et aisément consolée de la mort de son pére, et a voulu taxer de légéreté une action qui fut imputée à grandeur de courage par ceux qui en furent les témoins. Deux romances espagnoles, que je vous donneray en suite de cet Avertissement, parlent encore plus en sa faveur. Ces sortes de petits poëmes sont comme des originaux décousus de leurs anciennes histoires ; et je serois ingrat envers la mémoire de cette héroïne, si, après l'avoir fait connoistre en France, et m'y estre fait connoistre par elle, je ne taschois de la tirer de la honte qu'on lui a voulu faire, parce qu'elle a passé par mes mains. Je vous donne donc ces piéces justificatives de la réputation où elle a vécu, sans dessein de justifier la façon dont je l'ay fait parler en françois. Le temps l'a fait pour moy, et les traductions qu'on en a faites en toutes les langues qui servent aujourd'huy à la scéne, et chez tous les peuples où l'on voit des théatres, je veux dire en italien, flamand et anglois, sont d'assez glorieuses apologies contre tout ce qu'on en a dit. Je n'y ajouteray pour toute chose qu'environ une douzaine de vers espagnols qui semblent faits exprès pour la défendre. Ils sont du mesme autheur qui l'a traitée avant moy, Don Guillem de Castro, qui, dans une autre comédie qu'il intitule *Engañarse engañando*, fait dire à une princesse du Béarn :

A mirar
Bien el mundo, que el tener
Apetitos que vencer,
Y ocasiones que dexar.
Examinan el valor
En la muger, yo dixera

>         Lo que siento, porque fuera
>     Luzimiento de mi honor.
>         Pero malicias fundadas
>     En honras mal entendidas,
>     De tentaciones vencidas
>     Hazen culpas declaradas :
>         Y assi, la que el dessear
>     Con el resistir apunta,
>     Vence dos vezes, si junta
>     Con el resistir el callar.

C'est, si je ne me trompe, comme agit Chimène dans mon ouvrage, en présence du roy et de l'infante. Je dis en présence du roy et de l'infante, parce que quand elle est seule, ou avec sa confidente, ou avec son amant, c'est une autre chose. Ses mœurs sont inégalement égales, pour parler en termes de nostre Aristote, et changent suivant les circonstances des lieux, des personnes, des temps et des occasions, en conservant toûjours le mesme principe.

Au reste, je me sens obligé de désabuser le public de deux erreurs qui s'y sont glissées touchant cette tragédie, et qui semblent avoir été autorisées par mon silence. La première est que j'aye convenu de juges touchant son mérite, et m'en sois rapporté au sentiment de ceux qu'on a priés d'en juger[1]. Je m'en tairais encore, si ce faux bruit n'avoit été jusque chez M. de Balzac dans sa province, ou, pour me servir de ses paroles mesmes, dans son désert, et si je n'en avois veu depuis peu les marques dans cette admirable lettre qu'il a écrite sur ce sujet[2], et qui ne fait pas la moindre richesse des deux derniers trésors qu'il nous a donnés. Or, comme tout ce qui part de sa plume regarde toute la postérité, maintenant que mon nom est asseuré de passer jusqu'à elle dans cette Lettre incomparable, il me seroit honteux qu'il y passast avec cette tache et qu'on pust à jamais me reprocher d'avoir compromis de ma réputation. C'est une chose qui jusqu'à présent

---

1. L'Académie. Voir *Histoire de Corneille*, p. 79 et suiv.
2. *Ibidem.* p. 78 et note.

eſt ſans exemple; et de tous ceux qui ont été attaqués comme moy, aucun que je ſache n'a eu aſſez de foibleſſe pour convenir d'arbitres avec les cenſeurs; et s'ils ont laiſſé tout le monde dans la liberté publique d'en juger, ainſi que j'ay fait, ç'a été ſans s'obliger, non plus que moy, à en croire perſonne. Outre que, dans la conjoncture où étoient lors les affaires du *Cid*, il ne falloit pas eſtre grand devin pour prévoir ce que nous en avons veu arriver. A moins que d'eſtre tout à fait ſtupide, on ne pouvoit pas ignorer que, comme les questions de cette nature ne concernent ni la religion ni l'État, on en peut décider par les régles de la prudence humaine, auſſi bien que par celles du théatre, et tourner ſans ſcrupule le ſens du bon Aristote du coſté de la politique. Ce n'eſt pas que je ſache ſi ceux qui ont jugé du *Cid* en ont jugé ſuivant leur ſentiment ou non, ni meſme que je veuille dire qu'ils en ayent bien ou mal jugé, mais ſeulement que ce n'a jamais été de mon conſentement qu'ils en ont jugé, et que peut-eſtre je l'aurois justifié ſans beaucoup de peine, ſi la meſme raiſon qui les a fait parler ne m'avoit obligé à me taire. Aristote ne s'eſt pas expliqué ſi clairement dans ſa Poétique, que nous n'en puiſſions faire ainſi que les philoſophes, qui le tirent chacun à leur parti dans leurs opinions contraires; et comme c'eſt un pays inconnu pour beaucoup de monde, les plus zélés partiſans du *Cid* en ont creu ſes cenſeurs ſur leur parole, et ſe ſont imaginé avoir pleinement ſatisfait à toutes leurs objections, quand ils ont ſoutenu qu'il importoit peu qu'il fuſt ſelon les régles d'Aristote, et qu'Aristote en avoit fait pour ſon ſiécle et pour des Grecs, et non pas pour le noſtre et pour des François.

Cette ſeconde erreur, que mon ſilence a affermie, n'eſt pas moins injurieuſe à Aristote qu'à moy. Ce grand homme a traité la poétique avec tant d'adreſſe et de jugement, que les préceptes qu'il nous en a laiſſés ſont de tous les temps et de tous les peuples; et bien loin de s'amuſer au détail des bienſéances et des agrémens, qui peuvent eſtre divers, ſelon que ces deux circonſtances ſont diverſes, il a été droit aux mouvemens de l'âme, dont la nature ne change point. Il a montré quelles paſſions la tragédie doit exciter dans celle de ſes auditeurs; il a cherché quelles conditions ſont néceſſaires, et aux perſonnes qu'on introduit, et aux événemens qu'on repréſente, pour les y faire naiſtre; il en a laiſſé des moyens qui auroient produit leur effet partout dès la création du monde, et qui ſeront capables de le produire encore partout, tant qu'il y aura des théatres et des acteurs; et pour le reste, que les lieux et les temps peuvent changer, il l'a négligé, et n'a pas meſme prescrit le nombre des actes, qui n'a été réglé que par Horace beaucoup après luy.

Et certes, je ſerois le premier qui condamnerois *le Cid*, s'il péchoit contre ces grandes et ſouveraines maximes que nous tenons de ce philoſophe; mais, bien loin d'en demeurer d'accord, j'oſe dire que cet heureux poëme n'a ſi extraordinairement réuſſi que parce qu'on y voit les deux maîtreſſes conditions (permettez-moi cette épithête) que demande ce grand maiſtre aux excellentes tragédies, et qui ſe trouvent ſi rarement aſſemblées dans un meſme ouvrage, qu'un des plus doctes commentateurs de ce divin traité qu'il en a fait ſoutient que toute l'antiquité ne les a veues ſe rencontrer que dans le ſeul *Œdipe*. La prémière eſt que celui qui ſouffre et eſt perſécuté ne ſoit ni tout méchant ni tout vertueux, mais un homme plus vertueux que méchant, qui, par quelque trait de foibleſſe humaine qui ne ſoit pas un crime, tombe dans un malheur qu'il ne mérite pas: l'autre, que la perſécution et le péril ne viennent point d'un ennemy, ni d'un indifférent, mais d'une perſonne qui doive aimer celuy qui ſouffre et en eſtre aimée. Et voilà, pour en parler pleinement, la véritable et ſeule cauſe de tout le ſuccès du *Cid*, en qui l'on ne peut méconnoiſtre ces deux conditions, ſans s'aveugler ſoy-meſme pour luy faire injustice. J'achéve donc en m'aquittant de ma parole; et, après vous avoir dit en paſſant ces deux mots pour *le Cid* du théatre, je vous donne, en faveur de la Chiméne de l'histoire, les deux romances que je vous ai promiſes.

## ROMANCE PRIMERO.

Delante el rey de Leon
Doña Ximena una tarde
Se pone á pedir justicia
Por la muerte de su padre.
Para contra el Cid la pide,
Don Rodrigo de Bivare,
Que huérfana la dexó,
Niña, y de muy poca edade.
« Si tengo razon, o non,
Bien, rey, lo alcanzas y sabes,
Que los negocios de honra
No pueden disimularse. »
« Cada dia que amanece
Veo al lobo de mi sangre
Caballero en un caballo
Por darme mayor pesare. »
« Mandale, buen rey, pues puedes
Que no me ronde mi calle,
Que no se venga en mugeres
El hombre que mucho vale. »
« Si mi padre afrentó al suyo,
Bien ha vengado á su padre,
Qe si honras pagaron muertes,
Para su disculpa bastan. »
« Encomendada me tienes,
No consientas que me agravien,
Que el que á mi se fiziere,
A tu corona se faze. »
— Calledes, doña Ximena,
Que me dades pena grande,
Que yo daré buen remedio
Para todos vuestros males. »
« Al Cid no le he de ofender,
Que es hombre que mucho vale,
Y me defiende mis reynos,
Y quiero que me los guarde. »
« Pero yo faré un partido
Con él, que no os este male,
De tomalle la palabra
Para que con vos se case. »
Contenta quedó Ximena,

Con la merced que le faze,
Que quien huerfana la fizó
Aquesse mismo la ampare.


## ROMANCE SEGUNDO.

A Ximena y á Rodrigo
Prendió el rey palabra, y mano,
De juntarlos para en uno
En presencia de Layn Calvo.
Las enemistades viejas
Con amor se conformaron,
Que donde preside el amor
Se olvidan muchos agravios.
. . . . . . . . . .
Llegaron juntos los novios,
Y al dar la mano, y abraco,
El Cid mirando á la novia,
Le dixó todo turbado:
« Maté á tu padre, Ximena,
Pero no á desaguisado;
Matéle de hombre á hombre,
Para vengar cierto agravio. »
« Maté hombre, y hombre doy,
Aqui estoy á tu mandado,
Y en lugar del muerto padre
Cobraste un marido honrado. »
A todos pareció bien;
Su discrecion alabaron,
Y assi se hizieron las bodas.
De Rodrigo el Castellano

## ACTEURS

D. FERNAND, premier roy de Castille.
D. URRAQUE, infante de Castille.
D. DIÉGUE, pére de D. Rodrigue.
D. GOMÈS, comte de Gormas, pére de Chiméne.
D. RODRIGUE, amant de Chiméne.
D. SANCHE, amoureux de Chiméne.
D. ARIAS, } gentils-hommes Castillans.
D. ALONSE,
CHIMÉNE, fille de D. Gomés.
LÉONOR, gouvernante de l'infante.
ELVIRE, gouvernante de Chiméne.
UN PAGE de l'infante.

*La Scéne eft à Séville.*

# LE CID

TRAGÉDIE.

—

## ACTE PREMIER.

### SCÉNE I.

CHIMÉNE, ELVIRE.

CHIMÉNE.

Elvire, m'as-tu fait un rapport bien fincére?
Ne déguiſes-tu rien de ce qu'a dit mon pére?
ELVIRE.
Tous mes ſens à moy-meſme en ſont encor [charmez,
Il eſtime Rodrigue autant que vous l'aimez,
Et, ſi je ne m'abuſe à lire dans ſon ame,
Il vous commandera de répondre à la flame.
CHIMÉNE.
Dy-moy donc, je te prie, une ſeconde fois
Ce qui te fait juger qu'il approuve mon choix?
Appren-moy de nouveau quel espoir j'en doy prendre;
Un ſi charmant discours ne ſe peut trop entendre,
Tu ne peux trop promettre aux feux de noſtre amour
La douce liberté de ſe montrer au jour.
Que t'a-t'il répondu ſur la secrete brigue
Que font auprès de toy Don Sanche et Don Rodrigue?
N'as-tu point trop fait voir quelle inégalité
Entre ces deux amans me panche d'un coſté?
ELVIRE.
Non, j'ay peint voſtre cœur dans une indifférence

Qui n'enfle d'aucun d'eux ny détruit l'espérance,
Et, fans les voir d'un œil trop févére ou trop doux,
Attend l'ordre d'un pére à choifir un époux.
Ce respect l'a ravy, fa bouche et fon vifage
M'en ont donné fur l'heure un digne témoignage,
Et, puisqu'il vous en faut encor faire un récit,
Voicy d'eux et de vous ce qu'en hafte il m'a dit:
*Elle eft dans le devoir, tous deux font dignes d'elle,*
*Tous deux formez d'un fang noble, vaillant, fidelle,*
*Jeunes, mais qui font lire aifément dans leurs yeux*
*L'éclatante vertu de leurs braves ayeux.*
*Don Rodrigue fur tout n'a trait en fon vifage*
*Qui d'un homme de cœur ne foit la haute image,*
*Et fort d'une maifon fi féconde en guerriers,*
*Qu'ils y prennent naiffance au milieu des lauriers.*
*La valeur de fon pére en fon temps fans pareille*
*Tant qu'a duré fa force, a paffé pour merveille,*
*Ses rides fur fon front ont gravé fes exploits,*
*Et nous difent encor ce qu'il fut autrefois.*
*Je me promets du fils ce que j'ay veu du pére,*
*Et ma fille en un mot peut l'aimer et me plaire.*
Il alloit au confeil, dont l'heure qui preffoit
A tranché ce discours qu'à peine il commençoit,
Mais à ce peu de mots je croy que fa penfée
Entre vos deux amants n'eft pas fort balancée.
Le roy doit à fon fils élire un gouverneur,
Et c'eft luy que regarde un tel degré d'honneur.
Ce chois n'eft pas douteux, et fa rare vaillance
Ne peut fouffrir qu'on craigne aucune concurrence.
Comme fes hauts exploits le rendent fans égal,
Dans un espoir fi juste il fera fans rival,
Et puisque Don Rodrigue a réfolu fon pére
Au fortir du conseil à propofer l'affaire,
Je vous laiffe à juger s'il prendra bien fon temps,
Et fi tous vos defirs feront bien-toft contents.

CHIMÉNE.

Il femble toutefois que mon ame troublée
Refufe cette joye, et s'en trouve accablée,
Un moment donne au fort des vifages divers,
Et dans ce grand bonheur je crains un grand revers.

## Acte I.

ELVIRE.
Vous verrez cette crainte heureusement deceuë.
CHIMÉNE.
Allons, quoy qu'il en soit, en attendre l'issuë.

## SCÉNE II.

L'INFANTE, LÉONOR, page.

L'INFANTE.

age, allez avertir Chiméne de ma part
Qu'aujourd'huy pour me voir elle attend [un peu tard,
Et que mon amitié se plaint de sa paresse.
*Le Page rentre.*
LÉONOR.
Madame, chaque jour mesme desir vous presse,
Et dans son entretien je vous voy chaque jour
Demander en quel point se trouve son amour.
L'INFANTE.
Ce n'est pas sans sujet; je l'ay presque forcée
A recevoir les traits dont son ame est blessée;
Elle aime Don Rodrigue, et le tient de ma main,
Et par moy Don Rodrigue a vaincu son dédain.
Ainsi de ces amants ayant formé les chaisnes,
Je doy prendre interest à voir finir leurs peines.
LÉONOR.
Madame, toutesfois parmy leurs bons succès
Vous montrez un chagrin qui va jusqu'à l'excès.
Cét amour, qui tous deux les comble d'allégresse
Fait-il de ce grand cœur la profonde tristesse,
Et ce grand interest que vous prenez pour eux
Vous rend-il malheureuse, alors qu'ils sont heureux?
Mais je vay trop avant, et deviens indiscrette.
L'INFANTE.
Ma tristesse redouble à la tenir secrette.
Écoute, écoute enfin comme j'ay combattu,
Écoute quels assauts brave encor ma vertu.
L'amour est un tyran qui n'épargne personne;

Ce jeune cavalier¹, cét amant que je donne,
Je l'aime.
### LÉONOR.
Vous l'aimez !
### L'INFANTE.
Mets la main fur mon cœur
Et voy comme il fe trouble au nom de fon vainqueur,
Comme il le reconnoit.
### LÉONOR.
Pardonnez-moy, Madame,
Si je fors du respect pour blafmer cette flame.
Une grande princelle à ce point s'oublier,
Que d'admettre en fon cœur un fimple cavalier !
Et que diroit le roy ? que diroit la Castille ?
Vous fouvient-il encore de qui vous étes fille ?
### L'INFANTE.
Il m'en fouvient fi bien, que j'épandray mon fang
Avant que je m'abailfe à démentir mon rang.
Je te répondrois bien que dans les belles ames
Le feul mérite a droit de produire des flames,
Et fi ma paffion cherchoit à s'excuser,
Mille éxemples fameux pourroient l'authorifer :
Mais je n'en veux point fuivre où ma gloire s'engage ;
La furprife des fens n'abat point mon courage,
Et je me dy toûjours qu'étant fille de roi,
Tout autre qu'un monarque eft indigne de moy.
Quand je vy que mon cœur ne fe pouvoit défendre,
Moy-mefme je donnay ce que je n'ofois prendre,
Je mis au lieu de moy Chiméne en fes liens,
Et j'allumay leurs feux pour éteindre les miens.
Ne t'étonne donc plus fi mon ame gefnée
Avec impatience attend leur hyménée ;
Tu vois que mon repos en dépend aujourd'huy :
Si l'amour vit d'espoir, il périt avec luy ;
C'eft un feu qui s'éteint faute de nourriture,
Et malgré la rigueur de ma triste avanture,

---

1. Jusqu'à l'édition du *Cid* de 1644 (Paris, Vᵉ Jean Camusat, in-4º) inclufivement, il y avait d'abord ici *chevalier*. Corneille y a substitué ensuite *cavalier*, et il a fait le même changement dans toute la pièce.

Si Chiméne a jamais Rodrigue pour mary,
Mon espérance est morte et mon esprit guéry.
　Je souffre cependant un tourment incroyable:
Jusques à cét hymen Rodrigue m'est aimable;
Je travaille à le perdre, et le perds à regret;
Et de là prend son cours mon déplaisir secret.
Je vois avec chagrin que l'amour me contraigne
A pousser des soûpirs pour ce que je dédaigne;
Je sens en deux partis mon esprit divisé :
Si mon courage est haut, mon cœur est embrasé;
Cet hymen m'est fatal, je le crains et souhaite;
Je n'ose en espérer qu'une joye imparfaite.
Ma gloire et mon amour ont pour moy tant d'appas
Que je meurs s'il s'achéve, ou ne s'achéve pas.
### LÉONOR.
Madame, après cela je n'ay rien à vous dire,
Sinon que de vos maux avec vous je soûpire :
Je vous blasmois tantost, je vous plains à présent
Mais puisque dans un mal si doux et si cuisant,
Vostre vertu combat et son charme et sa force,
En repousse l'assaut, en rejette l'amorce,
Elle rendra le calme à vos esprits flotans.
Espérez donc tout d'elle, et du secours du temps;
Espérez tout du ciel : il a trop de justice
Pour laisser la vertu dans un si long supplice.
### L'INFANTE.
Ma plus douce espérance est de perdre l'espoir.
### LE PAGE.
Par vos commandemens Chiméne vous vient voir.
### L'INFANTE à Léonor.
Allez l'entretenir en cette galerie.
### LÉONOR.
Voulez-vous demeurer dedans la resverie?
### L'INFANTE.
Non, je veux seulement, malgré mon déplaisir,
Remettre mon visage un peu plus à loisir.
Je vous fuy. Juste ciel, d'où j'attens mon reméde,
Mets enfin quelque borne au mal qui me posséde,
Asseure mon repos, asseure mon honneur;
Dans le bonheur d'autruy je cherche mon bonheur.

Cét hyménée à trois également importe;
Ren fon effet plus prompt ou mon ame plus forte :
D'un lien conjugal joindre ces deux amans,
C'eft brifer tous mes fers et finir mes tourmens.
Mais je tarde un peu trop, allons trouver Chiméne,
Et, par fon entretien, foulager noftre peine.

## SCÉNE III.

### LE COMTE, D. DIÉGUE.

#### Le Comte.

nfin vous l'emportez, et la faveur du roy
Vous éléve en un rang qui n'étoit dû qu'à
   moy, [tille.
Il vous fait gouverneur du prince de Cas-

#### D. Diégue.

Cette marque d'honneur qu'il met dans ma famille
Montre à tous qu'il eft juste, et fait connoiftre affez
Qu'il fçait récompenfer les fervices paffez.

#### Le Comte. [fommes,

Pour grands que foient les rois, ils font ce que nous
Ils peuvent fe tromper comme les autres hommes,
Et ce choix fert de preuve à tous les courtifans
Qu'ils fçavent mal payer les fervices préfens.

#### D. Diégue.

Ne parlons plus d'un choix dont voftre esprit s'irrite,
La faveur l'a pû faire autant que le mérite,
Mais on doit ce respect au pouvoir abfolu,
De n'éxaminer rien, quand un roy l'a voulu.
A l'honneur qu'il m'a fait ajouftez-en un autre,
Joignons d'un facré nœud ma maifon à la voftre :
Vous n'avez qu'une fille, et moy je n'ay qu'un fils,
Leur hymen nous peut rendre à jamais plus qu'amis;
Faites-nous cette grace et l'acceptez pour gendre.

#### Le Comte.

A des partis plus hauts ce beau fils doit prétendre,
Et le nouvel éclat de voftre dignité
Luy doit enfler le cœur d'une autre vanité.

Exercez-la, Monſieur, et gouvernez le prince,
Montrez-luy comme il faut régir une province,
Faire trembler par tout les peuples ſous la loy,
Remplir les bons d'amour, et les méchans d'effroy,
Joignez à ces vertus celles d'un capitaine,
Montrez-luy comme il faut s'endurcir à la peine,
Dans le métier de Mars le rendre ſans égal,
Paſſer les jours entiers et les nuits à cheval,
Repoſer tout armé, forcer une muraille,
Et ne devoir qu'à ſoy le gain d'une bataille.
Inſtruiſez-le d'éxemple, et rendez-le parfait,
Expliquant à ſes yeux vos leçons par l'effet.
### D. Diégue.
Pour s'inſtruire d'éxemple, en dépit de l'envie,
Il lira ſeulement l'hiſtoire de ma vie.
 Là dans un long tiſſu de belles actions
Il verra comme il faut dompter des nations,
Attaquer une place, ordonner une armée,
Et ſur de grands exploits baſtir ſa renommée.
### Le Comte.
Les éxemples vivans ſont d'un autre pouvoir:
Un prince dans un livre apprend mal ſon devoir.
Et qu'a fait après tout ce grand nombre d'années,
Que ne puiſſe égaler une de mes journées?
Si vous fuſtes vaillant, je le ſuis aujourd'huy,
Et ce bras du royaume eſt le plus ferme appuy.
Grenade et l'Arragon tremblent quand ce fer brille,
Mon nom ſert de rempart à toute la Castille,
Sans moy vous paſſeriez bien-toſt ſous d'autres loix,
Et vous auriez bien-toſt vos ennemis pour rois.
Chaque jour, chaque inſtant, pour rehauſſer ma gloire,
Met lauriers ſur lauriers, victoire ſur victoire:
Le prince à mes coſtez feroit dans les combats
L'eſſay de ſon courage à l'ombre de mon bras!
Il apprendroit à vaincre en me regardant faire,
Et, pour répondre en haſte à ſon grand caractére,
Il verroit...
### D. Diégue.
 Je le ſçay, vous ſervez bien le roy,
Je vous ay veu combattre et commander ſous moy ;

Quand l'âge dans mes nerfs a fait couler fa glace,
Voftre rare valeur a bien remply ma place ;
Enfin, pour épargner les discours fuperflus,
Vous êtes aujourd'huy ce qu'autrefois je fûs.
Vous voyez touteffois qu'en cette concurrence
Un monarque entre nous met quelque différence.

LE COMTE.
Ce que je méritois, vous l'avez emporté.

D. DIÉGUE.
Qui l'a gagné fur vous l'avoit mieux mérité.

LE COMTE.
Qui peut mieux l'éxercer en eft bien le plus digne.

D. DIÉGUE.
En eftre refufé n'en eft pas un bon figne.

LE COMTE.
Vous l'avez eu par brigue, étant vieux courtifan.

D. DIÉGUE.
L'éclat de mes hauts faits fut mon feul partifan.

LE COMTE.
Parlons-en mieux, le roy fait honneur à voftre âge.

D. DIÉGUE.
Le roy, quand il en fait, le mefure au courage.

LE COMTE.
Et par là cét honneur n'étoit dû qu'à mon bras.

D. DIÉGUE.
Qui n'a pû l'obtenir ne le méritoit pas.

LE COMTE.
Ne le méritoit pas ! moy ?

D. DIÉGUE.
    Vous.

LE COMTE.
        Ton impudence,
Téméraire vieillard, aura fa récompenfe.
*Il luy donne un fouflet.*

D. DIÉGUE *mettant l'épée à la main.*
Achéve, et pren ma vie après un tel affront,
Le premier dont ma race ait veu rougir fon front.

LE COMTE.
Et que penfes-tu faire avec tant de foibleffe ?

D. Diégue.
O Dieu! ma force ufée en ce befoin me laiffe!
Le Comte.
Ton épée eft à moy, mais tu ferois trop vain,
Si ce honteux trophée avoit chargé ma main.
 Adieu, fay lire au prince, en dépit de l'envie,
Pour fon inftruction l'hiftoire de ta vie.
D'un infolent difcours ce jufte châtiment
Ne luy fervira pas d'un petit ornement.


## SCÉNE IV.

### D. DIÉGUE.

O rage! ô défefpoir! ô vieilleffe ennemie!
N'ay-je donc tant vécu que pour cette infamie? [guerriers,
Et ne fuis-je blanchy dans les travaux
Que pour voir en un jour flétrir tant de lauriers?
Mon bras qu'avec refpect toute l'Efpagne admire,
Mon bras qui tant de fois a fauvé cét empire,
Tant de fois affermy le trône de fon roy,
Trahit donc ma querelle, et ne fait rien pour moy?
O cruel fouvenir de ma gloire paffée!
Œuvre de tant de jours en un jour effacée!
Nouvelle dignité fatale à mon bonheur!
Précipice élevé d'où tombe mon honneur!
Faut-il de voftre éclat voir triompher le Comte,
Et mourir fans vengeance, ou vivre dans la honte?
Comte, fois de mon prince à préfent gouverneur,
Ce haut rang n'admet point un homme fans honneur,
Et ton jaloux orgueil, par cét affront infigne,
Malgré le choix du roy m'en a fçeu rendre indigne.
Et toy, de mes exploits glorieux inftrument,
Mais d'un corps tout de glace inutile ornement,
Fer jadis tant à craindre, et qui dans cette offenfe
M'as fervy de parade et non pas de défenfe;
Va, quitte deformais le dernier des humains,
Paffe pour me venger en de meilleures mains.

## SCÉNE V.

#### D. DIÉGUE, D. RODRIGUE.

##### D. Diégue.

odrigue, as-tu du cœur?
##### D. Rodrigue.
Tout autre que mon pére
L'éprouveroit sur l'heure.
##### D. Diégue.
Agréable colére!
Digne ressentiment à ma douleur bien doux!
Je reconnoy mon fang à ce noble courroux,
Ma jeuneffe revit en cette ardeur fi prompte.
Vien, mon fils, vien, mon fang, vien réparer ma honte,
Vien me venger.
##### D. Rodrigue.
Dequoy?
##### D. Diégue.
D'un affront fi crüel,
Qu'à l'honneur de tous deux il porte un coup mortel,
D'un fouflet. L'infolent en euft perdu la vie,
Mais mon âge a trompé ma généreufe envie,
Et ce fer, que mon bras ne peut plus foûtenir,
Je le remets au tien pour venger et punir.
Va contre un arrogant éprouver ton courage,
Ce n'eft que dans le fang qu'on lave un tel outrage,
Meurs, ou tüe. Au furplus, pour ne te point flatter,
Je te donne à combattre un homme à redouter,
Je l'ay veu tout couvert de fang et de pouffiére
Porter partout l'effroy dans une armée entiére;
J'ay veu par fa valeur cent escadrons rompus,
Et, pour t'en dire encor quelque chofe de plus,
Plus que brave foldat, plus que grand capitaine,
C'eft...
##### D. Rodrigue.
De grace, achevez.
##### D. Diégue.
Le pére de Chiméne.

### D. RODRIGUE.

Le...

### D. DIÉGUE.

Ne replique point, je connoy ton amour,
Mais qui peut vivre infame est indigne du jour.
Plus l'offenseur est cher, et plus grande est l'offense,
Enfin tu sçais l'affront, et tu tiens la vengeance,
Je ne te dy plus rien; venge-moy, venge-toy;
Montre-toy digne fils d'un pére tel que moy;
Accablé des malheurs où le destin me range,
Je vay les déplorer. Va, cours, vole, et nous venge.

## SCÉNE VI.

### D. RODRIGUE.

Percé jusques au fond du cœur,
D'une atteinte imprèveuë aussi bien que mortelle,
Misérable vengeur d'une juste querelle,
Et malheureux objet d'une injuste rigueur,
Je demeure immobile, et mon ame abattuë
  Céde au coup qui me tuë.
Si près de voir mon sen récompensé,
  O Dieu! l'étrange peine!
En cét affront mon pére est l'offensé,
Et l'offenseur le pére de Chiméne!

  Que je sens de rudes combats!
Contre mon propre honneur mon amour s'intéresse;
Il faut venger un pére, et perdre une maîtresse,
L'un m'anime le cœur, l'autre retient mon bras.
Réduit au triste choix, ou de trahir ma flame,
  Ou de vivre en infame,
Des deux costez mon mal est infiny.
  O Dieu! l'étrange peine!
Faut-il laisser un affront impuny?
Faut-il punir le pére de Chiméne?

  Pére, maîtresse, honneur, amour,
Noble et dure contrainte, aimable tyrannie,
Tous mes plaisirs sont morts, ou ma gloire ternie;
L'un me rend malheureux, l'autre indigne du jour.

Cher et cruël espoir d'une ame généreuſe,
        Mais enſemble amoureuſe,
Digne ennemy de mon plus grand bonheur,
        Fer qui cauſes ma peine,
M'és-tu donné pour venger mon honneur?
M'és-tu donné pour perdre ma Chimène?

        Il vaut mieux courir au trépas,
Je dois à ma maîtreſſe auſſi bien qu'à mon pére;
J'attire en me vengeant ſa haine et ſa colère,
J'attire ſes mépris en ne me vengeant pas.
A mon plus doux espoir l'un me rend infidelle,
        Et l'autre indigne d'elle.
Mon mal augmente à le vouloir guérir,
        Tout redouble ma peine;
Allons, mon ame, et, puisqu'il faut mourir,
Mourons du moins ſans offenſer Chiméne.

        Mourir ſans tirer ma raiſon!
Rechercher un trépas ſi mortel à ma gloire!
Endurer que l'Espagne impute à ma mémoire
D'avoir mal ſoûtenu l'honneur de ma maiſon!
Respecter un amour dont mon ame égarée
        Voit la perte aſſeurée!
N'écoutons plus ce penſer ſuborneur
        Qui ne ſert qu'à ma peine,
Allons, mon bras, ſauvons du moins l'honneur,
Puisqu'après tout il faut perdre Chiméne.

        Ouy, mon esprit s'étoit déçeu,
Je doy tout à mon pére avant qu'à ma maîtreſſe :
Que je meure au combat, ou meure de tristeſſe,
Je rendray mon ſang pur, comme je l'ay reçeu.
Je m'accuſe déjà de trop de négligence,
        Courons à la vengeance,
Et, tout honteux d'avoir tant balancé,
        Ne ſoyons plus en peine
(Puisqu'aujourd'huy mon pére eſt l'offenſé,)
Si l'offenſeur eſt pére de Chiméne.

*Fin du prémier acte.*

## ACTE II.

### SCÉNE PRÉMIÈRE.

#### D. ARIAS, LE COMTE.

LE COMTE.

Je l'avouë entre nous, mon sang un peu trop chaud
S'est trop émeu d'un mot, et l'a porté trop [haut,
Mais, puisque c'en est fait, le coup est sans [reméde.

D. ARIAS.

Qu'aux volontez du roy ce grand courage céde:
Il y prend grande part; et son cœur irrité
Agira contre vous de pleine authorité.
Aussi vous n'avez point de valable défense.
Le rang de l'offensé, la grandeur de l'offense,
Demandent des devoirs et des submissions
Qui passent le commun des satisfactions[1].

---

1. C'est ici, suivant la tradition, que le Comte répondait par les vers :

Les satisfactions n'appaisent point une ame, etc.

que nous avons rapportés page 89 de l'*Histoire de Corneille*, et que l'auteur dut retrancher comme favorables aux duels. Ils ne furent point imprimés avec la pièce en 1637, et nous ne pouvons deviner par quelle étrange erreur M. Lefèvre a avancé (t. III, p. 163, note 3 de son édition des *Œuvres de Corneille*, 1854-56) qu'ils se trouvaient dans les réimpressions du *Cid* de 1639 et de 1644. Nous avons sous les yeux ces deux éditions possédées par la Bibliothèque impériale ; les quatre vers n'y figurent pas plus, et cela se comprend, que dans l'édition originale.

LE COMTE.
Le roy peut, à fon gré, difpofer de ma vie.
D. ARIAS.
De trop d'emportement voftre faute eft fuivie.
Le roy vous aime encor; appaifez fon courroux :
Il a dit : *Je le veux;* défobéirez-vous?
LE COMTE.
Monfieur, pour conferver tout ce que j'ay d'estime,
Défobéir un peu n'eft pas un fi grand crime;
Et, quelque grand qu'il foit, mes fervices préfens
Pour le faire abolir font plus que fuffifans.
D. ARIAS.
Quoy qu'on faffe d'illuftre et de confidérable,
Jamais à fon fujet un roy n'eft redevable.
Vous vous flatez beaucoup, et vous devez fçavoir
Que qui fert bien fon roy ne fait que fon devoir.
Vous vous perdrez, Monfieur, fur cette confiance.
LE COMTE.
Je ne vous en croiray qu'après l'expérience.
D. ARIAS.
Vous devez redouter la puiffance d'un roy.
LE COMTE.
Un jour feul ne perd pas un homme tel que moy.
Que toute fa grandeur s'arme pour mon fupplice,
Tout l'État périra, s'il faut que je périffe.
D. ARIAS.
Quoy? vous craignez fi peu le pouvoir fouverain...
LE COMTE.
D'un fceptre qui fans moy tomberoit de fa main.
Il a trop d'intéreft luy-mefme en ma perfonne,
Et ma tefte en tombant feroit choir fa couronne.
D. ARIAS.
Souffrez que la raifon remette vos efprits.
Prenez un bon confeil.
LE COMTE.
Le confeil en eft pris.
D. ARIAS.
Que luy diray-je enfin? je luy doy rendre conte.
LE COMTE.
Que je ne puis du tout confentir à ma honte.

## Acte II.

D. ARIAS.
Mais songez que les rois veulent estre absolus.
Le Comte.
Le sort en est jeté, Monsieur, n'en parlons plus.
D. Arias.
Adieu donc, puisqu'en vain je tasche à vous résoudre.
Avec tous vos lauriers craignez encor le foudre.
Le Comte.
Je l'attendray sans peur.
D. Arias.
Mais non pas sans effet.
Le Comte.
Nous verrons donc par là Don Diégue satisfait.
*Il est seul.*
Qui ne craint point la mort ne craint point les menaces.
J'ay le cœur au-dessus des plus fiéres disgraces;
Et l'on peut me réduire à vivre sans bonheur,
Mais non pas me résoudre à vivre sans honneur.

## SCÉNE II.

### LE COMTE, D. RODRIGUE.

D. Rodrigue.
A moy, comte, deux mots.
Le Comte.
Parle.
D. Rodrigue.
Oste-moy d'un doute.
Connois-tu bien Don Diégue?
Le Comte.
Ouy.
D. Rodrigue.
Parlons bas; écoute.
Sçais-tu que ce vieillard fut la mesme vertu,
La vaillance et l'honneur de son temps? le sçais-tu?
Le Comte.
Peut-estre.
D. Rodrigue.
Cette ardeur que dans les yeux je porte,

Sçais-tu que c'eſt ſon ſang? le ſais-tu?
### LE COMTE.
Que m'importe?
### D. RODRIGUE.
A quatre pas d'icy je te le fais ſçavoir.
### LE COMTE.
Jeune préſomptüeux.
### D. RODRIGUE.
Parle ſans t'émouvoir.
Je ſuis jeune, il eſt vray; mais aux ames bien nées
La valeur n'attend point le nombre des années.
### LE COMTE.
Te meſurer à moy! qui t'a rendu ſi vain,
Toy, qu'on n'a jamais veu les armes à la main?
### D. RODRIGUE.
Mes pareils à deux fois ne ſe font point connoiſtre,
Et pour leurs coups d'eſſay veulent des coups de maiſ-
### LE COMTE. [tre.
Sçais-tu bien qui je ſuis?
### D. RODRIGUE.
Ouy, tout autre que moy
Au ſeul bruit de ton nom pourroit trembler d'effroy.
Les palmes dont je voy ta teſte ſi couverte
Semblent porter écrit le destin de ma perte;
J'attaque en téméraire un bras toûjours vainqueur,
Mais j'auray trop de force ayant aſſez de cœur.
A qui venge ſon pére il n'eſt rien impoſſible.
Ton bras eſt invaincu, mais non pas invincible.
### LE COMTE.
Ce grand cœur qui paroit aux discours que tu tiens
Par tes yeux, chaque jour, ſe découvroit aux miens,
Et, croyant voir en toi l'honneur de la Castille,
Mon ame avec plaiſir te destinoit ma fille.
Je ſçay ta paſſion, et ſuis ravy de voir
Que tous les mouvements cédent à ton devoir;
Qu'ils n'ont point affoibly cette ardeur magnanime;
Que ta haute vertu répond à mon estime,
Et que, voulant pour gendre un cavalier parfait,
Je ne me trompois point au choix que j'avois fait.
Mais je ſens que pour toy ma pitié s'intéreſſe:

J'admire ton courage et je plains ta jeuneſſe.
Ne cherche point à faire un coup d'eſſay fatal;
Diſpenſe ma valeur d'un combat inégal;
Trop peu d'honneur pour moy ſuivroit cette victoire :
A vaincre ſans péril on triomphe ſans gloire.
On te croiroit toûjours abattu ſans effort,
Et j'aurois ſeulement le regret de ta mort.
### D. RODRIGUE.
D'une indigne pitié ton audace eſt ſuivie :
Qui m'oſe oſter l'honneur craint de m'oſter la vie !
### LE COMTE.
Retire-toy d'icy.
### D. RODRIGUE.
    Marchons ſans diſcourir.
### LE COMTE.
Es-tu ſi las de vivre ?
### D. RODRIGUE.
      As-tu peur de mourir ?
### LE COMTE.
Vien, tu fais ton devoir, et le fils dégénére
Qui ſurvit un moment à l'honneur de ſon pére.

## SCÉNE III.

### L'INFANTE, CHIMÉNE, LÉONOR.

#### L'INFANTE.

Appaiſe, ma Chiméne, appaiſe ta douleur;
Fais agir ta conſtance en ce coup de malheur :
Tu reverras le calme après ce foible orage;
Ton bonheur n'eſt couvert que d'un peu de [nüage,
Et tu n'as rien perdu pour le voir différer.
#### CHIMÉNE.
Mon cœur outré d'ennuis n'oſe rien eſpérer.
Un orage ſi prompt qui trouble une bonace
D'un naufrage certain nous porte la menace;
Je n'en ſçaurois douter, je péris dans le port.
J'aimois, j'étois aimée, et nos péres d'accord;
Et je vous en contois la charmante nouvelle
Au malheureux moment que naiſſoit leur querelle,

Dont le récit fatal, fi-toft qu'on vous l'a fait,
D'une fi douce attente a ruïné l'effet.
  Maudite ambition, détestable manie,
Dont les plus généreux fouffrent la tyrannie,
Honneur impitoyable à mes plus chers défirs,
Que tu me vas coûter de pleurs et de foùpirs!

### L'INFANTE.

Tu n'as dans leur querelle aucun fujet de craindre :
Un moment l'a fait naiftre, un moment va l'éteindre;
Elle a fait trop de bruit pour ne pas s'accorder,
Puisque déjà le roy les veut accommoder;
Et tu fçais que mon ame, à tes ennuis fenfible,
Pour en tarir la fource y fera l'impoffible.

### CHIMÉNE.

Les accommodemens ne font rien en ce point :
De fi mortels affronts ne fe réparent point.
En vain on fait agir la force ou la prudence;
Si l'on guérit le mal, ce n'eft qu'en apparence :
La haine que les cœurs confervent au dedans
Nourrit des feux cachez, mais d'autant plus ardens.

### L'INFANTE.

Le faint nœud qui joindra Don Rodrigue et Chiméne
Des péres ennemis diffipera la haine,
Et nous verrons bien-toft voftre amour le plus fort
Par un heureux hymen étouffer ce discord.

### CHIMÉNE.

Je le fouhaite ainfi plus que je ne l'espére :
Don Diégue eft trop altier, et je connoy mon père.
Je fens couler des pleurs que je veux retenir;
Le paffé me tourmente, et je crains l'avenir.

### L'INFANTE.

Que crains-tu? d'un vieillard l'impuiffante foibleffe?

### CHIMÉNE.

Rodrigue a du courage.

### L'INFANTE.

  Il a trop de jeuneffe.

### CHIMÉNE.

Les hommes valeureux le font du premier coup.

### L'INFANTE.

Tu ne dois pas pourtant le redouter beaucoup;

## Acte II.

Il est trop amoureux pour te vouloir déplaire,
Et deux mots de ta bouche arrestent sa colère.
### Chiméne.
S'il ne m'obéït point, quel comble à mon ennuy !
Et s'il peut m'obéïr, que dira-t'on de luy ?
Étant né ce qu'il est, souffrir un tel outrage !
Soit qu'il céde ou résiste au feu qui me l'engage,
Mon esprit ne peut qu'estre ou honteux ou confus,
De son trop de respect, ou d'un juste refus.
### L'Infante.
Chiméne a l'ame haute, et quoy qu'intéressée,
Elle ne peut souffrir une basse pensée.
Mais si jusques au jour de l'accommodement
Je fais mon prisonnier de ce parfait amant,
Et que j'empesche ainsi l'effet de son courage,
Ton esprit amoureux n'aura-t'il point d'ombrage ?
### Chiméne.
Ah, Madame, en ce cas je n'ay plus de soucy.


## SCÉNE IV

### L'INFANTE, CHIMÉNE, LÉONOR, LE PAGE.

### L'Infante.
age, cherchez Rodrigue, et l'amenez icy.
### Le Page.
Le comte de Gormas et luy...
### Chiméne.
              Bon Dieu ! je tremble.
### L'Infante.
Parlez.
### Le Page.
De ce palais ils sont sortis ensemble.
### Chiméne.
Seuls ?
### Le Page.
Seuls, et qui sembloient tout bas se quereller.

CHIMÈNE.
Sans doute ils font aux mains, il n'en faut plus parler.
Madame, pardonnez à cette promptitude.

## SCÉNE V.

### L'INFANTE, LÉONOR.

L'INFANTE.

élas! que dans l'esprit je sens d'inquiétude!
Je pleure ses malheurs, son amant me ravit;
Mon repos m'abandonne, et ma flame revit:
Ce qui va séparer Rodrigue de Chiméne
Fait renaistre à la fois mon espoir et ma peine;
Et leur division que je vois à regret
Dans mon esprit charmé jette un plaisir secret.

LÉONOR.
Cette haute vertu qui régne dans vostre ame,
Se rend-elle si-tost à cette lasche flame?

L'INFANTE.
Ne la nomme point lasche, à présent que chez moy
Pompeuse et triomphante elle me fait la loy,
Porte-luy du respect puisqu'elle m'est si chére;
Ma vertu la combat, mais, malgré moi, j'espére,
Et d'un si fol espoir mon cœur mal défendu
Vole après un amant que Chiméne a perdu.

LÉONOR.
Vous laissez choir ainsi ce glorieux courage,
Et la raison chez vous perd ainsi son usage?

L'INFANTE.
Ah! qu'avec peu d'effet on entend la raison
Quand le cœur est atteint d'un si charmant poison!
Et lors que le malade aime sa maladie,
Qu'il a peine à souffrir que l'on y remédie!

LÉONOR.
Vostre espoir vous séduit, vostre mal vous est doux;
Mais enfin ce Rodrigue est indigne de vous.

L'INFANTE.
Je ne le sçay que trop, mais si ma vertu céde,
Appren comme l'amour flate un cœur qu'il posséde.

Si Rodrigue une fois fort vainqueur du combat,
Si deſſous ſa valeur ce grand guerrier s'abat,
Je puis en faire cas, je puis l'aimer ſans honte.
Que ne fera-t'il point s'il peut vaincre le Comte?
J'oſe m'imaginer qu'à ſes moindres exploits
Les royaumes entiers tomberont ſous ſes loix;
Et mon amour flateur déjà me perſüade
Que je le vois aſſis au troſne de Grenade,
Les Mores ſubjuguez trembler en l'adorant,
L'Arragon recevoir ce nouveau conquérant,
Le Portugal ſe rendre, et ſes nobles journées
Porter de là les mers ſes hautes deſtinées,
Du ſang des Africains arroſer ſes lauriers;
Enfin tout ce qu'on dit des plus fameux guerriers,
Je l'attens de Rodrigue après cette victoire,
Et fais de ſon amour un ſujet de ma gloire.

### LÉONOR.
Mais, madame, voyez où vous portez ſon bras
En ſuite d'un combat qui peut-eſtre n'eſt pas.

### L'INFANTE.
Rodrigue eſt offenſé, le Comte a fait l'outrage,
Ils ſont ſortis enſemble, en faut-il davantage?

### LÉONOR.
Eh bien, ils ſe battront, puisque vous le voulez;
Mais Rodrigue ira-t'il ſi loin que vous allez?

### L'INFANTE.
Que veux-tu? je ſuis folle, et mon eſprit s'égare;
Tu vois par là quels maux cét amour me prépare.
Vien dans mon cabinet conſoler mes ennuis,
Et ne me quitte point dans le trouble où je ſuis.

## SCÉNE VI.

### D. FERNAND, D. ARIAS, D. SANCHE.

#### D. FERNAND.

Le Comte eſt donc ſi vain et ſi peu raiſonnable!
Oſe-t'il croire encor ſon crime pardonnable?

#### D. ARIAS.
Je l'ay de voſtre part longtemps entretenu,

J'ay fait mon pouvoir, Sire, et n'ay rien obtenu.
### D. Fernand.
Justes cieux! Ainſi dont un ſujet téméraire
A ſi peu de respect et de ſoin de me plaire!
Il offenſe Don Diégue, et mépriſe ſon roy!
Au milieu de ma cour il me donne la loy!
Qu'il ſoit brave guerrier, qu'il ſoit grand capitaine,
Je ſçauray bien rabattre une humeur ſi hautaine;
Fuſt-il la valeur meſme et le dieu des combats,
Il verra ce que c'eſt que de n'obéïr pas.
Quoy qu'ait pû mériter une telle inſolence,
Je l'ay voulu d'abord traiter ſans violence;
Mais puisqu'il en abuſe, allez dès aujourd'huy,
Soit qu'il réſiste ou non, vous aſſeurer de luy.
### D. Sanche.
Peut-eſtre un peu de temps le rendroit moins rebelle;
On l'a pris tout bouillant encor de ſa querelle;
Sire, dans la chaleur d'un premier mouvement
Un cœur ſi généreux ſe rend mal-aiſément.
Il voit bien qu'il a tort, mais une ame ſi haute
N'eſt pas ſi-toſt réduite à confeſſer ſa faute.
### D. Fernand.
Don Sanche, taiſez-vous, et ſoyez averty
Qu'on ſe rend criminel à prendre ſon party.
### D. Sanche.
J'obéïs et me tais; mais de grâce encor, Sire,
Deux mots en ſa défenſe.
### D. Fernand.
      Et que pouvez-vous dire?
### D. Sanche.
Qu'une ame accoûtumée aux grandes actions
Ne ſe peut abaiſſer à des ſubmiſſions:
Elle n'en conçoit point qui s'expliquent ſans honte;
Et c'eſt à ce mot ſeul qu'a réſiſté le Comte.
Il trouve en ſon devoir un peu trop de rigueur,
Et vous obéïroit, s'il avoit moins de cœur.
Commandez que ſon bras nourry dans les alarmes
Répare cette injure à la pointe des armes,
Il ſatisfera, Sire; et vienne qui voudra,
Attendant qu'il l'ait ſçeu, voicy qui répondra.

#### D. Fernand.
Vous perdez le respect, mais je pardonne à l'âge,
Et j'excufe l'ardeur en un jeune courage.
 Un roy, dont la prudence a de meilleurs objets,
Eft meilleur ménager du fang de fes fujets;
Je veille pour les miens, mes foucis les confervent,
Comme le chef a foin des membres qui le fervent.
Ainfy voftre raifon n'eft pas raifon pour moy,
Vous parlez en foldat, je dois agir en roy,
Et, quoy qu'on veuille dire, et quoy qu'il ofe croire,
Le Comte à m'obéïr ne peut perdre fa gloire.
D'ailleurs l'affront me touche : il a perdu d'honneur
Celui que de mon fils j'ay fait le gouverneur.
S'attaquer à mon choix, c'eft fe prendre à moy-mefme,
Et faire un attentat fur le pouvoir fuprême.
N'en parlons plus. Au reste, on a veu dix vaiffeaux
De nos vieux ennemis arborer les drapeaux;
Vers la bouche du fleuve ils ont ofé paroiftre.
#### D. Arias.
Les Mores ont appris par force à vous connoiftre,
Et, tant de fois vaincus, ils ont perdu le cœur
De fe plus hafarder contre un fi grand vainqueur.
#### D. Fernand.
Ils ne verront jamais fans quelque jaloufie
Mon fceptre, en dépit d'eux, régir l'Andaloufie,
Et ce païs fi beau, qu'ils ont trop poffédé,
Avec un œil d'envie eft toûjours regardé.
C'eft l'unique raifon qui m'a fait dans Séville
Placer depuis dix ans le trofne de Caftille,
Pour les voir de plus près, et d'un ordre plus prompt
Renverfer auffi-toft ce qu'ils entreprendront.
#### D. Arias.
Ils fçavent, aux dépens de leurs plus dignes teftes,
Combien voftre préfence affeure vos conqueftes,
Vous n'avez rien à craindre.
#### D. Fernand.
 Et rien à négliger.
Le trop de confiance attire le danger,
Et vous n'ignorez pas qu'avec fort peu de peine
Un flux de pleine mer jusqu'icy les améne.

Toutesfois j'aurois tort de jeter dans les cœurs,
L'avis étant mal seur, de paniques terreurs.
L'effroy que produiroit cette alarme inutile
Dans la nuit qui survient troubleroit trop la ville.
Faites doubler la garde aux murs et sur le port,
C'est assez pour ce soir.

## SCÉNE VII.

### D. FERNAND, D. SANCHE, D. ALONSE.

D. Alonse.

Sire, le Comte est mort,
Don Diégue par son fils a vengé son offense.

D. Fernand.

Dés que j'ay sçeu l'affront, j'ay préveu la vengeance,
Et j'ay voulu desiors prévenir ce malheur.

D. Alonse.

Chiméne à vos genoux apporte sa douleur :
Elle vient tout en pleurs vous demander justice.

D. Fernand.

Bien qu'à ses déplaisirs mon ame compatisse,
Ce que le Comte a fait semble avoir mérité
Ce digne châtiment de sa témérité.
Quelque juste pourtant que puisse estre sa peine,
Je ne puis sans regret perdre un tel capitaine.
Après un long service à mon État rendu,
Après son sang pour moy mille fois répandu,
A quelques sentimens que son orgueil m'oblige,
Sa perte m'affoiblit et son trépas m'afflige.

## SCÉNE VIII.

### D. FERNAND, D. DIÉGUE, CHIMÉNE,
### D. SANCHE, D. ARIAS, D. ALONSE.

Chiméne.

Sire, Sire, justice !

D. Diégue.

Ah ! Sire, écoutez-nous.

Chiméne.

Je me jette à vos pieds.

### D. Diégue.
J'embraſſe vos genoux.
### Chiméne.
Je demande juſtice.
### D. Diégue.
Entendez ma défenſe.
### Chiméne.
D'un jeune audacieux puniſſez l'inſolence.
Il a de voſtre ſceptre abatu le ſoûtien,
Il a tué mon pére.
### D. Diégue.
Il a vengé le ſien.
### Chiméne.
Au ſang de ſes ſujets un roy doit la juſtice.
### D. Diégue.
Pour la juſte vengeance il n'eſt point de ſupplice.
### D. Fernand.
Levez-vous l'un et l'autre et parlez à loiſir.
Chiméne, je prens part à voſtre déplaiſir;
D'une égale douleur je ſens mon ame atteinte.
*A Don Diégue.*
Vous parlerez après; ne troublez pas ſa plainte.
### Chiméne.
Sire, mon pére eſt mort; mes yeux ont veu ſon ſang
Couler à gros bouillons de ſon généreux flanc;
Ce ſang qui tant de fois garantit vos murailles,
Ce ſang qui tant de fois vous gagna des batailles,
Ce ſang qui tout ſorty fume encor de courroux
De ſe voir répandu pour d'autres que pour vous,
Qu'au milieu des hazards n'oſoit verſer la guerre,
Rodrigue, en voſtre cour, vient d'en couvrir la terre.
J'ay couru ſur le lieu ſans force et ſans couleur;
Je l'ay trouvé ſans vie. Excuſez ma douleur,
Sire, la voix me manque à ce récit funeſte,
Mes pleurs et mes ſoûpirs vous diront mieux le reſte.
### D. Fernand.
Pren courage, ma fille, et ſçache qu'aujourd'huy
Ton roy te veut ſervir de pére au lieu de luy.
### Chiméne.
Sire, de trop d'honneur ma miſére eſt ſuivie.

Je vous l'ay déjà dit, je l'ay trouvé sans vie;
Son flanc étoit ouvert ; et, pour mieux m'émouvoir,
Son sang sur la poussière écrivoit mon devoir;
Ou plûtost sa valeur en cet état réduite
Me parloit par sa playe, et hastoit ma poursuite,
Et, pour se faire entendre au plus juste des rois,
Par cette triste bouche elle empruntoit ma voix.
  Sire, ne souffrez pas que sous votre puissance
Régne devant vos yeux une telle licence,
Que les plus valeureux avec impunité
Soient exposez aux coups de la témérité ;
Qu'un jeune audacieux triomphe de leur gloire,
Se baigne dans leur sang et brave leur mémoire.
Un si vaillant guerrier qu'on vient de vous ravir
Éteint, s'il n'est vengé, l'ardeur de vous servir.
Enfin mon pére est mort, j'en demande vengeance
Plus pour votre intérest que pour mon allégeance.
Vous perdez en la mort d'un homme de son rang :
Vengez-la par une autre, et le sang par le sang ;
Immolez, non à moy, mais à votre couronne,
Mais à votre grandeur, mais à votre personne ;
Immolez, dy-je, Sire, au bien de tout l'État,
Tout ce qu'enorgueillit un si haut attentat.
          D. FERNAND.
Don Diégue, répondez.
            D. DIÉGUE.
                Qu'on est digne d'envie
Lors qu'en perdant la force on perd aussi la vie,
Et qu'un long âge apreste aux hommes généreux
Au bout de leur carriére un destin malheureux !
Moy, dont les longs travaux ont acquis tant de gloire,
Moy, que jadis par tout a suivy la victoire,
Je me vois aujourd'huy, pour avoir trop vécu,
Recevoir un affront et demeurer vaincu.
Ce que n'a pû jamais combat, siége, embuscade,
Ce que n'a pû jamais Arragon, ny Grenade,
Ny tous vos ennemis, ny tous mes envieux,
Le Comte en votre cour l'a fait presque à vos yeux,
Jaloux de votre choix, et fier de l'avantage
Que luy donnoit sur moy l'impuissance de l'âge.

## Acte II.

Sire, ainſi ces cheveux blanchis ſous le harnois,
Ce ſang pour vous ſervir prodigué tant de fois,
Ce bras jadis l'effroy d'une armée ennemie,
Descendoient au tombeau tout chargez d'infamie,
Si je n'euſſe produit un fils digne de moy,
Digne de ſon païs et digne de ſon roy.
Il m'a prêté ſa main, il a tué le Comte ;
Il m'a rendu l'honneur, il a lavé ma honte.
Si montrer du courage et du reſſentiment,
Si venger un ſouflet mérite un châtiment,
Sur moi ſeul doit tomber l'éclat de la tempeſte :
Quand le bras a failly l'on en punit la teſte.
Qu'on nomme crime ou non ce qui fait nos débats,
Sire, j'en ſuis la teſte, il n'en eſt que le bras ;
Si Chiméne ſe plaint qu'il a tué ſon pére,
Il ne l'euſt jamais fait, ſi je l'euſſe pu faire.
Immolez donc ce chef que les ans vont ravir,
Et conſervez pour vous le bras qui peut ſervir.
Aux dépens de mon ſang ſatisfaites Chiméne :
Je n'y réſiste point, je conſens à ma peine ;
Et, loin de murmurer d'un rigoureux décret,
Mourant ſans deſhonneur, je mourray ſans regret.

### D. Fernand.

L'affaire eſt d'importance, et, bien conſidérée,
Mérite en plein conſeil d'eſtre délibérée.
 Don Sanche, remettez Chiméne en ſa maiſon.
Don Diégue aura ma cour et ſa foy pour priſon.
Qu'on me cherche ſon fils. Je vous feray juſtice.

### Chiméne.

Il eſt juſte, grand roy, qu'un meurtrier périſſe.

### D. Fernand.

Pren du repos, ma fille, et calme tes douleurs.

### Chiméne.

M'ordonner du repos, c'eſt croiſtre mes malheurs.

*Fin du second acte.*

# ACTE III.

## SCÉNE PRÉMIÉRE.

### D. RODRIGUE, ELVIRE.

ELVIRE.

odrigue, qu'as-tu fait? où viens-tu, miſé-
　　D. RODRIGUE.　　　　　　　[rable?
Suivre le triste cours de mon ſort déplo-
　　ELVIRE.　　　　　　　　　[rable.
Où prens-tu cette audace et ce nouvel orgueil
De paroiſtre en des lieux que tu remplis de deuil?
Quoy! viens-tu juſqu'ici braver l'ombre du Comte?
Ne l'as-tu pas tué?
　　　　D. RODRIGUE.
　　　　　　Sa vie étoit ma honte,
Mon honneur de ma main a voulu cet effort.
　　　　ELVIRE.
Mais chercher ton azile en la maiſon du mort!
Jamais un meurtrier en fit-il ſon refuge?
　　　　D. RODRIGUE.
Et je n'y viens auſſi que m'offrir à mon juge.
Ne me regarde plus d'un viſage étonné,
Je cherche le trépas après l'avoir donné.
Mon juge eſt mon amour, mon juge eſt ma Chiméne,
Je mérite la mort de mériter ſa haine,
Et j'en viens recevoir comme un bien ſouverain,
Et l'arreſt de ſa bouche, et le coup de ſa main.
　　　　ELVIRE.
Fuy plûtoſt de ſes yeux, fuy de ſa violence;
A ſes prémiers transports deſrobe ta préſence.

Va, ne t'expofe point aux premiers mouvemens
Que pouffera l'ardeur de fes reffentimens.
### D. RODRIGUE.
Non, non, ce cher objet à qui j'ay pû déplaire,
Ne peut pour mon fupplice avoir trop de colére;
Et j'évite cent morts qui me vont accabler,
Si, pour mourir plûtoft, je puis la redoubler.
### ELVIRE.
Chiméne eft au palais, de pleurs toute baignée,
Et n'en reviendra point que bien accompagnée.
Rodrigue, fuy, de grace, ofte-moy de foucy.
Que ne dira-t'on point fi l'on te voit icy?
Veux-tu qu'un médifant, pour comble à fa mifére,
L'accufe d'y fouffrir l'affaffin de fon pére?
Elle va revenir, elle vient, je la voy;
Du moins pour fon honneur, Rodrigue, cache-toy.

## SCÉNE II.

### D. SANCHE, CHIMÉNE, ELVIRE.

#### D. SANCHE.
Ouy, Madame, il vous faut de fanglantes victimes:
Voftre colére eft juste, et vos pleurs légitimes;
Et je n'entreprens pas, à force de parler,
Ny de vous adoucir, ny de vous confoler.
Mais, fi de vous fervir je puis eftre capable,
Employez mon épée à punir le coupable;
Employez mon amour à venger cette mort,
Sous vos commandemens mon bras fera trop fort.
#### CHIMÉNE.
Malheureufe!
#### D. SANCHE.
De grace, acceptez mon fervice.
#### CHIMÉNE.
J'offenferois le roy qui m'a promis juftice.
#### D. SANCHE.
Vous fçavez qu'elle marche avec tant de langueur,

Qu'affez fouvent le crime échappe à la longueur;
Son cours lent et douteux fait trop perdre de larmes.
Souffrez qu'un cavalier vous venge par les armes:
La voye en eft plus feure et plus prompte à punir.
### Chimène.
C'eft le dernier reméde, et s'il y faut venir,
Et que de mes malheurs cette pitié vous dure,
Vous ferez libre alors de venger mon injure.
### D. Sanche.
C'eft l'unique bonheur où mon ame prétend,
Et, pouvant l'espérer, je m'en vay trop content.

## SCÉNE III.

### CHIMÉNE, ELVIRE.

#### Chimène.

Enfin je me voy libre, et je puis, sans contrainte, [teinte;
De mes vives douleurs te faire voir l'at-
Je puis donner paffage à mes tristes foûpirs,
Je puis t'ouvrir mon ame et tous mes déplaifirs.
Mon pére eft mort, Elvire; et la premiére épée
Dont s'eft armé Rodrigue a fa trame coupée.
Pleurez, pleurez, mes yeux, et fondez-vous en eau:
La moitié de ma vie a mis l'autre au tombeau,
Et m'oblige à venger, après ce coup funeste,
Celle que je n'ay plus fur celle qui me reste.
#### Elvire.
Repofez-vous, Madame.
#### Chimène.
Ah! que mal à propos
Dans un malheur fi grand tu parles de repos!
Par où fera jamais ma douleur appaifée,
Si je ne puis haïr la main qui l'a caufée?
Et que doy-je espérer qu'un tourment éternel,
Si je pourfuis un crime, aimant le criminel?
#### Elvire.
Il vous priva d'un pére, et vous l'aimez encore!

## ACTE III.

**CHIMÈNE.**
C'eſt peu de dire aimer, Elvire, je l'adore;
Ma paſſion s'oppoſe à mon reſſentiment;
Dedans mon ennemy je trouve mon amant,
Et je ſens qu'en dépit de toute ma colére
Rodrigue dans mon cœur combat encor mon pére :
Il l'attaque, il le preſſe, il céde, il ſe défend,
Tantoſt fort, tantoſt foible, et tantoſt triomphant.
Mais en ce dur combat de colére et de flame
Il déchire mon cœur ſans partager mon ame,
Et, quoy que mon amour ait ſur moy de pouvoir,
Je ne conſulte point pour ſuivre mon devoir.
Je cours ſans balancer où mon honneur m'oblige;
Rodrigue m'eſt bien cher, ſon intéreſt m'afflige.
Mon cœur prend ſon party, mais, malgré ſon effort,
Je ſçay ce que je ſuis, et que mon pére eſt mort.

**ELVIRE.**
Penſez-vous le pourſuivre?

**CHIMÈNE.**
Ah! crüelle penſée,
Et crüelle pourſuite où je me voy forcée!
Je demande ſa teſte, et crains de l'obtenir;
Ma mort ſuivra la ſienne, et je le veux punir.

**ELVIRE.**
Quittez, quittez, Madame, un deſſein ſi tragique,
Ne vous impoſez point de loy ſi tyrannique.

**CHIMÈNE.**
Quoy, mon pére étant mort, et presque entre mes bras,
Son ſang crira vengeance et je ne l'orray pas!
Mon cœur honteuſement ſurpris par d'autres charmes
Croira ne luy devoir que d'impuiſſantes larmes!
Et je pourray ſouffrir qu'un amour ſuborneur
Sous un laſche ſilence étouffe mon honneur!

**ELVIRE.**
Madame, croyez-moy, vous ſerez excuſable
D'avoir moins de chaleur contre un objet aimable;
Contre un amant ſi cher vous avez aſſez fait,
Vous avez veu le roy, n'en preſſez point d'effet;
Ne vous obſtinez point en cette humeur étrange.

#### Chiméne.
Il y va de ma gloire, il faut que je me venge;
Et dequoy que nous flate un defir amoureux,
Toute excufe eft honteufe aux efprits généreux.
#### Elvire.
Mais vous aimez Rodrigue, il ne vous peut déplaire.
#### Chiméne.
Je l'avouë.
#### Elvire.
Après tout; que penfez-vous donc faire?
#### Chiméne.
Pour conferver ma gloire et finir mon ennuy,
Le pourfuivre, le perdre, et mourir après luy.

## SCÉNE IV.

### D. RODRIGUE, CHIMÉNE, ELVIRE.

#### D. Rodrigue.
Eh bien, fans vous donner la peine de pourfuivre, [de vivre.
Affeurez-vous l'honneur de m'empefcher
#### Chiméne.
Elvire, où fommes-nous, et qu'eft-ce que je voy?
Rodrigue en ma maifon! Rodrigue devant moy!
#### D. Rodrigue.
N'épargnez point mon fang, gouftez fans réfistance
La douceur de ma perte et de voftre vengeance.
#### Chiméne.
Hélas!
#### D. Rodrigue.
Écoute-moy.
#### Chiméne.
Je me meurs.
#### D. Rodrigue.
Un moment.
#### Chiméne.
Va, laiffe-moy mourir.
#### D. Rodrigue.
Quatre mots feulement,

## Acte III.

Après ne me répon qu'avecque cette épée.
### Chiméne.
Quoy! du fang de mon pére encor toute trempée!
### D. Rodrigue.
Ma Chiméne.
### Chiméne.
   Ofte-moy cét objet odieux,
Qui reproche ton crime et ta vie à mes yeux.
### D. Rodrigue.
Regarde-le plûtoft pour exciter ta haine,
Pour croiftre ta coléra et pour hafter ma peine.
### Chiméne.
Il eft teint de mon fang.
### D. Rodrigue.
    Plonge-le dans le mien,
Et fay-luy perdre ainfi la teinture du tien.
### Chiméne.
Ah! quelle crüauté, qui tout en un jour tuë
Le pére par le fer, la fille par la vuë!
Ofte-moy cét objet, je ne le puis fouffrir.
Tu veux que je t'écoute, et tu me fais mourir!
### D. Rodrigue.
Je fais ce que tu veux, mais fans quitter l'envie
De finir par tes mains ma déplorable vie;
Car enfin n'atten pas de mon affection
Un lafche repentir d'une bonne action.
L'irréparable effet d'une chaleur trop prompte
Defhonoroit mon pére, et me couvroit de honte.
Tu fçais comme un foufflet touche un homme de cœur.
J'avois part à l'affront, j'en ay cherché l'autheur,
Je l'ay veu, j'ay vengé mon honneur et mon pére;
Je le ferois encor, fi j'avois à le faire.
Ce n'eft pas qu'en effet, contre mon pére et moy,
Ma flame affez long-temps n'ait combatu pour toy;
Juge de fon pouvoir: dans une telle offenfe,
J'ay pu délibérer fi j'en prendrois vengeance.
Réduit à te déplaire, ou fouffrir un affront,
J'ay penfé qu'à fon tour mon bras étoit trop prompt,
e me fuis accufé de trop de violence;
Et ta beauté, fans doute, emportoit la balance,

A moins que d'opposer à tes plus forts appas
Qu'un homme fans honneur ne te méritoit pas;
Que malgré cette part que j'avois en ton ame,
Qui m'aima généreux me haïroit infame;
Qu'écouter ton amour, obéir à fa voix,
C'étoit me rendre indigne, et diffamer ton choix.
Je te le dis encor, et quoy que jen foûpire,
Jusqu'au dernier foûpir je veux bien le redire,
Je t'ay fait une offenfe, et j'ay dû m'y porter
Pour effacer ma honte et pour te mériter;
Mais, quitte envers l'honneur et quitte envers mon pére,
C'eft maintenant à toy que je viens fatisfaire :
C'eft pour t'offrir mon fang qu'en ce lieu tu me vois.
J'ay fait ce que j'ay deu, je fais ce que je dois.
Je fçay qu'un pére mort t'arme contre mon crime,
Je ne t'ay pas voulu defrober ta victime :
Immole avec courage au fang qu'il a perdu
Celuy qui met fa gloire à l'avoir répandu.

CHIMÉNE.

Ah! Rodrigue! il eft vray, quoy que ton ennemie,
Je ne puis te blafmer d'avoir fuy l'infamie;
Et, de quelque façon qu'éclatent mes douleurs,
Je ne t'accufe point, je pleure mes malheurs.
Je fçay ce que l'honneur, après un tel outrage,
Demandoit à l'ardeur d'un généreux courage :
Tu n'as fait le devoir que d'un homme de bien;
Mais auffi le faifant tu m'as appris le mien.
Ta funeste valeur m'inftruit par ta victoire;
Elle a vengé ton pére et foûtenu ta gloire :
Mefme loin me regarde, et j'ay, pour m'affliger,
Ma gloire à foûtenir et mon pére à venger.
Hélas! ton intéreft icy me défefpére.
Si quelqu'autre malheur m'avoit ravy mon pére,
Mon ame auroit trouvé dans le bien de te voir
L'unique allégement qu'elle euft pu recevoir;
Et contre ma douleur j'aurois fenty des charmes
Quand une main fi chére euft effuyé mes larmes.
Mais il me faut te perdre après l'avoir perdu;
Cét effort fur ma flame à mon honneur eft dû,
Et cét affreux devoir dont l'ordre m'affaffine

Me force à travailler moy-mefme à ta ruïne.
Car enfin, n'atten pas de mon affection
De lafches fentimens pour ta punition;
De quoy qu'en ta faveur noftre amour m'entretienne,
Ma générofité doit répondre à la tienne :
Tu t'es, en m'offenfant, montré digne de moy,
Je me doy, par ta mort, montrer digne de toy.

### D. RODRIGUE.

Ne différe donc plus ce que l'honneur t'ordonne;
Il demande ma tefte, et je te l'abandonne,
Fais-en un facrifice à ce noble intéreft,
Le coup m'en fera doux auffi bien que l'arreft.
Attendre après mon crime une lente juftice,
C'eft reculer ta gloire autant que mon fupplice.
Je mourray trop heureux mourant d'un coup fi beau.

### CHIMÉNE.

Va, je fuis ta partie et non pas ton bourreau.
Si tu m'offres ta tefte, eft-ce à moy de la prendre?
Je la dois attaquer, mais tu dois la défendre,
C'eft d'un autre que toy qu'il me faut l'obtenir,
Et je dois te pourfuivre et non pas te punir.

### D. RODRIGUE.

De quoy qu'en ma faveur noftre amour t'entretienne,
Ta générofité doit répondre à la mienne;
Et pour venger un pére emprunter d'autres bras,
Ma Chiméne, croy-moy, c'eft n'y répondre pas.
Ma main feule du mien a fceu venger l'offenfe,
Ta main feule du tien doit prendre la vengeance.

### CHIMÉNE.

Crüel, à quel propos fur ce point t'obftiner?
Tu t'es vengé fans aide, et tu m'en veux donner!
Je fuivray ton exemple, et j'ay trop de courage
Pour fouffrir qu'avec toy ma gloire fe partage.
Mon pére et mon honneur ne veulent rien devoir
Aux traits de ton amour ny de ton defefpoir.

### D. RODRIGUE.

Rigoureux point d'honneur! hélas! quoy que je faffe,
Ne pourray-je à la fin obtenir cette grace?
Au nom d'un pére mort ou de noftre amitié,
Puny-moy par vengeance, ou du moins par pitié.

Ton malheureux amant aura bien moins de peine
A mourir par ta main qu'à vivre avec ta haine.
### CHIMÉNE.
Va, je ne te hay point.
### D. RODRIGUE.
   Tu le dois.
### CHIMÉNE.
      Je ne puis.
### D. RODRIGUE.
Crains-tu ſi peu le blaſme, et ſi peu les faux bruits?
Quand on ſçaura mon crime et que ta flame dure,
Que ne publiront point l'envie et l'impoſture!
Force-les au ſilence, et, ſans plus discourir,
Sauve ta renommée en me faiſant mourir.
### CHIMÉNE.
Elle éclate bien mieux en te laiſſant la vie,
Et je veux que la voix de la plus noire envie
Élève au ciel ma gloire et plaigne mes ennuis,
Sçachant que je t'adore et que je te pourſuis.
Va-t'en, ne montre plus à ma douleur extrême
Ce qu'il faut que je perde encore que je l'aime.
Dans l'ombre de la nuit cache bien ton départ;
Si l'on te voit ſortir, mon honneur court hazard.
La ſeule occaſion qu'aura la médiſance,
C'eſt de ſçavoir qu'icy j'ay ſouffert ta préſence;
Ne luy donne point lieu d'attaquer ma vertu.
### D. RODRIGUE.
Que je meure.
### CHIMÉNE.
 Va-t'en.
### D. RODRIGUE.
    A quoy te réſous-tu?
### CHIMÉNE.
Malgré des feux ſi beaux qui troublent ma colére,
Je feray mon poſſible à bien venger mon pére;
Mais malgré la rigueur d'un ſi cruel devoir,
Mon unique ſouhait eſt de ne rien pouvoir.
### D. RODRIGUE.
O miracle d'amour!

## Acte III.

CHIMÉNE.
O comble de miséres!
D. RODRIGUE.
Que de maux et de pleurs nous coûteront nos péres!
CHIMÉNE.
Rodrigue, qui l'eust crû!
D. RODRIGUE.
Chiméne, qui l'eust dit!
CHIMÉNE.
Que nostre heur fust si proche, et si tost se perdît!
D. RODRIGUE.
Et que si près du port, contre toute apparence,
Un orage si prompt brisast nostre espérance?
CHIMÉNE.
Ah, mortelles douleurs!
D. RODRIGUE.
Ah, regrets superflus!
CHIMÉNE.
Va-t'en, encor un coup, je ne t'écoute plus.
D. RODRIGUE.
Adieu, je vay traisner une mourante vie,
Tant que par ta poursuite elle me soit ravie.
CHIMÉNE.
Si j'en obtiens l'effet, je t'engage ma foy
De ne respirer pas un moment après toy.
Adieu, sors, et sur-tout garde bien qu'on te voye.
ELVIRE.
Madame, quelques maux que le ciel nous envoye...
CHIMÉNE.
Ne m'importune plus, laisse-moi soûpirer,
Je cherche le silence et la nuit pour pleurer.

## SCÉNE V.

### D. DIÉGUE.

Jamais nous ne goustons de parfaite allé-
gresse : [tesse;
Nos plus heureux succès sont meslez de tris-
Toûjours quelques soucis en ces évenemens

Troublent la pureté de nos contentemens.
Au milieu du bonheur mon ame en fent l'atteinte;
Je nage dans la joye, et je tremble de crainte.
J'ay veu mort l'ennemy qui m'avoit outragé,
Et je ne fçaurois voir la main qui m'a vengé.
En vain je m'y travaille, et d'un foin inutile,
Tout caffé que je fuis, je cours toute la ville :
Ce peu que mes vieux ans m'ont laiffé de vigueur
Se confume fans fruit à chercher ce vainqueur.
A toute heure, en tous lieux, dans une nuit fi fombre,
Je penfe l'embraffer, et n'embraffe qu'une ombre,
Et mon amour déçeu par cét objet trompeur,
Se forme des foupçons qui redoublent ma peur.
Je ne découvre point de marques de fa fuite;
Je crains du Comte mort les amis et la fuite;
Leur nombre m'épouvante et confond ma raifon.
Rodrigue ne vit plus, ou respire en prifon.
Justes cieux! me trompay-je encore à l'apparence,
Ou fi je vois enfin mon unique espérance?
C'eft luy, n'en doutons plus, mes vœux font éxaucez,
Ma crainte eft diffipée et mes ennuis ceffez.

## SCÈNE VI.

### D. DIÉGUE, D. RODRIGUE.

D. Diégue.

Rodrigue, enfin le ciel permet que je te voye!
    D. Rodrigue.
Hélas!
    D. Diégue.
    Ne meffe point de foûpirs à ma joye,
Laiffe-moy prendre haleine afin de te loüer.
Ma valeur n'a point lieu de te défavoüer;
Tu l'as bien imitée, et ton illustre audace
Fait bien revivre en toy les héros de ma race.
C'eft d'eux que tu descens, c'eft de moy que tu viens,
Ton premier coup d'épée égale tous les miens,
Et d'une belle ardeur ta jeuneffe animée

# Acte III.

Par cette grande épreuve atteint ma renommée.
Appuy de ma vieilleſſe, et comble de mon heur,
Touche ces cheveux blancs à qui tu rens l'honneur,
Vien baiſer cette joue, et reconnoy la place
Où fut empreint l'affront que ton courage efface.

### D. Rodrigue.

L'honneur vous en eſt deu, je ne pouvois pas moins,
Étant forty de vous et nourry par vos ſoins.
Je m'en tiens trop heureux, et mon ame eſt ravie
Que mon coup-d'eſſay plaiſe à qui je doy la vie :
Mais parmy vos plaiſirs ne ſoyez point jaloux
Si je m'oſe à mon tour ſatisfaire après vous.
Souffrez qu'en liberté mon déſespoir éclate;
Aſſez et trop long-temps voſtre discours le flate.
Je ne me repens point de vous avoir ſervy,
Mais rendez-moy le bien que ce coup m'a ravy.
Mon bras pour vous venger armé contre ma flame,
Par ce coup glorieux m'a privé de mon ame;
Ne me dites plus rien; pour vous j'ay tout perdu;
Ce que je vous devois, je vous l'ay bien rendu.

### D. Diégue.

Porte, porte plus haut le fruit de ta victoire.
Je t'ay donné la vie et tu me rens ma gloire;
Et d'autant que l'honneur m'eſt plus cher que le jour,
D'autant plus maintenant je te doy de retour.
Mais d'un cœur magnanime éloigne ces foibleſſes;
Nous n'avons qu'un honneur, il eſt tant de maîtreſſes!
L'amour n'eſt qu'un plaiſir, l'honneur eſt un devoir.

### D. Rodrigue.

Ah! que me dites-vous?

### D. Diégue.

   Ce que tu dois ſçavoir.

### D. Rodrigue.

Mon honneur offenſé ſur moy-meſme ſe venge,
Et vous m'oſez pouſſer à la honte du change!
L'infamie eſt pareille, et ſuit également
Le guerrier ſans courage et le perfide amant.
A ma fidélité ne faites point d'injure;
Souffrez-moy généreux ſans me rendre parjure;
Mes liens ſont trop forts pour eſtre ainſi rompus;

Ma foy m'engage encor, ſi je n'eſpére plus,
Et, ne pouvant quitter ny poſſéder Chiméne,
Le trépas que je cherche eſt ma plus douce peine.
### D. Diégue.
Il n'eſt pas temps encor de chercher le trépas,
Ton prince et ton païs ont beſoin de ton bras.
La flote, qu'on craignoit dans ce grand fleuve entrée,
Croit ſurprendre la ville, et piller la contrée.
Les Mores vont deſcendre, et le flux, et la nuit
Dans une heure à nos murs les améne ſans bruit.
La cour eſt en deſordre et le peuple en alarmes;
On n'entend que des cris, on ne voit que des larmes.
Dans ce malheur public mon bonheur a permis
Que j'ay trouvé chez moy cinq cens de mes amis,
Qui, ſçachant mon affront, pouſſez d'un meſme zéle,
Se venoient tous offrir à venger ma querelle.
Tu les as prévenus, mais leurs vaillantes mains
Se tremperont bien mieux au ſang des Africains.
 Va marcher à leur teſte où l'honneur te demande,
C'eſt toy que veut pour chef leur généreuſe bande.
De ces vieux ennemis va ſoûtenir l'abord :
Là, ſi tu veux mourir, trouve une belle mort;
Prens-en l'occaſion, puiſqu'elle t'eſt offerte;
Fay devoir à ton roy ſon ſalut à ta perte.
Mais reviens-en plûtoſt les palmes ſur le front.
Ne borne pas ta gloire à venger un affront,
Porte-la plus avant; force par ta vaillance
Ce monarque au pardon et Chiméne au ſilence.
Si tu l'aimes, appren que revenir vainqueur,
C'eſt l'unique moyen de regagner ſon cœur.
Mais le temps eſt trop cher pour le perdre en paroles,
Je t'arreſte en diſcours et je veux que tu voles;
Vien, ſuy-moy, va combattre, et montrer à ton roy
Que ce qu'il perd au Comte il le recouvre en toy.

*Fin du troiſiéme acte.*

# ACTE IV.

## SCÉNE PREMIÉRE.

### CHIMÉNE, ELVIRE.

CHIMÉNE. [Elvire?
N'eſt-ce point un faux bruit? le ſais-tu bien,
ELVIRE. [l'admire,
Vous ne croiriez jamais comme chacun
Et porte juſqu'au ciel, d'une commune voix,
De ce jeune héros les glorieux exploits.
Les Mores devant luy n'ont paru qu'à leur honte;
Leur abord fut bien prompt, leur fuite encor plus prompte;
Trois heures de combat laiſſent à nos guerriers
Une victoire entiére et deux rois priſonniers.
La valeur de leur chef ne trouvoit point d'obstacles.
CHIMÉNE.
Et la main de Rodrigue a fait tous ces miracles?
ELVIRE.
De ſes nobles efforts ces deux rois ſont le prix;
Sa main les a vaincus et ſa main les a pris.
CHIMÉNE.
De qui peux-tu ſçavoir ces nouvelles étranges?
ELVIRE.
Du peuple qui par tout fait ſonner ſes loüanges,
Le nomme de ſa joye et l'objet et l'autheur,
Son ange tutélaire et ſon libérateur.
CHIMÉNE.
Et le roy, de quel œil voit-il tant de vaillance?
ELVIRE.
Rodrigue n'oſe encore paroiſtre en ſa préſence;

Mais Don Diégue ravy luy préfente enchaifnez,
Au nom de ce vainqueur, ces captifs couronnez,
Et demande pour grace à ce généreux prince
Qu'il daigne voir la main qui fauve la province.
CHIMÉNE.
Mais n'eſt-il point bleſſé?
ELVIRE.
Je n'en ay rien appris.
Vous changez de couleur! Reprenez vos esprits.
CHIMÉNE.
Reprenons donc auffi ma colére affoiblie :
Pour avoir foin de luy faut-il que je m'oublie?
On le vante, on le louë, et mon cœur y confent :
Mon honneur eſt müet, mon devoir impuiſſant!
Silence, mon amour, laiſſe agir ma colére ;
S'il a vaincu deux rois, il a tué mon pére ;
Ces tristes vétements, où je ly mon malheur,
Sont les prémiers effets qu'ait produits fa valeur,
Et, quoy qu'on die ailleurs d'un cœur fi magnanime,
Icy tous les objets me parlent de fon crime.
 Vous qui rendez la force à mes reſſentimens,
Voiles, crefpes, habits, lugubres ornemens,
Pompe que me préfcrit fa premiére victoire,
Contre ma paſſion foûtenez bien ma gloire;
Et, lorsque mon amour prendra trop de pouvoir,
Parlez à mon esprit de mon triste devoir ;
Attaquez fans rien craindre une main triomphante.
ELVIRE.
Modérez ces transports, voicy venir l'infante.

SCÉNE II.

L'INFANTE, CHIMÉNE, LÉONOR,
ELVIRE.

L'INFANTE.

Je ne viens pas icy confoler tes douleurs;
Je viens plùtoſt meſler mes foûpirs à tes
CHIMÉNE.    [pleurs.
Prenez bien plùtoſt part à la commune joye,

Et gouftez le bonheur que le ciel vous envoye,
Madame, autre que moy n'a droit de foûpirer.
Le péril dont Rodrigue a fceu nous retirer,
Et le falut public que vous rendent fes armes,
A moy feule aujourd'huy fouffrent encor les larmes.
Il a fauvé la ville, il a fervy fon roy,
Et fon bras valeureux n'eft funeste qu'à moy.
### L'INFANTE.
Ma Chiméne, il est vrai qu'il a fait des merveilles.
### CHIMÉNE.
Déja ce bruit fafcheux a frappé mes oreilles,
Et je l'entens par tout publier hautement
Auffi brave guerrier que malheureux amant.
### L'INFANTE.
Qu'a de fafcheux pour toy ce discours populaire?
Ce jeune Mars qu'il louë a fceu jadis te plaire;
Il poffédoit ton ame, il vivoit fous tes loix,
Et vanter sa valeur c'eft honorer ton choix.
### CHIMÉNE.
Chacun peut la vanter avec quelque justice,
Mais pour moy fa loüange eft un nouveau supplice.
On aigrit ma douleur en l'élevant fi haut :
Je voy ce que je perds quand je voy ce qu'il vaut.
Ah, crüels déplaifirs à l'esprit d'une amante!
Plus j'apprens fon mérite, et plus mon feu s'augmente;
Cependant mon devoir est toûjours le plus fort,
Et malgré mon amour va pourfuivre fa mort.
### L'INFANTE.
Hier ce devoir te mit en une haute estime;
L'effort que tu te fis parut fi magnanime,
Si digne d'un grand cœur, que chacun à la cour
Admiroit ton courage et plaignoit ton amour.
Mais croirois-tu l'avis d'une amitié fidelle?
### CHIMÉNE.
Ne vous obéir pas me rendroit criminelle.
### L'INFANTE.
Ce qui fut juste alors ne l'eft plus aujourd'huy.
Rodrigue maintenant eft noftre unique appuy,
L'espérance et l'amour d'un peuple qui l'adore,
Le foûtien de Castille et la terreur du More.

Le Roy meſme eſt d'accord de cette vérité
Que ton pére en luy ſeul ſe voit reſſuscité ;
Et ſi tu veux enfin qu'en deux mots je m'explique,
Tu pourſuis en ſa mort la ruïne publique.
Quoy ! pour venger un pére eſt-il jamais permis
De livrer ſa patrie aux mains des ennemis?
Contre nous ta pourſuite eſt-elle légitime,
Et pour eſtre punis avons-nous part au crime?
Ce n'eſt pas qu'après tout tu doives épouſer
Celuy qu'un pére mort t'obligeoit d'accuſer ;
Je te voudrois moy-meſme en arracher l'envie :
Oſte-luy ton amour et laiſſe-nous ſa vie.

CHIMÈNE.

Ah ! ce n'eſt pas à moy d'avoir tant de bonté ;
Le devoir qui m'aigrit n'a rien de limité.
Quoy que pour ce vainqueur mon amour s'intéreſſe,
Quoy qu'un peuple l'adore et qu'un roy le careſſe,
Qu'il ſoit environné des plus vaillants guerriers,
J'iray ſous mes cyprès accabler ſes lauriers.

L'INFANTE.

C'eſt généroſité quand, pour venger un pére,
Noſtre devoir attaque une teſte ſi chére :
Mais c'en eſt une encor d'un plus illuſtre rang,
Quand on donne au public les intéreſts du ſang.
Non, croy-moy, c'eſt aſſez que d'éteindre ta flame ;
Il ſera trop puny s'il n'eſt pas dans ton ame.
Que le bien du païs t'impoſe cette loy ;
Auſſi-bien que crois-tu que t'accorde le roy?

CHIMÈNE.

Il peut me refuſer, mais je ne puis me taire.

L'INFANTE.

Penſe bien, ma Chiméne, à ce que tu veux faire.
Adieu, tu pourras ſeule y penſer à loiſir.

CHIMÈNE.

Après mon pére mort, je n'ay point à choiſir.

## SCÉNE III.

### D. FERNAND, D. DIÉGUE, D. ARIAS, D. RODRIGUE, D. SANCHE.

#### D. FERNAND.

Généreux héritier d'une illustre famille
Qui fut toûjours la gloire et l'appuy de
[Castille,
Race de tant d'ayeux en valeur fignalez
Que l'effay de la tienne a fi toft égalez,
Pour te récompenfer ma force eft trop petite,
Et j'ay moins de pouvoir que tu n'as de mérite.
Le païs délivré d'un fi rude ennemy,
Mon fceptre dans ma main par la tienne affermy,
Et les Mores défaits, avant qu'en ces alarmes
J'eufle pû donner ordre à repouffer leurs armes,
Ne font point des exploits qui laiffent à ton roy
Le moyen ny l'espoir de s'acquitter vers toy.
Mais deux rois tes captifs feront ta récompenfe :
Ils t'ont nommé tous deux leur Cid en ma préfence.
Puifque Cid en leur langue eft autant que Seigneur,
Je ne t'enviray pas ce beau titre d'honneur.
Sois déformais le Cid; qu'à ce grand nom tout céde,
Qu'il comble d'épouvante et Grenade et Toléde,
Et qu'il marque à tous ceux qui vivent fous mes loix
Et ce que tu me vaux et ce que je te dois.

#### D. RODRIGUE.

Que Voftre Majefté, Sire, épargne ma honte.
D'un fi foible fervice elle fait trop de conte,
Et me force à rougir devant un fi grand roy
De mériter fi peu l'honneur que j'en reçoy.
Je fçay trop que je dois au bien de voftre empire
Et le fang qui m'anime et l'air que je refpire;
Et quand je les perdray pour un fi digne objet,
Je feray feulement le devoir d'un fujet.

#### D. FERNAND.

Tous ceux que ce devoir à mon fervice engage

Ne s'en acquittent point avec mesme courage ;
Et lors que la valeur ne va point dans l'excés,
Elle ne produit point de si rares succès.
Souffre donc qu'on te louë, et de cette victoire
Appren-moy plus au long la véritable histoire.

####### D. RODRIGUE.

Sire, vous avez sçeu qu'en ce danger pressant
Qui jetta dans la ville un effroy si puissant,
Une troupe d'amis chez mon pére assemblée
Sollicita mon ame encor toute troublée...
Mais, Sire, pardonnez à ma témérité,
Si j'osay l'employer sans vostre authorité ;
Le péril approchoit, leur brigade estoit preste ;
Me montrant à la cour, je hazardois ma teste,
Et, s'il falloit la perdre, il m'étoit bien plus doux
De sortir de la vie en combattant pour vous.

####### D. FERNAND.

J'excuse ta chaleur à venger ton offense,
Et l'État défendu me parle en ta défense :
Croy que doresnavant Chiméne a beau parler,
Je ne l'écoute plus que pour la consoler.
Mais poursuy.

####### D. RODRIGUE.

Sous moy donc cette troupe s'avance,
Et porte sur le front une masse asseurance.
Nous partismes cinq cens ; mais, par un prompt renfort,
Nous nous vismes trois mille en arrivant au port,
Tant à nous voir marcher avec un tel visage
Les plus épouvantez reprenoient de courage.
J'en cache les deux tiers, aussi-tost qu'arrivez,
Dans le fond des vaisseaux qui lors furent trouvez.
Le reste, dont le nombre augmentoit à toute heure,
Bruslant d'impatience autour de moy demeure,
Se couche contre terre, et, sans faire aucun bruit,
Passe une bonne part d'une si belle nuit.
Par mon commandement la garde en fait de mesme,
Et se tenant cachée aide à mon stratagème,
Et je feins hardiment d'avoir receu de vous
L'ordre qu'on me voit suivre et que je donne à tous.
Cette obscure clarté qui tombe des étoiles

Enfin avec le flux nous montre trente voiles;
L'onde s'enfle deſſous, et d'un commun effort
Les Mores et la mer montent jusques au port.
On les laiſſe paſſer, tout leur paroiſt tranquille;
Point de ſoldats au port, point aux murs de la ville.
Noſtre profond ſilence abuſant leurs esprits,
Ils n'oſent plus douter de nous avoir ſurpris,
Ils abordent ſans peur, ils anchrent, ils deſcendent,
Et courent ſe livrer aux mains qui les attendent.
Nous nous levons alors, et tous en meſme temps
Pouſſons jusques au ciel mille cris éclatans.
Les noſtres, à ces cris, de nos vaiſſeaux répondent;
Ils paroiſſent armez, les Mores ſe confondent,
L'épouvante les prend à demy deſcendus;
Avant que de combattre ils s'estiment perdus.
Ils couroient au pillage, et rencontrent la guerre.
Nous les preſſons ſur l'eau, nous les preſſons ſur terre,
Et nous faiſons courir des ruiſſeaux de leur ſang,
Avant qu'aucun réſiste ou reprenne ſon rang.
Mais bien-toſt malgré nous leurs princes les rallient,
Leur courage renaiſt, et leurs terreurs s'oublient :
La honte de mourir ſans avoir combattu
Arreſte leur déſordre, et leur rend leur vertu.
Contre nous de pied ferme ils tirent leurs alfanges[1],
De noſtre ſang au leur font d'horribles meſlanges,
Et la terre, et le fleuve, et leur flotte, et le port
Sont des champs de carnage où triomphe la mort.
  O combien d'actions, combien d'exploits célèbres
Sont demeurez ſans gloire au milieu des ténèbres,
Où chacun, ſeul témoin des grands coups qu'il donnoit,
Ne pouvoit discerner où le ſort inclinoit!
J'allois de tous coſtez encourager les noſtres,

---

1. *Alfange,* mot tiré de l'arabe : sabre, coutelas, cimeterre. Voltaire, par une méprise que La Harpe a relevée dans son *Cours de Littérature,* a fait revivre ce vieux mot dans *l'Orphelin de la Chine,* acte I, sc. 3, en lui supposant le sens de *phalange, bataillon :*

    De nos honteux soldats les *alfanges* errantes,
    A genoux ont jeté leurs armes impuissantes.

Faire avancer les uns et foûtenir les autres,
Ranger ceux qui venoient, les pouffer à leur tour,
Et ne l'ay pu fçavoir jusques au point du jour.
Mais enfin la clarté montre noftre avantage,
Le More voit la perte et perd foudain courage,
Et, voyant un renfort qui nous vient fecourir,
L'ardeur de vaincre cède à la peur de mourir.
Ils gagnent leurs vaiffeaux, ils en coupent les chables,
Pouffent jusques aux cieux des cris épouvantables,
Font retraite en tumulte, et fans confidérer
Si leurs rois avec eux peuvent fe retirer.
Pour fouffrir ce devoir leur frayeur eft trop forte;
Le flux les apporta, le reflux les remporte,
Cependant que leurs rois engagez parmy nous,
Et quelque peu des leurs tous percez de nos coups,.
Disputent vaillamment et vendent bien leur vie.
A fe rendre moy-mefme en vain je les convie,
Le cimeterre au poin, ils ne m'écoutent pas :
Mais, voyant à leurs pieds tomber tous leurs foldats,
Et que feuls déformais en vain ils fe défendent,
Ils demandent le chef; je me nomme, ils fe rendent,
Je vous les envoyay tous deux en mefme temps,
Et le combat ceffa faute de combatans.
C'eft de cette façon que pour voftre fervice...

## SCÉNE IV.

### D. FERNAND, D. DIÉGUE, D. RODRIGUE, D. ARIAS, D. ALONSE, D. SANCHE.

#### D. ALONSE.

Sire, Chiméne vient vous demander juftice.
D. FERNAND.
La fafcheufe nouvelle et l'importun devoir !
Va, je ne la veux pas obliger à te voir;
Pour tous remercîmens il faut que je te chaffe,
Mais avant que fortir, vien, que ton roy t'embraffe.
*Don Rodrigue rentre.*
D. DIÉGUE.
Chiméne le pourfuit, et voudroit le fauver.

D. Fernand.
On m'a dit qu'elle l'aime, et je vay l'éprouver.
Montrez un œil plus triste.

## SCÈNE V.

#### D. FERNAND, D. DIÉGUE, D. ARIAS, D. SANCHE, D. ALONSE, CHIMÉNE, ELVIRE.

D. Fernand.
      Enfin foyez contente,
Chiméne, le fuccès répond à voftre attente :
Si de nos ennemis Rodrigue a le deffus,
Il eft mort à nos yeux des coups qu'il a receus,
Rendez graces au ciel qui vous en a vengée.
 *A Don Diégue.*
Voyez comme déjà la couleur est changée.
    D. Diégue.
Mais voyez qu'elle pafme, et d'un amour parfait,
Dans cette pafmoifon, Sire, admirez l'effet.
Sa douleur a trahy les fecrets de fon ame,
Et ne vous permet plus de douter de fa flame.
    Chiméne.
Quoy? Rodrigue eft donc mort?
    D. Fernand.
        Non, non; il voit le jour,
Et te conferve encor un immuable amour :
Calme cette douleur qui pour luy s'intéreffe.
    Chiméne.
Sire, on pafme de joye ainfi que de tristeffe,
Un excès de plaifir nous rend tous languiffans;
Et, quand il furprend l'ame, il accable les fens.
    D. Fernand.
Tu veux qu'en ta faveur nous croyions l'impoffible,
Chiméne, ta douleur a paru trop vifible.
    Chiméne.
Et bien, Sire, ajouftez ce comble à mon malheur,
Nommez ma pafmoifon l'effet de ma douleur :
Un juste déplaifir à ce point m'a réduite;

Son trépas defroboit fa tefte à ma pourfuite.
S'il meurt des coups receus pour le bien du païs,
Ma vengeance eft perduë, et mes deffeins trahis?
Une fi belle fin m'eft trop injurieufe,
Je demande fa mort, mais non-pas glorieufe,
Non-pas dans un éclat qui l'éléve fi haut,
Non-pas au lit d'honneur, mais fur un échaffaut;
Qu'il meure pour mon pére, et non pour la patrie;
Que fon nom foit taché, fa mémoire flétrie.
Mourir pour le païs n'eft pas un triste fort!
C'eft s'immortalifer par une belle mort.
 J'aime donc fa victoire, et je le puis fans crime;
Elle affeure l'État, et me rend ma victime,
Mais noble, mais fameufe entre tous les guerriers,
Le chef au lieu de fleurs couronné de lauriers,
Et, pour dire en un mot ce que j'en confidére,
Digne d'eftre immolée aux mânes de mon pére.
 Hélas! à quel espoir me laiffay-je emporter!
Rodrigue de ma part n'a rien à redouter.
Que pourroient contre luy des larmes qu'on méprife?
Pour luy tout voftre empire eft un lieu de franchife;
Là, fous voftre pouvoir, tout luy devient permis;
Il triomphe de moy comme des ennemis.
Dans leur fang répandu la justice étouffée,
Aux crimes du vainqueur fert d'un nouveau trophée;
Nous en croiffons la pompe, et le mépris des loix
Nous fait fuivre fon char au milieu de deux rois.

     D. FERNAND.

Ma fille, ces transports ont trop de violence.
Quand on rend la justice on met tout en balance.
On a tué ton pére, il étoit l'aggreffeur,
Et la mefme équité m'ordonne la douceur.
Avant que d'acculer ce que j'en fais paroiftre,
Confulte bien ton cœur, Rodrigue en eft le maiftre,
Et ta flame en fecret rend graces à ton roy,
Dont la faveur conferve un tel amant pour toy.

     CHIMÉNE.

Pour moy mon ennemy! l'objet de ma colére!
L'autheur de mes malheurs! l'affaffin de mon pére
De ma juste pourfuite on fait fi peu de cas

Qu'on me croit obliger en ne m'écoutant pas !
 Puisque vous refuſez la juſtice à mes larmes,
Sire, permettez-moy de recourir aux armes ;
C'eſt par là ſeulement qu'il a ſçeu m'outrager,
Et c'eſt auſſi par là que je me doy venger.
A tous vos cavaliers je demande ſa teſte,
Ouy, qu'un d'eux me l'apporte, et je ſuis ſa conqueſte ;
Qu'ils le combatent, Sire, et, le combat finy,
J'épouſe le vainqueur ſi Rodrigue est puny.
Sous voſtre authorité ſouffrez qu'on le publie.
### D. FERNAND.
Cette vieille coûtume en ces lieux établie,
Sous couleur de punir un injuste attentat,
Des meilleurs combatans affoiblit un État.
Souvent de cét abus le ſuccès déplorable
Opprime l'innocent, et ſoûtient le coupable.
J'en dispenſe Rodrigue, il m'eſt trop précieux
Pour l'expoſer aux coups d'un ſort capricieux,
Et quoy qu'ait pû commettre un cœur ſi magnanime,
Les Mores en fuyant ont emporté ſon crime.
### D. DIÉGUE.
Quoy, Sire ! pour luy ſeul vous renverſez des loix
Qu'a veu toute la cour observer tant de fois !
Que croira voſtre peuple et que dira l'envie,
Si ſous voſtre défenſe il ménage ſa vie,
Et s'en fait un prétexte à ne paroiſtre pas
Où tous les gens d'honneur cherchent un beau trépas !
De pareilles faveurs terniroient trop ſa gloire ;
Qu'il gouſte ſans rougir les fruits de ſa victoire.
Le Comte eut de l'audace, il l'en a ſçeu punir ;
Il l'a fait en brave homme, et le doit maintenir.
### D. FERNAND.
Puisque vous le voulez, j'accorde qu'il le faſſe ;
Mais d'un guerrier vaincu mille prendroient la place,
Et le prix que Chiméne au vainqueur a promis
De tous mes cavaliers feroit ſes ennemis ;
L'oppoſer ſeul à tous feroit trop d'injustice,
Il ſuffit qu'une fois il entre dans la lice.
 Choiſy qui tu voudras, Chiméne ; et choiſy bien ;
Mais après ce combat ne demande plus rien.

#### D. DIÉGUE.
N'excufez point par là ceux que fon bras étonne,
Laiffez un champ ouvert où n'entrera perfonne.
Après ce que Rodrigue a fait voir aujourd'hui,
Quel courage affez vain s'oferoit prendre à luy ?
Qui fe hazarderoit contre un tel adverfaire ?
Qui feroit ce vaillant, ou bien ce téméraire ?
#### D. SANCHE.
Faites ouvrir le champ, vous voyez l'affaillant,
Je fuis ce téméraire, ou plûtoft ce vaillant.
Accordez cette grace à l'ardeur qui me preffe ;
Madame, vous fçavez quelle eft voftre promeffe.
#### D. FERNAND.
Chiméne, remets-tu ta querelle en fa main ?
#### CHIMÉNE.
Sire, je l'ay promis.
#### D. FERNAND.
Soyez preft à demain.
#### D. DIÉGUE.
Non, Sire, il ne faut pas différer davantage,
On eft toûjours trop preft quand on a du courage.
#### D. FERNAND.
Sortir d'une bataille, et combattre à l'inftant.
#### D. DIÉGUE.
Rodrigue a pris haleine en vous la racontant.
#### D. FERNAND.
Du moins, une heure ou deux je veux qu'il fe délaffe.
Mais de peur qu'en exemple un tel combat ne paffe,
Pour témoigner à tous qu'à regret je permets
Un fanglant procédé qui ne me plût jamais,
De moy ny de ma cour il n'aura la préfence.
*Il parle à Don Arias.*
Vous feul des combatans jugerez la vaillance.
Ayez foin que tous deux faffent en gens de cœur,
Et, le combat finy, m'amenez le vaiqueur.
Qui qu'il foit, mefme prix eft acquis à fa peine,
Je le veux de ma main préfenter à Chiméne,
Et que, pour récompenfe, il reçoive fa foy.
#### CHIMÉNE.
Quoy, Sire ! m'impofer une fi dure loy !

## Acte IV.

#### D. Fernand.

Tu t'en plains, mais ton feu, loin d'avoüer ta plainte,
Si Rodrigue eſt vainqueur, l'accepte ſans contrainte.
Ceſſe de murmurer contre un arreſt ſi doux,
Qui que ce ſoit des deux, j'en feray ton époux.

*Fin du quatriéme acte.*

# ACTE V.

## SCÉNE PRÉMIÉRE.

### D. RODRIGUE, CHIMÉNE.

#### CHIMÉNE.

uoy, Rodrigue, en plein jour! d'où te vient
cette audace? [de grace.
Va, tu me perds d'honneur, retire-toy

#### D. RODRIGUE.

Je vais mourir, Madame, et vous viens en ce lieu,
Avant le coup mortel, dire un dernier adieu.
Cét immüable amour qui fous vos loix m'engage
N'ofe accepter ma mort fans vous en faire hommage.

#### CHIMÉNE.

Tu vas mourir!

#### D. RODRIGUE.

Je cours à ces heureux momens,
Qui vont livrer ma vie à vos reffentimens.

#### CHIMÉNE.

Tu vas mourir! Don Sanche eft-il fi redoutable
Qu'il donne l'épouvante à ce cœur indomptable?
Qui t'a rendu fi foible, ou qui le rend fi fort?
Rodrigue va combattre et fe croit déjà mort!
Celuy qui n'a pas craint les Mores, ny mon pére,
Va combattre Don Sanche et déjà défespére!
Ainfi donc au befoin ton courage s'abat?

#### D. RODRIGUE.

Je cours à mon fupplice, et non pas au combat,
Et ma fidelle ardeur fçait bien m'ofter l'envie,
Quand vous cherchez ma mort, de défendre ma vie.
J'ay toûjours mefme cœur, mais je n'ay point de bras,

Quand il faut conferver ce qui ne vous plaift pas;
Et déjà cette nuit m'auroit été mortelle,
Si j'euffe combattu pour ma feule querelle.
Mais défendant mon roy, fon peuple et mon païs,
A me défendre mal je les aurois trahis.
Mon esprit généreux ne hait pas tant la vie
Qu'il en veuille fortir par une perfidie.
Maintenant qu'il s'agit de mon feul intereft,
Vous demandez ma mort, j'en accepte l'arreft.
Voftre reffentiment choifit la main d'un autre,
Je ne méritois pas de mourir de la voftre;
On ne me verra point en repouffer les coups;
Je doy plus de respect à qui combat pour vous;
Et, ravy de penfer que c'eft de vous qu'ils viennent,
Puisque c'eft voftre honneur que fes armes foûtiennent,
Je vay luy préfenter mon estomac ouvert,
Adorant en fa main la voftre qui me perd.

CHIMÉNE.

Si d'un triste devoir la juste violence,
Qui me fait malgré moy pourfuivre ta vaillance,
Préfcrit à ton amour une fi forte loy,
Qu'il te rend fans défenfe à qui combat pour moy,
En cét aveuglement ne perds pas la mémoire
Qu'ainfi que de ta vie il y va de ta gloire,
Et que, dans quelque éclat que Rodrigue ait vécu,
Quand on le fçaura mort, on le croira vaincu.
 Ton honneur t'eft plus cher que je ne te fuis chére,
Puisqu'il trempe tes mains dans le fang de mon pére,
Et te fait renoncer malgré ta paffion
A l'espoir le plus doux de ma poffeffion :
Je t'en voy cependant faire fi peu de conte,
Que fans rendre combat tu veux qu'on te furmonte!
Quelle inégalité ravale ta vertu?
Pourquoy ne l'as-tu plus, ou pourquoy l'avois-tu?
Quoi! n'es-tu généreux que pour me faire outrage?
S'il ne faut m'offenfer, n'as-tu point de courage,
Et traites-tu mon pére avec tant de rigueur,
Qu'après l'avoir vaincu tu souffres un vainqueur?
Va, fans vouloir mourir, laiffe moy te pourfuivre,
Et défen ton honneur, fi tu ne veux plus vivre.

#### D. RODRIGUE.
Après la mort du Comte, et les Mores défaits,
Faudroit-il à ma gloire encor d'autres effets?
Elle peut dédaigner le foin de me défendre;
On fçait que mon courage ofe tout entreprendre,
Que ma valeur peut tout, et que deffous les cieux
Auprès de mon honneur rien ne m'eft précieux.
Non, non, en ce combat, quoy que vous veuilliez croire
Rodrigue peut mourir fans hazarder fa gloire,
Sans qu'on l'ofe acculer d'avoir manqué de cœur,
Sans paffer pour vaincu, fans fouffrir un vainqueur.
On dira feulement : *Il adoroit Chiméne;*
*Il n'a pas voulu vivre et mériter fa haine;*
*Il a cédé luy-mefme à la rigueur du fort*
*Qui forçoit fa maitreffe à pourfuivre fa mort;*
*Elle vouloit fa tefte, et fon cœur magnanime,*
*S'il l'en euft refufée, euft penfé faire un crime.*
*Pour venger fon honneur il perdit fon amour,*
*Pour venger fa maitreffe il a quitté le jour,*
*Préférant (quelque espoir qu'euft fon ame affervie)*
*Son honneur à Chiméne, et Chiméne à fa vie.*
Ainfi donc vous verrez ma mort en ce combat,
Loin d'obscurcir ma gloire, en rehauffer l'éclat,
Et cét honneur fuivra mon trépas volontaire,
Que tout autre que moy n'euft pû vous fatisfaire.

#### CHIMÉNE.
Puisque pour t'empefcher de courir au trépas
Ta vie et ton honneur font de foibles appas,
Si jamais je t'aimay, cher Rodrigue, en revanche
Défen-toy maintenant pour m'ofter à Don Sanche;
Combats pour m'affranchir d'une condition
Qui me donne à l'objet de mon averfion.
Te diray-je encore plus? va, fonge à ta défenfe,
Pour forcer mon devoir, pour m'impofer filence,
Et, fi tu fens pour moy ton cœur encor épris,
Sors vainqueur d'un combat dont Chiméne eft le prix.
Adieu, ce mot lafché me fait rougir de honte.

#### D. RODRIGUE.
Eft-il quelque ennemy qu'à préfent je ne dompte?
Paroiffez, Navarrois, Mores et Caftillans,

## ACTE V.

Et tout ce que l'Espagne a nourry de vaillans ;
Uniffez-vous enfemble, et faites une armée
Pour combattre une main de la forte animée :
Joignez tous vos efforts contre un espoir fi doux ;
Pour en venir à bout c'eft trop peu que de vous.

### SCÈNE II.

#### L'INFANTE.

T'écouteray-je encor, respect de ma naiffance,
    Qui fais un crime de mes feux ?
T'écouteray-je, Amour, dont la douce puiffan- [ce
Contre ce fier tyran fait révolter mes vœux[1] ?
    Pauvre princeffe, auquel des deux
    Dois-tu préter obéïffance ?
Rodrigue, ta valeur te rend digne de moy,
Mais pour eftre vaillant tu n'es pas fils de roy.

Impitoyable fort, dont la rigueur fépare
    Ma gloire d'avec mes defirs !
Eft-il dit que le choix d'une vertu fi rare
Coûte à ma paffion de fi grands déplaifirs ?
    O cieux ! à combien de foûpirs
    Faut-il que mon cœur fe prépare,
Si jamais il n'obtient, fur un fi long tourment,
Nÿ d'éteindre l'amour, ny d'accepter l'amant ?

Mais c'eft trop de fcrupule, et ma raifon s'étonne
    Du mépris d'un fi digne choix :
Bien qu'aux monarques feuls ma naiffance me donne,
Rodrigue, avec honneur je vivray fous tes loix ;
    Après avoir vaincu deux rois
    Pourrois-tu manquer de couronne ?
Et ce grand nom de Cid que tu viens de gagner
Ne fait-il pas trop voir fur qui tu dois régner ?

---

1. On lit *rebeller* au lieu de *révolter* dans les éditions in-4º de 1637, 1639 et 1644.

Il est digne de moy, mais il est à Chiméne.
   Le don que j'en ay fait me nuit;
Entre eux la mort d'un pére a si peu mis de haine,
Que le devoir du sang à regret le poursuit :
   Ainsi n'espérons aucun fruit
   De son crime ny de ma peine,
Puisque pour me punir le destin a permis
Que l'amour dure mesme entre deux ennemis.

## SCÉNE III.

### L'INFANTE, LÉONOR.

**L'INFANTE.**

ù viens-tu, Léonor?

**LÉONOR.**

    Vous applaudir, Madame,
Sur le repos qu'enfin a retrouvé vostre ame.

**L'INFANTE.**

D'où viendroit ce repos dans un comble d'ennuy?

**LÉONOR.**

Si l'amour vit d'espoir, et s'il meurt avec luy,
Rodrigue ne peut plus charmer vostre courage.
Vous sçavez le combat où Chiméne l'engage,
Puisqu'il faut qu'il y meure, ou qu'il soit son mary,
Vostre espérance est morte, et vostre esprit guéry.

**L'INFANTE.**

Ah, qu'il s'en faut encor!

**LÉONOR.**

    Que pouvez-vous prétendre?

**L'INFANTE.**

Mais plûtost quel espoir me pourrois-tu défendre?
Si Rodrigue combat sous ces conditions,
Pour en rompre l'effet j'ay trop d'inventions,
L'amour, ce doux autheur de mes crüels supplices,
Aux esprits des amans apprend trop d'artifices.

**LÉONOR.**

Pourrez-vous quelque chose après qu'un pére mort
N'a pû, dans leurs esprits, allumer de discord?

Car Chiméne aifément montre par fa conduite
Que la haine aujourd'huy ne fait pas fa pourfuite.
Elle obtient un combat, et pour fon combatant
C'eft le premier offert qu'elle accepte à l'inftant.
Elle n'a point recours à ces mains généreufes
Que tant d'exploits fameux rendent fi glorieufes ;
Don Sanche luy fuffit, et mérite fon choix,
Parce qu'il va s'armer pour la prémiére fois.
Elle aime en ce duël fon peu d'expérience ;
Comme il eft fans renom, elle eft fans défiance ;
Et fa facilité vous doit bien faire voir
Qu'elle cherche un combat qui force fon devoir,
Qui livre à fon Rodrigue une victoire aifée,
Et l'authorife enfin à paroiftre appaifée.

L'INFANTE.

Je le remarque affez, et touteffois mon cœur
A l'envy de Chiméne adore ce vainqueur.
A quoy me réfoudray-je, amante infortunée ?

LÉONOR.

A vous mieux fouvenir de qui vous étes née,
Le ciel vous doit un roy, vous aimez un fujet.

L'INFANTE.

Mon inclination a bien changé d'objet.
Je n'aime plus Rodrigue, un fimple gentilhomme,
Non, ce n'eft plus ainfi que mon amour le nomme ;
Si j'aime, c'eft l'autheur de tant de beaux exploits,
C'eft le valeureux Cid, le maiftre de deux rois.

Je me vaincray pourtant, non de peur d'aucun blâme,
Mais pour ne troubler pas une fi belle flame ;
Et quand pour m'obliger on l'auroit couronné,
Je ne veux point reprendre un bien que j'ay donné.
Puisqu'en un tel combat la victoire eft certaine,
Allons encor un coup le donner à Chiméne,
Et toy qui vois les traits dont mon cœur eft percé,
Vien me voir achever comme j'ay commencé.

## SCÉNE IV.
### CHIMÈNE, ELVIRE.

CHIMÉNE.

lvire, que je fouffre, et que je fuis à plaindre !
Je ne fçay qu'espérer, et je voy tout à craindre;
Aucun vœu ne m'échape où j'ofe confentir ;
Je ne fouhaite rien fans un prompt repentir.
A deux rivaux pour moy je fais prendre les armes ;
Le plus heureux fuccès me coûtera des larmes,
Et quoy qu'en ma faveur en ordonne le fort,
Mon pére eft fans vengeance, ou mon amant eft mort.

ELVIRE.

D'un et d'autre cofté je vous voy foulagée,
Ou vous avez Rodrigue, ou vous étes vengée,
Et quoy que le destin puiffe ordonner de vous,
Il foûtient voftre gloire et vous donne un époux.

CHIMÉNE.

Quoy ? l'objet de ma haine, ou de tant de colére !
L'affaffin de Rodrigue, ou celuy de mon pére !
De tous les deux coftez on me donne un mary
Encor tout teint du fang que j'ay le plus chéry.
De tous les deux coftez mon ame fe rebelle.
Je crains plus que la mort la fin de ma querelle.
Allez, vengeance, amour, qui troublez mes esprits,
Vous n'avez point pour moy de douceurs à ce prix.
Et toy, puiffant moteur du destin qui m'outrage,
Termine ce combat fans aucun avantage,
Sans faire aucun des deux ny vaincu, ny vainqueur.

ELVIRE.

Ce feroit vous traiter avec trop de rigueur.
Ce combat pour voftre ame eft un nouveau fupplice,
S'il vous laiffe obligée à demander justice,
A témoigner toûjours ce haut reffentiment,
Et pourfuivre toûjours la mort de voftre amant.
Madame, il vaut bien mieux que fa rare vaillance,
Luy couronnant le front, vous impofe filence,
Que la loy du combat étouffe vos foupirs,
Et que le roy vous force à fuivre vos defirs.

## Acte V.

CHIMÉNE.

Quand il fera vainqueur, crois-tu que je me rende ?
Mon devoir eſt trop fort et ma perte trop grande,
Et ce n'eſt pas aſſez pour leur faire la loy
Que celle du combat et le vouloir du roy.
Il peut vaincre Don Sanche avec fort peu de peine,
Mais non-pas avec luy la gloire de Chiméne,
Et, quoy qu'à ſa victoire un monarque ait promis,
Mon honneur luy fera mille autres ennemis.

ELVIRE.

Gardez, pour vous punir de cét orgueil étrange,
Que le ciel à la fin ne ſouffre qu'on vous venge.
Quoy ! vous voulez encor refuſer le bonheur
De pouvoir maintenant vous taire avec honneur ?
Que prétend ce devoir, et qu'eſt-ce qu'il eſpére ?
La mort de voſtre amant vous rendra-t-elle un pére ?
Eſt-ce trop peu pour vous que d'un coup de malheur ?
Faut-il perte ſur perte et douleur ſur douleur ?
Allez, dans le caprice où voſtre humeur s'obstine,
Vous ne méritez pas l'amant qu'on vous destine,
Et nous verrons du ciel l'équitable courroux
Vous laiſſer par ſa mort Don Sanche pour époux.

CHIMÉNE.

Elvire, c'eſt aſſez des peines que j'endure,
Ne les redouble point de ce funeste augure.
Je veux, ſi je le puis, les éviter tous deux,
Sinon, en ce combat Rodrigue a tous mes vœux :
Non qu'une folle ardeur de ſon coſté me panche,
Mais s'il étoit vaincu je ſerois à Don Sanche,
Cette appréhenſion fait naiſtre mon ſouhait.
Que voy-je, malheureuse ? Elvire, c'en eſt fait.

## SCÉNE V.
### D. SANCHE, CHIMÉNE, ELVIRE.

D. SANCHE.

Obligé d'apporter à vos pieds cette épée...

CHIMÉNE.   [trempée ?

Quoy ? du ſang de Rodrigue encore toute
Perfide, oſes-tu bien te montrer à mes yeux

Après m'avoir ofté ce que j'aimois le mieux?
  Éclate, mon amour, tu n'as plus rien à craindre;
Mon pére eft fatisfait, ceffe de te contraindre.
Un mefme coup a mis ma gloire en feureté,
Mon ame au défespoir, ma flame en liberté.

### D. Sanche.

D'un esprit plus raffis...

### Chiméne.

            Tu me parles encore,
Exécrable affaffin d'un héros que j'adore;
Va, tu l'as pris en traiftre : un guerrier fi vaillant
N'euft jamais fuccombé fous un tel affaillant.
N'espére rien de moy, tu ne m'as point fervie,
En croyant me venger tu m'as ofté la vie.

### D. Sanche.

Étrange impreffion, qui loin de m'écouter...

### Chiméne.

Veux-tu que de fa mort je t'écoute vanter?
Que j'entende à loifir avec quelle infolence
Tu peindras fon malheur, mon crime et ta vaillance?


## SCENE VI.

### D. FERNAND, D. DIÉGUE,
### D. ARIAS, D. SANCHE, D. ALONSE,
### CHIMÉNE, ELVIRE.

### Chiméne.

Sire, il n'eft plus befoin de vous diffimuler
Ce que tous mes efforts ne vous ont pû celer.
J'aimois, vous l'avez fçeu; mais pour venger mon pére
J'ay bien voulu proscrire une tefte fi chére :
Voftre Majefté, Sire, elle-mefme a pû voir
Comme j'ay fait céder mon amour au devoir.
Enfin Rodrigue eft mort, et fa mort m'a changée
D'implacable ennemie en amante affligée;
J'ai dû cette vengeance à qui m'a mife au jour,
Et je doy maintenant ces pleurs à mon amour.

## ACTE V.

Don Sanche m'a perduë en prenant ma défenſe,
Et du bras qui me perd je ſuis la récompenſe!
 Sire, ſi la pitié peut émouvoir un roy,
De grace, révoquez une ſi dure loy;
Pour prix d'une victoire où je perds ce que j'aime,
Je luy laiſſe mon bien; qu'il me laiſſe à moy-meſme;
Qu'en un cloiſtre ſacré je pleure inceſſamment
Jusqu'au dernier ſoûpir mon père et mon amant.

### D. Diégue.
Enfin, elle aime, Sire, et ne croit plus un crime
D'avoüer par ſa bouche un amour légitime.

### D. Fernand.
Chiméne, ſors d'erreur, ton amant n'eſt pas mort,
Et Don Sanche vaincu t'a fait un faux rapport.

### D. Sanche.
Sire, un peu trop d'ardeur malgré moy l'a deceuë.
Je venois du combat luy raconter l'iſſuë.
Ce généreux guerrier dont ſon cœur eſt charmé,
*Ne crains rien* (m'a-t'il dit quand il m'a déſarmé)
*Je laiſſerois pluſtoſt la victoire incertaine*
*Que de répandre un ſang hazardé pour Chiméne;*
*Mais puisque mon devoir m'appelle auprès du roy,*
*Va de noſtre combat l'entretenir pour moy,*
*De la part du vainqueur luy porter ton épée.*
Sire, j'y ſuis venu: cét objet l'a trompée;
Elle m'a cru vainqueur, me voyant de retour,
Et ſoudain ſa colére a trahy ſon amour
Avec tant de transport et tant d'impatience,
Que je n'ay pu gagner un moment d'audience.
 Pour moy, bien que vaincu, je me repute heureux,
Et, malgré l'intereſt de mon cœur amoureux,
Perdant infiniment, j'aime encor ma défaite
Qui fait le beau ſuccès d'une amour ſi parfaite.

### D. Fernand.
Ma fille, il ne faut point rougir d'un ſi beau feu,
Ny chercher les moyens d'en faire un déſaveu:
Une loüable honte en vain t'en ſollicite;
Ta gloire eſt dégagée, et ton devoir eſt quitte;
Ton père eſt ſatisfait, et c'étoit le venger
Que mettre tant de fois ton Rodrigue en danger.

Tu vois comme le ciel autrement en dispofe.
Ayant tant fait pour luy, fay pour toy quelque chofe,
Et ne fois point rebelle à mon commandement
Qui te donne un époux aimé fi chérement.

## SCÉNE VII.

D. FERNAND, D. DIÉGUE, D. RODRIGUE,
D. ARIAS, D. ALONSE, D. SANCHE,
L'INFANTE, CHIMÉNE, LÉONOR,
ELVIRE.

L'INFANTE.

Séche tes pleurs, Chiméne, et reçois fans
tristeffe
Ce généreux vainqueur des mains de ta prin- [ceffe.

D. RODRIGUE.

Ne vous offenfez point, Sire, fi devant vous
Un respect amoureux me jette à fes genoux,
 Je ne viens point icy demander ma conquefte;
Je viens tout de nouveau vous apporter ma tefte.
Madame; mon amour n'emploîra point pour moy
Ny la loy du combat, ny le vouloir du roy.
Si tout ce qui s'eft fait eft trop peu pour un pére,
Dites par quels moyens il vous faut fatisfaire.
Faut-il combattre encor mille et mille rivaux,
Aux deux bouts de la terre étendre mes travaux,
Forcer moy feul un camp, mettre en fuite une armée,
Des héros fabuleux paffer la renommée?
Si mon crime par là fe peut enfin laver,
J'ofe tout entreprendre et puis tout achever.
Mais fi ce fier honneur, toûjours inexorable,
Ne fe peut appaifer fans la mort du coupable,
N'armez plus contre moy le pouvoir des humains :
Ma tefte eft à vos pieds, vengez-vous par vos mains;
Vos mains feules ont droit de vaincre un invincible,
Prenez une vengeance à tout autre impoffible :
Mais du moins que ma mort fuffife à me punir,
Ne me banniffez point de voftre fouvenir,
Et, puisque mon trépas conferve voftre gloire,

Pour vous en revancher conſervez ma mémoire,
Et dites quelquefois, en déplorant mon ſort,
*S'il ne m'avoit aimée, il ne feroit point mort.*
### CHIMÉNE.
Reléve-toy, Rodrigue. Il faut l'avoüer, Sire,
Je vous en ay trop dit pour m'en pouvoir dédire.
Rodrigue a des vertus que je ne puis haïr,
Et quand un roy commande, on luy doit obéïr.
Mais à quoy que déjà vous m'ayez condamnée,
Pourrez-vous à vos yeux ſouffrir cét hyménée?
Et quand de mon devoir vous voulez cét effort,
Toute voſtre juſtice en eſt-elle d'accord?
Si Rodrigue à l'Etat devient ſi néceſſaire,
De ce qu'il fait pour vous doy-je eſtre le ſalaire,
Et me livrer moy-meſme au reproche éternel
D'avoir trempé mes mains dans le ſang paternel
### D. FERNAND.
Le temps aſſez ſouvent a rendu légitime
Ce qui ſembloit d'abord ne ſe pouvoir ſans crime.
Rodrigue t'a gagnée, et tu dois eſtre à luy;
Mais, quoy que ſa valeur t'ait conquiſe aujourd'huy,
Il faudroit que je fuſſe ennemy de ta gloire
Pour luy donner ſi-toſt le prix de ſa victoire.
Cet hymen différé ne rompt point une loy
Qui, ſans marquer de temps, luy deſtine ta foy.
Prens un an, ſi tu veux, pour eſſuyer tes larmes.
  Rodrigue, cependant il faut prendre les armes.
Après avoir vaincu les Mores ſur nos bords
Renverſé leurs deſſeins, repouſſé leurs efforts,
Va juſqu'en leur païs leur reporter la guerre,
Commander mon armée, et ravager leur terre.
A ce nom ſeul de Cid ils trembleront d'effroy,
Ils t'ont nommé ſeigneur et te voudront pour roy;
Mais parmy tes hauts faits ſois-luy toûjours fidelle:
Reviens-en, s'il ſe peut, encor plus digne d'elle;
Et, par tes grands exploits, fay-toy ſi bien priſer
Qu'il luy ſoit glorieux alors de t'épouſer.
### D. RODRIGUE.
Pour poſſéder Chiméne, et pour voſtre ſervice,
Que peut-on m'ordonner que mon bras n'accompliſſe

Quoy que absent de fes yeux il me faille endurer,
Sire, ce m'eſt trop d'heur de pouvoir espérer.
                    D. FERNAND.
Espére en ton courage, espére en ma promeſſe;
Et, poſſédant déjà le cœur de ta maîtreſſe,
Pour vaincre un point d'honneur qui combat contre toy,
Laiſſe faire le temps, ta vaillance et ton roy.


*Fin du cinquiéme et dernier acte.*

# EXAMEN DU CID

e poëme a tant d'avantages du cofté du fujet et des penfées brillantes dont il eft femé, que la plufpart de fes auditeurs n'ont pas voulu voir les défauts de fa conduite et ont laiffé enlever leurs fuffrages au plaifir que leur a donné la repréfentation. Bien que ce foit celuy de tous mes ouvrages réguliers où je me fuis permis le plus de licence, il paffe encore pour le plus beau auprès de ceux qui ne s'attachent pas à la derniére févérité des régles, et depuis cinquante ans qu'il tient fa place fur nos théatres, l'histoire, ny l'effort de l'imagination n'y ont rien fait voir qui en aye effacé l'éclat. Auffi a-t'il les deux grandes conditions que demande Aristote aux tragédies parfaites, et dont l'affemblage fe rencontre fi rarement chez les anciens ny chez les modernes. Il les affemble mefme plus fortement et plus noblement que les espéces que pofe ce philofophe. Une maîtreffe que fon devoir force à pourfuivre la mort de fon amant, qu'elle tremble d'obtenir, a les paffions plus vives et plus allumées que tout ce qui peut fe paffer entre un mary et fa femme, une mére et fon fils, un frére et fa fœur ; et la haute vertu dans un naturel fenfible à ces paffions, qu'elle dompte fans les affoiblir, et à qui elle laiffe toute leur force pour en triompher plus glorieufement, a quelque chofe de plus touchant, de plus élevé et de plus aimable que cette médiocre bonté, capable d'une foibleffe et mefme d'un crime, où nos anciens étoient contraints d'arrêter le caractére le plus parfait des rois et des princes dont ils faifoient leurs héros, afin que ces taches et ces forfaits, défigurant ce qu'ils leur laiffoient de vertu, s'accommodaft au goult

et aux souhaits de leurs spectateurs, et fortifiast l'horreur qu'ils avoient conceuë de leur domination et de la monarchie.

Rodrigue suit ici son devoir sans rien relascher de sa passion : Chiméne fait la mesme chose à son tour, sans laisser ébransler son dessein par la douleur où elle se voit abîmée par là ; et si la présence de son amant luy fait faire quelque faux pas, c'est une glissade dont elle se reléve à l'heure mesme, et non seulement elle connoît si bien sa faute qu'elle nous en avertit, mais elle fait un prompt désaveu de tout ce qu'une veuë si chère luy a pû arracher. Il n'est point besoin qu'on luy reproche qu'il luy est honteux de souffrir l'entretien de son amant après qu'il a tüé son pére ; elle avouë que c'est la seule prise que la médisance aura sur elle. Si elle s'emporte jusqu'à luy dire qu'elle veut bien qu'on sçache qu'elle l'adore et le pourfuit, ce n'est point une résolution si ferme, qu'elle l'empesche de cacher son amour de tout son possible lors qu'elle est en la présence du roy. S'il luy échape de l'encourager au combat contre Don Sanche par ces paroles,

> Sors vainqueur d'un combat dont Chiméne est le prix,

elle ne se contente pas de s'enfuir de hon'e au mesme moment ; mais si-tost qu'elle est avec Elvire, à qui elle ne déguise rien de ce qui se passe dans son ame, et que la veuë de ce cher objet ne luy fait plus de violence, elle forme un souhait plus raisonnable, qui satisfait sa vertu et son amour tout ensemble, et demande au ciel que le combat se termine

> Sans faire aucun des deux ny vaincu, ny vainqueur.

Si elle ne dissimule point qu'elle panche du costé de Rodrigue, de peur d'estre à Don Sanche pour qui elle a de l'aversion, cela ne détruit point la protestation qu'elle a faite un peu auparavant, que, malgré la loy de ce combat et les promesses que le roy a faites à Rodrigue, elle luy fera mille autres ennemis, s'il en fort victorieux. Ce grand éclat mefme qu'elle laiffe faire à fon amour après qu'elle le croit mort eft fuivy d'une oppofition vigoureufe à l'exécution de cette loy qui la donne à fon amant, et elle ne fe taift qu'après que le roy l'a différée et luy a laiffé lieu d'efpérer qu'avec le temps il y pourra furvenir quelque obstacle. Je fçay bien que le filence paffe d'ordinaire pour une marque de confentement; mais quand les rois parlent, c'en eft une de contradiction. On ne manque jamais à leur applaudir, quand on entre dans leurs fentimens; et le feul moyen de leur contredire avec le refpect qui leur eft dû, c'eft de fe taire quand leurs ordres ne font pas fi preffans qu'on ne puiffe remettre à s'excufer de leur obéir, lors que le temps en fera venu, et conferver cependant une efpérance légitime d'un empefchement qu'on ne peut encor déterminément prévoir.

Il eft vray que dans ce fujet il faut fe contenter de tirer Rodrigue du péril, fans le pouffer jufqu'à fon mariage avec Chimène. Il eft hiftorique et a plû en fon temps; mais bien feurement il déplairoit au noftre, et j'ay peine à voir que Chimène y confente chez l'autheur efpagnol, bien qu'il donne plus de trois ans de durée à la comédie qu'il en a faite. Pour ne pas contredire l'hiftoire, j'ay crû ne me pouvoir difpenfer d'en jetter quelque idée, mais avec incertitude de l'effet, et ce n'étoit que par là que je pouvois accorder la bien-féance du théatre avec la vérité de l'événement.

Les deux vifites que Rodrigue fait à fa maîtreffe ont quelque chofe qui choque cette bienféance de la part de celle qui les fouffre; la rigueur du devoir vouloit qu'elle refufaft de luy parler et s'enfermaft dans fon cabinet au lieu de l'écouter; mais permettez-moy de dire avec un des premiers efprits de noftre fiècle, *que leur converfation eft remplie de fi beaux fentimens, que plufieurs n'ont pas connu ce défaut, et que ceux qui l'ont connu l'ont toléré.* J'iray plus outre, et diray que tous prefque ont fouhaité que ces entretiens fe fiffent, et j'ay remarqué aux prémières repréfentations qu'alors que ce malheureux amant fe préfentoit devant elle, il s'élevoit un certain frémiffement dans l'affemblée, qui marquoit une curiofité merveilleufe et un redoublement d'attention pour ce qu'ils avoient à le dire dans un état fi pitoyable. Aristote dit *qu'il y a des abfurditez qu'il faut laiffer dans un poëme, quand on peut espérer qu'elles feront bien receuës, et il eft du devoir du poëte en ce cas de les couvrir de tant de brillans, qu'elles puiffent éblouïr.* Je laiffe au jugement de mes auditeurs fi je me fuis affez bien acquité de ce devoir pour justifier par là ces deux fcénes. Les penfées de la prémiére des deux font quelquefois trop fpiritüelles pour partir de perfonnes fort affligées; mais outre que je n'ay fait que la paraphrafer de l'espagnol, fi nous ne nous permettions quelque chofe de plus ingénieux que le cours ordinaire de la paffion, nos poëmes ramperoient fouvent et les grandes douleurs ne mettroient dans la bouche de nos acteurs que des exclamations et des hélas! Pour ne déguifer rien, cette offre que fait Rodrigue de fon épée à Chiméne et cette protestation de fe laiffer tuer par Don Sanche ne me plairoient pas maintenant. Ces beautez étoient de mife en ce temps-là et ne le feroient plus en celuy-cy. La prémiére eft dans l'original espagnol et l'autre eft tirée fur ce modéle. Toutes les deux ont fait leur effet en ma faveur, mais je ferois fcrupule d'en étaler de pareilles à l'avenir fur noftre théatre.

J'ay dit ailleurs ma penfée touchant l'infante et le roy; il reste néantmoins quelque chofe à éxaminer fur la maniére dont ce dernier agit, qui ne paroit pas affez vigoureufe, en ce qu'il ne fait pas arréter le Comte après le fouflet donné, et n'envoie pas des gardes à Don Diégue et à fon fils. Sur quoy on peut confidérer que Don Fernand étant le premier roy de Castille, et ceux qui en avoient été maiftres auparavant luy n'ayant eu titre que de comtes, il n'étoit peut-eftre pas affez absolu fur les grands feigneurs de fon royaume pour le pouvoir faire. Chez Don Guillen de Castro, qui a traité ce fujet avant moy et qui devoit mieux connoiftre que moy quelle étoit l'authorité de ce premier monarque de fon païs, le fouflet fe donne en fa préfence et en celle de deux ministres d'État qui luy conseillent, après que le Comte s'est retiré fièrement et avec bravade, et que Don Diégue a fait la mesme chose en soûpirant de ne le pousser point à bout, parce qu'il a quantité d'amis dans les Asturies qui se pourroient révolter et prendre party avec les Mores dont son État est environné. Ainsi il se résout à accommoder l'affaire sans bruit et recommande le secret à ses deux ministres, qui ont été seuls témoins de l'action. C'est sur cet éxemple que je me suis crû bien fondé à le faire agir plus mollement qu'on ne feroit en ce temps-cy, où l'authorité royale est plus absolue. Je ne pense pas nonplus qu'il fasse une faute bien grande de ne jetter point l'alarme de nuit dans sa ville, sur l'avis incertain qu'il a du dessein des Mores, puisque on faisoit bonne garde sur les murs et sur le port : mais il est inexcusable de n'y donner aucun ordre après leur arrivée et de laisser tout faire à Rodrigue. La loy du combat qu'il propose à Chimène avant que de le permettre à Don Sanche contre Rodrigue, n'est pas si injuste que quelquesuns ont voulu le dire, parce qu'elle est plûtost une menace pour la faire dédire de la demande de ce combat qu'un arrest qu'il luy veuille faire éxecuter. Cela paroît, en ce qu'après la victoire de Rodrigue, il n'en éxige pas précisément l'effet de sa parole, et la laisse en état d'espérer que cette condition n'aura point de lieu.

Je ne puis dénier que la régle des vingt et quatre heures presse trop les incidens de cette piéce. La mort du Comte et l'arrivée des Mores s'y pouvoient entresuivre d'aussi près qu'elles font, parce que cette arrivée est une surprise, qui n'a point de communication, ny de mesures à prendre avec le reste; mais il n'en va pas ainsi du combat de Don Sanche, dont le roy étoit le maistre, et pouvoit luy choisir un autre temps que deux heures après la fuite des Mores. Leur défaite avoit assez fatigué Rodrigue toute la nuit pour mériter deux ou trois jours de repos, et mesme il y avoit quelque apparence qu'il n'en étoit pas échappé sans blessures, quoy que je n'en aye rien dit, parce qu'elles n'auroient fait que nuire à la conclusion de l'action.

Cette mefme régle prefle auffi trop Chiméne de demander justice au roy la feconde fois. Elle l'avoit fait le foir d'auparavant, et n'avoit aucun fujet d'y retourner le lendemain matin, pour en importuner le roy, dont elle n'avoit encore aucun lieu de fe plaindre, puisqu'elle ne pouvoit encore dire qu'il luy euft manqué de promeffe. Le roman luy auroit donné fept ou huit jours de patience, avant que de l'en preffer de nouveau; mais les vingt et quatre heures ne l'ont pas permis. C'eft l'incommodité de la régle; paffons à celle de l'unité de lieu, qui ne m'a pas donné moins de gefne en cette piéce.

Je l'ay placée dans Séville, bien que Don Fernand n'en aye jamais été le maître, et j'ay été obligé à cette falfification pour former quelque vray-femblance à la defcente des Mores, dont l'armée ne pouvoit venir fi vifte par terre que par eau. Je ne voudrois pas affeurer touteffois que le flux de la mer monte effectivement jusque là; mais comme dans noftre Seine il fait encor plus de chemin qu'il ne luy en faut faire fur le Guadalquivir pour battre les murailles de cette ville, cela peut fuffire à fonder quelque probabilité parmy nous, pour ceux qui n'ont point été fur le lieu mefme.

Cette arrivée des Mores ne laiffe pas d'avoir ce défaut que j'ay marqué ailleurs, qu'ils fe préfentent d'eux mefmes, fans eftre appelez dans la piéce directement, ny indirectement par aucun acteur du prémier acte. Ils ont plus de juftelle dans l'irrégularité de l'autheur espagnol. Rodrigue, n'ofant plus fe montrer à la cour, les va combatre fur la frontiére, et ainfy le prémier acteur les va chercher, et leur donne place dans le poëme; au contraire de ce qui arrive icy, où ils femblent fe venir faire de fefte exprès pour en eftre battus, et luy donner moyen de rendre à fon roy un fervice d'importance qui luy faffe obtenir fa grace. C'eft une feconde incommodité de la régle dans cette tragédie.

Tout s'y paffe donc dans Séville, et garde ainfi quelque espéce d'unité de lieu en général; mais le lieu particulier change de fcéne en fcéne, et tantoft c'eft le palais du roy, tantoſt l'appartement de l'infante, tantoſt la maiſon de Chiméne, et tantoſt une ruë ou place publique. On le détermine aiſément pour les ſcénes détachées, mais pour celles qui ont leur liaiſon enſemble, comme les quatre derniéres du prémier acte, il eſt mal aiſé d'en choiſir un qui convienne à toutes. Le Comte et Don Diégue ſe querellent au ſortir du Palais, cela ſe peut paſſer dans une ruë; mais après le ſouflet receu, Don Diégue ne peut pas demeurer en cette ruë à faire ſes plaintes, attendant que ſon fils lur vienne, qu'il ne ſoit tout auſſitoſt environné de peuple et ne reçoive l'offre de quelques amis. Ainſi il ſeroit plus à propos qu'il ſe plaigniſt dans ſa maiſon, où le met l'Espagnol, pour laiſſer aller ſes ſentimens en liberté; mais en ce cas il faudroit délier les ſcénes comme il a fait. En l'état où elles ſont icy, on peut dire qu'il faut quelquefois aider au théatre, et ſuppléer favorablement ce qui ne peut s'y repréſenter. Deux perſonnes s'y arreſtent pour parler, et quelquefois il faut préſumer qu'ils marchent, ce qu'on ne peut expoſer ſenſiblement à la veuë, parce qu'ils échapperoient aux yeux avant d'avoir pu dire ce qu'il eſt néceſſaire qu'ils faſſent ſçavoir à l'auditeur. Ainſi, par une fiction de théatre, on peut s'imaginer que Don Diégue et le Comte, ſortant du palais du roy, avancent toujours en ſe querellant, et ſont arrivez devant la maiſon de ce premier lorsqu'il reçoit le ſouflet, qui l'oblige à y entrer pour y chercher du ſecours. Si cette fiction poëtique ne vous ſatisfait point, laiſſons-le dans la place publique, et diſons que le concours du peuple autour de luy après cette offenſe, et les offres de ſervice que luy font les prémiers amis qui s'y rencontrent, ſont des circonſtances que le roman ne doit pas oublier, mais que ces menues actions ne ſervant de rien à la principale, il n'eſt pas beſoin que le poëte s'en embaraſſe ſur la ſcéne. Horace l'en dispenſe par ces vers :

Hoc amet, hoc spernat promissi carminis author,
Pleraque negligat.

Et ailleurs :

Semper ad eventum festinet.

C'eſt ce qui m'a fait négliger au troiſiéme acte de donner à Don Diégue, pour aide à chercher ſon fils, aucun des cinq cents amis qu'il avoit chez luy. Il y a grande apparence que quelques-uns d'eux l'y accompagnoient, et meſme que quelques autres le cherchoient pour lui d'un autre coſté; mais ces accompagnements inutiles de perſonnes qui n'ont rien à dire, puisque celuy qu'ils accompagnent a ſeul tout l'intéreſt à l'action, ces ſortes d'accompagnemens, dis-je, ont toûjours mauvaiſe grace au théatre, et d'autant plus, que les comédiens n'employent à ces perſonnages muëts que leurs moucheurs de chandelles et leurs valets, qui ne ſçavent quelle posture tenir.

Les funérailles du Comte étoient encore une choſe fort embaraſſante, ſoit qu'elles ſe ſoient faites avant la fin de la piéce, ſoit que le corps aye demeuré en préſence dans ſon hôtel, attendant qu'on y donnaſt ordre. Le moindre mot que j'en euſſe laiſſé dire, pour en prendre ſoin, euſt rompu toute la chaleur de l'attention, et remply l'auditeur d'une facheuſe idée. J'ay crû plus à propos de les dérober à ſon imagination par mon ſilence, auſſi bien que le lieu précis de ces quatre ſcénes du premier acte dont je viens de parler, et je m'aſſeure que cet artifice m'a ſi bien réuſſi, que peu de perſonnes ont pris garde à l'un ny à l'autre, et que la pluſpart des ſpectateurs, laiſſant emporter leurs esprits à ce qu'ils ont veu et entendu de pathétique en ce poëme, ne ſe ſont point aviſez de réfléchir ſur ces deux conſidérations.

J'achéve par une remarque ſur ce que dit Horace, que ce qu'on expoſe à la veuë touche bien plus que ce qu'on n'apprend que par un récit.

C'eſt ſur quoy je me ſuis fondé pour faire voir le ſouflet que reçoit Don Diégue, et cacher aux yeux la mort du Comte, afin d'acquérir et conſerver à mon prémier acteur l'amitié des auditeurs, ſi néceſſaire pour réuſſir au théatre. L'indignité d'un affront fait à un vieillard, chargé d'années et de victoires, les jette aiſément dans le party de l'offenſé, et cette mort, qu'on vient dire au roy tout ſimplement, ſans aucune narration touchante, n'excite point en eux la commiſération qu'y euſt fait naiſtre le ſpectacle de ſon ſang, et ne leur donne aucune averſion pour ce malheureux amant qu'ils ont veu forcé, par ce qu'il devoit à ſon honneur, d'en venir à cette extrémité, malgré l'intéreſt et la tendreſſe de ſon amour.

# HORACE[1]

TRAGÉDIE

— 1640 —

1. *Horace* fut publié au commencement de 1641 (à Paris, chez Augustin Courbé, in-4º), en vertu d'un privilége accordé le 11 décembre 1640. L'achevé d'imprimer est du 15 janvier suivant. L'édition originale est ornée d'un frontispice où Charles Le Brun a retracé le combat des Horaces et des Curiaces, composition gravée par Daret.

### A MONSEIGNEUR LE CARDINAL
# DUC DE RICHELIEU

Monseigneur,

Je n'aurois jamais eu la témérité de préfenter à Voftre Éminence ce mauvais portrait d'Horace, fi je n'eufle confidéré qu'après tant de bienfaits que j'ay receus d'elle, le filence où mon respect m'a retenu jusqu'à préfent pafferoit pour ingratitude, et que, quelque jufte défiance que j'aye de mon travail, je dois avoir encore plus de confiance en voftre bonté. C'eft d'elle que je tiens tout ce que je fuis; et ce n'eft pas fans rougir que, pour toute reconnoiffance, je vous fais un préfent fi peu digne de vous, et fi peu proportionné à ce que je vous dois. Mais, dans cette confufion, qui m'eft commune avec tous ceux qui écrivent, j'ay cet avantage qu'on ne peut fans quelque injustice condamner mon choix, et que ce généreux Romain, que je mets aux pieds de Voftre Éminence, euft pu paroiftre devant elle avec moins de honte, fi les forces de l'artifan euffent répondu à la dignité de la matiére : j'en ay pour garant l'autheur dont je l'ay tirée, qui commence à décrire cette fameufe histoire par ce glorieux éloge, « qu'il n'y a presque aucune chofe plus « noble dans toute l'antiquité. » Je voudrois que ce qu'il a dit de l'action fe puft dire de la peinture que j'en ay faite, non pour en tirer plus de vanité, mais feulement pour vous offrir quelque chofe un peu moins indigne de vous eftre offert. Le fujet étoit capable de plus de graces, s'il euft été traité d'une main plus fa-

vante; mais du moins il a receu de la mienne toutes
celles qu'elle étoit capable de luy donner, et qu'on pouvoit raisonnablement attendre d'une muse de province
qui, n'étant pas assez heureuse pour jouir souvent des
regards de Vostre Éminence, n'a pas les mesmes lu-
mières à le conduire qu'ont celles qui en sont conti-
nuellement éclairées. Et certes, Monseigneur, ce changement visible qu'on remarque en mes ouvrages depuis
que j'ay l'honneur d'estre à Vostre Éminence, qu'est-ce
autre chose qu'un effet des grandes idées qu'elle m'inspire quand elle daigne souffrir que je luy rende mes
devoirs; et à quoi peut-on attribuer ce qui s'y mesle
de mauvais, qu'aux teintures grossiéres que je reprends
quand je demeure abandonné à ma propre foiblesse? Il
faut, Monseigneur, que tous ceux qui donnent leurs
veilles au théatre publient hautement avec moy que
nous vous avons deux obligations très-signalées : l'une,
d'avoir ennobly le but de l'art; l'autre, de nous en
avoir facilité les connoissances. Vous avez ennobly le
but de l'art, puisque au lieu de celuy de plaire au peuple que nous prescrivent nos maîtres, et dont les deux
plus honnestes gens de leur siécle, Scipion et Lælie,
ont autrefois protesté de se contenter, vous nous avez
donné celuy de vous plaire et de vous divertir; et
qu'ainsi nous ne rendons pas un petit service à l'État,
puisque, contribuant à vos divertissemens, nous contri-
buons à l'entretien d'une santé qui luy est si précieuse
et si nécessaire. Vous nous en avez facilité les connoissances, puisque nous n'avons plus besoin d'autre étude
pour les acquérir que d'attacher nos yeux sur Vostre
Éminence quand elle honore de sa présence et de son
attention le récit de nos poëmes. C'est là que, lisant
sur son visage ce qui luy plaist et ce qui ne luy plaist
pas, nous nous instruisons avec certitude de ce qui est
bon et de ce qui est mauvais, et tirons des régles infaillibles de ce qu'il faut suivre et de ce qu'il faut éviter : c'est là que j'ay souvent appris en deux heures
ce que mes livres n'eussent pu m'apprendre en six ans;
c'est là que j'ay puisé ce qui m'a valu l'applaudissement
du public; et c'est là qu'avec vostre faveur j'espère

puiser assez pour estre un jour une œuvre digne de vos mains. Ne trouvez donc pas mauvais, MONSEIGNEUR, que, pour vous remercier de ce que j'ay de réputation, dont je vous suis entiérement redevable, j'emprunte quatre vers d'un autre Horace que celuy que je vous présente, et que je vous exprime par eux les plus véritables sentimens de mon ame :

> Totum muneris hoc tui est,
> Quod monstror digito prætereuntium
> Scenæ non levis artifex :
> Quod spiro et placeo, si placeo, tuum est.

Je n'ajouteray qu'une vérité à celle-cy, en vous suppliant de croire que je suis et seray toute ma vie, très-passionnément,

MONSEIGNEUR,

DE VOSTRE ÉMINENCE,

Le très-humble, très-obéissant, et très-fidelle serviteur,

CORNEILLE.

# EXCERPTA E TITO LIVIO.

Titus Livius, lib. *primo*, cap. 23 et *seq.*

Bellum utrinque summa ope parabatur, civili simillimum bello, prope inter parentes natosque, Trojanam utramque prolem, cum Laviniam ab Troja, ab Lavinio Alba, ab Albanorum stirpe regum oriundi Romani essent. Eventus tamen belli minus miserabilem dimicationem fecit, quod nec acie certatum est, et tectis modo dirutis alterius urbis, duo populi in unum confusi sunt. Albani priores ingenti exercitu in agrum romanum impetum fecere : castra ab urbe haud plus quinque millia passuum locant, fossa circumdant. Fossa Cluilia ab nomine ducis per aliquot secula appellata est, donec cum re nomen quoque vetustate abolevit. In his castris Cluilius Albanus rex moritur. Dictatorem Albani Metium Suffetium creant. Interim Tullus ferox præcipue morte regis magnumque deorum numen ab ipso capite orsum, in omne nomen Albanum expetiturum pœnas ob bellum impium dictitans, nocte præteritis hostium castris, infesto exercitu in agrum Albanum pergit. Ea res ab stativis excivit Metium, is ducit exercitum quam proxime ad hostem potest, inde legatum præmissum nunciare Tullo jubet, priusquam dimicent, opus esse colloquio : si secum congressus sit, satis scire ea se allaturum, quæ nihilo minus ad rem Romanam, quam ad Albanam pertineant. Haud aspernatus Tullus, tametsi vana afferrentur, suos in aciem ducit; exeunt contra et Albani. Postquam instructi utrinque stabant, cum paucis procerum in medium duces procedunt. Ibi infit Albanus : « Injurias, et non redditas res ex fœdere « quæ repetitæ sunt, et, ego regem nostrum Cluilium « causam hujusce esse belli audisse videor, nec te du- « bito, Tulle, eadem præ te ferre. Sed si vera potius « quam dictu speciosa dicenda sunt, cupido imperii « duos cognatos vicinosque populos ad arma stimulat; « neque recte an perperam interpretor, fuerit ista ejus « deliberatio qui bellum suscepit : me Albani gerendo « bello ducem creavere. Illud te, Tulle, monitum ve- « lim : Etrusca res quanta circa nos teque maxime sit « quo proprior es Volscis, hoc magis scis : multum illi « terra, plurimum mari pollent. Memor esto, jam cum « signum pugnæ dabis, has duas acies spectaculo fore, « ut fessos confectosque, simul victorem ac victum « aggrediantur. Itaque, si nos dii amant, quoniam non « contenti libertate certa, in dubiam imperii, servitii- « que aleam imus, ineamus aliquam viam, qua utri « utris imperent, sine magna clade, sine multo san- « guine utriusque populi decerni possit. » Haud displicet res Tullo, quamquam tum indole animi, tum spe victoriæ ferocior erat. Quærentibus utrinque ratio initur, cui et fortuna ipsa præbuit materiam.

Forte in duobus tum exercitibus erant tergemini fratres, nec ætate nec viribus dispares. Horatios Curiatiosque fuisse satis constat, NEC FERME RES ANTIQUA ALIA EST NOBILIOR; tamen in re tam clara nominum error manet, utrius populi Horatii, utrius Curiatii fuerint. Authores utroque trahunt : plures tamen invenio, qui Romanos Horatios vocent : hos ut sequar, inclinat animus. Cum tergeminis agunt reges, ut pro sua quisque patria dimicet ferro, ibi imperium fore, unde victoria fuerit. Nihil recusatur, tempus et locus convenit. Priusquam dimicarent, fœdus ictum inter Romanos et Albanos est his legibus : Ut cujus populi cives eo certamine vicissent, is alteri populo cum bona pace imperitaret...

Fœdere icto, tergemini (sicut convenerat) arma capiunt. Cum sui utrosque abhortarentur, deos patrios, patriam ac parentes, quicquid civium domi, quicquid in exercitu sit, illorum tunc arma, illorum intueri manus, feroces et suopte ingenio, et pleni adhortantium vocibus, in medium inter duas acies procedunt. Consederant utrinque pro castris duo exercitus, periculi magis praesentis, quam curae expertes : quippe imperium agebatur, in tam paucorum virtute atque fortuna positum. Itaque erecti suspensique in minime gratum spectaculum animo intenduntur. Datur signum : infestisque armis, velut acies, terni juvenes magnorum exercituum animos gerentes concurrunt. Nec his, nec illis periculum suum sed publicum imperium, servitiumque observatur animo, futuraque ea deinde patriae fortuna, quam ipsi fecissent. Ut primo statim concursu increpuere arma, micantesque fulsere gladii, horror ingens spectantes perstringit, et neutro inclinata spe, torpebat vox spiritusque. Consertis deinde manibus, cum jam non motus tantum corporum, agitatioque anceps telorum armorumque, sed vulnera quoque et sanguis spectaculo essent, duo Romani, super alium alius, vulneratis tribus Albanis, expirantes corruerunt. Ad quorum casum cum clamasset gaudio Albanus exercitus, Romanas legiones jam spes tota, nondum tamen cura deseruerat, exanimes vice unius, quem tres Curiatii circumsteterant. Forte is integer fuit, ut universis solus nequaquam par, sic adversus singulos ferox. Ergo ut segregaret pugnam eorum, capescit fugam, ita ratus secuturos, ut quemque vulnere affectum corpus sineret. Jam aliquantum spatii ex eo loco, ubi pugnatum est, aufugerat, cum respiciens videt magnis intervallis, sequentes, unum haud procul ab sese abesse, in eum magno impetu rediit. Et dum Albanus exercitus inclamat Curiatiis, uti opem ferant fratri, jam Horatius caeso hoste, victor secundam pugnam petebat. Tunc clamore (qualis ex insperato faventium solet) Romani adjuvant militem suum : et ille defungi praelio festinat. Prius itaque quam alter, qui nec procul aberat, consequi posset, et alterum Curiatium conficit. Jamque aequato Marte singuli supererant, sed nec spe, nec viribus pares : alterum intactum ferro corpus, et geminata victoria ferocem in certamen tertium dabant, alter fessum vulnere, fessum cursu trahens corpus,

victusque fratrum ante se strage, victori objicitur hosti.
Nec illud prælium fuit. Romanus exsultans, « Duos,
« inquit, fratrum manibus dedi, tertium causæ belli
« hujusce, ut Romanus Albano imperet, dabo. » Male
sustinenti arma gladium superne jugulo defigit, jacentem spoliat. Romani ovantes ac gratulantes Horatium
accipiunt : eo majore cum gaudio, quo propius metum
res fuerat. Ad sepulturam inde suorum nequaquam
paribus animis vertuntur : quippe imperio alteri aucti,
alteri ditionis alienæ facti. Sepulcra exstant, quo quisque loco cedidit : duo Romana uno loco propius Albam,
tria Albana, Romam versus; sed distantia locis, et ut
pugnatum est.

Priusquam inde digrederentur, roganti Metio ex fœdere icto, quid imperaret, imperat Tullus, uti juventutem in armis habeat, usurum se eorum opera, si
bellum cum Vejentibus foret. Ita exercitus inde domos
abducti. Princeps Horatius ibat tergemina spolia præ
se gerens, cui soror virgo, quæ desponsata uni ex Curiatiis fuerat, obviam ante portam Capenam fuit;
cognitoque super humeros fratris paludamento sponsi,
quod ipsa confecerat, solvit crines, et flebiliter nomine
sponsum mortuum appellat. Movet feroci juveni animum comploratio sororis in victoria sua, tantoque
gaudio publico. Stricto itaque gladio, simul verbis
increpans, transfigit puellam. « Abi hinc cum imma-
« turo amore ad sponsum, inquit, oblita fratrum mor-
« tuorum, vivique, oblita patriæ. Sic eat, quæcumque
« Romana lugebit hostem. » Atrox visum id facinus
patribus, plebique, sed recens meritum facto obstabat :
tamen raptus in jus ad regem. Rex, ne ipse tam tristis ingratique ad vulgus judicii, aut secundum judicium supplicii auctor esset, concilio populi advocato :
« Duumviros, inquit, qui Horatio perduellionem judi-
« cent secundum legem, facio. *Lex horrendi carminis*
« *erat*, duumviri perduellionem judicent. Si a duum-
« viris provocarit, provocatione certato : si vincent,
« caput obnubito, infelici arbori reste suspendito, ver-
« berato, vel intra pomœrium, vel extra pomœrium. »
Hac lege duumviri creati, qui se absolvere non reban-

tur ea lege ne innoxium quidem posse. Cum condemnassent, tum alter ex his, « P. Horati, tibi perduellio-
« nem judico, inquit : I, lictor, colliga manus. » Accesserat lictor, injiciebatque laqueum : tum Horatius,
auctore Tullo, clemente legis interprete : Provoco, inquit. Ita de provocatione certatum ad populum est.
Moti homines sunt in eo judicio, maxime P. Horatio patre proclamante se filiam jure cæsam judicare : ni
ita esset, patrio jure in filium animadversurum fuisse. Orabat deinde, ne se, quem paulo ante cum egregia
stirpe conspexissent, orbum liberis facerent. Inter hæc senex juvenem amplexus, spolia Curiatiorum fixa eo
loco, qui nunc Pila Horatia appellatur, ostentans :
« Hunccine, aiebat, quem modo decoratum, ovantem-
« que victoria, incedentem vidistis, Quirites, eum sub
« furca vinctum inter verbera et cruciatus videre po-
« testis? quod vix Albanorum oculi tam deforme spec-
« taculum ferre possent. I, lictor, colliga manus, quæ
« paulo ante armatæ, imperium populo Romano pepe-
« rerunt. I, caput obnube liberatoris urbis hujus :
« arbori infelici suspende : verbera, vel intra pomœ-
« rium, modo inter illa pila et spolia hostium : vel extra
« pomærium, inter sepulcra Curiatiorum. Quo enim
« ducere hunc juvenem potestis, ubi non sua decora
« eum a tanta fœditate supplicii vindicent? » Non
tulit populus nec patris lacrymas, nec ipsius parem
in omni periculo animum : absolveruntque admiratione magis virtutis, quam jure causæ. Itaque ut cædes manifesta aliquo tamen piaculo lueretur, imperatum patri, ut filium expiaret pecunia publica. Is quibusdam piacularibus sacrificiis factis, quæ deinde
genti Horatiæ tradita sunt, transmisso per viam tigillo, capite adoperto, velut sub jugum misit juvenem.
Id hodie publice quoque semper refectum manet : Sororium tigillum vocant. Horatiæ sepulcrum, quo loco
corruerat icta, constructum est saxo quadrato.

## ACTEURS.

TULLE, roy de Rome.
Le vieil HORACE, chevalier romain.
HORACE, fon fils.
CURIACE, gentilhomme d'Albe, amant de Camille.
VALÉRE, chevalier romain, amoureux de Camille.
SABINE, femme d'Horace et fœur de Curiace.
CAMILLE, amante de Curiace et fœur d'Horace.
JULIE, dame romaine, confidente de Sabine et de Camille.
FLAVIAN, foldat de l'armée d'Albe.
PROCULE, foldat de l'armée de Rome.

*La fcéne eft à Rome, dans une falle de la maifon d'Horace.*

# HORACE

TRAGÉDIE
—

## ACTE PRÉMIER

### SCÉNE I.

SABINE, JULIE.

SABINE.

Approuvez ma foibleſſe et ſouffrez ma dou-
leur ;                                                    [malheur :
Elle n'eſt que trop juſte en un ſi grand
Si près de voir ſur ſoy fondre de tels orages,
L'ébranlement ſied bien aux plus fermes courages,
Et l'eſprit le plus maſle et le moins abatu
Ne ſçauroit ſans déſordre éxercer ſa vertu.
Quoy que le mien s'étonne à ces rudes alarmes,
Le trouble de mon cœur ne peut rien ſur mes larmes,
Et, parmy les ſoûpirs qu'il pouſſe vers les cieux,
Ma conſtance du moins régne encor ſur mes yeux.
Quand on arreſte là les déplaiſirs d'une ame,
Si l'on fait moins qu'un homme, on fait plus qu'une
Commander à ſes pleurs en cette extrémité  [femme :
C'eſt montrer, pour le ſexe, aſſez de fermeté.
                    JULIE.
C'en eſt peut-eſtre aſſez pour une ame commune

Qui du moindre péril fe fait une infortune;
Mais de cette foibleffe un grand cœur eft honteux,
Il ofe efpérer tout dans un fuccès douteux.
Les deux camps font rangez au pied de nos murailles,
Mais Rome ignore encor comme on perd des batailles;
Loin de trembler pour elle, il luy faut applaudir:
Puisqu'elle va combattre, elle va s'agrandir.
Banniffez, banniffez une frayeur fi vaine,
Et concevez des vœux dignes d'une Romaine.

SABINE.

Je fuis Romaine, hélas! puis qu'Horace eft Romain;
J'en ay receu le titre en recevant fa main;
Mais ce nœud me tiendroit en esclave enchaifnée,
S'il m'empefchoit de voir en quels lieux je fuis née.
Albe, où j'ay commencé de respirer le jour,
Albe, mon cher païs et mon premier amour,
Lors qu'entre nous et toy je vois la guerre ouverte,
Je crains noftre victoire autant que noftre perte.
Rome, fi tu te plains que c'eft là te trahir,
Fay-toy des ennemis que je puiffe haïr.
Quand je voy de tes murs leur armée et la noftre,
Mes trois frères dans l'une et mon mary dans l'autre,
Puis-je former des vœux, et fans impiété
Importuner le ciel pour ta félicité?
Je fçay que ton état, encor en fa naiffance,
Ne fçauroit fans la guerre affermir fa puiffance;
Je fçay qu'il doit s'accroiftre, et que tes grands destins
Ne le borneront pas chez les peuples latins;
Que les dieux t'ont promis l'empire de la terre,
Et que tu n'en peux voir l'effet que par la guerre.
Bien loin de m'oppofer à cette noble ardeur
Qui fuit l'arreft des dieux et court à ta grandeur,
Je voudrois déja voir tes troupes couronnées
D'un pas victorieux franchir les Pyrénées.
Va jusqu'en l'Orient pouffer tes bataillons;
Va fur les bords du Rhin planter tes pavillons;
Fay trembler fous tes pas les colonnes d'Hercule,
Mais respecte une ville à qui tu dois Romule.
Ingrate, fouvien-toy que du fang de fes rois
Tu tiens ton nom, tes murs et tes prémiéres loix.

Albe eſt ton origine; arreſte et conſidére
Que tu portes le fer dans le ſein de ta mére.
Tourne ailleurs les efforts de tes bras triomphans,
Sa joye éclatera dans l'heur de ſes enfans,
Et, ſe laiſſant ravir à l'amour maternelle,
Ses vœux ſeront pour toy, ſi tu n'es plus contre elle.

### JULIE.
Ce discours me ſurprend, veu que, depuis le temps
Qu'on a contre ſon peuple armé nos combatans,
Je vous ay veu pour elle autant d'indifférence
Que ſi d'un ſang romain vous aviez pris naiſſance.
J'admirois la vertu qui réduiſoit en vous
Vos plus chers intéreſts à ceux de voſtre époux,
Et je vous conſolois au milieu de vos plaintes,
Comme ſi noſtre Rome euſt fait toutes vos craintes.

### SABINE.
Tant qu'on ne s'est choqué qu'en de légers combats,
Trop foibles pour jetter un des partis à bas,
Tant qu'un espoir de paix a pû flater ma peine,
Ouy, j'ay fait vanité d'eſtre toute Romaine.
Si j'ay veu Rome heureuſe avec quelque regret,
Soudain j'ay condamné ce mouvement ſecret;
Et ſi j'ay reſſenti dans ſes destins contraires
Quelque maligne joye en faveur de mes fréres,
Soudain, pour l'étouffer rappelant ma raiſon,
J'ay pleuré quand la gloire entroit dans leur maiſon.
Mais aujourd'huy qu'il faut que l'une ou l'autre tombe,
Qu'Albe devienne esclave ou que Rome ſuccombe,
Et qu'après la bataille il ne demeure plus
Ny d'obstacle aux vainqueurs ni d'espoir aux vaincus,
J'aurois pour mon païs une crüelle haine,
Si je pouvois encore eſtre toute Romaine,
Et ſi je demandois voſtre triomphe aux dieux,
Au prix de tant de ſang qui m'eſt ſi précieux.
Je m'attache un peu moins aux intéreſts d'un homme,
Je ne ſuis point pour Albe, et ne ſuis plus pour Rome;
Je crains pour l'une et l'autre en ce dernier effort,
Et ſeray du party qu'affligera le ſort.
Égale à tous les deux jusques à la victoire,
Je prendray part aux maux ſans en prendre à la gloire,

Et je garde, au milieu de tant d'afpres rigueurs,
Mes larmes aux vaincus et ma haine aux vainqueurs.

JULIE.

Qu'on voit naiftre fouvent de pareilles traverfes,
En des esprits divers des paffions diverfes,
Et qu'à nos yeux Camille agit bien autrement!
Son frére eft voftre époux, le voftre eft fon amant,
Mais elle voit d'un œil bien différent du voftre
Son fang dans une armée et fon amour dans l'autre.
Lors que vous conferviez un esprit tout romain,
Le fien irréfolu, le fien tout incertain,
De la moindre meflée appréhendoit l'orage,
De tous les deux partis détestoit l'avantage,
Au malheur des vaincus donnoit toûjours fes pleurs,
Et nourriffoit ainfi d'éternelles douleurs.
Mais hier, quand elle fçeut qu'on avoit pris journée
Et qu'enfin la bataille alloit eftre donnée,
Une foudaine joie éclatant fur fon front...

SABINE.

Ah! que je crains, Julie, un changement fi prompt!
Hier, dans fa belle humeur, elle entretint Valére;
Pour ce rival fans doute elle quitte mon frére;
Son esprit ébranlé par les objets préfens
Ne trouve point d'absent aimable après deux ans.
Mais excufez l'ardeur d'une amour fraternelle:
Le foin que j'ay de luy me fait craindre tout d'elle;
Je forme des foupçons d'un trop léger fujet.
Près d'un jour fi funefte on change peu d'objet;
Les ames rarement font de nouveau bleffées;
Et dans un fi grand trouble on a d'autres penfées;
Mais on n'a pas auffi de fi doux entretiens,
Ny de contentemens qui foient pareils aux fiens.

JULIE.

Les caufes comme à vous m'en femblent fort obscures:
Je ne me fatisfais d'aucunes conjectures.
C'eft affez de constance en un fi grand danger
Que de le voir, l'attendre, et ne point s'affliger;
Mais certes c'en eft trop d'aller jusqu'à la joye.

SABINE.

Voyez qu'un bon génie à propos nous l'envoye.

Essayez sur ce point à la faire parler;
Elle vous aime assez pour ne vous rien céler,
Je vous laisse. Ma sœur, entretenez Julie,
J'ay honte de montrer tant de mélancolie,
Et mon cœur accablé de mille déplaisirs,
Cherche la solitude à cacher ses soûpirs.

## SCÉNE II.

### CAMILLE, JULIE.

#### CAMILLE.

Qu'elle a tort de vouloir que je vous entretienne!
Croit-elle ma douleur moins vive que la sienne,
Et que, plus insensible à de si grands malheurs,
A mes tristes discours je mesle moins de pleurs?
De pareilles frayeurs mon ame est alarmée;
Comme elle je perdray dans l'une et l'autre armée.
Je verray mon amant, mon plus unique bien,
Mourir pour son païs, ou détruire le mien,
Et cét objet d'amour devenir pour ma peine
Digne de mes soûpirs, ou digne de ma haine.
Hélas!

#### JULIE.
Elle est pourtant plus à plaindre que vous.
On peut changer d'amant, mais non changer d'époux.
Oubliez Curiace, et recevez Valére,
Vous ne tremblerez plus pour le party contraire,
Vous serez toute nostre, et vostre esprit remis
N'aura plus rien à perdre au camp des ennemis.

#### CAMILLE.
Donnez-moy des conseils qui soient plus légitimes,
Et plaignez mes malheurs sans m'ordonner des crimes.
Quoy qu'à peine à mes maux je puisse résister,
J'aime mieux les souffrir que de les mériter.

#### JULIE.
Quoy! vous appellez crime un change raisonnable?

##### CAMILLE.
Quoi! le manque de foy vous semble pardonnable?
##### JULIE.
Envers un ennemy qui peut nous obliger?
##### CAMILLE.
D'un serment solemnel qui peut nous dégager?
##### JULIE.
Vous déguisez en vain une chose trop claire :
Je vous vis encor hier entretenir Valére,
Et l'accueil gracieux qu'il recevoit de vous
Luy permet de nourrir un espoir assez doux.
##### CAMILLE.
Si je l'entretins hier et luy fis bon visage,
N'en imaginez rien qu'à son désavantage :
De mon contentement un autre étoit l'objet;
Mais pour sortir d'erreur sçachez-en le sujet.
Je garde à Curiace une amitié trop pure
Pour souffrir plus long-temps qu'on m'estime parjure.
 Il vous souvient qu'à peine on voyoit de sa sœur
Par un heureux hymen mon frére possesseur,
Quand, pour comble de joye, il obtint de mon pére
Que de ses chastes feux je serois le salaire.
Ce jour nous fut propice et funeste à la fois;
Unissant nos maisons il désunit nos rois;
Un mesme instant conclut nostre hymen et la guerre,
Fit naistre nostre espoir et le jetta par terre,
Nous osta tout si-tost qu'il nous eust tout promis;
Et nous faisant amans il nous fit ennemis.
Combien nos déplaisirs parurent lors extrêmes!
Combien contre le ciel il vomit de blasphèmes,
Et combien de ruisseaux coulérent de mes yeux!
Je ne vous le dy point : vous vistes nos adieux.
Vous avez veu depuis les troubles de mon ame,
Vous sçavez pour la paix quels vœux a faits ma flame,
Et quels pleurs j'ay versez à chaque événement,
Tantost pour mon païs, tantost pour mon amant.
Enfin mon desespoir, parmy ces longs obstacles,
M'a fait avoir recours à la voix des oracles.
Écoutez si celuy qui me fut hier rendu
Eut droit de rasseurer mon esprit éperdu.

Ce Grec ſi renommé, qui depuis tant d'années
Au pied de l'Aventin prédit nos deſtinées,
Luy qu'Apollon jamais n'a fait parler à faux,
Me promit par ces vers la fin de mes travaux :
*Albe et Rome demain prendront une autre face,*
*Tes vœux ſont exaucez : elles auront la paix,*
*Et tu ſeras unie avec ton Curiace,*
*Sans qu'aucun mauvais ſort t'en ſépare jamais.*
Je pris ſur cét oracle une entiére aſſeurance,
Et, comme le ſuccès paſſoit mon eſpérance,
J'abandonnay mon ame à des raviſſemens
Qui paſſoient les transports des plus heureux amans.
Jugez de leur excès : je rencontray Valére,
Et, contre la coûtume, il ne pût me déplaire.
Il me parla d'amour ſans me donner d'ennuy ;
Je ne m'aperçus pas que je parlois à luy ;
Je ne luy pûs montrer de mépris ny de glace :
Tout ce que je voyois me ſembloit Curiace ;
Tout ce qu'on me diſoit me parloit de ſes feux ;
Tout ce que je diſois l'aſſeuroit de mes vœux.
Le combat général aujourd'huy ſe hazarde,
J'en ſçeus hier la nouvelle, et je n'y pris pas garde.
Mon esprit rejettoit ces funestes objets,
Charmé des doux penſers d'hymen et de la paix.
La nuit a diſſipé des erreurs ſi charmantes ;
Mille ſonges affreux, mille images ſanglantes,
Ou plûtoſt mille amas de carnage et d'horreur
M'ont arraché ma joye et rendu ma terreur.
J'ay veu du ſang, des morts, et n'ay rien veu de ſuite ;
Un ſpectre en paroiſſant prenoit ſoudain la fuite,
Ils s'effaçoient l'un l'autre, et chaque illuſion
Redoubloit mon effroy par ſa confuſion.

JULIE.
C'eſt en contraire ſens qu'un ſonge s'interpréte.

CAMILLE.
Je le doy croire ainſi, puisque je le ſouhaite,
Mais je me trouve enfin, malgré tous mes ſouhaits,
Au jour d'une bataille et non pas d'une paix.

JULIE.
Par là finit la guerre, et la paix luy ſuccéde.

### CAMILLE.

Dure à jamais le mal s'il y faut ce reméde!
Soit que Rome y fuccombe, ou qu'Albe ait le deffous,
Cher amant, n'atten plus d'eftre un jour mon époux;
Jamais, jamais ce nom ne fera pour un homme
Qui foit ou le vainqueur, ou l'efclave de Rome.
  Mais quel objet nouveau fe préfente en ces lieux?
Eft-ce toy, Curiace? en croiray-je mes yeux?

## SCÉNE III.

### CURIACE, CAMILLE, JULIE.

### CURIACE.

N'en doutez point, Camille, et revoyez un homme
Qui n'eft ny le vainqueur, ny l'efclave de Rome.
Ceffez d'appréhender de voir rougir mes mains
Du poids honteux des fers, ou du fang des Romains.
J'ay crû que vous aimiez affez Rome et la gloire,
Pour méprifer ma chaifne et haïr ma victoire,
Et comme également en cette extrémité
Je craignois la victoire et la captivité...

### CAMILLE.

Curiace, il fuffit, je devine le refte.
Tu fuis une bataille à tes vœux fi funefte,
Et ton cœur tout à moy, pour ne me perdre pas,
Dérobe à ton païs le fecours de ton bras.
Qu'un autre confidére ici ta renommée,
Et te blafme, s'il veut, de m'avoir trop aimée,
Ce n'eft point à Camille à t'en mefeftimer :
Plus ton amour paroit, plus elle doit t'aimer;
Et, fi tu dois beaucoup aux lieux qui t'ont veu naiftre,
Plus tu quittes pour moy, plus tu le fais paroiftre;
Mais as-tu veu mon pére, et peut-il endurer
Qu'ainfi dans fa maifon tu t'ofes retirer?
Ne préfére-t'il point l'Etat à fa famille!
Ne regarde-t'il point Rome plus que fa fille?
Enfin noftre bonheur eft-il bien affermy?

T'a-t'il veu comme gendre, ou bien comme ennemy?
### CURIACE.
Il m'a veu comme gendre, avec une tendreſſe
Qui témoignoit aſſez une entiére allégreſſe;
Mais il ne m'a point veu, par une trahiſon,
Indigne de l'honneur d'entrer dans ſa maiſon.
Je n'abandonne point l'intéreſt de ma ville :
J'aime encore mon honneur en adorant Camille.
Tant qu'a duré la guerre, on m'a veu constamment
Auſſi bon citoyen que véritable amant;
D'Albe avec mon amour j'acordois la querelle,
Je ſoûpirois pour vous en combatant pour elle,
Et, s'il falloit encor que l'on en vinſt aux coups,
Je combatrois pour elle en ſoûpirant pour vous.
Ouy, malgré les deſirs de mon ame charmée,
Si la guerre duroit, je ferois dans l'armée;
C'eſt la paix qui chez vous me donne un libre accès,
La paix à qui nos feux doivent ce beau ſuccès.
### CAMILLE.
La paix! et le moyen de croire un tel miracle?
### JULIE.
Camille, pour le moins croyez-en voſtre oracle,
Et ſçachons pleinement par quels heureux effets
L'heure d'une bataille a produit cette paix.
### CURIACE.
L'auroit-on jamais crû! Déjà les deux armées,
D'une égale chaleur au combat animées,
Se menaçoient des yeux, et, marchant fiérement,
N'attendoient pour donner que le commandement,
Quand noſtre dictateur devant les rangs s'avance,
Demande à voſtre prince un moment de ſilence,
Et, l'ayant obtenu : *Que faiſons-nous, Romains,*
*Dit-il, et quel démon nous fait venir aux mains?*
*Souffrons que la raiſon éclaire enfin nos ames.*
*Nous ſommes vos voiſins, nos filles ſont vos femmes,*
*Et l'hymen nous a joints par tant et tant de nœuds,*
*Qu'il eſt peu de nos fils qui ne ſoient vos neveux;*
*Nous ne ſommes qu'un ſang et qu'un peuple en deux*
*Pourquoy nous déchirer par des guerres civiles,* [villes.*
*Où la mort des vaincus affoiblit les vainqueurs,*

Et le plus beau triomphe eſt arroſé de pleurs?
Nos ennemis communs attendent avec joye
Qu'un des partis défait leur donne l'autre en proye,
Laſſé, demy-rompu, vainqueur, mais, pour tout fruit,
Denüé d'un ſecours par luy meſme détruit.
Ils ont aſſez long-temps joüy de nos divorces;
Contr'eux doreſnavant joignons toutes nos forces,
Et noyons dans l'oubly ces petits différens
Qui de ſi bons guerriers font de mauvais parens.
Que ſi l'ambition de commander aux autres
Fait marcher aujourd'huy vos troupes et les noſtres,
Pourveu qu'à moins de ſang nous voulions l'appaiſer,
Elle nous unira loin de nous diviſer.
Nommons des combatans pour la cauſe commune,
Que chaque peuple aux ſiens attache ſa fortune,
Et ſuivant ce que d'eux ordonnera le ſort,
Que le foible party prenne loy du plus fort :
Mais ſans indignité pour des guerriers ſi braves,
Qu'ils deviennent ſujets, ſans devenir eſclaves,
Sans honte, ſans tribut et ſans autre rigueur,
Que de ſuivre en tous lieux les drapeaux du vainqueur,
Ainſi nos deux États ne feront qu'un empire.
Il ſemble qu'à ces mots notre discorde expire,
Chacun jettant les yeux dans un rang ennemy
Reconnoit un beau-frére, un couſin, un amy.
Ils s'étonnent comment leurs mains, de ſang avides,
Voloient, ſans y penſer, à tant de parricides,
Et font paroiſtre un front couvert tout à la fois
D'horreur pour la bataille et d'ardeur pour ce choix.
Enfin l'offre s'accepte, et la paix deſirée
Sous ces conditions eſt auſſi-toſt jurée :
Trois combatront pour tous; mais pour les mieux choiſir
Nos chefs ont voulu prendre un peu plus de loiſir :
Le voſtre eſt au ſénat, le noſtre dans ſa tente.

CAMILLE.

O Dieux, que ce discours rend mon ame contente!

CURIACE.

Dans deux heures au plus, par un commun accord,
Le ſort de nos guerriers réglera noſtre ſort.
Cependant tout eſt libre, attendant qu'on les nomme :

Rome eſt dans noſtre camp et noſtre camp dans Rome;
D'un et d'autre coſté l'accès étant permis,
Chacun va renoüer avec ſes vieux amis.
Pour moy, ma paſſion m'a fait ſuivre vos fréres,
Et mes deſirs ont eu des ſuccès ſi prospéres,
Que l'autheur de vos jours m'a promis à demain
Le bonheur ſans pareil de vous donner la main.
Vous ne deviendrez pas rebelle à ſa puiſſance?
###### CAMILLE.
Le devoir d'une fille eſt en l'obéïſſance.
###### CURIACE.
Venez donc recevoir ce doux commandement,
Qui doit mettre le comble à mon contentement.
###### CAMILLE.
Je vay ſuivre vos pas, mais pour revoir mes fréres,
Et ſçavoir d'eux encor la fin de nos miſéres.
###### JULIE.
Allez, et cependant au pied de nos autels
J'iray rendre pour vous graces aux immortels.

*Fin du prémier acte.*

# ACTE II

## SCÉNE PRÉMIÉRE.

### HORACE, CURIACE.

#### CURIACE.

Ainſi Rome n'a point ſéparé ſon estime;
Elle euſt crû faire ailleurs un choix illégitime
Cette ſuperbe ville en vos fréres et vous
Trouve les trois guerriers qu'elle préfére à tous;
Et ſon illuſtre ardeur d'oſer plus que les autres
D'une ſeule maiſon brave toutes les noſtres.
Nous croirons, à la voir toute entiére en vos mains,
Que hors les fils d'Horace il n'eſt point de Romains.
Ce choix pouvoit combler trois familles de gloire,
Conſacrer hautement leurs noms à la mémoire;
Ouy, l'honneur que reçoit la voſtre par ce choix
En pouvoit à bon titre immortaliſer trois;
Et puiſque c'eſt chez vous que mon heur et ma flame
M'ont fait placer ma ſœur et choiſir une femme,
Ce que je vay vous eſtre et ce que je vous ſuis
Me font y prendre part autant que je le puis :
Mais un autre intéreſt tient ma joye en contrainte,
Et parmy ſes douceurs meſle beaucoup de crainte.
La guerre en tel éclat a mis voſtre valeur
Que je tremble pour Albe et prévoy ſon malheur.
Puiſque vous combatez, ſa perte eſt aſſeurée;
En vous faiſant nommer le destin l'a jurée.
Je voy trop dans ce choix les funeſtes projets,
Et me conte déja pour un de vos ſujets.

###### HORACE.
Loin de trembler pour Albe, il vous faut plaindre Rome,
Voyant ceux qu'elle oublie et les trois qu'elle nomme.
C'eſt un aveuglement pour elle bien fatal,
D'avoir tant à choiſir et de choiſir ſi mal.
Mille de ſes enfans beaucoup plus dignes d'elle
Pouvoient bien mieux que nous ſoûtenir ſa querelle;
Mais quoy que ce combat me promette un cercueil,
La gloire de ce choix m'enfle d'un juste orgueil;
Mon esprit en conçoit une maſſe aſſeurance,
J'oſe espérer beaucoup de mon peu de vaillance;
Et du ſort envieux quels que ſoient les projets,
Je ne me conte point pour un de vos ſujets.
Rome a trop crû de moy, mais mon ame ravie
Remplira ſon attente ou quittera la vie.
Qui veut mourir ou vaincre eſt vaincu rarement;
Ce noble déſespoir périt malaiſément :
Rome, quoy qu'il en ſoit, ne ſera point ſujette,
Que mes derniers ſoûpirs n'aſſeurent ma défaite.
###### CURIACE.
Hélas, c'eſt bien icy que je dois eſtre plaint!
Ce que veut mon païs, mon amitié le craint.
Dures extrémitez, de voir Albe aſſervie,
Ou la victoire au prix d'une ſi chére vie,
Et que l'unique bien où tendent ſes deſirs
S'achéte ſeulement par vos derniers ſoûpirs!
Quels vœux puis-je former et quel bonheur attendre?
De tous les deux coſtez j'ay des pleurs à répandre,
De tous les deux coſtez mes deſirs ſont trahis.
###### HORACE.
Quoy! vous me pleureriez mourant pour mon païs!
Pour un cœur généreux ce trépas a des charmes;
La gloire qui le ſuit ne ſouffre point de larmes,
Et je le recevrois en béniſſant mon ſort,
Si Rome et tout l'État perdoient moins en ma mort.
###### CURIACE.
A vos amis pourtant permettez de le craindre;
Dans un ſi beau trépas ils ſont les ſeuls à plaindre :
La gloire en eſt pour vous et la perte pour eux;
Il vous fait immortel et les rend malheureux.

On perd tout quand on perd un amy ſi fidelle...
Mais Flavian m'apporte icy quelque nouvelle.

## SCÉNE II.

### HORACE, CURIACE, FLAVIAN.

CURIACE.

lbe de trois guerriers a-t'elle fait le choix?
FLAVIAN.
Je viens pour vous l'apprendre.
CURIACE.
Et bien, qui ſont les trois?
FLAVIAN.
Vos deux fréres et vous.
CURIACE.
Qui?
FLAVIAN.
Vous et vos deux fréres.
Mais pourquoy ce front triste et ces regards ſévérés?
Ce choix vous déplaiſt-il?
CURIACE.
Non, mais il me ſurprend;
Je m'estimois trop peu pour un honneur ſi grand.
FLAVIAN.
Diray-je au dictateur, dont l'ordre icy m'envoye,
Que vous le recevez avec ſi peu de joye?
Ce morne et froid accueil me ſurprend à mon tour.
CURIACE.
Dy-luy que l'amitié, l'alliance et l'amour
Ne pourront empeſcher que les trois Curiaces
Ne ſervent leur païs contre les trois Horaces.
FLAVIAN.
Contre eux! ah, c'eſt beaucoup me dire en peu de mots.
CURIACE.
Porte-luy ma réponſe et nous laiſſe en repos.

## ACTE II.

### SCÉNE III.

#### HORACE, CURIACE.

CURIACE.

ue deformais le ciel, les enfers et la terre
Uniffent leurs fureurs à nous faire la guerre,
Que les hommes, les dieux, les démons et le fort
Préparent contre nous un général effort;
Je mets à faire pis, en l'état où nous fommes,
Le fort, et les démons, et les dieux, et les hommes;
Ce qu'ils ont de crüel, et d'horrible, et d'affreux,
L'eft bien moins que l'honneur qu'on nous fait à tous deux.

HORACE.

Le fort qui de l'honneur nous ouvre la barriére
Offre à noftre constance une illustre matiére.
Il épuife fa force à former un malheur
Pour mieux le mefurer avec noftre valeur,
Et, comme il voit en nous des ames peu communes,
Hors de l'ordre commun il nous fait des fortunes.
  Combatre un ennemy pour le falut de tous,
Et contre un inconnu s'expofer feul aux coups,
D'une fimple vertu c'eft l'effet ordinaire;
Mille déja l'ont fait, mille pourroient le faire;
Mourir pour le païs eft un fi digne fort,
Qu'on brigueroit en foule une fi belle mort.
Mais vouloir au public immoler ce qu'on aime,
S'attacher au combat contre un autre foy-mefme,
Attaquer un party qui prend pour défenfeur
Le frére d'une femme et l'amant d'une fœur,
Et, rompant tous ces nœuds, s'armer pour la patrie
Contre un fang qu'on voudroit racheter de fa vie;
Une telle vertu n'appartenoit qu'à nous.
L'éclat de fon grand nom luy fait peu de jaloux,
Et peu d'hommes au cœur l'ont affez imprimée,
Pour ofer aspirer à tant de renommée.

CURIACE.

Il eft vray que nos noms ne fçauroient plus périr.
L'occafion eft belle, il nous la faut chérir.

Nous ferons les miroirs d'une vertu bien rare :
Mais voſtre fermeté tient un peu du barbare.
Peu, meſme des grands cœurs, tireroient vanité
D'aller par ce chemin à l'immortalité :
A quelque prix qu'on mette une telle fumée,
L'obſcurité vaut mieux que tant de renommée.
 Pour moy, je l'oſe dire, et vous l'avez pû voir,
Je n'ay point conſulté pour ſuivre mon devoir;
Noſtre longue amitié, l'amour, ny l'alliance,
N'ont pû mettre un moment mon eſprit en balance;
Et puiſque par ce choix Albe m'ontre en effet
Qu'elle m'eſtime autant que Rome vous a fait,
Je croy faire pour elle autant que vous pour Rome;
J'ay le cœur auſſi bon, mais enfin je ſuis homme.
Je voy que voſtre honneur demande tout mon ſang,
Que tout le mien conſiſte à vous percer le flanc,
Preſt d'épouſer la ſœur, qu'il faut tüer le frére,
Et que pour mon païs j'ay le ſort ſi contraire;
Encor qu'à mon devoir je coure ſans terreur,
Mon cœur s'en effarouche et j'en frémis d'horreur,
J'ay pitié de moy-meſme et jette un œil d'envie
Sur ceux dont noſtre guerre a conſumé la vie.
Sans ſouhait touteſfois de pouvoir reculer,
Ce triſte et fier honneur m'émeut ſans m'ébranler.
J'aime ce qu'il me donne et je plains ce qu'il m'oſte :
Et ſi Rome demande une vertu plus haute,
Je rends graces aux dieux de n'eſtre pas Romain,
Pour conſerver encor quelque choſe d'humain.
      HORACE.
Si vous n'étes Romain, ſoyez digne de l'eſtre,
Et, ſi vous m'égalez, faites-le mieux paroiſtre.
 La ſolide vertu dont je fais vanité
N'admet point de foibleſſe avec ſa fermeté,
Et c'eſt mal de l'honneur entrer dans la carriére
Que dès le premier pas regarder en arriére.
Noſtre malheur eſt grand, il eſt au plus haut point;
Je l'enviſage entier, mais je n'en frémis point.
Contre qui que ce ſoit que mon païs m'employe,
J'accepte aveuglément cette gloire avec joye;
Celle de recevoir de tels commandemens

Doit étouffer en nous tous autres fentimens;
Qui, près de le fervir, confidére autre chofe,
A faire ce qu'il doit lafchement fe dispofe;
Ce droit faint et facré rompt tout autre lien.
Rome a choifi mon bras, je n'éxamine rien.
Avec une allégreffe auffi pleine et fincére
Que j'époufay la fœur, je combatray le frére;
Et, pour trancher enfin ces discours fuperflus,
Albe vous a nommé, je ne vous connoy plus.
### CURIACE.
Je vous connois encor, et c'eft ce qui me tuë;
Mais cette afpre vertu ne m'étoit pas connuë;
Comme noftre malheur elle eft au plus haut point,
Souffrez que je l'admire, et ne l'imite point.
### HORACE.
Non, non, n'embraffez pas de vertu par contrainte,
Et, puisque vous trouvez plus de charme à la plainte,
En toute liberté gouftez un bien fi doux.
Voicy venir ma fœur pour fe plaindre avec vous.
Je vay revoir la voftre et réfoudre fon ame
A fe bien fouvenir qu'elle eft toûjours ma femme,
A vous aimer encor fi je meurs par vos mains,
Et prendre en fon malheur des fentimens romains.

## SCÉNE IV.

### HORACE, CURIACE, CAMILLE.

#### HORACE.

vez-vous fceu l'état qu'on fait de Curiace,
Ma fœur?
#### CAMILLE.
Hélas! mon fort a bien changé de face.
#### HORACE.
Armez-vous de constance et montrez-vous ma fœur;
Et fi par mon trépas il retourne vainqueur,
Ne le recevez point en meurtrier d'un frére,
Mais en homme d'honneur qui fait ce qu'il doit faire,
Qui fert bien fon païs et fçait montrer à tous
Par la haute vertu qu'il eft digne de vous.

Comme ſi je vivois achevez l'hyménée.
Mais ſi ce fer auſſi tranche ſa destinée,
Faites à ma victoire un pareil traitement,
Ne me reprochez point la mort de voſtre amant.
Vos larmes vont couler, et voſtre cœur se preſſe.
Conſumez avec luy toute cette foibleſſe,
Querellez ciel et terre, et maudiſſez le ſort;
Mais après le combat ne penſez plus au mort.
  *A Curiace.*
Je ne vous laiſſeray qu'un moment avec elle,
Puis nous irons enſemble où l'honneur nous appelle.

## SCÉNE V.

### CURIACE, CAMILLE.

#### CAMILLE.

ras-tu, Curiace, et ce funeste honneur
 Te plaiſt-il aux dépens de tout noſtre bon-
   CURIACE.     [heur?
Hélas, je voy trop bien qu'il faut, quoy que
 je faſſe,
Mourir, ou de douleur, ou de la main d'Horace.
Je vay comme au ſupplice à cét illustre employ;
Je maudy mille fois l'état qu'on fait de moy;
Je hay cette valeur qui fait qu'Albe m'estime;
Ma flame au déſespoir paſſe jusques au crime,
Elle ſe prend au ciel, et l'oſe quereller.
Je vous plains, je me plains; mais il y faut aller.
#### CAMILLE.
Non, je te connoy mieux, tu veux que je te prie,
Et qu'ainſi mon pouvoir t'excuſe à ta patrie.
Tu n'és que trop fameux par tes autres exploits:
Albe a receu par eux tout ce que tu luy dois.
Autre n'a mieux que toy ſoûtenu cette guerre;
Autre de plus de morts n'a couvert noſtre terre:
Ton nom ne peut plus croiſtre, il ne luy manque rien;
Souffre qu'un autre icy puiſſe ennoblir le ſien.
#### CURIACE.
Que je ſouffre à mes yeux qu'on ceigne une autre teſte

Des lauriers immortels que la gloire m'apreſte,
Ou que tout mon païs reproche à ma vertu
Qu'il auroit triomphé ſi j'avois combatu,
Et que ſous mon amour ma valeur endormie
Couronne tant d'exploits d'une telle infamie!
Non, Albe, après l'honneur que j'ay receu de toy,
Tu ne ſuccomberas ny vaincras que par moy.
Tu m'as commis ton ſort, je t'en rendray bon conte,
Et vivray ſans reproche ou périray ſans honte.
### CAMILLE.
Quoy! tu ne veux pas voir qu'ainſi tu me trahis!
### CURIACE.
Avant que d'eſtre à vous je ſuis à mon païs.
### CAMILLE.
Mais te priver pour luy toy-meſme d'un beau-frére,
Ta ſœur de ſon mary!
### CURIACE.
    Telle eſt noſtre miſére!
Le choix d'Albe et de Rome oſte toute douceur
Aux noms jadis ſi doux de beau-frére et de ſœur.
### CAMILLE.
Tu pourras donc, crüel, me préſenter ſa teſte
Et demander ma main pour prix de ta conqueſte?
### CURIACE.
Il n'y faut plus penſer; en l'état où je ſuis,
Vous aimer ſans eſpoir c'eſt tout ce que je puis.
Vous en pleurez, Camille?
### CAMILLE.
    Il faut bien que je pleure,
Mon inſenſible amant ordonne que je meure;
Et quand l'hymen pour nous allume ſon flambeau,
Il l'éteint de ſa main pour m'ouvrir le tombeau.
Ce cœur impitoyable à ma perte s'obstine,
Et dit qu'il m'aime encor alors qu'il m'aſſaſſine.
### CURIACE.
Que les pleurs d'une amante ont de puiſſans diſcours,
Et qu'un bel œil eſt fort avec un tel ſecours!
Que mon cœur s'attendrit à cette triste veuë!
Ma conſtance contre elle à regret s'évertuë.
 N'attaquez plus ma gloire avec tant de douleurs,

Et laiſſez-moy ſauver ma vertu de vos pleurs ;
Je ſens qu'elle chancelle et défend mal la place.
Plus je ſuis voſtre amant, moins je ſuis Curiace.
Foible d'avoir déja combatu l'amitié,
Vaincroit-elle à la fois l'amour et la pitié ?
Allez, ne m'aimez plus, ne verſez plus de larmes,
Ou j'oppoſe l'offenſe à de ſi fortes armes ;
Je me défendray mieux contre voſtre couroux,
Et, pour le mériter, je n'ai plus d'yeux pour vous.
Vengez-vous d'un ingrat, puniſſez un volage.
Vous ne vous montrez point ſenſible à cét outrage !
Je n'ay plus d'yeux pour vous, vous en avez pour moy !
En faut-il plus encor ? je renonce à ma foy.
    Rigoureuſe vertu dont je ſuis la victime,
Ne peux-tu réſister ſans le ſecours d'un crime ?

### CAMILLE.

Ne fay point d'autre crime, et j'atteſte les dieux
Qu'au lieu de t'en haïr, je t'en aimeray mieux ;
Ouy, je te chériray tout ingrat et perfide,
Et ceſſe d'aspirer au nom de fratricide.
Pourquoy ſuis-je Romaine ou que n'és-tu Romain ?
Je te préparerois des lauriers de ma main,
Je t'encouragerois au lieu de te distraire,
Et je te traiterois comme j'ay fait mon frére.
Hélas ! j'étois aveugle en mes vœux aujourd'huy,
J'en ay fait contre toy quand j'en ai fait pour luy.
    Il revient ; quel malheur, ſi l'amour de ſa femme
Ne peut non plus ſur luy que le mien ſur ton ame !


## SCÉNE VI.

### HORACE, CURIACE, SABINE, CAMILLE.

#### CURIACE.

Dieux ! Sabine le ſuit ! Pour ébranler mon cœur [ cœur !
Eſt-ce peu de Camille, y joignez-vous ma
Et, laiſſant à ſes pleurs vaincre ce grand cou-
L'amenez-vous icy chercher meſme avantage ? [rage,

## Acte II.

SABINE.

Non, non, mon frére, non, je ne viens en ce lieu
Que pour vous embraſſer et pour vous dire adieu.
Voſtre ſang eſt trop bon, n'en craignez rien de laſche,
Rien dont la fermeté de ces grands cœurs ſe faſche;
Si ce malheur illuſtre ébranloit l'un de vous,
Je le déſavoûrois pour frére ou pour époux.
Pourray-je touteſfois vous faire une priére
Digne d'un tel époux, et digne d'un tel frére?
Je veux d'un coup ſi noble oſter l'impiété,
A l'honneur qui l'attend rendre ſa pureté,
La mettre en ſon éclat ſans meſlange de crimes;
Enfin je vous veux faire ennemis légitimes.
Du ſaint nœud qui vous joint je ſuis le ſeul lien,
Quand je ne ſeray plus, vous ne vous ſerez rien.
Briſez voſtre alliance, et rompez-en la chaiſne,
Et puiſque voſtre honneur veut des effets de haine,
Achetez par ma mort le droit de vous haïr:
Albe le veut et Rome, il faut leur obéïr.
Qu'un de vous deux me tuë, et que l'autre me venge;
Alors voſtre combat n'aura plus rien d'étrange,
Et du moins l'un des deux ſera juſte agreſſeur,
Ou pour venger ſa femme, ou pour venger ſa ſœur.
Mais quoy! Vous ſouïlleriez une gloire ſi belle
Si vous vous animiez par quelque autre querelle:
Le zéle du païs vous défend de tels ſoins;
Vous feriez peu pour luy ſi vous vous étiez moins.
Il luy faut, et ſans haine, immoler un beau-frére.
Ne différez donc plus ce que vous devez faire;
Commencez par ſa ſœur à répandre ſon ſang,
Commencez par ſa femme à luy percer le flanc,
Commencez par Sabine à faire de vos vies
Un digne ſacrifice à vos chéres patries:
Vous êtes ennemis en ce combat fameux,
Vous d'Albe, vous de Rome, et moy de toutes deux.
Quoy! me réſervez-vous à voir une victoire
Où, pour haut appareil d'une pompeuſe gloire,
Je verray les lauriers d'un frére ou d'un mary
Fumer encor d'un ſang que j'auray tant chéry?
Pourray-je entre vous deux régler alors mon ame?

Satisfaire aux devoirs et de fœur et de femme?
Embraffer le vainqueur en pleurant le vaincu?
Non, non, avant ce coup, Sabine aura vécu :
Ma mort le préviendra, de qui que je l'obtienne;
Le refus de vos mains y condamne la mienne.
Sus donc; qui vous retient? Allez, cœurs inhumains,
J'auray trop de moyens pour y forcer vos mains;
Vous ne les aurez point au combat occupées
Que ce corps au milieu n'arrefte vos épées,
Et, malgré vos refus, il faudra que leurs coups
Se faffent jour icy pour aller jusqu'à vous.

HORACE.

O ma femme!

CURIACE.

O ma fœur!

CAMILLE.

Courage! ils s'amolliffent.

SABINE.

Vous pouffez des foûpirs, vos vifages pâliffent!
Quelle peur vous faifit? font-ce là ces grands cœurs,
Ces héros qu'Albe et Rome ont pris pour défenfeurs?

HORACE.

Que t'ay-je fait, Sabine, et quelle eft mon offenfe
Qui t'oblige à chercher une telle vengeance?
Que t'a fait mon honneur, et par quel droit viens-tu
Avec toute ta force attaquer ma vertu?
Du moins contente-toy de l'avoir étonnée,
Et me laiffe achever cette grande journée.
Tu me viens de réduire en un étrange point;
Aime affez ton mary pour n'en triompher point;
Va-t'en et ne ren plus la victoire douteufe;
La dispute déjà m'en eft affez honteufe :
Souffre qu'avec honneur je termine mes jours.

SABINE.

Va, ceffe de me craindre, on vient à ton fecours.

## SCÉNE VII.

### LE VIEIL HORACE, HORACE, CURIACE, SABINE, CAMILLE.

#### LE VIEIL HORACE.

Qu'eſt-ce-cy, mes enfans? écoutez-vous vos flames,
Et perdez-vous encor le temps avec des femmes?
Preſts à verſer du ſang, regardez-vous des pleurs?
Fuyez, et laiſſez-les déplorer leurs malheurs.
Leurs plaintes ont pour vous trop d'art et de tendreſſe :
Elles vous feroient part enfin de leur foibleſſe,
Et ce n'eſt qu'en fuyant qu'on pare de tels coups.

#### SABINE.

N'appréhendez rien d'eux, ils ſont dignes de vous.
Malgré tous nos efforts vous en devez attendre
Ce que vous ſouhaitez et d'un fils et d'un gendre;
Et ſi noſtre foibleſſe ébranſloit leur honneur,
Nous vous laiſſons icy pour leur rendre du cœur.
Allons, ma ſœur, allons, ne perdons plus de larmes;
Contre tant de vertus ce ſont de foibles armes;
Ce n'eſt qu'au déſespoir qu'il nous faut recourir :
Tigres, allez combattre, et, nous, allons mourir.

## SCÉNE VIII.

### LE VIEIL HORACE, HORACE, CURIACE.

#### HORACE.

Mon pére, retenez des femmes qui s'emportent,
Et, de grace, empeſchez ſur tout qu'elles ne ſortent:
Leur amour importun viendroit avec éclat
Par des cris et des pleurs troubler noſtre combat;
Et ce qu'elles nous ſont feroit qu'avec juſtice
On nous imputeroit ce mauvais artifice.
L'honneur d'un ſi beau choix feroit trop acheté,
Si l'on nous ſoupçonnoit de quelque lâcheté.

LE VIEIL HORACE.
J'en auray foin, allez : vos fréres vous attendent ;
Ne penfez qu'aux devoirs que vos païs demandent.
CURIACE.
Quel adieu vous diray-je? et par quels complimens...
LE VIEIL HORACE.
Ah! n'attendriffez point icy mes fentimens ;
Pour vous encourager ma voix manque de termes ;
Mon cœur ne forme point de penfers affez fermes ;
Moy-mefme en cet adieu j'ay les larmes aux yeux.
Faites voftre devoir, et laiffez faire aux dieux.

*Fin du fecond acte.*

# ACTE III.
## SCÉNE PRÉMIÉRE.
### SABINE.

Prenons party, mon ame, en de telles disgraces,
Soyons femme d'Horace, ou sœur des [Curiaces;
Cessons de partager nos inutiles soins,
Souhaitons quelque chose, et craignons un peu moins.
Mais, las! quel party prendre en un sort si contraire!
Quel ennemy choisir d'un époux ou d'un frère!
La nature ou l'amour parle pour chacun d'eux,
Et la loy du devoir m'attache à tous les deux.
Sur leurs hauts sentimens réglons plûtost les nostres;
Soyons femme de l'un ensemble, et sœur des autres;
Regardons leur honneur comme un souverain bien;
Imitons leur constance, et ne craignons plus rien.
La mort qui les menace est une mort si belle,
Qu'il en faut sans frayeur attendre la nouvelle.
N'appellons point alors les destins inhumains,
Songeons pour quelle cause, et non par quelles mains.
Revoyons les vainqueurs sans penser qu'à la gloire
Que toute leur maison reçoit de leur victoire,
Et, sans considérer aux dépens de quel sang
Leur vertu les éléve en cét illustre rang,
Faisons nos interests de ceux de leur famille:
En l'une je suis femme, en l'autre je suis fille,
Et tiens à toutes deux par de si forts liens,
Qu'on ne peut triompher que par les bras des miens.
Fortune, quelques maux que ta rigueur m'envoye,
J'ay trouvé les moyens d'en tirer de la joye,

Et puis voir aujourd'huy le combat fans terreur,
Les morts fans défespoir, les vainqueurs fans horreur.
　Flateufe illufion, erreur douce et groffiére,
Vain effort de mon ame, impuiffante lumiére,
De qui le faux brillant prend droit de m'éblouïr,
Que tu fçais peu durer et toft t'évanoüir!
Pareille à ces éclairs qui, dans le fort des ombres,
Pouffent un jour qui fuit et rend les nuits plus sombres,
Tu n'as frapé mes yeux d'un moment de clarté,
Que pour les abyfmer dans plus d'obscurité.
Tu charmois trop ma peine, et le ciel, qui s'en fafche,
Me vend déjà bien cher ce moment de relafche.
Je fens mon triste cœur percé de tous les coups
Qui m'oftent maintenant un frére, ou mon époux.
Quand je fonge à leur mort, quoy que je me propofe,
Je fonge par quels bras, et non pour quelle cause,
Et ne voy les vainqueurs en leur illustre rang,
Que pour confidérer aux dépens de quel fang.
La maifon des vaincus touche feule mon ame;
En l'une je fuis fille, en l'autre je fuis femme,
Et tiens à toutes deux par de fi forts liens,
Qu'on ne peut triompher que par la mort des miens.
C'eft là donc cette paix que j'ay tant fouhaitée!
Trop favorables dieux, vous m'avez écoutée!
Quels foudres lancez-vous quand vous vous irritez,
Si mefme vos faveurs ont tant de crüautez?
Et de quelle façon puniffez-vous l'offenfe,
Si vous traitez ainfi les vœux de l'innocence?

## SCÉNE II.

### SABINE, JULIE.

#### Sabine.

En eft-ce fait, Julie, et que m'apportez-vous?
Eft-ce la mort d'un frére, ou celle d'un époux?
Le funeste fuccès de leurs armes impies
De tous les combatans a-t-il fait des hosties?
Et, m'enviant l'horreur que j'aurois des vainqueurs,
Pour tous tant qu'ils étoient demande-t-il mes pleurs?

## Acte III.

**JULIE.**
Quoy! ce qui s'eſt paſſé, vous l'ignorez encore?
**SABINE.**
Vous faut-il étonner de ce que je l'ignore?
Et ne ſçavez-vous point que de cette maiſon
Pour Camille et pour moy l'on fait une priſon?
Julie, on nous renferme, on a peur de nos larmes,
Sans cela nous ſerions au milieu de leurs armes;
Et, par les déſespoirs d'une chaste amitié,
Nous aurions des deux camps tiré quelque pitié.
**JULIE.**
Il n'étoit pas beſoin d'un ſi tendre ſpectacle;
Leur venuë à leur combat apporte aſſez d'obstacle.
  Si-toſt qu'ils ont paru preſts à ſe meſurer,
On a dans les deux camps entendu murmurer:
A voir de tels amis, des perſonnes ſi proches,
Venir pour leur patrie aux mortelles approches,
L'un s'émeut de pitié, l'autre eſt ſaiſi d'horreur,
L'autre d'un ſi grand zéle admire la fureur;
Tel porte jusqu'aux cieux leur vertu ſans égale,
Et tel l'oſe nommer ſacrilége et brutale.
Ces divers ſentimens n'ont pourtant qu'une voix;
Tous accuſent leurs chefs, tous détestent leur choix,
Et, ne pouvant ſouffrir un combat ſi barbare,
On s'écrie, on s'avance, enfin on les ſépare.
**SABINE.**
Que je vous doy d'encens, grands dieux, qui m'éxaucez!
**JULIE.**
Vous n'étes pas, Sabine, encore où vous penſez:
Vous pouvez espérer, vous avez moins à craindre;
Mais il vous reste encor aſſez de quoy vous plaindre.
  En vain d'un ſort ſi triste on les veut garantir,
Ces crüels généreux[1] n'y peuvent conſentir.
La gloire de ce choix leur eſt ſi précieuſe
Et charme tellement leur ame ambitieuſe,
Qu'alors qu'on les déplore ils s'estiment heureux
Et prennent pour affront la pitié qu'on a d'eux.
Le trouble des deux camps ſouille leur renommée;

---

1. Voir précédemment T. I, page 104, note.

Ils combatront plûtoſt et l'une et l'autre armée,
Et mourront par les mains qui leur font d'autres loix,
Que pas un d'eux renonce aux honneurs d'un tel choix.
### SABINE.
Quoy! dans leur dureté ces cœurs d'acier s'obstinent!
### JULIE.
Ouy; mais d'autre coſté les deux camps ſe mutinent,
Et leurs cris des deux parts pouſſez en meſme temps
Demandent la bataille, ou d'autres combatans.
La préſence des chefs à peine eſt respectée,
Leur pouvoir eſt douteux, leur voix mal écoutée;
Le roy meſme s'étonne, et, pour dernier effort,
*Puisque chacun, dit-il, s'échauffe en ce discord,*
*Conſultons des grands dieux la majesté ſacrée,*
*Et voyons ſi ce change à leurs bontez agrée.*
*Quel impie oſera ſe prendre à leur vouloir,*
*Lors qu'en un ſacrifice ils nous l'auront fait voir?*
Il ſe taiſt, et ces mots ſemblent eſtre des charmes;
Meſme aux ſix combatans ils arrachent les armes;
Et ce deſir d'honneur qui leur ferme les yeux,
Tout aveugle qu'il eſt, respecte encor les dieux.
Leur plus bouillante ardeur céde à l'avis de Tulle;
Et, ſoit par déférence ou par un prompt ſcrupule,
Dans l'une et l'autre armée on s'en fait une loy,
Comme ſi toutes deux le connoiſſoient pour roy.
Le reste s'apprendra par la mort des victimes.
### SABINE.
Les dieux n'avoûront point un combat plein de crimes;
J'en espére beaucoup puisqu'il eſt différé,
Et je commence à voir ce que j'ay deſiré.

## SCÉNE III.
### SABINE, CAMILLE, JULIE.
### SABINE.
a ſœur, que je vous die une bonne nouvelle.
### CAMILLE.
Je penſe la ſçavoir, s'il faut la nommer telle;
On l'a dite à mon pére, et j'étois avec luy;

Mais je n'en conçoy rien qui flate mon ennuy :
Ce délay de nos maux rendra leurs coups plus rudes;
Ce n'eſt qu'un plus long terme à nos inquiétudes;
Et tout l'allégement qu'il en faut eſpérer,
C'eſt de pleurer plus tard ceux qu'il faudra pleurer.
### SABINE.
Les dieux n'ont pas en vain inspiré ce tumulte.
### CAMILLE.
Diſons plûtoſt, ma ſœur, qu'en vain on les conſulte.
Ces meſmes dieux à Tulle ont inspiré ce choix,
Et la voix du public n'eſt pas toûjours leur voix.
Ils deſcendent bien moins dans de ſi bas étages
Que dans l'ame des rois, leurs vivantes images,
De qui l'indépendante et ſainte authorité
Eſt un rayon ſecret de leur divinité.
### JULIE.
C'eſt vouloir ſans raiſon vous former des obstacles,
Que de chercher leurs voix ailleurs qu'en leurs oracles,
Et vous ne vous pouvez figurer tout perdu
Sans démentir celuy qui vous fut hier rendu.
### CAMILLE.
Un oracle jamais ne ſe laiſſe comprendre;
On l'entend d'autant moins que plus on croit l'entendre;
Et, loin de s'aſſeurer ſur un pareil arreſt,
Qui n'y voit rien d'obscur doit croire que tout l'eſt.
### SABINE.
Sur ce qui fait pour nous prenons plus d'aſſeurance,
Et ſouffrons les douceurs d'une juste eſpérance.
Quand la faveur du ciel ouvre à demy ſes bras,
Qui ne s'en promet rien ne la mérite pas;
Il empeſche ſouvent qu'elle ne ſe déploye,
Et lors qu'elle deſcend ſon refus la renvoye.
### CAMILLE.
Le ciel agit ſans nous en ces événemens,
Et ne les régle point deſſus nos ſentimens.
### JULIE.
Il ne vous a fait peur que pour vous faire grace.
Adieu : je vay ſçavoir comme enfin tout ſe paſſe.
Modérez vos frayeurs; j'eſpère à mon retour
Ne vous entretenir que de propos d'amour,

Et que nous n'emploîrons la fin de la journée
Qu'aux doux préparatifs d'un heureux hyménée.
### SABINE.
J'ofe encor l'espérer.
### CAMILLE.
Moy, je n'espére rien.
### JULIE.
L'effet vous fera voir que nous en jugeons bien.

## SCÉNE IV.

### SABINE, CAMILLE.

### SABINE.

Parmy nos déplaifirs, fouffrez que je vous blafme : [ame ;
Je ne puis approuver tant de trouble en voftre
Que feriez-vous, ma fœur, au point où je me
Si vous aviez à craindre autant que je le doy, [voy,
Et fi vous attendiez de leurs armes fatales
Des maux pareils aux miens et des pertes égales ?

### CAMILLE.
Parlez plus fainement de vos maux et des miens.
Chacun voit ceux d'autruy d'un autre œil que les fiens,
Mais à bien regarder ceux où le ciel me plonge,
Les voftres auprès d'eux vous fembleront un fonge.
 La feule mort d'Horace eft à craindre pour vous.
Des fréres ne font rien à l'égal d'un époux ;
L'hymen qui nous attache en une autre famille
Nous détache de celle où l'on a vécu fille ;
On voit d'un œil divers des nœuds fi différens,
Et pour fuivre un mary l'on quitte fes parens.
Mais, fi près d'un hymen, l'amant que donne un père
Nous eft moins qu'un époux, et non pas moins qu'un
Nos fentimens entr'eux demeurent fufpendus, [frére ;
Noftre choix impoffible et nos vœux confondus.
Ainfi, ma fœur, du moins vous avez dans vos plaintes
Où porter vos fouhaits et terminer vos craintes ;
Mais, fi le ciel s'obftine à nous perfécuter,

## Acte III.

Pour moy, j'ay tout à craindre et rien à fouhaiter.
### Sabine.
Quand il faut que l'un meure, et par les mains de l'autre,
C'eft un raifonnement bien mauvais que le voftre.
Quoy que ce foient, ma fœur, des nœuds bien différens,
C'eft fans les oublier qu'on quitte fes parens.
L'hymen n'efface point ces profonds caractéres :
Pour aimer un mary l'on ne hait pas fes fréres ;
La nature en tout temps garde fes premiers droits ;
Aux dépens de leur vie on ne fait point de choix.
Auffi-bien qu'un époux ils font d'autres nous-mefmes,
Et tous maux font pareils alors qu'ils font extrèmes.
Mais l'amant qui vous charme et pour qui vous brûlez
Ne vous eft après tout que ce que vous voulez ;
Une mauvaife humeur, un peu de jaloufie,
En fait affez fouvent paffer la fantaifie.
Ce que peut le caprice, ofez-le par raifon,
Et laiffez votre fang hors de comparaifon.
C'eft crime qu'oppofer des liens volontaires
A ceux que la naiffance a rendus néceffaires.
Si donc le ciel s'obftine à nous perfécuter,
Seule j'ay tout à craindre, et rien à fouhaiter ;
Mais pour vous, le devoir vous donne, dans vos plaintes,
Où porter vos fouhaits et terminer vos craintes.
### Camille.
Je le voy bien, ma fœur, vous n'aimaftes jamais ;
Vous ne connoiffez point ny l'amour ny fes traits.
On peut luy réfifter quand il commence à naiftre,
Mais non-pas le bannir quand il s'eft rendu maiftre,
Et que l'aveu d'un pére, engageant noftre foy,
A fait de ce tyran un légitime roy.
Il entre avec douceur, mais il régne par force ;
Et, quand l'ame une fois a goufté fon amorce,
Vouloir ne plus aimer, c'eft ce qu'elle ne peut,
Puifqu'elle ne peut plus vouloir que ce qu'il veut :
Ses chaifnes font pour nous auffi fortes que belles.

## SCÉNE V.

### LE VIEIL HORACE, SABINE, CAMILLE.

#### Le vieil Horace.

Je viens vous apporter de fafcheufes nouvelles,
Mes filles; mais en vain je voudrois vous céler
Ce qu'on ne vous fauroit long-temps diffimuler:
Vos fréres font aux mains, les dieux ainfi l'ordonnent.

#### Sabine.

Je veux bien l'avoüer, ces nouvelles m'étonnent;
Et je m'imaginois dans la divinité
Beaucoup moins d'injustice, et bien plus de bonté.
Ne nous confolez point : contre tant d'infortune
La pitié parle en vain, la raifon importune.
Nous avons en nos mains la fin de nos douleurs,
Et qui veut bien mourir peut braver les malheurs.
Nous pourrions aifément faire en voftre préfence
De noftre défespoir une fauffe constance;
Mais quand on peut fans honte eftre fans fermeté,
L'affecter au dehors, c'eft une lafcheté;
L'ufage d'un tel art nous le laiffons aux hommes,
Et ne voulons paffer que pour ce que nous fommes.
  Nous ne demandons point qu'un courage fi fort
S'abaiffe à noftre exemple à fe plaindre du fort;
Recevez fans frémir nos mortelles alarmes;
Voyez couler nos pleurs fans y mefler vos larmes;
Enfin, pour toute grace, en de tels déplaifirs,
Gardez voftre constance et fouffrez nos foûpirs.

#### Le vieil Horace.

Loin de blafmer les pleurs que je vous voy répandre,
Je croy faire beaucoup de m'en pouvoir défendre,
Et céderois peut-eftre à de fi rudes coups,
Si je prenois icy mefme intéreft que vous.
Non qu'Albe par fon choix m'ait fait haïr vos fréres,
Tous trois me font encor des perfonnes bien chéres;
Mais enfin l'amitié n'est point du mefme rang,
Et n'a point les effets de l'amour ny du fang.

Je ne fens point pour eux la douleur qui tourmente
Sabine comme fœur, Camille comme amante :
Je puis les regarder comme nos ennemis,
Et donne fans regrets mes fouhaits à mes fils.
Ils font, graces aux dieux, dignes de leur patrie;
Aucun étonnement n'a leur gloire flétrie,
Et j'ay veu leur honneur croiftre de la moitié,
Quand ils ont des deux camps refufé la pitié.
Si par quelque foibleffe ils l'avoient mandiée,
Si leur haute vertu ne l'euft répudiée,
Ma main bien-toft fur eux m'euft vengé hautement
De l'affront que m'euft fait ce mol confentement.
Mais lors qu'en dépit d'eux on en a voulu d'autres,
Je ne le céle point, j'ay joint mes vœux aux voftres.
Si le ciel pitoyable euft écouté ma voix,
Albe feroit réduite à faire un autre choix;
Nous pourrions voir tantoft triompher les Horaces,
Sans voir leurs bras fouillez du fang des Curiaces,
Et de l'événement d'un combat plus humain
Dépendroit maintenant l'honneur du nom romain.
La prudence des dieux autrement en difpofe;
Sur leur ordre éternel mon esprit fe repofe :
Il s'arme en ce befoin de générofité,
Et du bonheur public fait fa félicité.
Tafchez d'en faire autant pour foulager vos peines,
Et fongez toutes deux que vous étes Romaines :
Vous l'étes devenuë, et vous l'étes encor.
Un fi glorieux titre eft un digne tréfor.
Un jour, un jour viendra que par toute la terre
Rome fe fera craindre à l'égal du tonnerre,
Et que, tout l'univers tremblant deffous fes loix,
Ce grand nom deviendra l'ambition des rois.
Les dieux à noftre Ænée ont promis cette gloire.

## SCÈNE VI.

### LE VIEIL HORACE, SABINE, CAMILLE, JULIE.

Le vieil Horace.

Nous venez-vous, Julie, apprendre la victoire?
Julie.
Mais plûtoſt du combat les funestes effets.
Rome eſt ſujette d'Albe, et vos fils ſont défaits;
Des trois les deux ſont morts, ſon époux ſeul vous reſte.
Le vieil Horace.
O d'un triste combat effet vraiment funeste!
Rome eſt ſujette d'Albe, et pour l'en garantir
Il n'a pas employé jusqu'au dernier ſoûpir!
Non, non, cela n'eſt point, on vous trompe, Julie;
Rome n'eſt point ſujette, ou mon fils eſt ſans vie:
Je connoy mieux mon ſang, il ſçait mieux ſon devoir.
Julie.
Mille de nos remparts comme moy l'ont pû voir.
Il s'eſt fait admirer tant qu'ont duré ſes fréres;
Mais, comme il s'eſt veu ſeul contre trois adverſaires,
Près d'eſtre enfermé d'eux, ſa fuite l'a ſauvé.
Le vieil Horace.
Et nos ſoldats trahis ne l'ont point achevé!
Dans leurs rangs à ce laſche ils ont donné retraite!
Julie.
Je n'ay rien voulu voir après cette défaite.
Camille.
O mes fréres!
Le vieil Horace.
Tout-beau, ne les pleurez pas tous;
Deux joüiſſent d'un ſort dont leur pére eſt jaloux.
Que des plus nobles fleurs leur tombe ſoit couverte;
La gloire de leur mort m'a payé de leur perte :
Ce bonheur a ſuivy leur courage invaincu
Qu'ils ont veu Rome libre autant qu'ils ont vécu,
Et ne l'auront point veuë obéïr qu'à ſon prince,
Ny d'un État voiſin devenir la province.

## Acte III.

Pleurez l'autre, pleurez l'irréparable affront
Que fa fuite honteufe imprime à noftre front;
Pleurez le defhonneur de toute noftre race,
Et l'opprobre éternel qu'il laiffe au nom d'Horace.

### JULIE.
Que vouliez-vous qu'il fift contre trois?

### LE VIEIL HORACE.
Qu'il mouruft,
Ou qu'un beau défespoir alors le fecouruft.
N'euft-il que d'un moment reculé fa défaite,
Rome euft été du moins un peu plus tard fujette;
Il euft avec honneur laiffé mes cheveux gris,
Et c'étoit de fa vie un affez digne prix.
Il eft de tout fon fang contable à fa patrie;
Chaque goute épargnée a fa gloire flétrie;
Chaque inftant de fa vie, après ce lafche tour,
Met d'autant plus ma honte avec la fienne au jour.
J'en rompray bien le cours, et ma jufte coléra,
Contre un indigne fils ufant des droits d'un pére,
Sçaura bien faire voir dans fa punition
L'éclatant défaveu d'une telle action.

### SABINE.
Écoutez un peu moins ces ardeurs généreufes,
Et ne nous rendez point tout à fait malheureufes.

### LE VIEIL HORACE.
Sabine, voftre cœur fe confole aifément;
Nos malheurs jusqu'icy vous touchent foiblement.
Vous n'avez point encor de part à nos miféres:
Le ciel vous a fauvé voftre époux et vos fréres;
Si nous fommes fujets, c'eft de voftre païs;
Vos fréres font vainqueurs, quand nous fommes trahis,
Et, voyant le haut point où leur gloire fe monte,
Vous regardez fort peu ce qui nous vient de honte.
Mais voftre trop d'amour pour cét infame époux
Vous donnera bientoft à plaindre comme à nous:
Vos pleurs en fa faveur font de foibles défenfes;
J'attefte des grands dieux les fuprèmes puiffances
Qu'avant ce jour finy, ces mains, ces propres mains
Laveront dans fon fang la honte des Romains.

SABINE.

Suivons-le promptement, la colére l'emporte.
Dieux! verrons-nous toûjours des malheurs de la forte?
Nous faudra-t'il toûjours en craindre de plus grands,
Et toûjours redouter la main de nos parens?

*Fin du troifiéme acte.*

## ACTE IV.

### SCÉNE PRÉMIÉRE.

#### LE VIEIL HORACE, CAMILLE.

##### Le vieil Horace.

e me parlez jamais en faveur d'un infame;
Qu'il me fuye à l'égal des fréres de fa femme :
Pour conferver un fang qu'il tient fi précieux
Il n'a rien fait encor, s'il n'évite mes yeux.
Sabine y peut mettre ordre, ou de rechef j'attefte
Le fouverain pouvoir de la troupe célefte.

##### Camille.

Ah! mon pére, prenez un plus doux fentiment,
Vous verrez Rome mefme en ufer autrement,
Et, de quelque malheur que le ciel l'ait comblée,
Excufer la vertu fous le nombre accablée.

##### Le vieil Horace.

Le jugement de Rome eft peu pour mon regard;
Camille, je fuis pére, et j'ay mes droits à part.
Je fçay trop comme agit la vertu véritable :
C'eft fans en triompher que le nombre l'accable,
Et fa maffe vigueur, toûjours en mefme point,
Succombe fous la force, et ne luy céde point.
Taifez-vous, et fçachons ce que nous veut Valére.

### SCÉNE II.

#### LE VIEIL HORACE, VALÉRE, CAMILLE.

##### Valére.

nvoyé par le roy pour confoler un pére,
Et pour luy témoigner...

##### Le vieil Horace.

              N'en prenez aucun foin :

C'eſt un ſoulagement dont je n'ay pas beſoin,
Et j'aime mieux voir morts que couverts d'infamie
Ceux que vient de m'oſter une main ennemie.
Tous deux pour leur païs ſont morts en gens d'honneur,
Il me ſuffit.

### VALÉRE.
Mais l'autre eſt un rare bonheur,
De tous les trois chez vous il doit tenir la place.

### LE VIEIL HORACE.
Que n'a-t'on veu périr en luy le nom d'Horace!

### VALÉRE.
Seul vous le mal-traitez après ce qu'il a fait.

### LE VIEIL HORACE.
C'eſt à moy ſeul auſſi de punir ſon forfait.

### VALÉRE.
Quel forfait trouvez-vous en ſa bonne conduite?

### LE VIEIL HORACE.
Quel éclat de vertu trouvez-vous en ſa fuite?

### VALÉRE.
La fuite eſt glorieuſe en cette occaſion.

### LE VIEIL HORACE.
Vous redoublez ma honte et ma confuſion.
Certes l'éxemple eſt rare et digne de mémoire,
De trouver dans la fuite un chemin à la gloire.

### VALÉRE.
Quelle confuſion et quelle honte à vous
D'avoir produit un fils qui nous conſerve tous,
Qui fait triompher Rome et luy gagne un empire!
A quels plus grands honneurs faut-il qu'un pére aspire?

### LE VIEIL HORACE.
Quels honneurs, quel triomphe, et quel empire enfin,
Lors qu'Albe ſous ſes loix range noſtre destin?

### VALÉRE.
Que parlez-vous icy d'Albe et de ſa victoire?
Ignorez-vous encor la moitié de l'histoire?

### LE VIEIL HORACE.
Je ſçay que par ſa fuite il a trahy l'État.

### VALÉRE.
Ouy, s'il euſt en fuyant terminé le combat;
Mais on a bien-toſt veu qu'il ne fuyoit qu'en homme

Qui sçavoit ménager l'avantage de Rome.
### LE VIEIL HORACE.
Quoy, Rome donc triomphe?
### VALÉRE.
Apprenez, apprenez
La valeur de ce fils qu'à tort vous condamnez.
 Resté seul contre trois, mais en cette avanture,
Tous trois étant blessez, et luy seul sans blessure,
Trop foible pour eux tous, trop fort pour chacun d'eux,
Il fait bien se tirer d'un pas si dangereux,
Il fuit pour mieux combatre, et cette prompte ruse
Divise adroitement trois fréres qu'elle abuse.
Chacun le suit d'un pas ou plus ou moins pressé,
Selon qu'il le rencontre ou plus ou moins blessé;
Leur ardeur est égale à poursuivre sa fuite,
Mais leurs coups inégaux séparent leur poursuite.
 Horace, les voyant l'un de l'autre écartez,
Se retourne, et déjà les croit demy-domptez :
Il attend le premier, et c'étoit vostre gendre.
L'autre, tout indigné qu'il ait osé l'attendre,
En vain en l'attaquant fait paroistre un grand cœur,
Le sang qu'il a perdu rallentit sa vigueur.
Albe à son tour commence à craindre un sort contraire;
Elle crie au second qu'il secoure son frére :
Il se haste, et s'épuise en efforts superflus;
Il trouve en les joignant que son frére n'est plus.
### CAMILLE.
Hélas!
### VALÉRE.
Tout hors d'haleine il prend pourtant sa place,
Et redouble bien-tost la victoire d'Horace;
Son courage sans force est un débile appuy,
Voulant venger son frére, il tombe auprès de luy.
L'air résonne des cris qu'au ciel chacun envoye,
Albe en jette d'angoisse, et les Romains de joye.
 Comme nostre héros se voit près d'achever,
C'est peu pour luy de vaincre, il veut encor braver.
*J'en viens d'immoler deux aux manes de mes fréres,*
*Rome aura le dernier de mes trois adversaires,*
*C'est à ses interests que je vais l'immoler,*

Dit-il, et tout d'un temps on le voit y voler.
La victoire entr'eux deux n'étoit pas incertaine;
L'Albin percé de coups ne se traisnoit qu'à peine,
Et, comme une victime aux marches de l'autel,
Il sembloit présenter la gorge au coup mortel.
Aussi le reçoit-il, peu s'en faut, sans défense,
Et son trépas de Rome établit la puissance.

### Le vieil Horace.

O mon fils! ô ma joye! ô l'honneur de nos jours!
O d'un État panchant l'inespéré secours!
Vertu digne de Rome, et sang digne d'Horace!
Appuy de ton païs, et gloire de ta race!
Quand pourray-je étouffer dans tes embrassemens
L'erreur dont j'ay formé de si faux sentimens?
Quand pourra mon amour baigner avec tendresse
Ton front victorieux de larmes d'allégresse?

### Valére.

Vos caresses bien-tost pourront se déployer;
Le roy dans un moment vous le va renvoyer,
Et remet à demain la pompe qu'il prépare
D'un sacrifice aux dieux pour un bonheur si rare.
Aujourd'huy seulement on s'acquite vers eux
Par des chants de victoire et par de simples vœux.
C'est où le roy le méne, et tandis il m'envoye
Faire office vers vous de douleur et de joye.
Mais cét office encor n'est pas assez pour luy,
Il y viendra luy-mesme, et peut-estre aujourd'huy:
Il croit mal reconnoistre une vertu si pure
Si de sa propre bouche il ne vous en assure,
S'il ne vous dit chez vous combien vous doit l'État.

### Le vieil Horace.

De tels remercimens ont pour moy trop d'éclat,
Et je me tiens déjà trop payé par les vostres
Du service d'un fils, et du sang des deux autres.

### Valére.

Il ne sçait ce que c'est d'honorer à demy,
Et son sceptre arraché des mains de l'ennemy
Fait qu'il tient cet honneur qu'il luy plaist de vous faire
Au-dessous du mérite et du fils et du pére.
Je vay luy témoigner quels nobles sentimens

La vertu vous inspire en tous vos mouvemens,
Et combien vous montrez d'ardeur pour fon fervice.
### LE VIEIL HORACE.
Je vous devray beaucoup pour un fi bon office.

## SCÉNE III.
### LE VIEIL HORACE, CAMILLE.
#### LE VIEIL HORACE.

Ma fille, il n'eft plus temps de répandre des pleurs ;
Il fied mal d'en verfer où l'on voit tant d'honneurs :
On pleure injuftement des pertes domeftiques
Quand on en voit fortir des victoires publiques.
Rome triomphe d'Albe, et c'eft affez pour nous ;
Tous nos maux à ce prix doivent nous eftre doux.
En la mort d'un amant vous ne perdez qu'un homme
Dont la perte eft aisée à réparer dans Rome ;
Après cette victoire il n'eft point de Romain
Qui ne foit glorieux de vous donner la main.
Il me faut à Sabine en porter la nouvelle ;
Ce coup fera fans doute affez rude pour elle,
Et fes trois fréres morts par la main d'un époux
Luy donneront des pleurs bien plus juftes qu'à vous ;
Mais j'efpére aifément en diffiper l'orage,
Et qu'un peu de prudence, aidant fon grand courage,
Fera bien-toft régner fur un fi noble cœur
Le généreux amour qu'elle doit au vainqueur.
Cependant étouffez cette lafche triftefle ;
Recevez-le, s'il vient, avec moins de foibleffe ;
Faites-vous voir fa fœur, et qu'en un mefme flanc
Le ciel vous a tous deux formez d'un mefme fang.

## SCÉNE IV.

### CAMILLE.

Ouy, je lui feray voir par d'infaillibles marques
Qu'un véritable amour brave la main des [Parques,
Et ne prend point de loix de ces crüels ty-
Qu'un astre injurieux nous donne pour parens. [rans
Tu blasmes ma douleur, tu l'oses nommer lasche;
Je l'aime d'autant plus, que plus elle te fasche,
Impitoyable pére, et, par un juste effort,
Je la veux rendre égale aux rigueurs de mon sort.
   En vit-on jamais un dont les rudes traverses
Prissent en moins de rien tant de faces diverses,
Qui fust doux tant de fois, et tant de fois crüel,
Et portast tant de coups avant le coup mortel?
Vit-on jamais une ame en un jour plus atteinte
De joye et de douleur, d'espérance et de crainte,
Asservie en esclave à plus d'événemens,
Et le piteux joüet de plus de changemens?
Un oracle m'asseure, un songe me travaille;
La paix calme l'effroy que me fait la bataille;
Mon hymen se prépare, et presque en un moment
Pour combattre mon frére on choisit mon amant.
Ce choix me désespére, et tous le désavoüent,
La partie est rompuë, et les dieux la renoüent;
Rome semble vaincuë, et, seul des trois Albains,
Curiace en mon sang n'a point trempé ses mains;
O dieux, sentois-je alors des douleurs trop légéres,
Pour le malheur de Rome et la mort de deux fréres,
Et me flatois-je trop quand je croyois pouvoir
L'aimer encor sans crime, et nourrir quelque espoir?
Sa mort m'en punit bien, et la façon crüelle
Dont mon ame éperduë en reçoit la nouvelle;
Son rival me l'apprend, et, faisant à mes yeux
D'un si triste succès le récit odieux,
Il porte sur le front une allégresse ouverte

Que le bonheur public fait bien moins que ma perte,
Et, bastissant en l'air sur le malheur d'autruy,
Aussi bien que mon frére il triomphe de luy.
Mais ce n'est rien encor au prix de ce qui reste :
On demande ma joye en un jour si funeste;
Il me faut applaudir aux exploits du vainqueur,
Et baiser une main qui me perce le cœur.
En un sujet de pleurs si grand, si légitime,
Se plaindre est une honte, et soûpirer un crime ;
Leur brutale vertu veut qu'on s'estime heureux,
Et si l'on n'est barbare, on n'est point généreux.

Dégénérons, mon cœur, d'un si vertueux pére;
Soyons indigne sœur d'un si généreux frére :
C'est gloire de passer pour un cœur abatu
Quand la brutalité fait la haute vertu.
Éclatez, mes douleurs; à quoy bon vous contraindre?
Quand on a tout perdu, que sçauroit-on plus craindre
Pour ce crüel vainqueur n'ayez point de respect;
Loin d'éviter ses yeux croissez à son aspect;
Offensez sa victoire, irritez sa colére,
Et prenez, s'il se peut, plaisir à luy déplaire.
Il vient, préparons-nous à montrer constamment
Ce que doit une amante à la mort d'un amant.

## SCÉNE V.

### HORACE, CAMILLE, PROCULE.

*Procule porte en sa main les trois épées des Curiaces.*

#### HORACE.

Ma sœur, voicy le bras qui venge nos deux fréres, [contraires,
Le bras qui rompt le cours de nos destins
Qui nous rend maistres d'Albe; enfin voicy le
Qui seul fait aujourd'huy le sort de deux États. [bras,
Voy ces marques d'honneur, ces témoins de ma gloire,
Et ren ce que tu dois à l'heur de ma victoire.
#### CAMILLE.
Recevez donc mes pleurs, c'est ce que je luy dois.

#### HORACE.
Rome n'en veut point voir après de tels exploits,
Et nos deux frères morts dans le malheur des armes
Sont trop payez de fang pour éxiger des larmes;
Quand la perte eft vengée on n'a plus rien perdu.
#### CAMILLE.
Puisqu'ils font fatisfaits par le fang épandu,
Je cefferay pour eux de paroiftre affligée,
Et j'oubliray leur mort que vous avez vengée.
Mais qui me vengera de celle d'un amant,
Pour me faire oublier fa perte en un moment?
#### HORACE.
Que dis-tu, malheureufe?
#### CAMILLE.
O mon cher Curiace!
#### HORACE.
O d'une indigne fœur infupportable audace!
D'un ennemy public dont je reviens vainqueur
Le nom eft dans ta bouche et l'amour dans ton cœur!
Ton ardeur criminelle à la vengeance aspire!
Ta bouche la demande et ton cœur la respire!
Suy moins ta paffion, régle mieux tes defirs,
Ne me fay plus rougir d'entendre tes foûpirs :
Tes flames deformais doivent eftre étouffées,
Banny-les de ton ame et fonge à mes trophées,
Qu'ils foient dorefnavant ton unique entretien.
#### CAMILLE.
Donne-moy donc, barbare, un cœur comme le tien;
Et, fi tu veux enfin que je t'ouvre mon ame,
Ren-moy mon Curiace ou laiffe agir ma flame.
Ma joye et mes douleurs dépendoient de fon fort :
Je l'adorois vivant, et je le pleure mort.
 Ne cherche plus ta fœur où tu l'avois laiffée;
Tu ne revois en moy qu'une amante offenfée,
Qui, comme une furie attachée à tes pas,
Te veut inceffamment reprocher fon trépas.
Tigre altéré de fang, qui me défens les larmes,
Qui veux que dans fa mort je trouve encor des charmes,
Et que, jusques au ciel élevant tes exploits,
Moy-mefme je le tuë une feconde fois!

## Acte IV.

Puiſſent tant de malheurs accompagner ta vie
Que tu tombes au point de me porter envie!
Et toy bien toſt ſoüiller par quelque laſcheté
Cette gloire ſi chére à ta brutalité!

HORACE.

O ciel! qui vit jamais une pareille rage?
Crois-tu donc que je ſois inſenſible à l'outrage,
Que je ſouffre en mon ſang ce mortel deſhonneur?
Aime, aime cette mort qui fait noſtre bonheur,
Et préfére du moins au ſouvenir d'un homme
Ce que doit ta naiſſance aux intéreſts de Rome.

CAMILLE.

Rome, l'unique objet de mon reſſentiment!
Rome, à qui vient ton bras d'immoler mon amant!
Rome, qui t'a veu naiſtre et que ton cœur adore!
Rome, enfin que je hay parce qu'elle t'honore!
Puiſſent tous ſes voiſins enſemble conjurez
Sapper ſes fondemens encor mal aſſeurez!
Et, ſi ce n'eſt aſſez de toute l'Italie,
Que l'Orient contre elle à l'Occident s'allie;
Que cent peuples unis des bouts de l'univers
Paſſent pour la détruire et les monts et les mers!
Qu'elle meſme ſur ſoy renverſe ſes murailles,
Et de ſes propres mains déchire ſes entrailles!
Que le couroux du ciel allumé par mes vœux
Faſſe pleuvoir ſur elle un déluge de feux!
Puiſſay-je de mes yeux y voir tomber ce foudre,
Voir les maiſons en cendre et tes lauriers en poudre,
Voir le dernier Romain à ſon dernier ſoûpir,
Moy ſeule en eſtre cauſe, et mourir de plaiſir!

HORACE *mettant la main à l'épée et pourſuivant
ſa ſœur qui s'enfuit.*

C'eſt trop, ma patience à la raiſon fait place.
Va dedans les enfers plaindre ton Curiace.

CAMILLE *bleſſée derriére le théatre.*

Ah, traiſtre!

HORACE *revenant ſur le théatre.*

Ainſi reçoive un châtiment ſoudain
Quiconque oſe pleurer un ennemy romain.

## SCÈNE VI.

### HORACE, PROCULE.

#### PROCULE.

ue venez-vous de faire?
#### HORACE.
Un acte de justice.
Un semblable forfait vaut un pareil supplice.
#### PROCULE.
Vous deviez la traiter avec moins de rigueur.
#### HORACE.
Ne me dy point qu'elle est et mon sang et ma sœur.
Mon pére ne peut plus l'avoüer pour sa fille;
Qui maudit son païs renonce à sa famille,
Des noms si pleins d'amour ne luy sont plus permis,
De ses plus chers parens il fait ses ennemis,
Le sang mesme les arme en haine de son crime,
La plus prompte vengeance en est plus légitime,
Et ce souhait impie, encore qu'impuissant,
Est un monstre qu'il faut étouffer en naissant.

## SCÈNE VII.

### HORACE, SABINE, PROCULE.

#### SABINE.

A quoy s'arreste icy ton illustre colére?
Vien voir mourir ta sœur dans les bras de
  ton pére,         [doux;
Vien repaistre tes yeux d'un spectacle si
Ou si tu n'es point las de tes généreux coups,
Immole au cher païs des vertueux Horaces
Ce reste malheureux du sang des Curiaces:
Si prodigue du tien, n'épargne pas le leur,
Joins Sabine à Camille, et ta femme à ta sœur.
Nos crimes sont pareils ainsi que nos miséres,
Je soûpire comme elle, et déplore mes fréres,

Plus coupable en ce point contre tes dures loix,
Qu'elle n'en pleuroit qu'un et que j'en pleure trois,
Qu'après son châtiment ma faute continuë.

### HORACE.

Séche tes pleurs, Sabine, ou les cache à ma veuë;
Ren-toy digne du nom de ma chaste moitié,
Et ne m'accable point d'une indigne pitié.
Si l'absolu pouvoir d'une pudique flame
Ne nous laisse à tous deux qu'un penser et qu'une ame,
C'est à toy d'élever tes sentimens aux miens,
Non à moy de descendre à la honte des tiens.
Je t'aime, et je connoy la douleur qui te presse;
Embrasse ma vertu pour vaincre ta foiblesse,
Participe à ma gloire au lieu de la soüiller,
Tasche à t'en revétir, non à m'en dépoüiller.
Es-tu de mon honneur si mortelle ennemie,
Que je te plaise mieux couvert d'une infamie?
Sois plus femme que sœur, et, te réglant sur moy,
Fai-toy de mon exemple une immüable loy.

### SABINE.

Cherche pour t'imiter des ames plus parfaites.
Je ne t'impute point les pertes que j'ay faites,
J'en ay les sentimens que je dois en avoir,
Et je m'en prens au sort plûtost qu'à ton devoir.
Mais enfin je renonce à la vertu romaine,
Si, pour la posséder, je dois estre inhumaine,
Et ne puis voir en moy la femme du vainqueur
Sans y voir des vaincus la déplorable sœur.

Prenons part en public aux victoires publiques,
Pleurons dans la maison nos malheurs domestiques,
Et ne regardons point des biens communs à tous,
Quand nous voyons des maux qui ne sont que pour nous.
Pourquoy veux-tu, crüel, agir d'une autre sorte?
Laisse en entrant icy tes lauriers à la porte,
Mesle tes pleurs aux miens. Quoy? ces lasches discours
N'arment point ta vertu contre mes tristes jours;
Mon crime redoublé n'émeut point ta colère?
Que Camille est heureuse! elle a pû te déplaire;
Elle a receu de toy ce qu'elle a prétendu,
Et recouvre là bas tout ce qu'elle a perdu.

Cher époux, cher auteur du tourment qui me preſſe,
Écoute la pitié, ſi ta colére ceſſe ;
Exerce l'une ou l'autre, après de tels malheurs,
A punir ma foibleſſe ou finir mes douleurs.
Je demande la mort pour grace ou pour ſupplice ;
Qu'elle ſoit un effet d'amour ou de justice,
N'importe ; tous ſes traits n'auront rien que de doux,
Si je les voy partir de la main d'un époux.
####### HORACE.
Quelle injustice aux dieux d'abandonner aux femmes
Un empire ſi grand ſur les plus belles ames,
Et de ſe plaire à voir de ſi foibles vainqueurs
Régner ſi puiſſamment ſur les plus nobles cœurs !
A quel point ma vertu devient-elle réduite !
Rien ne la ſçauroit plus garantir que la fuite.
Adieu. Ne me ſuy point ou retiens tes ſoûpirs.
####### SABINE *ſeule*.
O colére, ô pitié, ſourdes à mes deſirs,
Vous négligez mon crime, et ma douleur vous laſſe,
Et je n'obtiens de vous ny ſupplice, ny grace !
Allons-y par nos pleurs faire encor un effort,
Et n'employons après que nous à noſtre mort.

*Fin du quatriéme acte.*

## ACTE V.

### SCÉNE PRÉMIÉRE.

#### LE VIEIL HORACE, HORACE.

Le vieil Horace.

etirons nos regards de cét objet funeste
Pour admirer icy le jugement céleste.
Quand la gloire nous enfle, il fçait bien comme il faut
Confondre noftre orgueil qui s'éleve trop haut :
Nos plaifirs les plus doux ne vont point fans triftefle ;
Il mefle à nos vertus des marques de foibleffe,
Et rarement accorde à noftre ambition
L'entier et pur honneur d'une bonne action.
Je ne plains point Camille : elle étoit criminelle ;
Je me tiens plus à plaindre et je te plains plus qu'elle :
Moy, d'avoir mis au jour un cœur fi peu romain,
Toy, d'avoir par fa mort défhonoré ta main.
Je ne la trouve point injufte ny trop prompte ;
Mais tu pouvois, mon fils, t'en épargner la honte ;
Son crime, quoy qu'énorme et digne du trépas,
Étoit mieux impuny que puny par ton bras.

Horace.

Difpofez de mon fang, les loix vous en font maiftre,
J'ai crû devoir le fien aux lieux qui m'ont veu naiftre.
Si dans vos fentimens mon zéle eft criminel,
S'il m'en faut recevoir un reproche éternel,
Si ma main en devient honteufe et profanée,
Vous pouvez d'un feul mot trancher ma deftinée.
Reprenez tout ce fang de qui ma lafcheté

A ſi brutalement ſouillé la pureté.
Ma main n'a pû ſouffrir de crime en voſtre race,
Ne ſouffrez point de tache en la maiſon d'Horace.
C'eſt en ces actions dont l'honneur eſt bleſſé
Qu'un pére tel que vous ſe montre intéreſſé :
Son amour doit ſe taire où toute excuſe eſt nulle;
Luy-meſme il y prend part lors qu'il les diſſimule,
Et de ſa propre gloire il fait trop peu de cas
Quand il ne punit point ce qu'il n'approuve pas.

### Le vieil Horace.

Il n'uſe pas toûjours d'une rigueur extrème;
Il épargne ſes fils bien ſouvent pour ſoy-meſme;
Sa vieilleſſe ſur eux aime à ſe ſoûtenir,
Et ne les punit point de peur de ſe punir.
Je te voy d'un autre œil que tu ne te regardes,
Je ſçay... Mais le roy vient, je vois entrer les gardes.

## SCÉNE II.

### TULLE, VALÉRE, LE VIEIL HORACE, HORACE, troupe de gardes.

### Le vieil Horace.

h, Sire, un tel honneur a trop d'excès pour moy,
Ce n'eſt point en ce lieu que je doy voir mon [roy,
Permettez qu'à genoux...

### Tulle.

Non, levez-vous, mon pére.
Je fais ce qu'en ma place un bon prince doit faire.
Un ſi rare ſervice et ſi fort important
Veut l'honneur le plus rare et le plus éclatant :
Vous en aviez déja ſa parole pour gage,
Je ne l'ay pas voulu différer davantage.
  J'ay ſçeu par ſon rapport (et je n'en doutois pas)
Comme de vos deux fils vous portez le trépas,
Et que, déja voſtre ame étant trop réſoluë,
Ma conſolation vous feroit ſuperfluë :
Mais je viens de ſçavoir quel étrange malheur
D'un fils victorieux a ſuivy la valeur,

Et que son trop d'amour pour la cause publique
Par ses mains à son pére oste une fille unique.
Ce coup est un peu rude à l'esprit le plus fort,
Et je doute comment vous portez cette mort.
### Le vieil Horace.
Sire, avec déplaisir, mais avec patience.
### Tulle.
C'est l'effet vertüeux de vostre expérience.
Beaucoup par un long âge ont appris comme vous
Que le malheur succéde au bonheur le plus doux;
Peu sçavent comme vous s'appliquer ce reméde,
Et dans leur interest toute leur vertu céde.
Si vous pouvez trouver dans ma compassion
Quelque soulagement pour vostre affliction,
Ainsi que vostre mal, sçachez qu'elle est extrème,
Et que je vous en plains autant que je vous aime.
### Valére.
Sire, puisque le ciel entre les mains des rois
Dépose la justice et la force des loix,
Et que l'État demande aux princes légitimes
Des prix pour les vertus, des peines pour les crimes,
Souffrez qu'un bon sujet vous fasse souvenir
Que vous plaignez beaucoup ce qu'il vous faut punir.
Souffrez...
### Le vieil Horace.
Quoy? qu'on envoye un vainqueur au supplice :
### Tulle.
Permettez qu'il achéve, et je feray justice :
J'aime à la rendre à tous, à toute heure, en tout lieu;
C'est par elle qu'un roy se fait un demy-dieu,
Et c'est dont je vous plains qu'après un tel service
On puisse contre luy me demander justice.
### Valére.
Souffrez donc, ô grand roy, le plus juste des rois,
Que tous les gens de bien vous parlent par ma voix.
Non que nos cœurs jaloux de ses honneurs s'irritent,
S'il en reçoit beaucoup, ses hauts faits les méritent;
Ajoustez-y plûtost que d'en diminüer,
Nous sommes tous encor prests d'y contribuër;
Mais, puisque d'un tel crime il s'est montré capable,

Qu'il triomphe en vainqueur et périſſe en coupable,
Arrétez ſa fureur et ſauvez de ſes mains,
Si vous voulez régner, le reſte des Romains :
Il y va de la perte ou du ſalut du reſte.
 La guerre avoit un cours ſi ſanglant, ſi funeſte,
Et les nœuds de l'hymen durant nos bons deſtins
Ont tant de fois uny des peuples ſi voiſins,
Qu'il eſt peu de Romains que le party contraire
N'intéreſſe en la mort d'un gendre ou d'un beau frére,
Et qui ne ſoient forcez de donner quelques pleurs
Dans le bonheur public à leurs propres malheurs.
Si c'eſt offenſer Rome, et que l'heur de ſes armes
L'authoriſe à punir ce crime de nos larmes,
Quel ſang épargnera ce barbare vainqueur
Qui ne pardonne pas à celuy de ſa ſœur,
Et ne peut excuſer cette douleur preſſante
Que la mort d'un amant jette au cœur d'une amante,
Quand près d'eſtre éclairez du nuptial flambeau
Elle voit avec luy ſon eſpoir au tombeau !
Faiſant triompher Rome il ſe l'eſt aſſervie,
Il a ſur nous un droit, et de mort, et de vie,
Et nos jours criminels ne pourront plus durer,
Qu'autant qu'à ſa clémence il plaira l'endurer.
 Je pourrois ajouſter aux intérêts de Rome
Combien un pareil coup eſt indigne d'un homme ;
Je pourrois demander qu'on miſt devant vos yeux
Ce grand et rare exploit d'un bras victorieux.
Vous verriez un beau ſang, pour accuſer ſa rage,
D'un frére ſi crüel rejaillir au viſage ;
Vous verriez des horreurs qu'on ne peut concevoir ;
Son âge et ſa beauté vous pourroient émouvoir :
Mais je hay ces moyens qui ſentent l'artifice.
Vous avez à demain remis le ſacrifice,
Penſez-vous que les dieux, vengeurs des innocens,
D'une main parricide acceptent de l'encens ?
Sur vous ce ſacrilége attireroit ſa peine ;
Ne le conſidérez qu'en objet de leur haine,
Et croyez avec nous qu'en tous ſes trois combats
Le bon deſtin de Rome a plus fait que ſon bras,
Puiſque ces meſmes dieux autheurs de la victoire

## ACTE V.

Ont permis qu'auſſi-toſt il en ſouillaſt la gloire,
Et qu'un ſi grand courage, après ce noble effort,
Fuſt digne en meſme jour de triomphe et de mort.
Sire, c'eſt ce qu'il faut que voſtre arreſt décide.
En ce lieu Rome a veu le prémier parricide,
La ſuite en eſt à craindre, et la haine des cieux.
Sauvez-nous de ſa main, et redoutez les dieux.

### TULLE.

Défendez-vous, Horace.

### HORACE.

    A quoy bon me défendre?
Vous ſçavez l'action, vous la venez d'entendre,
Ce que vous en croyez me doit eſtre une loy.
Sire, on ſe défend mal contre l'avis d'un roy,
Et le plus innocent devient ſoudain coupable
Quand aux yeux de ſon prince il paroit condamnable.
C'eſt crime qu'envers luy ſe vouloir excuſer:
Noſtre ſang eſt ſon bien, il en peut diſpoſer;
Et c'eſt à nous de croire, alors qu'il en diſpoſe,
Qu'il ne s'en prive point ſans une juſte cauſe.
Sire, prononcez donc, je ſuis preſt d'obéïr;
D'autres aiment la vie, et je la doy haïr.
Je ne reproche point à l'ardeur de Valére
Qu'en amant de la ſœur il accuſe le frére:
Mes vœux avec les ſiens conſpirent aujourd'huy;
Il demande ma mort, je la veux comme luy.
Un ſeul point entre nous met cette différence,
Que mon honneur par-là cherche ſon aſſeurance,
Et qu'à ce meſme but nous voulons arriver,
Luy pour flétrir ma gloire, et moy pour la ſauver.
 Sire, c'eſt rarement qu'il s'offre une matiére
A montrer d'un grand cœur la vertu toute entiére;
Suivant l'occaſion elle agit plus ou moins,
Et paroit forte ou foible aux yeux de ſes témoins.
Le peuple, qui voit tout ſeulement par l'écorce,
S'attache à ſon effet pour juger de ſa force;
Il veut que ſes dehors gardent un meſme cours,
Qu'ayant fait un miracle elle en faſſe toujours.
Après une action pleine, haute, éclatante,
Tout ce qui brille moins remplit mal ſon attente :

Il veut qu'on ſoit égal en tout temps, en tous lieux ;
Il n'éxamine point ſi lors on pouvoit mieux,
Ny que, s'il ne voit pas ſans ceſſe une merveille,
L'occaſion eſt moindre, et la vertu pareille.
Son injuſtice accable et détruit les grands noms ;
L'honneur des premiers faits ſe perd par les ſeconds,
Et quand la renommée a paſſé l'ordinaire,
Si l'on n'en veut déchoir, il faut ne plus rien faire.
  Je ne vanteray point les exploits de mon bras ;
Voſtre Majeſté, Sire, a veu mes trois combats :
Il eſt bien malaiſé qu'un pareil les ſeconde,
Qu'une autre occaſion à celle-cy réponde,
Et que tout mon courage, après de ſi grands coups,
Parvienne à des ſuccès qui n'aillent au deſſous ;
Si bien que, pour laiſſer une illuſtre mémoire,
La mort ſeule aujourd'huy peut conſerver ma gloire :
Encor la falloit-il ſi-toſt que j'eus vaincu,
Puiſque pour mon honneur j'ay déjà trop vécu.
Un homme tel que moy voit ſa gloire ternie
Quand il tombe en péril de quelque ignominie,
Et ma main auroit ſceu déja m'en garantir ;
Mais ſans voſtre congé mon ſang n'oſe ſortir ;
Comme il vous appartient, voſtre aveu doit ſe prendre,
C'eſt vous le dérober qu'autrement le répandre.
Rome ne manque point de généreux guerriers ;
Aſſez d'autres ſans moy ſoûtiendront vos lauriers ;
Que Voſtre Majeſté déſormais m'en diſpenſe ;
Et, ſi ce que j'ay fait vaut quelque récompenſe,
Permettez, ô grand roy, que de ce bras vainqueur
Je m'immole à ma gloire, et non pas à ma ſœur.

## SCÉNE III.

### TULLE, VALÉRE, LE VIEIL HORACE, HORACE, SABINE.

#### Sabine.

ire, écoutez Sabine, et voyez dans ſon ame
Les douleurs d'une ſœur, et celles d'une femme,
Qui toute déſolée à vos ſacrez genoux
Pleure pour ſa famille, et craint pour ſon époux.

Ce n'eſt pas que je veuille avec cét artifice
Dérober un coupable au bras de la justice ;
Quoy qu'il ait fait pour vous, traitez-le comme tel,
Et puniſſez en moy ce noble criminel ;
De mon ſang malheureux expiez tout ſon crime :
Vous ne changerez point pour cela de victime ;
Ce n'en ſera point prendre une injuste pitié,
Mais en ſacrifier la plus chére moitié.
Les nœuds de l'hyménée et ſon amour extrème
Font qu'il vit plus en moy qu'il ne vit en luy-meſme ;
Et, ſi vous m'accordez de mourir aujourd'huy,
Il mourra plus en moy qu'il ne mourroit en luy.
La mort que je demande et qu'il faut que j'obtienne
Augmentera ſa peine et finira la mienne.
Sire, voyez l'excès de mes tristes ennuis,
Et l'effroyable état où mes jours ſont réduits.
Quelle horreur d'embraſſer un homme dont l'épée
De toute ma famille a la trame coupée,
Et quelle impiété de haïr un époux
Pour avoir bien ſervy les ſiens, l'État et vous !
Aimer un bras ſouillé du ſang de tous mes fréres !
N'aimer pas un mary qui finit nos miſéres !
Sire, délivrez-moy, par un heureux trépas,
Des crimes de l'aimer et de ne l'aimer pas.
J'en nommeray l'arreſt une faveur bien grande.
Ma main peut me donner ce que je vous demande ;
Mais ce trépas enfin me ſera bien plus doux
Si je puis de ſa honte affranchir mon époux,
Si je puis par mon ſang appaiſer la colére
Des dieux qu'a pû faſcher ſa vertu trop ſévére,
Satisfaire en mourant aux manes de ſa ſœur,
Et conſerver à Rome un ſi bon défenſeur.

Le vieil Horace *au Roy*.
Sire, c'est donc à moy de répondre à Valére.
Mes enfans avec luy conspirent contre un pére ;
Tous trois veulent me perdre, et s'arment ſans raiſon
Contre ſi peu de ſang qui reste en ma maiſon.
*A Sabine.*
Toy, qui, par des douleurs à ton devoir contraires,

Veux quitter un mary pour rejoindre tes frères,
Va plûtoſt conſulter leurs manes généreux ;
Ils ſont morts, mais pour Albe, et s'en tiennent heureux :
Puis que le ciel vouloit qu'elle fuſt aſſervie,
Si quelque ſentiment demeure après la vie,
Ce mal leur ſemble moindre, et moins rudes les coups,
Voyant que tout l'honneur en retombe ſur nous.
Tous trois déſavoûront la douleur qui te touche,
Les larmes de tes yeux, les ſoûpirs de ta bouche,
L'horreur que tu fais voir d'un mary vertüeux.
Sabine, ſois leur ſœur, ſuy ton devoir comme eux.
*Au Roy.*
Contre ce cher époux Valére en vain s'anime :
Un prémier mouvement ne fut jamais un crime,
Et la loüange eſt deuë au lieu du châtiment
Quand la vertu produit ce prémier mouvement.
Aimer nos ennemis avec idolâtrie,
De rage en leur trépas maudire la patrie,
Souhaiter à l'État un malheur infiny,
C'eſt ce qu'on nomme crime, et ce qu'il a puny.
Le ſeul amour de Rome a ſa main animée ;
Il ſeroit innocent, s'il l'avoit moins aimée.
Qu'ay-je dit, Sire? il l'eſt, et ce bras paternel
L'auroit déja puny, s'il étoit criminel ;
J'aurois ſçeu mieux uſer de l'entiére puiſſance
Que me donnent ſur luy les droits de la naiſſance ;
J'aime trop l'honneur, Sire, et ne ſuis point de rang
A ſouffrir ny d'affront ny de crime en mon ſang.
C'eſt dont je ne veux point de témoin que Valére :
Il a veu quel accueil luy gardoit ma côlére,
Lors qu'ignorant encor la moitié du combat,
Je croyois que ſa fuite avoit trahy l'État.
Qui le fait ſe charger des ſoins de ma famille?
Qui le fait malgré moy vouloir venger ma fille?
Et par quelle raiſon dans ſon juſte trépas
Prend-il un intéreſt qu'un pére ne prend pas?
On craint qu'après ſa ſœur il n'en maltraite d'autres!
Sire, nous n'avons part qu'à la honte des noſtres,
Et, de quelque façon qu'un autre puiſſe agir,
Qui ne nous touche point ne nous fait point rougir.

### Acte V.

*A Valére.*

Tu peux pleurer, Valére, et même aux yeux d'Horace :
Il ne prend intéreſt qu'aux crimes de ſa race ;
Qui n'eſt point de ſon ſang ne peut faire d'affront
Aux lauriers immortels qui luy ceignent le front.
Lauriers, ſacrez rameaux qu'on veut réduire en poudre,
Vous qui mettez ſa teſte à couvert de la foudre,
L'abandonnerez-vous à l'infame coûteau
Qui fait choir les méchans ſous la main d'un bourreau ?
Romains, ſouffrirez-vous qu'on vous immole un homme
Sans qui Rome aujourd'huy ceſſeroit d'eſtre Rome,
Et qu'un Romain s'efforce à tacher le renom
D'un guerrier à qui tous doivent un ſi beau nom ?
Dy, Valére, dy-nous, ſi tu veux qu'il périſſe,
Où tu penſes choiſir un lieu pour ſon ſupplice ?
Sera-ce entre ces murs que mille et mille voix
Font réſonner encor du bruit de ſes exploits ?
Sera-ce hors des murs, au milieu de ces places
Qu'on voit fumer encor du ſang des Curiaces,
Entre leurs trois tombeaux, et dans ce champ d'honneur
Témoin de ſa vaillance et de noſtre bonheur ?
Tu ne ſçaurois cacher ſa peine à ſa victoire :
Dans les murs, hors des murs, tout parle de ſa gloire,
Tout s'oppoſe à l'effort de ton injuſte amour
Qui veut d'un ſi bon ſang ſouiller un ſi beau jour.
Albe ne pourra pas ſouffrir un tel ſpectacle,
Et Rome par ſes pleurs y mettra trop d'obſtacle.

*Au Roy.*

Vous les préviendrez, Sire, et par un juſte arreſt
Vous ſçaurez embraſſer bien mieux ſon intéreſt.
Ce qu'il a fait pour elle il peut encor le faire ;
Il peut la garantir encor d'un ſort contraire.
Sire, ne donnez rien à mes débiles ans :
Rome aujourd'huy m'a veu pére de quatre enfans ;
Trois en ce meſme jour ſont morts pour ſa querelle :
Il m'en reſte encor un ; conſervez-le pour elle,
N'oſtez pas à ſes murs un ſi puiſſant appuy,
Et ſouffrez pour finir que je m'adreſſe à luy.

*A Horace.*

Horace, ne croy pas que le peuple ſtupide

Soit le maiſtre absolu d'un renom bien ſolide.
Sa voix tumultueuſe aſſez ſouvent fait bruit,
Mais un moment l'éléve, un moment le détruit ;
Et ce qu'il contribuë à noſtre renommée
Toûjours en moins de rien ſe diſſipe en fumée.
C'eſt aux rois, c'eſt aux grands, c'eſt aux esprits bien faits,
A voir la vertu pleine en ſes moindres effets ;
C'eſt d'eux ſeuls qu'on reçoit la véritable gloire,
Eux ſeuls des vrais héros aſſeurent la mémoire.
Vy toûjours en Horace, et toûjours auprès d'eux
Ton nom demeurera grand, illustre, fameux,
Bien que l'occaſion, moins haute, ou moins brillante,
D'un vulgaire ignorant trompe l'injuste attente.
Ne hay donc plus la vie, et du moins vy pour moy,
Et pour ſervir encor ton païs et ton roy.
  Sire, j'en ay trop dit, mais l'affaire vous touche,
Et Rome toute entiére a parlé par ma bouche.

VALÉRE.

Sire, permettez-moy...

TULLE.

  Valére, c'eſt aſſez ;
Vos discours par les leurs ne ſont pas effacez,
J'en garde en mon esprit les forces plus preſſantes,
Et toutes vos raiſons me ſont encor preſentes.
  Cette énorme action faite presque à nos yeux
Outrage la nature et bleſſe jusqu'aux dieux.
Un premier mouvement qui produit un tel crime
Ne ſçauroit luy ſervir d'excuſe légitime ;
Les moins ſévéres loix en ce point ſont d'accord,
Et, ſi nous les ſuivons, il eſt digne de mort.
Si d'ailleurs nous voulons regarder le coupable,
Ce crime, quoy que grand, énorme, inexcuſable,
Vient de la meſme épée et part du meſme bras
Qui me fait aujourd'huy maiſtre de deux États.
Deux ſceptres en ma main, Albe à Rome aſſervie,
Parlent bien hautement en faveur de ſa vie.
Sans luy j'obéirois où je donne la loy,
Et je ſerois ſujet où je ſuis deux fois roy.
Aſſez de bons ſujets dans toutes les provinces
Par des vœux impuiſſans s'acquittent vers leurs princes.

Tous les peuvent aimer, mais tous ne peuvent pas
Par d'illustres effets asseurer leurs États,
Et l'art et le pouvoir d'affermir des couronnes
Sont des dons que le ciel fait à peu de personnes ;
De pareils serviteurs font les forces des rois,
Et de pareils aussi sont au dessus des loix.
Qu'elles se taisent donc ; que Rome dissimule
Ce que dès sa naissance elle vit en Romule ;
Elle peut bien souffrir en son libérateur
Ce qu'elle a bien souffert en son prémier auteur.

Vy donc, Horace, vy, guerrier trop magnanime,
Ta vertu met ta gloire au dessus de ton crime ;
Sa chaleur généreuse a produit ton forfait,
D'une cause si belle il faut souffrir l'effet.
Vy pour servir l'État ; vy, mais aime Valére,
Qu'il ne reste entre vous ny haine, ny colére,
Et, soit qu'il ait suivy l'amour ou le devoir,
Sans aucun sentiment résous toy de le voir.

Sabine, écoutez moins la douleur qui vous presse,
Chassez de ce grand cœur ces marques de foiblesse,
C'est en séchant vos pleurs que vous vous montrerez
La véritable sœur de ceux que vous pleurez.

Mais nous devons aux dieux demain un sacrifice,
Et nous aurions le ciel à nos vœux mal propice,
Si nos prestres, avant que de sacrifier,
Ne trouvoient les moyens de le purifier.
Son pére en prendra soin ; il lui sera facile
D'appaiser tout d'un temps les manes de Camille.
Je la plains ; et pour rendre à son sort rigoureux
Ce que peut souhaiter son esprit amoureux,
Puisqu'en un mesme jour l'ardeur d'un mesme zéle
Achève le destin de son amant et d'elle,
Je veux qu'un mesme jour, témoin de leurs deux morts,
En un mesme tombeau voye enfermer leurs corps[1].

---

1. Jusque dans l'édition de 1654 la pièce ne se terminait point ici. Dans une dernière scène, Julie, restée seule après la sortie des autres personnages, prononçait les trois stances suivantes qui sont un commentaire sur le sens de l'oracle :

Camille, ainſy le ciel t'avoit bien avertie
Des tragiques ſuccès qu'il t'avoit préparez ;
Mais toûjours du ſecret il cache une partie
Aux esprits les plus nets et les mieux éclairez.

Il ſembloit nous parler de ton proche hyménée ;
Il ſembloit tout promettre à tes vœux innocens,
Et, nous cachant ainſy ta mort inopinée,
Sa voix n'eſt que trop vraie en trompant noſtre ſens.

*Albe et Rome aujourd'huy prennent une autre face.*
*Tes vœux ſont exaucez ; elles gouſtent la paix ;*
*Et tu vas eſtre unie avec ton Curiace,*
*Sans qu'aucun mauvais ſort t'en ſépare jamais.*


*Fin du cinquiéme et dernier acte.*

# EXAMEN D'HORACE

C'eſt une croyance aſſez générale que cette piéce pourroit paſſer pour la plus belle des miennes, ſi les derniers actes répondoient aux prémiers. Tous veulent que la mort de Camille en gaſte la fin, et j'en demeure d'accord : mais je ne ſçay ſi tous en ſçavent la raiſon. On l'attribuë généralement à ce qu'on voit cette mort ſur la ſcéne, ce qui ſeroit plûtoſt la faute de l'actrice que la mienne, parce que quand elle voit ſon frére mettre l'épée à la main, la frayeur ſi naturelle au ſexe luy doit faire prendre la fuite, et recevoir le coup derrière le théatre, comme je le marque dans cette impreſſion. D'ailleurs, ſi c'eſt une régle de ne le point enſanglanter, elle n'eſt pas du temps d'Ariſtote, qui nous apprend que pour émouvoir puiſſamment, il faut de grands déplaiſirs, des bleſſures, et des morts en ſpectacle. Horace ne veut pas que nous y hazardions les événemens trop dénaturez, comme de Médée, qui tuë ſes enfans ; mais je ne voy pas qu'il en faſſe une régle générale pour toutes ſortes de morts, ny que l'emportement d'un homme paſſionné pour ſa patrie, contre une ſœur qui la maudit en ſa préſence avec des imprécations horribles, ſoit de meſme nature que la cruauté de cette mère. Sénéque l'expoſe aux yeux du peuple en dépit d'Horace, et chez Sophocle Ajax ne ſe cache point aux ſpectateurs lors qu'il ſe tuë. L'adouciſſement que j'apporte dans le ſecond de ces Diſcours pour rectifier la mort de Clytemneſtre ne peut eſtre propre icy à celle de Camille. Quand elle s'enferreroit d'elle-mefme par défefpoir en voyant fon frére l'épée à la main, ce frére ne laifferoit pas d'eftre criminel de l'avoir tirée contre elle, puifqu'il n'y a point de troifiéme perfonne fur le théatre à qui il pûft adreffer le coup qu'elle recevroit, comme peut faire Oreste à Ægifte. D'ailleurs l'histoire eft trop connuë, pour retrancher le péril qu'il court d'une mort infame après l'avoir tuée, et la défenfe que luy préte fon pére pour obtenir fa grace n'auroit plus de lieu, s'il demeuroit innocent. Quoy qu'il en foit, voyons fi cette action n'a pû caufer la chûte de ce poëme que par là, et fi elle n'a point d'autre irrégularité que de bleffer les yeux.

Comme je n'ay point accoûtumé de diffimuler mes défauts, j'en trouve icy deux ou trois affez confidérables. Le prémier eft que cette action, qui devient la principale de la piéce, eft momentanée et n'a point cette jufte grandeur que luy demande Aristote, et qui confiste en un commencement, un milieu et une fin. Elle surprend tout d'un coup, et toute la préparation que j'y ay donnée par la peinture de la vertu farouche d'Horace, et par la défenfe qu'il fait à fa fœur de regretter qui que ce foit, de luy ou de fon amant, qui meure au combat, n'eft point fuffifante pour faire attendre un emportement fi extraordinaire, et fervir de commencement à cette action.

Le fecond défaut eft que cette mort fait une action double par le fecond péril où tombe Horace après eftre forty du prémier. L'unité de péril d'un héros dans la tragédie fait l'unité d'action, et quand il en eft garanty, la piéce eft finie, fi ce n'eft que la fortie mefme de ce péril l'engage fi néceffairement dans un autre, que la liaifon et la continuité des deux n'en faffe qu'une action : ce qui n'arrive point icy, où Horace revient triomphant fans aucun befoin de tuër fa fœur, ny mefme de parler à elle, et l'action feroit fuffifamment terminée à fa victoire. Cette cheute d'un péril en l'autre fans néceffité fait icy un effet d'autant plus mauvais, que d'un péril public, où il y va de tout l'État, il tombe en un péril particulier, où il n'y va que de fa vie; et pour dire encore plus, d'un péril illuftre, où il ne peut fuccomber que glorieufement, en un péril infame, dont il ne peut fortir fans tache. Ajouftez, pour troifiéme imperfection, que Camille, qui ne tient que le fecond rang dans les trois prémiers actes et y laiffe le prémier à Sabine, prend le prémier en ces deux derniers, où cette Sabine n'eft plus confidérable, et qu'ainfi s'il y a égalité dans les mœurs, il n'y en a point dans la dignité des perfonnages, où fe doit étendre ce précepte d'Horace,

> Servetur ad imum
> Qualis ab incepto processerit, et sibi constet.

Ce défaut en Rodelinde a été une des principales caufes du mauvais fuccès de *Pertharite*[1], et je n'ay point encore veu fur nos théatres cette inégalité de rang en un mefme acteur, qui n'aye produit un trèsméchant effet. Il feroit bon d'en établir une régle inviolable.

Du cofté du temps, l'action n'eft point trop preffée, et n'a rien qui ne me femble vray-femblable. Pour le lieu, bien que l'unité y foit exacte, elle n'eft pas fans quelque contrainte. Il eft constant qu'Horace et Curiace n'ont point de raifon de fe féparer du refte de la famille pour commencer le fecond acte, et c'eft une adreffe de théatre de n'en donner aucune, quand on n'en peut donner de bonnes. L'attachement de l'auditeur à l'action préfente, fouvent ne luy permet pas de defcendre à l'examen févère de cette juftefle, et ce n'eft pas un crime que de s'en prévaloir pour l'éblouïr, quand il eft malaifé de le fatisfaire.

Le perfonnage de Sabine eft affez heureufement inventé, et trouve fa vray-femblance aifée dans le rapport à l'histoire, qui marque affez d'amitié et d'égalité entre les deux familles, pour avoir pû faire cette double alliance.

---

1. Nous rappelons ici que les Examens de Corneille sur ses pièces ont paru pour la première fois dans son édition de 1660. *Pertharite* fut représenté treize ans après *Horace*, en 1653.

Elle ne fert pas davantage à l'action, que l'infante à celle du *Cid*, et ne fait que fe laiffer toucher diverfement comme elle à la diverfité des événemens. Néantmoins on a généralement approuvé celle-cy, et condamné l'autre ; j'en ay cherché la raifon, et j'en ay trouvé deux. L'une eft la liaifon des fcénes, qui femble, s'il m'eft permis de parler ainfi, incorporer Sabine dans cette piéce, au lieu que dans *le Cid* toutes celles de l'infante font détachées, et paroiffent hors œuvre ;

> Tantum series juncturaque pollet.

L'autre, qu'ayant une fois pofé Sabine pour femme d'Horace, il est néceffaire que tous les incidens de ce poëme luy donnent les fentimens qu'elle en témoigne avoir, par l'obligation qu'elle a de prendre intéreft à ce qui regarde fon mary et fes fréres : mais l'infante n'eft point obligée d'en prendre aucun en ce qui touche le Cid, et fi elle a quelque inclination fecréte pour luy, il n'eft point befoin qu'elle en faffe rien paroiftre, puisqu'elle ne produit aucun effet.

L'Oracle qui eft propofé au prémier acte trouve fon vray fens à la conclufion du cinquiéme. Il femble clair d'abord, et porte l'imagination à un fens contraire, et je les aimerois mieux de cette forte fur nos théatres, que ceux qu'on fait entiérement obscurs; parce que la furprife de leur véritable effet en eft plus belle. J'en ay ufé ainfi encor dans l'*Andromède* et dans l'*Œdipe*. Je ne dis pas la mefme chofe des fonges, qui peuvent faire encor un grand ornement dans la protafe, pourveu qu'on ne s'en ferve pas fouvent. Je voudrois qu'ils euffent l'idée de la fin véritable de la piéce, mais avec quelque confufion, qui n'en permift pas l'intelligence entiére. C'eft ainfi que je m'en fuis fervi deux fois, icy, et dans *Polyeucte*, mais avec plus d'éclat et d'artifice dans ce dernier poëme, où il marque toutes les particularitez de l'événement, qu'en celuy-cy, où il ne fait qu'exprimer une ébauche tout-à-fait informe de ce qui doit arriver de funeste.

Il paffe pour constant que le fecond acte eft un des

plus pathétiques qui foient fur la fcéne, et le troifiéme un des plus artificieux. Il eft foûtenu de la feule narration de la moitié du combat des trois fréres, qui est coupée très-heureufement pour laiffer Horace le pére dans la colére et le déplaifir, et luy donner en fuite un beau retour à la joye dans le quatrième. Il a été à propos, pour le jetter dans cette erreur, de fe fervir de l'impatience d'une femme, qui fuit brusquement fa prémiére idée, et préfume le combat achevé, parce qu'elle a veu deux des Horaces par terre, et le troifiéme en fuite. Un homme, qui doit eftre plus pofé et plus judicieux, n'euft pas efté propre à donner cette fauffe alarme. Il euft dû prendre plus de patience, afin d'avoir plus de certitude de l'évènement, et n'euft pas été excufable de fe laiffer emporter fi légérement par les apparences, à préfumer le mauvais fuccès d'un combat dont il n'euft pas veu la fin.

Bien que le roy n'y paroiffe qu'au cinquiéme, il y est mieux dans fa dignité que dans *le Cid,* parce qu'il a intéreft pour tout fon État dans le reste de la piéce, et bien qu'il n'y parle point, il ne laiffe pas d'y agir comme roy. Il vient auffi dans ce cinquiéme comme roy, qui veut honorer par cette vifite un pére dont les fils luy ont confervé fa couronne, et acquis celle d'Albe au prix de leur fang. S'il y fait l'office de juge, ce n'eft que par accident, et il le fait dans ce logis mefme d'Horace par la feule contrainte qu'impofe la régle de l'unité de lieu. Tout ce cinquiéme eft encor une des caufes du peu de fatisfaction que laiffe cette tragédie : il eft tout en plaidoyez, et ce n'eft pas là la place des harangues, ny des longs discours. Ils peuvent eftre fupportez en un commencement de piéce où l'action n'est pas encor échauffée : mais le cinquiéme acte doit plus agir que discourir. L'attention de l'auditeur déja laffée fe rebute de ces conclufions qui traifnent et tirent la fin en longueur.

Quelques-uns ne veulent pas que Valére y foit un digne accufateur d'Horace, parce que dans la piéce il n'a pas fait voir affez de paffion pour Camille : à quoy je répons, que ce n'eft pas à dire qu'il n'en euft une très-forte, mais qu'un amant mal voulu ne pouvoit le montrer de bonne grace à sa maîtresse, dans le jour qui la rejoignoit à un amant aimé. Il n'y avoit point de place pour luy au prémier acte, et encor moins au second; il falloit qu'il tinst son rang à l'armée pendant le troisiéme, et il se montre au quatriéme, si tost que la mort de son rival fait quelque ouverture à son espérance. Il tasche à gagner les bonnes graces du pére par la commission qu'il prend du roy de luy apporter les glorieuses nouvelles de l'honneur que ce prince luy veut faire; et, par occasion, il luy apprend la victoire de son fils, qu'il ignoroit. Il ne manque pas d'amour durant les trois prémiers actes, mais d'un temps propre à le témoigner; et, dès la prémiére scène de la piéce, il paroist bien qu'il rendoit assez de soins à Camille, puisque Sabine s'en alarme pour son frére. S'il ne prend pas le procédé de France, il faut considérer qu'il est Romain, et dans Rome, où il n'auroit pû entreprendre un düel contre un autre Romain sans faire un crime d'État, et que j'en aurois fait un de théatre, si j'avois habillé un Romain à la françoise.

# CINNA[1]

TRAGÉDIE.

— 1640 —

1. *Cinna ou la Clémence d'Auguste*, dont Corneille ne laissa subsister le second titre que dans les éditions séparées de cette tragédie, et jusqu'au moment où elle entra dans la Seconde Partie de ses *OEuvres* (1648), offre cette particularité que c'est la première pièce dont le privilége fut accordé à l'auteur lui-même, et non à un libraire ayant préalablement traité avec lui. L'Extrait du privilége, donné à Fontainebleau le 1er août 1642, porte : « Il est permis à noftre amé et feal PIERRE CORNEILLE, noftre « Confeiller et Advocat général à la Table de Marbre des Eaües « et Forefts de Rouen, de faire imprimer une tragédie de fa com- « position intitulée *Cinna ou la Clémence d'Augufte*, etc., etc. » La pièce fut achevée d'imprimer pour la première fois le 18 janvier 1643. Cette édition originale, du format in-4°, porte sur le titre : *Imprimé à Roüen aux despens de l'Autheur, et se vendent à Paris, chez Toussainct Quinet*, 1643. Malgré cette indication de *despens de l'autheur*, on trouve à la suite de l'Extrait du privilége une mention de cession et transport par Corneille à Toussaint Quinet de tous les droits à lui conférés.

On lit au bas de la page 14 du t. IV de l'édition de M. Lefèvre, une note de M. Aimé Martin ainsi conçue : « *Cinna*, tragé- « die jouée en 1639, la même année qu'*Horace*, ne fut imprimée « qu'en 1642. » Il y a là trois erreurs. *Cinna* ne fut joué qu'en 1640; *Horace*, qui l'avait précédé, n'avait également paru sur la scène qu'en 1640 (Voir *Hiftoire de Corneille*, p. 95 et 96); enfin, comme nous venons de le montrer, *Cinna* ne fut imprimé qu'en 1643.

## A MONSIEUR DE MONTORON[1].

Monsieur,

Je vous prefente un tableau d'une des plus belles actions d'Auguste. Ce monarque étoit tout généreux, et fa générofité n'a jamais paru avec tant d'éclat que dans les effets de fa clémence et de fa libéralité. Ces deux rares vertus étoient fi naturelles et fi inféparables en luy, qu'il femble qu'en cette histoire que j'ay mife fur noftre théatre, elles fe foient tour à tour entre-produites dans nos ames. Il avoit été fi libéral envers Cinna, que fa conjuration ayant fait voir une ingratitude extraordinaire, il eut befoin d'un extraordinaire effort de clémence pour luy pardonner : et le pardon qu'il luy donna fut la fource des nouveaux bien-faits dont il luy fut prodigue, pour vaincre tout-à-fait cet esprit qui n'avoit pû eftre gagné par les prémiers; de forte qu'il eft vray de dire qu'il euft été moins clément envers luy s'il euft été moins libéral, et qu'il euft été moins libéral s'il euft été moins clément. Cela étant, à qui pourrois-je

---

1. Pierre du Puget, seigneur de Montauron ou Montoron, des Carles et Caussidière, la Chevrette et la Marche, premier président des finances au bureau de Montauban, mort ruiné le 23 juin 1664. (Voir *Histoire de Corneille*, pages 117-119 et 322-323.) « Si vous ignorez, » dit Guéret, *Promenade de Saint-Cloud*, « ce que c'est que les *Panégyriques à la Montoron*, « vous n'avez qu'à le demander à M. Corneille, et il vous dira « que son *Cinna* n'a pas été la plus malheureuse de ses dédi- « caces. » (Imprimé dans *Mémoires historiques et critiques de Bruys*, Paris, 1751, in-12, t. II, p. 238.)

plus justement donner le portrait de l'une de ces héroïques vertus, qu'à celuy qui posséde l'autre en un si haut degré, puisque, dans cette action, ce grand prince les a si bien attachées et comme unies l'une à l'autre, qu'elles ont été tout ensemble et la cause et l'effet l'une de l'autre? Vous avez des richesses, mais vous savez en jouir, et vous en jouissez d'une façon si noble, si relevée, et tellement illustre, que vous forcez la voix publique d'avouer que la fortune a consulté la raison quand elle a répandu ses faveurs sur vous, et qu'on a plus sujet de vous en souhaiter le redoublement que de vous en envier l'abondance. J'ai vécu si éloigné de la flaterie, que je pense estre en possession de me faire croire quand je dis du bien de quelqu'un; et lorsque je donne des louanges (ce qui m'arrive assez rarement), c'est avec tant de retenue, que je supprime toujours quantité de glorieuses vérités, pour ne me rendre pas suspect d'étaler de ces mensonges obligeans que beaucoup de nos modernes savent débiter de si bonne grace. Aussi je ne diray rien des avantages de vostre naissance, ni de vostre courage, qui l'a si dignement soutenue dans la profession des armes, à qui vous avez donné vos prémiéres années; ce sont des choses trop connues de tout le monde. Je ne diray rien de ce prompt et puissant secours que reçoivent chaque jour de vostre main tant de bonnes familles ruinées par les désordres de nos guerres; ce sont des choses que vous voulez tenir cachées. Je diray seulement un mot de ce que vous avez particuliérement de commun avec Auguste : c'est que cette générosité qui compose la meilleure partie de vostre ame et régne sur l'autre, et qu'à juste titre on peut nommer l'ame de vostre ame, puisqu'elle en fait mouvoir toutes les puissances; c'est, dis-je, que cette générosité, à l'exemple de ce grand empereur, prend plaisir à s'étendre sur les gens de lettres, en un temps où beaucoup pensent avoir trop récompensé leurs travaux quand ils les ont honorés d'une louange stérile. Et certes, vous avez traité quelques-unes de nos muses avec tant de magnanimité, qu'en elles vous avez obligé toutes les autres, et qu'il n'en est point qui ne vous en doive un remerciement. Trouvez donc bon, Monſieur, que je m'acquitte de celuy que je reconnois vous en devoir, par le preſent que je vous fais de ce poëme, que j'ai choiſi comme le plus durable des miens, pour apprendre plus longtemps à ceux qui le liront que le généreux M. DE MONTORON, par une libéralité inouïe en ce ſiécle, s'eſt rendu toutes les muſes redevables, et que je prens tant de part aux bien-faits dont vous avez ſurpris quelques-unes d'elles, que je m'en diray toute ma vie,

Monsieur,

Votre très-humble, très-obéiſſant et très-obligé ſerviteur,

CORNEILLE.

# SENECA.

Lib. I, *De clementia*, cap. ix.

Divus Augustus mitis fuit princeps, si quis illum a principatu suo æstimare incipiat : in communi quidem republica, duodevicesimum egressus annum, jam pugiones in sinu amicorum absconderat, jam insidiis M. Antonii consulis latus petierat, jam fuerat collega proscriptionis : sed quum annum quadragesimum transisset, et in Gallia moraretur, delatum est ad eum incidium L. Cinnam, stolidi ingenii virum, insidias ei struere. Dictum est et ubi, et quando, et quemadmodum aggredi vellet. Unus ex consciis deferebat; constituit se ab eo vindicare. Consilium amicorum advocari jussit.

Nox illi inquieta erat, quum cogitaret adolescentem nobilem, hoc detracto integrum, Cn. Pompeii nepotem damnandum. Jam unum hominem occidere non poterat, quum M. Antonio proscriptionis edictum inter cœnam dictarat. Gemens subinde voces emittebat varias et inter se contrarias : « Quid ergo! ego percussorem
« meum securum ambulare patiar, me sollicito? Ergo
« non dabit pœnas, qui tot civilibus bellis frustra pe-
« titum caput, tot navalibus, tot pedestribus præliis in-
« colume, postquam terra marique pax parta est, non
« occidere constituit, sed immolare? » (Nam sacrificantem placuerat adoriri.) Rursus silentio interposito, majore multo voce sibi quam Cinnæ irascebatur :
« Quid vivis, si perire te tam multorum interest. Quis
« finis erit suppliciorum? quis sanguinis? Ego sum
« nobilibus adolescentulis expositum caput, in quod
« mucrones acuant. Non est tanti vita, si, ut ego non
« peream, tam multa perdenda sunt. » Interpellavit tandem illum Livia uxor : « Et admittis, inquit, mu-
« liebre concilium? Fac quod medici solent; ubi usitata

« remedia non procedunt, tentant contraria. Severitate
« nihil adhuc profecisti : Salvidienum Lepidus secutus
« est, Lepidum Muræna, Murænam Cæpio, Cæpionem
« Egnatius, ut alios taceam quos tantum ausos pudet :
« nunc tenta quomodo tibi cedat clementia. Ignosce
« L. Cinnæ; deprehensus est; jam nocere tibi non po-
« test, prodesse famæ tuæ potest. »

Gavisus sibi quod advocatum invenerat, uxori quidem gratias egit : renuntiari autem extemplo amicis
quos in concilium rogaverat imperavit, et Cinnam
unum ad se accersit, dimissisque omnibus e cubiculo,
quum alteram poni Cinnæ cathedram jussisset, « Hoc,
« inquit, primum a te peto ne me loquentem interpel-
« les, ne medio sermone meo proclames; dabitur tibi
« loquendi liberum tempus. Ego te, Cinna, quum in
« hostium castris invenissem, non tantum factum mihi
« inimicum, sed natum servavi; patrimonium tibi omne
« concessi; hodie tam felix es et tam dives, ut victo
« victores invideant : sacerdotium tibi petenti, præter-
« itis compluribus quorum parentes mecum militave-
« rant, dedi. Quum sic de te meruerim, occidere me
« contituisti ! »

Quum ad hanc vocem exclamasset Cinna, procul
hanc ab se abesse dementiam : « Non præstas, inquit,
« fidem, Cinna; convenerat ne interloquereris. Occidere,
« inquam, me paras. » Adjecit locum, socios, diem, or-
dinem insidiarum cui commissum esset ferrum. Et
quum defixum videret, nec ex conventione jam, sed ex
conscientia tacentem : « Quo, inquit, hoc animo facis?
« Ut ipse sis princeps? Male, mehercule, cum republica
« agitur, si tibi ad imperandum nihil præter me obstat.
« Domum tuam tueri non potes; nuper libertini ho-
« minis gratia in privato judicio superatus es. Adeo
« nihil facilius putas quam contra Cæsarem advocare.
« Cedo, si spes tuas solus impedio. Paulusne te et Fa-
« bius Maximus et Cossi et Servilii ferent, tantumque
« agmen nobilium, non inania nomina præferentium,
« sed eorum qui imaginibus suis decori sunt? » Ne to-
tam ejus orationem repetendo magnam partem volu-
minis occupem, diutius enim quam duabus horis lo-

cutum esse constat, quum hanc pœnam qua sola erat contentus futurus, extenderet. « Vitam tibi, inquit, « Cinna, iterum do, prius hosti, nunc insidiatori ac « parricidæ. Ex hodierno die inter nos amicitia inci- « piat. Contendamus, utrum ego meliore fide vitam « tibi dederim, an tu debeas. » Post hæc detulit ultro consulatum, questus quod non auderet petere, amicissimum, fidelissimumque habuit, hæres solus fuit illi, nullis amplius insidiis ab ullo petitus est.

## MONTAGNE [1].

LIVRE I de ses *Essais*, CHAP. XXIII.

L'empereur Auguste, estant en la Gaule, receut certain advertissement d'une conjuration que luy brassoit L. Cinna; il délibéra de s'en venger, et manda pour cet effect au lendemain le conseil de ses amis. Mais la nuict d'entre deux, il la passa avecque grande inquiétude, considérant qu'il avoit à faire mourir un jeune homme de bonne maison et nepveu du grand Pompéius, et produisoit en se plaignant plusieurs divers discours : « Quoy doncques, disoit-il, sera-il vray que je demeureray en crainte et en alarme, et que je lairray mon meurtrier se promener cependant à son ayse? S'en ira-t'il quitte ayant assailly ma teste, que j'ay sauvée de tant de guerres civiles, de tant de batailles par mer et par terre, et après avoir establi la paix universelle du monde? Sera-il absoult, ayant délibéré non de me meurtrir seulement, mais de me sacrifier? » car la conjuration estoit faicte de le tuer comme il feroit quelque sacrifice. Aprez cela, s'estant tenu coy quelque espace de temps, il recommenceoit d'une voix plus forte, et s'en prenoit à soy-mesme : « Pourquoy vis-tu, s'il importe à tant de gents que tu meures? N'y aura-il point de fin à tes vengeances et à tes cruautez? Ta

1. Corneille a donné cet extrait des *Essais* de Montaigne en tête de la première édition de *Cinna*. Il l'a supprimé quand il a imprimé cette pièce dans la Seconde Partie de ses *Œuvres*.

vie vaut-elle que tant de dommage se face pour la conserver? » Livia, sa femme, le sentant en ces angoisses, : « Et les conseils des femmes y seront-ils receus? lui dict-elle; fay ce que font les médecins : quant les receptes accoustumées ne peuvent servir, ils en essayent de contraires. Par sévérité, tu n'as jusques à cette heure rien proufité : Lepidus a suyvi Salvidienus; Murena, Lepidus; Cæpio, Murena; Egnatius, Cæpio : commence à experimenter comment te succéderont la doulceur et la clémence. Cinna est convaincu, pardonne-luy; de te nuire desormais, il ne pourra, et proufitera à ta gloire. » Auguste feut bien ayse d'avoir trouvé un advocat de son honneur, et ayant remercié sa femme, et contremandé ses amis qu'il avoit assignés au conseil, commanda qu'on feist venir à luy Cinna tout seul, et ayant faict sortir tout le monde de sa chambre et faict donner un siége à Cinna, il luy parla en cette manière : « En premier lieu, je te demande, Cinna, paisible audience; n'interromps pas mon parler : je te donneray temps et loisir d'y respondre. Tu sçais, Cinna, que t'ayant prins au camp de mes ennemis, non seulement t'estant faict mon ennemy, mais estant nay tel, je te sauvay, je te meis entre mains touts tes biens, et t'ay enfin rendu si accommodé et si aysé, que les victorieux sont envieux de la condition du vaincu. L'office du sacerdoce que tu me demandas, je te l'octroyay, l'ayant refusé à d'aultres, desquels les pères avoyent tousjours combattu avecques moy. T'ayant si fort obligé, tu as entreprins de me tuer. » A quoy Cinna s'estant escrié qu'il estoit bien esloingné d'une si meschante pensée : « Tu ne me tiens pas, Cinna, ce que tu m'avois promis, suyvit Auguste; tu m'avois asseuré que je ne seray pas interrompu. Ouy, tu as entreprins de me tuer, en tel lieu, tel jour, en telle compaignie et de telle façon. » Et le veoyant transi de ces nouvelles, et en silence, non plus pour tenir le marché de se taire, mais de la presse de sa conscience : « Pourquoy, adjousta il, le fais tu? est ce pour estre empereur? Vrayment, il va bien mal à la chose publique, s'il n'y a que moy qui t'empesche d'arriver à l'empire. Tu ne peux pas seulement deffendre ta maison, et perdis dernièrement un procès par la faveur d'un pauvre libertin[1]. Quoy! n'as tu pas moyen ny pouvoir en aultre chose qu'à entreprendre César? Je le quitte, s'il n'y a que moy qui empesche tes espérances. Penses tu que Paulus, que Fabius, que les Cosseens et Serviliens te souffrent, et une si grande troupe de nobles, non seulement nobles de nom, mais qui, par leur vertu, honorent leur noblesse? » Aprez plusieurs aultres propos (car il parla à luy plus de deux heures entières) : « Or va, luy dict-il, je te donne, Cinna, la vie à traistre et à parricide, que je te donnay aultrefois à ennemy; que l'amitié commence de ce jourd'hui entre nous; essayons qui de nous deux de meilleure foy, moy t'aye donné ta vie, ou tu l'ayes receue. » Et se despartit d'avesques luy en cette manière. Quelque temps aprez il luy donna le consulat, se plaignant de quoy il ne luy avoit osé demander. Il l'eut depuis pour fort amy, et fut seul faict par luy héritier de ses biens. Or, depuis cet accident, qui advint à Auguste au quarantiesme an de son aage, il n'y eut jamais de conjuration ny d'entreprinse contre luy, et receut une juste récompense de cette sienne clémence.

## LETTRE DE MONSIEUR DE BALZAC,

Imprimée en la Seconde Partie de ses *Lettres choisies*, livre troisiéme, lettre neufiéme [2].

MONSIEUR,

'ay senty un notable soulagement depuis l'arrivée de vostre paquet, et je crie miracle! dès le commencement de ma lettre. Vostre *Cinna* guérit les malades : il faut que les

1. Libertin ( de *libertus, libertinus*), affranchi.
2. Quand Corneille fit imprimer *Cinna* dans la Seconde Partie de ses *Œuvres*, en 1648, il le fit précéder de cette Lettre qui se trouve encore dans l'édition de 1654. En date du 17 janvier 1643, elle avait déjà été comprise dans le tome II des *Lettres choisies du sieur de Balzac*, Paris, Aug. Courbé. 1647, in-8, p. 437 et suiv.

paralitiques battent des mains : il rend la parole à un muet, ce seroit trop peu dire à un enrumé. En effet, j'avois perdu la parole avec la voix; et puisque je les recouvre l'une et l'autre par vostre moyen, il est bien juste que je les employe toutes deux à votre gloire et à dire sans cesse : La belle chose! Vous avez peur néantmoins d'estre de ceux qui sont accablés par la majesté des sujets qu'ils traitent, et ne pensez pas avoir apporté assez de force pour soûtenir la grandeur romaine. Quoy que cette modestie me plaise, elle ne me persuade pas, et je m'y oppose pour l'interest de la vérité. Vous etes trop subtil examinateur d'une composition universellement approuvée : et s'il estoit vray qu'en quelqu'une de ses parties vous eussiez senty quelque foiblesse, ce seroit un secret entre vos Muses et vous; car je vous asseure que personne ne l'a reconnüe. La foiblesse seroit de nostre expression, et non pas de vostre pensée; elle viendroit du défaut des instrumens, et non pas de la faute de l'ouvrier; il faudroit en accuser l'incapacité de nostre langue. Vous nous faites voir Rome tout ce qu'elle peut estre à Paris, et ne l'avez point brisée en la remuant. Ce n'est point une Rome de Cassiodore, et aussi déchirée qu'elle estoit au siècle des Théodorics. C'est une Rome de Tite-Live, et aussi pompeuse qu'elle estoit au temps des premiers Césars. Vous avez mesme trouvé ce qu'elle avoit perdu dans les ruines de la république, cette noble et magnanime fierté : et il se voit bien quelques passables traducteurs de ses paroles et de ses locutions, mais vous êtes le vray et le fidèle interprète de son esprit et de son courage. Je dis plus, Monsieur, vous estes souvent son pédagogue, et l'avertissez de la bienséance, quand elle ne s'en souvient pas. Vous estes le réformateur du vieux temps, s'il a besoin d'embellissement ou d'appuy. Aux endroits où Rome est de brique, vous la rebastissez de marbre : quand vous trouvez du vuide, vous le remplissez d'un chef-d'œuvre, et je prens garde que ce que vous prestez à l'histoire, est tousjours meilleur que ce que vous empruntez d'elle. La femme d'Horace et la maistresse de Cinna, qui sont vos deux véritables enfantemens, et les deux pures créatures de vostre esprit, ne sont-elles pas aussi les principaux ornemens de vos deux poemes? Et qu'est-ce que la saine antiquité a produit de vigoureux et de ferme dans le sexe foible, qui soit comparable à ces nouvelles héroines que vous avez mises au monde, à ces Romaines de vostre façon? Je ne m'ennuye point depuis quinze erreurs, de considérer celle que j'ai receüe la dernière. Je l'ay fait admirer à tous les habiles de nostre province. Nos orateurs et nos poétes en disent merveilles : mais un docteur de mes voisins, qui se met d'ordinaire sur le haut stile, en parle certes d'une étrange sorte; et il n'y a point de mal que vous sçachiez jusques où vous avez porté son esprit. Il se contentoit le premier jour de dire que vostre Æmilie estoit la rivale de Caton et de Brutus dans la passion de la liberté : à cette heure, il va bien plus loin. Tantost il la nomme la possédée du démon de la république, et quelquefois la belle, la raisonnable, la sainte et l'adorable furie. Voilà d'étranges paroles sur le sujet de vostre Romaine, mais elles ne sont pas sans fondement. Elle inspire en effet toute la conjuration, et donne chaleur au party par le feu qu'elle jette dans l'âme du chef. Elle entreprend en se vengeant de venger toute la terre. Elle veut sacrifier à son père une victime qui seroit trop grande pour Jupiter mesme. C'est à mon gré une personne si excellente que je pense dire peu à son avantage, de dire que vous estes beaucoup plus heureux en vostre race que Pompée n'a esté en la sienne, et que vostre fille Æmilie vaut sans comparaison davantage que Cinna son petit-fils. Si cettui-cy mesme a plus de vertu que n'a crû Seneque, c'est pour estre tombé entre vos mains, et à cause que vous avez pris soin de luy. Il vous est obligé de son mérite, comme à Auguste de sa dignité. L'empereur le fit consul, et vous l'avez fait honneste homme : mais vous l'avez pû faire par les oix d'un art qui polit et orne la vérité; qui permet de favoriser en imitant; qui quelquefois se propose le semblable et quelquefois le meilleur. J'en dirois trop si j'en disois d'avantage : je ne veux pas commencer une dissertation, je veux finir une lettre, et conclure par les protestations ordinaires, mais très sincères et très véritables, que je suis,

Monsieur,

Vostre très humble serviteur,

BALZAC.

## ACTEURS

OCTAVE CÉSAR AUGUSTE, empereur de Rome.
LIVIE, impératrice.
CINNA, fils d'une fille de Pompée, chef de la conjuration contre Auguste.
MAXIME, autre chef de la conjuration.
ÆMILIE, fille de C. Toranius, tuteur d'Auguste, et proscrit par luy durant le trium-virat.
FULVIE, confidente d'Æmilie.
POLYCLETE, affranchy d'Auguste.
ÉVANDRE, affranchy de Cinna.
EUPHORBE, affranchy de Maxime

*La fcéne eft à Rome.*

# CINNA

TRAGÉDIE

—

## ACTE PREMIER

### SCÉNE I.

#### ÆMILIE.

Impatiens désirs d'une illustre vengeance
Dont la mort de mon pére a formé la
[naiſſance,
Enfans impétüeux de mon reſſentiment,
Que ma douleur ſéduite embraſſe aveuglé-
Vous prenez ſur mon ame un trop puiſſant empire; [ment,
Durant quelques momens ſouffrez que je reſpire,
Et que je conſidére, en l'état où je ſuis,
Et ce que je hazarde, et ce que je pourſuis.
Quand je regarde Auguſte au milieu de ſa gloire,
Et que vous reprochez à ma triſte mémoire
Que par ſa propre main mon pére maſſacré
Du troſne où je le voy fait le prémier degré;
Quand vous me preſentez cette ſanglante image,
La cauſe de ma haine, et l'effet de ſa rage,
Je m'abandonne toute à vos ardens transports,
Et croy, pour une mort, luy devoir mille morts.
Au milieu touteſſois d'une fureur ſi juſte,
J'aime encor plus Cinna que je ne hais Auguſte,

Et je fens refroidir ce bouillant mouvement,
Quand il faut, pour le fuivre, expofer mon amant.
Ouy, Cinna, contre moy moy-mefme je m'irrite
Quand je fonge aux dangers où je te précipite.
Quoy que pour me fervir tu n'appréhendes rien,
Te demander du fang, c'eft expofer le tien.
D'une fi haute place on n'abat point de teftes,
Sans attirer fur foy mille et mille tempeftes;
L'iffuë en eft douteufe, et le péril certain :
Un amy déloyal peut trahir ton deffein;
L'ordre mal concerté, l'occafion mal prife,
Peuvent fur fon autheur renverfer l'entreprife,
Tourner fur toy les coups dont tu le veux fraper;
Dans fa rüine mefme il peut t'enveloper,
Et, quoy qu'en ma faveur ton amour éxécute,
Il te peut en tombant écrafer fous fa chûte.
Ah! ceffe de courir à ce mortel danger;
Te perdre en me vengeant ce n'eft pas me venger.
Un cœur eft trop crüel quand il trouve des charmes
Aux douceurs que corrompt l'amertume des larmes,
Et l'on doit mettre au rang des plus cuifans malheurs
La mort d'un ennemy qui coûte tant de pleurs.
    Mais peut-on en verfer alors qu'on venge un pére?
Eft-il perte à ce prix qui ne femble legére?
Et quand fon affaffin tombe fous noftre effort,
Doit-on confidérer ce que coûte sa mort?
Ceffez, vaines frayeurs, ceffez, lafches tendreffes,
De jetter dans mon cœur vos indignes foibleffes;
Et toy qui les produis par tes foins fuperflus,
Amour, fers mon devoir, et ne le combats plus.
Luy céder, c'eft ta gloire, et le vaincre, ta honte;
Montre-toy généreux fouffrant qu'il te furmonte;
Plus tu luy donneras, plus il te va donner,
Et ne triomphera que pour te couronner.

## Acte I.

## SCÉNE II.

### ÆMILIE, FULVIE.

#### ÆMILIE.

Je l'ay juré, Fulvie, et je le jure encore,
Quoy que j'aime Cinna, quoy que mon cœur
[l'adore,
S'il me veut posséder, Auguste doit périr;
Sa teste est le seul prix dont il peut m'acquérir,
Je luy prescris la loy que mon devoir m'impose.
#### FULVIE.
Elle a pour la blasmer une trop juste cause;
Par un si grand dessein vous vous faites juger
Digne sang de celuy que vous voulez venger;
Mais encor une fois souffrez que je vous die
Qu'une si juste ardeur devroit estre attiedie.
Auguste chaque jour, à force de bien-faits,
Semble assez réparer les maux qu'il vous a faits;
Sa faveur envers vous paroit si déclarée,
Que vous étes chez luy la plus considérée,
Et de ses courtisans souvent les plus heureux,
Vous pressent à genoux de luy parler pour eux.
#### ÆMILIE.
Toute cette faveur ne me rend pas mon pére,
Et, de quelque façon que l'on me considére,
Abondante en richesse, ou puissante en crédit,
Je demeure toûjours la fille d'un proscrit.
Les bien-faits ne sont pas toûjours ce que tu penses;
D'une main odieuse ils tiennent lieu d'offenses:
Plus nous en prodiguons à qui peut nous haïr,
Plus d'armes nous donnons à qui nous veut trahir.
Il m'en fait chaque jour, sans changer mon courage;
Je suis ce que j'étois, et je puis davantage,
Et des mesmes présens qu'il verse dans mes mains
J'achéte contre luy les esprits des Romains.
Je recevrois de luy la place de Livie
Comme un moyen plus seur d'attenter à sa vie.
Pour qui venge son pére il n'est point de forfaits,

Et c'eſt vendre ſon ſang que ſe rendre aux bien-faits.
### FULVIE.
Quel beſoin touteſfois de paſſer pour ingrate?
Ne pouvez-vous haïr ſans que la haine éclate?
Aſſez d'autres ſans vous n'ont pas mis en oubly
Par quelles crüautez ſon troſne eſt établi;
Tant de braves Romains, tant d'illuſtres victimes
Qu'à ſon ambition ont immolé ſes crimes,
Laiſſent à leurs enfans d'aſſez vives douleurs,
Pour venger voſtre perte en vengeant leurs malheurs.
Beaucoup l'ont entrepris, mille autres vont les ſuivre;
Qui vit haï de tous ne ſçauroit longtemps vivre :
Remettez à leurs bras les communs intereſts,
Et n'aidez leurs deſſeins que par des vœux ſecrets.
### ÆMILIE.
Quoy, je le haïray ſans taſcher de luy nuire?
J'attendray du hazard qu'il oſe le détruire,
Et je ſatisferay des devoirs ſi preſſans
Par une haine obſcure, et des vœux impuiſſans?
Sa perte que je veux me deviendroit amére
Si quelqu'un l'immoloit à d'autres qu'à mon pére;
Et tu verrois mes pleurs couler pour ſon trépas,
Qui, le faiſant périr, ne me vengeroit pas.
C'eſt une laſcheté que de remettre à d'autres,
Les intereſts publics qui s'attachent aux noſtres.
Joignons à la douceur de venger nos parens
La gloire qu'on remporte à punir les tyrans,
Et faiſons publier par toute l'Italie :
*La liberté de Rome eſt l'œuvre d'Æmilie;*
*On a touché ſon ame, et ſon cœur s'eſt épris;*
*Mais elle n'a donné ſon amour qu'à ce prix.*
### FULVIE.
Voſtre amour à ce prix n'eſt qu'un preſent funeſte
Qui porte à voſtre amant ſa perte manifeſte.
Penſez mieux, Æmilie, à quoy vous l'expoſez,
Combien à cet écueil ſe ſont déja briſez;
Ne vous aveuglez point quand ſa mort eſt viſible.
### ÆMILIE.
Ah! tu ſçais me frapper par où je ſuis ſenſible.
Quand je ſonge aux dangers que je luy fais courir,

La crainte de la mort me fait déja mourir;
Mon esprit en défordre à foy-mefme s'oppofe;
Je veux et ne veux pas, je m'emporte et je n'ofe;
Et mon devoir confus, languiffant, étonné,
Céde aux rébellions de mon cœur mutiné.
　Tout beau, ma paffion, deviens un peu moins forte,
Tu vois bien des hazards, ils font grands, mais n'im-
Cinna n'eft pas perdu pour eftre hazardé. 　[porte:
De quelques légions qu'Augufte foit gardé,
Quelque foin qu'il fe donne, et quelque ordre qu'il tienne,
Qui méprife fa vie eft maiftre de la fienne;
Plus le péril eft grand, plus doux en eft le fruit,
La vertu nous y jette, et la gloire le fuit.
Quoy qu'il en foit, qu'Augufte ou que Cinna periffe,
Aux manes paternels je dois ce facrifice;
Cinna me l'a promis en recevant ma foy,
Et ce coup feul auffy le rend digne de moy.
Il eft tard après tout de m'en vouloir dédire:
Aujourd'huy l'on s'affemble, aujourd'huy l'on confpire;
L'heure, le lieu, le bras fe choifit aujourd'huy,
Et c'eft à faire enfin à mourir après luy.

## SCÉNE III.

### CINNA, ÆMILIE, FULVIE.

#### ÆMILIE.

Mais le voicy qui vient. Cinna voftre affem-
　　　blée　　　　　　　[blée,
　Par l'effroy du péril n'eft-elle point trou-
　Et reconnoiffez-vous au front de vos amis
Qu'ils foient prefts à tenir ce qu'ils vous ont promis?

#### CINNA.

Jamais contre un tyran entreprife conceuë
Ne permit d'efpérer une fi belle iffuë,
Jamais de telle ardeur on n'en jura la mort,
Et jamais conjurez ne furent mieux d'accord.
Tous s'y montrent portez avec tant d'allégreffe,
Qu'ils femblent, comme moy, fervir une maiftreffe;

Et tous font éclater un fi puiffant courroux,
Qu'ils femblent tous venger un pére, comme vous.
### ÆMILIE.
Je l'avois bien préveu, que, pour un tel ouvrage,
Cinna fçauroit choifir des hommes de courage,
Et ne remettroit pas en de mauvaifes mains
L'intéreft d'Æmilie et celuy des Romains.
### CINNA.
Pleuft aux dieux que vous-mefme euffiez veu de quel
Cette troupe entreprend une action fi belle!  [zéle
Au feul nom de Céfar, d'Auguste et d'empereur,
Vous euffiez veu leurs yeux s'enflamer de fureur,
Et, dans un mefme instant, par un effet contraire,
Leur front pallir d'horreur et rougir de colére.
*Amis,* leur ay-je dit, *voicy le jour heureux*
*Qui doit conclure enfin nos defseins généreux;*
*Le ciel entre nos mains a mis le fort de Rome,*
*Et fon falut dépend de la perte d'un homme,*
*Si l'on doit le nom d'homme à qui n'a rien d'humain,*
*A ce tigre altéré de tout le fang romain.*
*Combien pour le répandre a-t-il formé de brigues!*
*Combien de fois changé de partis et de ligues?*
*Tantoft amy d'Antoine, et tantoft ennemy,*
*Et jamais infolent ny cruel à demy!*
Là, par un long récit de toutes les miféres
Que durant noftre enfance ont enduré nos péres,
Renouvelant leur haine avec leur fouvenir,
Je redouble en leurs cœurs l'ardeur de le punir.
Je leur fais des tableaux de ces tristes batailles
Où Rome par fes mains déchiroit fes entrailles,
Où l'aigle abatoit l'aigle, et de chaque cofté
Nos légions s'armoient contre leur liberté;
Où les meilleurs foldats et les chefs les plus braves
Mettoient toute leur gloire à devenir esclaves;
Où pour mieux affeurer la honte de leurs fers,
Tous vouloient à leur chaifne attacher l'univers;
Et l'exécrable honneur de luy donner un maiftre
Faifant aimer à tous l'infame nom de traiftre,
Romains contre Romains, parens contre parens,
Combatoient feulement pour le choix des tyrans.

J'ajoûte à ces tableaux la peinture effroyable
De leur concorde impie, affreufe, inexorable,
Funeste aux gens de bien, aux riches, au fenat,
Et pour tout dire enfin, de leur trium-virat.
Mais je ne trouve point de couleurs affez noires
Pour en reprefenter les tragiques histoires.
Je les peins dans le meurtre à l'envy triomfans;
Rome entiére noyée au fang de fes enfans;
Les uns affaffinez dans les places publiques,
Les autres dans le fein de leurs dieux domestiques;
Le méchant par le prix au crime encouragé;
Le mary par fa femme en fon lit égorgé;
Le fils tout degouttant du meurtre de fon pére,
Et fa tefte à la main demandant fon falaire,
Sans pouvoir exprimer par tant d'horribles traits,
Qu'un crayon imparfait de leur fanglante paix.

 Vous diray-je les noms de ces grands perfonnages
Dont j'ay dépeint les morts pour aigrir les courages,
De ces fameux proscrits, ces demy-dieux mortels,
Qu'on a facrifiez jusque fur les autels?
Mais pourrois-je vous dire à quelle impatience,
A quels frémiffemens, à quelle violence,
Ces indignes trépas, quoy que mal figurez,
Ont porté les esprits de tous nos conjurez?
Je n'ay point perdu temps, et voyant leur colére
Au point de ne rien craindre, en état de tout faire,
J'ajoûte en peu de mots : *Toutes ces cruautez,*
*La perte de nos biens et de nos libertez,*
*Le ravage des champs, le pillage des villes,*
*Et les proscriptions, et les guerres civiles,*
*Sont les degrez fanglans dont Auguste a fait choix*
*Pour monter dans le trofne et nous donner des loix.*
*Mais nous pouvons changer un destin fi funeste,*
*Puisque de trois tyrans c'eft le feul qui nous reste,*
*Et que juste une fois il s'eft privé d'appuy,*
*Perdant, pour régner feul, deux méchans comme luy.*
*Luy mort, nous n'avons point de vengeur ni de maiftre;*
*Avec la liberté Rome s'en va renaiftre,*
*Et nous mériterons le nom de vrais Romains*
*Si le joug qui l'accable eft brifé par nos mains.*

*Prenons l'occafion, tandis qu'elle eft propice :*
*Demain au Capitole il fait un facrifice ;*
*Qu'il en foit la victime, et faifons en ces lieux*
*Justice à tout le monde, à la face des dieux.*
*Là presque pour fa fuite il n'a que noftre troupe,*
*C'est de ma main qu'il prend et l'encens et la coupe,*
*Et je veux pour fignal que cette mefme main*
*Luy donne, au lieu d'encens, d'un poignard dans le fein.*
*Ainfi d'un coup mortel la victime frapée*
*Fera voir fi je fuis du fang du grand Pompée ;*
*Faites voir, après moy, fi vous vous fouvenez*
*Des illustres ayeux de qui vous étes nez.*
A peine ay-je achevé, que chacun renouvelle
Par un noble ferment le vœu d'eftre fidelle :
L'occafion leur plaift ; mais chacun veut pour foy
L'honneur du premier coup que j'ay choifi pour moy.
La raifon régle enfin l'ardeur qui les emporte :
Maxime et la moitié s'affeurent de la porte ;
L'autre moitié me fuit, et doit l'environner,
Prefte au moindre fignal que je voudray donner.
   Voilà, belle Æmilie, à quel point nous en fommes.
Demain, j'attens la haine ou la faveur des hommes,
Le nom de parricide ou de libérateur,
Céfar, celuy de prince ou d'un ufurpateur.
Du fuccès qu'on obtient contre la tyrannie
Dépend, ou noftre gloire, ou noftre ignominie,
Et le peuple inégal à l'endroit des tyrans,
S'il les détefte morts, les adore vivans.
Pour moy, foit que le ciel me foit dur ou propice,
Qu'il m'élève à la gloire ou me livre au fupplice,
Que Rome fe déclare ou pour ou contre nous,
Mourant pour vous fervir, tout me femblera doux.

            ÆMILIE.

Ne crains point de fuccès qui fouille ta mémoire :
Le bon et le mauvais font égaux pour ta gloire,
Et, dans un tel deffein, le manque de bonheur
Met en péril ta vie, et non pas ton honneur.
Regarde le malheur de Brute et de Caffie ;
La fplendeur de leurs noms en eft-elle obscurcie ?
Sont-ils morts tout entiers avec leurs grands deffeins ?

# Acte I.

Ne les conte-t'on plus pour les derniers Romains?
Leur mémoire dans Rome est encor précieuse,
Autant que de César la vie est odieuse:
Si leur vainqueur y régne, ils y sont regrettez,
Et par les vœux de tous leurs pareils souhaitez.
 Va marcher sur leurs pas où l'honneur te convie,
Mais ne perds pas le soin de conserver ta vie;
Souvien-toy du beau feu dont nous sommes épris,
Qu'aussi bien que la gloire Æmilie est ton prix;
Que tu me dois ton cœur, que mes faveurs t'attendent,
Que tes jours me sont chers, que les miens en dépendent.
Mais quelle occasion méne Évandre vers nous?

## SCÉNE IV.

### CINNA, ÆMILIE, ÉVANDRE, FULVIE.

#### ÉVANDRE.

Seigneur, César vous mande, et Maxime avec
#### CINNA. [vous.
Et Maxime avec moy! le sçais-tu bien, Évan-
#### ÉVANDRE. [dre?
Polycléte est encor chez vous à vous attendre,
Et fust venu luy-mesme avec moy vous chercher,
Si ma dextérité n'eust sceu l'en empescher.
Je vous en donne avis, de peur d'une surprise,
Il presse fort.
#### ÆMILIE.
 Mander les chefs de l'entreprise!
Tous deux! en mesme temps! vous étes découverts.
#### CINNA.
Espérons mieux, de grace.
#### ÆMILIE.
 Ah! Cinna, je te perds,
Et les dieux obstinez à nous donner un maistre
Parmy tes vrais amis ont meslé quelque traistre.
Il n'en faut point douter, Auguste a tout appris.
Quoy, tous deux! et si-tost que le conseil est pris!
#### CINNA.
Je ne puis vous céler que son ordre m'étonne;

Mais fouvent il m'appelle auprès de fa perfonne ;
Maxime eft comme moy de fes plus confidens,
Et nous nous alarmons peut-eftre en imprudens.
###### ÆMILIE.
Sois moins ingénieux à te tromper toy-mefme,
Cinna, ne porte point mes maux jufqu'à l'extrème ;
Et, puifque déformais tu ne peux me venger,
Defrobe au moins ta tefte à ce mortel danger ;
Fuy d'Auguste irrité l'implacable colére.
Je verfe affez de pleurs pour la mort de mon pére ;
N'aigry point ma douleur par un nouveau tourment,
Et ne me réduy point à pleurer mon amant.
###### CINNA.
Quoy ! fur l'illufion d'une terreur panique
Trahir vos intérefts et la caufe publique !
Par cette lafcheté moy-mefme m'accufer,
Et tout abandonner quand il faut tout ofer !
Que feront nos amis, fi vous étes deceuë ?
###### ÆMILIE.
Mais que deviendras-tu, fi l'entreprife eft fceuë ?
###### CINNA.
S'il eft pour me trahir des esprits affez bas,
Ma vertu pour le moins ne me trahira pas ;
Vous la verrez, brillante au bord des précipices,
Se couronner de gloire en bravant les fupplices,
Rendre Auguste jaloux du fang qu'il répandra,
Et le faire trembler, alors qu'il me perdra.
    Je deviendrois fuspect à tarder davantage,
Adieu. Raffermiffez ce généreux courage.
S'il faut fubir le coup d'un destin rigoureux,
Je mourray tout enfemble heureux et malheureux :
Heureux, pour vous fervir de perdre ainfi la vie,
Malheureux, de mourir fans vous avoir fervie.
###### ÆMILIE.
Ouy, va, n'écoute plus ma voix qui te retient,
Mon trouble fe diffipe, et ma raifon revient.
Pardonne à mon amour cette indigne foibleffe.
Tu voudrois fuir en vain, Cinna, je le confeffe ;
Si tout eft découvert, Auguste a fceu pourvoir
A ne te laiffer pas ta fuite en ton pouvoir.

Porte, porte chez luy cette maſle aſſeurance
Digne de noſtre amour, digne de ta naiſſance ;
Meurs, s'il y faut mourir, en citoyen romain,
Et par un beau trépas couronne un beau deſſein.
Ne crains pas qu'après toy rien icy me retienne ;
Ta mort emportera mon ame vers la tienne,
Et mon cœur auſſi-toſt percé des meſmes coups...

CINNA.

Ah ! ſouffrez que tout mort je vive encor en vous ;
Et du moins en mourant permettez que j'eſpére
Que vous ſçaurez venger l'amant avec le pére.
Rien n'eſt pour vous à craindre ; aucun de nos amis
Ne ſçait ny vos deſſeins, ny ce qui m'eſt promis,
Et, leur parlant tantoſt des miſéres Romaines,
Je leur ay teu la mort qui fait naiſtre nos haines,
De peur que mon ardeur touchant vos intéreſts
D'un si parfait amour ne trahiſt les ſecrets.
Il n'eſt ſceu que d'Évandre et de voſtre Fulvie.

ÆMILIE.

Avec moins de frayeur je vay donc chez Livie,
Puisque dans ton péril il me reste un moyen
De faire agir pour toy ſon crédit et le mien.
Mais ſi mon amitié par là ne te délivre,
N'eſpére pas qu'enfin je te veuille ſurvivre.
Je fais de ton destin des régles à mon ſort,
Et j'obtiendray ta vie, ou je ſuivray ta mort.

CINNA.

Soyez en ma faveur moins crüelle à vous-meſme.

ÆMILIE.

Va-t'en, et ſouvien-toy ſeulement que je t'aime.

*Fin du prémier acte.*

## ACTE II.

### SCÉNE PRÉMIÉRE.

AUGUSTE, CINNA, MAXIME, troupe de courtisans.

#### AUGUSTE.

ue chacun se retire, et qu'aucun n'entre icy;
[aussi.
Vous, Cinna, demeurez, et vous, Maxime,
*Tous se retirent, à la réserve de Cinna et de Maxime.*
Cet empire absolu sur la terre et sur l'onde,
Ce pouvoir souverain que j'ay sur tout le monde,
Cette grandeur sans borne, et cet illustre rang
Qui m'a jadis coûté tant de peine et de sang,
Enfin tout ce qu'adore en ma haute fortune
D'un courtisan flateur la presence importune,
N'est que de ces beautez dont l'éclat éblouït,
Et qu'on cesse d'aimer si-tost qu'on en joüit.
L'ambition déplaist quand elle est assouvie,
D'une contraire ardeur son ardeur est suivie;
Et comme nostre esprit, jusqu'au dernier soûpir,
Toûjours vers quelque objet pousse quelque desir,
Il se raméne en soy, n'ayant plus où se prendre,
Et, monté sur le faiste, il aspire à descendre.
J'ay souhaité l'empire, et j'y suis parvenu;
Mais en le souhaitant je ne l'ay pas connu.
Dans sa possession j'ay trouvé pour tous charmes,
D'effroyables soucis, d'éternelles alarmes,

Mille ennemis ſecrets, la mort à tout propos,
Point de plaiſir ſans trouble, et jamais de repos.
Sylla m'a précédé dans ce pouvoir ſuprème;
Le grand Céſar mon pére en a joüy de meſme;
D'un œil ſi différent tous deux l'ont regardé,
Que l'un s'en eſt démis et l'autre l'a gardé:
Mais l'un crüel, barbare, eſt mort aimé, tranquille,
Comme un bon citoyen dans le ſein de ſa ville;
L'autre, tout débonnaire, au milieu du ſenat,
A veu trancher ſes jours par un aſſaſſinat.
Ces exemples récens ſuffiroient pour m'inſtruire,
Si par l'exemple ſeul on ſe devoit conduire:
L'un m'invite à le ſuivre, et l'autre me fait peur;
Mais l'exemple ſouvent n'eſt qu'un miroir trompeur,
Et l'ordre du destin qui geſne nos penſées
N'eſt pas toûjours écrit dans les choſes paſſées.
Quelquefois l'un ſe briſe où l'autre s'eſt ſauvé,
Et par où l'un périt un autre eſt conſervé.
  Voilà, mes chers amis, ce qui me met en peine.
Vous, qui me tenez lieu d'Agrippe et de Mécène,
Pour réſoudre ce point avec eux débatu,
Prenez ſur mon eſprit le pouvoir qu'ils ont eu.
Ne conſidérez point cette grandeur ſuprème,
Odieuſe aux Romains, et peſante à moy-meſme;
Traitez-moy comme amy, non comme ſouverain!
Rome, Auguste, l'État, tout eſt en voſtre main.
Vous mettrez et l'Europe, et l'Aſie, et l'Afrique,
Sous les loix d'un monarque, ou d'une république;
Voſtre avis eſt ma régle, et par ce ſeul moyen
Je veux eſtre empereur ou ſimple citoyen.
           Cinna.
Malgré noſtre ſurpriſe et mon inſuſſiſance,
Je vous obéiray, Seigneur, ſans complaiſance,
Et mets bas le reſpect qui pourroit m'empeſcher
De combatre un avis où vous ſemblez pancher.
Souffrez-le d'un eſprit jaloux de voſtre gloire
Que vous allez ſouiller d'une tache trop noire,
Si vous ouvrez voſtre ame à ces impreſſions,
Jusques à condamner toutes vos actions.
  On ne renonce point aux grandeurs légitimes;

On garde fans remords ce qu'on acquiert fans crimes,
Et plus le bien qu'on quitte eſt noble, grand, exquis,
Plus qui l'oſe quitter le juge mal acquis.
N'imprimez pas, Seigneur, cette honteuſe marque
A ces rares vertus qui vous ont fait monarque ;
Vous l'étes justement, et c'eſt fans attentat
Que vous avez changé la forme de l'État.
Rome eſt deſſous vos loix par le droit de la guerre
Qui ſous les loix de Rome a mis toute la terre ;
Vos armes l'ont conquiſe, et tous les conquérans,
Pour eſtre uſurpateurs, ne ſont pas des tyrans ;
Quand ils ont ſous leurs loix aſſervy des provinces,
Gouvernant justement ils s'en font justes princes :
C'eſt ce que fit Céſar ; il vous faut aujourd'huy
Condamner ſa mémoire, ou faire comme luy.
Si le pouvoir ſuprême eſt blaſmé par Auguſte,
Céſar fut un tyran, et ſon trépas fut juste,
Et vous devez aux Dieux conte de tout le ſang
Dont vous l'avez vengé pour monter à ſon rang.
N'en craignez point, Seigneur, les tristes destinées ;
Un plus puiſſant démon veille ſur vos années :
On a dix fois ſur vous attenté ſans effet,
Et qui l'a voulu perdre au meſme instant l'a fait.
On entreprend aſſez, mais aucun n'éxécute ;
Il eſt des aſſaſſins, mais il n'eſt plus de Brute ;
Enfin, s'il faut attendre un ſemblable revers,
Il eſt beau de mourir maiſtre de l'univers.
C'eſt ce qu'en peu de mots j'oſe dire ; et j'estime
Que ce peu que j'ay dit eſt l'avis de Maxime.

MAXIME.

Ouy, j'accorde qu'Auguſte a droit de conſerver
L'empire où ſa vertu l'a fait ſeule arriver,
Et qu'au prix de ſon ſang, au péril de ſa teſte,
Il a fait de l'État une juste conqueſte ;
Mais que, ſans ſe noircir, il ne puiſſe quitter
Le fardeau que ſa main eſt laſſe de porter,
Qu'il accuſe par là Céſar de 'yrannie,
Qu'il approuve ſa mort, c'eſt ce que je dénie.
Rome eſt à vous, Seigneur, l'empire eſt voſtre bien ;
Chacun en liberté peut diſpoſer du ſien ;

Il le peut à son choix garder ou s'en défaire :
Vous seul ne pourriez pas ce que peut le vulgaire,
Et seriez devenu, pour avoir tout dompté,
Esclave des grandeurs où vous êtes monté !
Possédez-les, Seigneur, sans qu'elles vous possèdent ;
Loin de vous captiver, souffrez qu'elles vous cèdent,
Et faites hautement connoistre enfin à tous
Que tout ce qu'elles ont est au-dessous de vous.
Vostre Rome autrefois vous donna la naissance ;
Vous luy voulez donner vostre toute-puissance,
Et Cinna vous impute à crime capital
La libéralité vers le païs natal !
Il appelle remords l'amour de la patrie !
Par la haute vertu la gloire est donc flétrie,
Et ce n'est qu'un objet digne de nos mépris,
Si de ses pleins effets l'infamie est le prix !
Je veux bien avoüer qu'une action si belle
Donne à Rome bien plus que vous ne tenez d'elle ;
Mais commet-on un crime indigne de pardon,
Quand la reconnoissance est au-dessus du don ?
Suivez, suivez, Seigneur, le ciel qui vous inspire :
Vostre gloire redouble à méprifer l'empire,
Et vous ferez fameux chez la postérité,
Moins pour l'avoir conquis que pour l'avoir quitté.
Le bonheur peut conduire à la grandeur suprême,
Mais pour y renoncer, il faut la vertu mesme ;
Et peu de généreux vont jusqu'à dédaigner,
Après un sceptre acquis, la douceur de régner.
  Considérez d'ailleurs que vous régnez dans Rome,
Où, de quelque façon que vostre cour vous nomme,
On hait la monarchie ; et le nom d'empereur,
Cachant celuy de Roy, ne fait pas moins d'horreur.
Ils passent pour tyran quiconque s'y fait maistre ;
Qui le sert, pour esclave, et qui l'aime, pour traistre ;
Qui le souffre a le cœur lasche, mol, abatu,
Et pour s'en affranchir tout s'appelle vertu.
Vous en avez, Seigneur, des preuves trop certaines :
On a fait contre vous dix entreprises vaines ;
Peut-estre que l'unzième est preste d'éclater,
Et que ce mouvement qui vous vient agiter

N'eſt qu'un avis ſecret que le ciel vous envoye,
Qui pour vous conſerver n'a plus que cette voye.
Ne vous expoſez plus à ces fameux revers :
Il eſt beau de mourir maiſtre de l'univers,
Mais la plus belle mort ſoüille noſtre mémoire
Quand nous avons pû vivre, et croiſtre noſtre gloire.

### CINNA.

Si l'amour du païs doit icy prévaloir,
C'eſt ſon bien ſeulement que vous devez vouloir;
Et cette liberté, qui luy ſemble ſi chére,
N'eſt pour Rome, Seigneur, qu'un bien imaginaire,
Plus nuiſible qu'utile, et qui n'approche pas
De celuy qu'un bon prince apporte à ſes États.
Avec ordre et raiſon les honneurs il dispenſe,
Avec discernement punit et récompenſe,
Et diſpoſe de tout en juſte poſſeſſeur,
Sans rien précipiter de peur d'un ſucceſſeur.
Mais quand le peuple eſt maître, on n'agit qu'en tumulte;
La voix de la raiſon jamais ne se conſulte;
Les honneurs ſont vendus aux plus ambitieux,
L'authorité livrée aux plus ſéditieux.
Ces petits ſouverains qu'il fait pour une année,
Voyant d'un temps ſi court leur puiſſance bornée,
Des plus heureux deſſeins font avorter le fruit,
De peur de le laiſſer à celuy qui les ſuit.
Comme ils ont peu de part au bien dont ils ordonnent,
Dans le champ du public largement ils moiſſonnent,
Aſſeurez que chacun leur pardonne aiſément,
Espérant à ſon tour un pareil traitement.
Le pire des Etats c'eſt l'État populaire.

### AUGUSTE.

Et touteſſois le ſeul qui dans Rome peut plaire.
Cette haine des rois que depuis cinq cens ans
Avec le premier lait ſuccent tous les enfans,
Pour l'arracher des cœurs, eſt trop enracinée.

### MAXIME.

Ouy, Seigneur, dans ſon mal Rome eſt trop obſtinée;
Son peuple, qui s'y plaiſt, en fuit la guériſon :
Sa coûtume l'emporte, et non-pas la raiſon;
Et cette vieille erreur, que Cinna veut abatre

Est une heureuse erreur dont il est idolâtre,
Par qui le monde entier asservy sous ses loix
L'a veu cent fois marcher sur la teste des rois,
Son épargne s'enfler du sac de leurs provinces.
Que luy pouvoient de plus donner les meilleurs princes ?
  J'ose dire, Seigneur, que par tous les climats
Ne sont pas bien receus toutes sortes d'États;
Chaque peuple a le sien conforme à sa nature,
Qu'on ne sçauroit changer sans luy faire une injure :
Telle est la loi du ciel, dont la sage équité
Séme dans l'univers cette diversité.
Les Macédoniens aiment le monarchique,
Et le reste des Grecs la liberté publique;
Les Parthes, les Persans veulent des souverains,
Et le seul consulat est bon pour les Romains.

### CINNA.
Il est vray que du ciel la prudence infinie
Départ à chaque peuple un différent génie;
Mais il n'est pas moins vray que cét ordre des cieux
Change selon les temps, comme selon les lieux.
Rome a receu des rois ses murs et sa naissance;
Elle tient des consuls la gloire et sa puissance,
Et reçoit maintenant de vos rares bontez
Le comble souverain de ses prosperitez.
Sous vous l'État n'est plus en pillage aux armées;
Les portes de Janus par vos mains sont fermées,
Ce que sous les consuls on n'a veu qu'une fois,
Et qu'a fait voir comme eux le second de ses rois.

### MAXIME.
Les changemens d'État que fait l'ordre céleste
Ne coûtent point de sang, n'ont rien qui soit funeste.

### CINNA.
C'est un ordre des dieux qui jamais ne se rompt, [font.
De nous vendre un peu cher les grands biens qu'ils nous
L'éxil des Tarquins mesme ensanglanta nos terres,
Et nos premiers consuls nous ont coûté des guerres.

### MAXIME.
Donc vostre ayeul Pompée au ciel a résisté,
Quand il a combatu pour nostre liberté ?

CORNEILLE.

CINNA.
Si le ciel n'euſt voulu que Rome l'euſt perduë,
Par les mains de Pompée il l'auroit défenduë :
Il a choiſy ſa mort pour ſervir dignement
D'une marque éternelle à ce grand changement,
Et devoit cette gloire aux manes d'un tel homme,
D'emporter avec eux la liberté de Rome.
 Ce nom depuis long-temps ne ſert qu'à l'ébloüir,
Et ſa propre grandeur l'empeſche d'en joüir.
Depuis qu'elle ſe voit la maîtreſſe du monde,
Depuis que la richeſſe entre ſes murs abonde,
Et que ſon ſein, fécond en glorieux exploits,
Produit des citoyens plus puiſſans que des rois,
Les grands, pour s'affermir achetant les ſuffrages,
Tiennent pompeuſement leurs maiſtres à leurs gages,
Qui, par des fers dorez ſe laiſſant enchaiſner,
Reçoivent d'eux les loix qu'ils penſent leur donner.
Envieux l'un de l'autre, ils ménent tout par brigues,
Que leur ambition tourne en ſanglantes ligues.
Ainſi de Marius Sylla devint jaloux ;
Céſar, de mon ayeul ; Marc Antoine, de vous ;
Ainſi la liberté ne peut plus eſtre utile
Qu'à former les fureurs d'une guerre civile,
Lors que, par un deſordre à l'univers fatal,
L'un ne veut point de maiſtre, et l'autre point d'égal.
 Seigneur, pour ſauver Rome il faut qu'elle s'uniſſe
En la main d'un bon chef à qui tout obéiſſe.
Si vous aimez encor à la favoriſer,
Oſtez-luy les moyens de ſe plus diviſer.
Sylla, quittant la place enfin bien uſurpée,
N'a fait qu'ouvrir le champ à Céſar et Pompée,
Que le malheur des temps ne nous euſt pas fait voir,
S'il euſt dans ſa famille aſſeuré ſon pouvoir.
Qu'a fait du grand Céſar le crüel parricide,
Qu'élever contre vous Antoine avec Lépide,
Qui n'euſſent pas détruit Rome par les Romains,
Si Céſar euſt laiſſé l'empire entre vos mains ?
Vous la replongerez, en quittant cét empire,
Dans les maux dont à peine encor elle reſpire ;
Et de ce peu, Seigneur, qui lui reſte de ſang

Une guerre nouvelle épuiſera ſon flanc.
Que l'amour du païs, que la pitié vous touche;
Voſtre Rome à genoux vous parle par ma bouche.
Conſidérez le prix que vous avez coûté;
Non pas qu'elle vous croye avoir trop acheté :
Des maux qu'elle a ſoufferts elle eſt trop bien payée,
Mais une juſte peur tient ſon ame effrayée.
Si, jaloux de ſon heur et las de commander,
Vous luy rendez un bien qu'elle ne peut garder,
S'il luy faut à ce prix en acheter un autre,
Si vous ne préférez ſon intéreſt au voſtre,
Si ce funeſte don la met au deſeſpoir,
Je n'oſe dire icy ce que j'oſe prévoir.
Conſervez-vous, Seigneur, en luy laiſſant un maiſtre
Sous qui ſon vray bonheur commence de renaiſtre,
Et, pour mieux aſſeurer le bien commun de tous,
Donnez un ſucceſſeur qui ſoit digne de vous.
### AUGUSTE.
N'en délibérons plus : cette pitié l'emporte ;
Mon repos m'eſt bien cher, mais Rome eſt la plus forte,
Et, quelque grand malheur qui m'en puiſſe arriver,
Je conſens à me perdre afin de la ſauver.
Pour ma tranquillité mon cœur en vain ſoûpire ;
Cinna, par vos conſeils je retiendray l'empire,
Mais je le retiendray pour vous en faire part.
Je voy trop que vos cœurs n'ont point pour moi de fard,
Et que chacun de vous, dans l'avis qu'il me donne,
Regarde ſeulement l'État et ma perſonne.
Voſtre amour en tous deux fait ce combat d'eſprits,
Et vous allez tous deux en recevoir le prix.
Maxime, je vous fais gouverneur de Sicile.
Allez donner mes loix à ce terroir fertile ;
Songez que c'eſt pour moi que vous gouvernerez,
Et que je répondray de ce que vous ferez.
Pour épouſe, Cinna, je vous donne Æmilie.
Vous ſçavez qu'elle tient la place de Julie,
Et que ſi nos malheurs et la néceſſité
M'ont fait traiter ſon pére avec ſévérité,
Mon épargne depuis en ſa faveur ouverte
Doit avoir adoucy l'aigreur de cette perte.

Voyez-la de ma part; tafchez de la gagner;
Vous n'étes point pour elle un homme à dédaigner,
De l'offre de vos vœux elle fera ravie.
Adieu, j'en veux porter la nouvelle à Livie.

## SCÉNE II.

### CINNA, MAXIME.

MAXIME.

Quel est voftre deffein après ces beaux dis-
[cours?
CINNA.
Le mefme que j'avois et que j'auray toujours.
MAXIME.
Un chef de conjurez flate la tyrannie!
CINNA.
Un chef de conjurez la veut voir impunie!
MAXIME.
Je veux voir Rome libre.
CINNA.
Et vous pouvez juger
Que je veux l'affranchir enfemble et la venger.
Octave aura donc veu fes fureurs affouvies[1],
Pillé jufqu'aux autels, facrifié nos vies,
Remply les champs d'horreur, comblé Rome de morts,
Et fera quitte après pour l'effet d'un remords!
Quand le ciel par nos mains à le punir s'aprefte,
Un lafche repentir garantira fa tefte!
C'eft trop femer d'appas, et c'eft trop inviter,
Par fon impunité, quelqu'autre à l'imiter.
Vengeons nos citoyens, et que fa peine étonne
Quiconque après fa mort aspire à la couronne.
Que le peuple aux tyrans ne foit plus expofé:
S'il euft puny Sylla, Céfar euft moins ofé.
MAXIME.
Mais la mort de Céfar, que vous trouvez fi juste,

---

1. On lit jufqu'en 1654 inclufivement:
   Auguste aura foûlé fes damnables envies.

A fervy de prétexte aux crüautez d'Augufte.
Voulant nous affranchir Brute s'eft abufé;
S'il n'euft puny Céfar, Augufte euft moins ofé.
CINNA.
La faute de Caffie et fes terreurs paniques
Ont fait rentrer l'État fous des loix tyranniques;
Mais nous ne verrons point de pareils accidens
Lors que Rome fuivra des chefs moins imprudens.
MAXIME.
Nous fommes encor loin de mettre en évidence
Si nous nous conduirons avec plus de prudence;
Cependant c'en eft peu que de n'accepter pas
Le bonheur qu'on recherche au péril du trépas.
CINNA.
C'en eft encor bien moins, alors qu'on s'imagine
Guérir un mal fi grand fans couper la racine.
Employer la douceur à cette guérifon,
C'eft, en fermant la playe, y verfer du poifon.
MAXIME.
Vous la voulez fanglante, et la rendez douteufe.
CINNA.
Vous la voulez fans peine, et la rendez honteufe.
MAXIME.
Pour fortir de fes fers jamais on ne rougit.
CINNA.
On en fort lafchement fi la vertu n'agit.
MAXIME.
Jamais la liberté ne ceffe d'eftre aimable,
Et c'eft toûjours pour Rome un bien ineftimable.
CINNA.
Ce ne peut eftre un bien qu'elle daigne eftimer
Quand il vient d'une main laffe de l'opprimer.
Elle a le cœur trop bon pour fe voir avec joye
Le rebut du tyran don elle fut la proye,
Et tout ce que la gloire a de vrais partifans
Le hait trop puiffamment pour aimer fes prefens.
MAXIME.
Donc pour vous Æmilie eft un objet de haine?
CINNA.
La recevoir de luy me feroit une gefne :

Mais quand j'auray vengé Rome des maux foufferts,
Je fçauray le braver jusque dans les enfers.
Ouy, quaud par fon trépas je l'auray méritée,
Je veux joindre à fa main ma main enfanglantée,
L'époufer fur fa cendre, et qu'après noftre effort
Les prefens du tyran foient le prix de fa mort.
MAXIME.
Mais l'apparence, amy, que vous puiffiez lui plaire,
Teint du fang de celuy qu'elle aime comme un pére?
Car vous n'étes pas homme à la violenter.
CINNA.
Amy, dans ce palais on peut nous écouter,
Et nous parlons peut-eftre avec trop d'imprudence
Dans un lieu fi mal-propre à noftre confidence.
Sortons, qu'en feureté j'éxamine avec vous
Pour en venir à bout les moyens les plus doux.

*Fin du fecond acte.*

# ACTE III.

## SCÉNE PRÉMIÉRE.

### MAXIME, EUPHORBE.

MAXIME.

uy-mesme il m'a tout dit, leur flame est [mutüelle,
Il adore Æmilie, il est adoré d'elle;
Mais sans venger son pére il n'y peut aspirer,
Et c'est pour l'acquérir qu'il nous fait con- [spirer.

EUPHORBE.
Je ne m'étonne plus de cette violence
Dont il contraint Auguste à garder sa puissance :
La ligue se romproit s'il en étoit démis,
Et tous vos conjurez deviendroient ses amis.

MAXIME.
Ils servent à l'envy la passion d'un homme,
Qui n'agit que pour soy, feignant d'agir pour Rome,
Et moy, par un malheur qui n'eut jamais d'égal,
Je pense servir Rome, et je sers mon rival.

EUPHORBE.
Vous étes son rival!

MAXIME.
Ouy, j'aime sa maitresse,
Et l'ay caché toujours avec assez d'adresse;
Mon ardeur inconnuë, avant que d'éclater,
Par quelque grand exploit la vouloit mériter :
Cependant par mes mains je voy qu'il me l'enléve;
Son dessein fait ma perte, et c'est moy qui l'achève;
J'avance des succès dont j'attens le trépas,

Et pour m'aſſaſſiner je luy préte mon bras.
Que l'amitié me plonge en un malheur extrème!
EUPHORBE.
L'iſſuë en eſt aiſée : agiſſez pour vous-meſme ;
D'un deſſein qui vous perd rompez le coup fatal,
Gaignez une maîtreſſe accuſant un rival.
Auguſte, à qui par là vous ſauverez la vie,
Ne vous pourra jamais refuſer Æmilie.
MAXIME.
Quoy, trahir mon amy!
EUPHORBE.
     L'amour rend tout permis,
Un véritable amant ne connoit point d'amis,
Et meſme avec juſtice on peut trahir un traiſtre
Qui pour une maîtreſſe oſe trahir ſon maiſtre.
Oubliez l'amitié, comme luy les bien-faits.
MAXIME.
C'eſt un éxemple à fuir que celuy des forfaits.
EUPHORBE.
Contre un ſi noir deſſein tout devient légitime,
On n'eſt point criminel quand on punit un crime.
MAXIME.
Un crime par qui Rome obtient ſa liberté!
EUPHORBE.
Craignez tout d'un eſprit ſi plein de laſcheté.
L'intereſt du païs n'eſt point ce qui l'engage ;
Le ſien, et non la gloire, anime ſon courage,
Il aimeroit Céſar s'il n'étoit amoureux,
Et n'eſt enfin qu'ingrat, et non pas généreux.
 Penſez-vous avoir leu juſqu'au fond de ſon ame?
Sous la cauſe publique il vous cachoit ſa flame,
Et peut cacher encor ſous cette paſſion
Les déteſtables feux de ſon ambition.
Peut-eſtre qu'il prétend aprés la mort d'Octave
Au lieu d'affranchir Rome, en faire ſon eſclave,
Qu'il vous conte déja pour un de ſes ſujets,
Ou que ſur voſtre perte il fonde ſes projets.
MAXIME.
Mais comment l'accuſer ſans nommer tout le reſte?
A tous nos conjurez l'avis ſeroit funeſte,

Et par là nous verrions indignement trahis
Ceux qu'engage avec nous le seul bien du païs.
D'un si lasche dessein mon ame est incapable :
Il perd trop d'innocens pour punir un coupable.
J'ose tout contre luy, mais je crains tout pour eux.
### EUPHORBE.
Auguste s'est lassé d'estre si rigoureux ;
En ces occasions ennuyé de supplices,
Ayant puni les chefs, il pardonne aux complices.
Si touteffois pour eux vous craignez son couroux,
Quand vous luy parlerez, parlez au nom de tous.
### MAXIME.
Nous disputons en vain, et ce n'est que folie
De vouloir par sa perte acquérir Æmilie ;
Ce n'est pas le moyen de plaire à ses beaux yeux
Que de priver du jour ce qu'elle aime le mieux.
Pour moy, j'estime peu qu'Auguste me la donne ;
Je veux gagner son cœur plûtost que sa personne,
Et ne fais point d'état de sa possession
Si je n'ay point de part à son affection.
Puis-je la mériter par une triple offense ?
Je trahis son amant, je détruis sa vengeance,
Je conserve le sang qu'elle veut voir périr,
Et j'aurois quelque espoir qu'elle me pûst chérir !
### EUPHORBE.
C'est ce qu'à dire vray je voy fort difficile.
L'artifice pourtant vous y peut estre utile ;
Il en faut trouver un qui la puisse abuser,
Et, du reste, le temps en pourra disposer.
### MAXIME.
Mais si pour s'excuser il nomme sa complice ?
S'il arrive qu'Auguste avec luy la punisse ?
Puis-je luy demander, pour prix de mon rapport,
Celle qui nous oblige à conspirer sa mort ?
### EUPHORBE.
Vous pourriez m'opposer tant et de tels obstacles,
Que pour les surmonter il faudroit des miracles ;
J'espére toutefois qu'à force d'y resver...
### MAXIME.
Éloigne-toy ; dans peu j'iray te retrouver :

Cinna vient, et je veux en tirer quelque chofe,
Pour mieux réfoudre après ce que je me propofe.

## SCÉNE II.

### CINNA, MAXIME.

#### MAXIME.

ous me femblez penfif.
#### CINNA.
Ce n'eft pas fans fujet.
#### MAXIME.
Puis-je d'un tel chagrin fçavoir quel eft l'objet?
#### CINNA.
Æmilie et César. L'un et l'autre me gefne;
L'un me femble trop bon, l'autre trop inhumaine.
Pleuft aux dieux que César employaft mieux fes foins,
Et s'en fift plus aimer, ou m'aimaft un peu moins;
Que fa bonté touchaft la beauté qui me charme,
Et la pûft adoucir comme elle me défarme!
Je fens au fond du cœur mille remords cuifans
Qui rendent à mes yeux tous fes bien-faits prefens :
Cette faveur fi pleine, et fi mal reconnuë,
Par un mortel reproche à tous momens me tuë.
Il me femble fur tout inceffamment le voir
Dépofer en nos mains fon absolu pouvoir,
Écouter nos avis, m'applaudir, et me dire :
*Cinna, par vos confeils, je retiendray l'empire,*
*Mais je le retiendray pour vous en faire part.*
Et je puis dans fon fein enfoncer un poignard!
Ah plûtoft... Mais, hélas! j'idolatre Æmilie,
Un ferment exécrable à fa haine me lie,
L'horreur qu'elle a de luy me le rend odieux,
Des deux coftez j'offenfe et ma gloire et les Dieux;
Je deviens facrilége, ou je fuis parricide,
Et vers l'un ou vers l'autre il faut eftre perfide.
#### MAXIME.
Vous n'aviez point tantoft ces agitations;
Vous paroiffiez plus ferme en vos intentions;
Vous ne fentiez au cœur, ny remords, ny reproche.

## Acte III.

CINNA.
On ne les fent auffi que quand le coup approche,
Et l'on ne reconnoit de femblables forfaits
Que quand la main s'apprefte à venir aux effets.
L'ame, de fon deffein jusque-là poffédée,
S'attache aveuglément à fa prémiére idée;
Mais alors quel esprit n'en devient point troublé?
Ou plûtoft quel esprit n'en eft point accablé?
Je croy que Brute mefme, à tel point qu'on le prife,
Voulut plus d'une fois rompre fon entreprife,
Qu'avant que de fraper elle luy fit fentir
Plus d'un remord en l'ame et plus d'un repentir.

MAXIME.
Il eut trop de vertu pour tant d'inquiétude;
Il ne foupçonna point fa main d'ingratitude,
Et fut contre un tyran d'autant plus animé
Qu'il en receut de biens et qu'il s'en vit aimé.
Comme vous l'imitez, faites la mefme chofe,
Et formez vos remords d'une plus juste caufe,
De vos lafches confeils, qui feuls ont arrêté
Le bonheur renaiffant de noftre liberté.
C'eft vous feul ajourd'huy qui nous l'avez oftée;
De la main de Céfar Brute l'euft acceptée,
Et n'euft jamais fouffert qu'un intéreft léger
De vengeance ou d'amour l'euft remife en danger.
N'écoutez plus la voix d'un tyran qui vous aime,
Et vous veut faire part de fon pouvoir fuprème;
Mais entendez crier Rome à voftre cofté:
*Ren-moy, ren-moy, Cinna, ce que tu m'as ofté,*
*Et, fi tu m'as tantoft préféré ta maîtreffe,*
*Ne me préfére pas le tyran qui m'oppreffe.*

CINNA.
Amy, n'accable plus un esprit malheureux
Qui ne forme qu'en lafche un deffein généreux.
Envers nos citoyens je fçay quelle eft ma faute,
Et leur rendray bien-toft tout ce que je leur ofte;
Mais pardonne aux abois d'une vieille amitié
Qui ne peut expirer fans me faire pitié,
Et laiffe-moy, de grace, attendant Æmilie,
Donner un libre cours à ma mélancolie:

Mon chagrin t'importune, et le trouble où je fuis
Veut de la folitude à calmer tant d'ennuis.
### MAXIME
Vous voulez rendre conte à l'objet qui vous bleffe
De la bonté d'Octave et de voftre foibleffe;
L'entretien des amants veut un entier fecret.
Adieu, je me retire en confident discret.

## SCÉNE III.
### CINNA.

onne un plus digne nom au glorieux empire
Du noble fentiment que la vertu m'inspire,
Et que l'honneur oppofe au coup précipité
De mon ingratitude et de ma lafcheté.
Mais plûtoft continuë à le nommer foibleffe,
Puifqu'il devient fi foible auprès d'une maîtreffe;
Qu'il respecte un amour qu'il devroit étouffer,
Où que, s'il le combat, il n'ofe en triompher.
En ces extrémitez quel confeil doy-je prendre?
De quel cofté pancher? à quel party me rendre?
   Qu'une ame généreufe a de peine à faillir!
Quelque fruit que par là j'espère de cueillir,
Les douceurs de l'amour, celles de la vengeance,
La gloire d'affranchir le lieu de ma naiffance,
N'ont point affez d'appas pour flater ma raifon
S'il les faut acquérir par une trahifon;
S'il faut percer le flanc d'un prince magnanime,
Qui du peu que je fuis fait une telle estime,
Qui me comble d'honneurs, qui m'accable de biens,
Qui ne prend pour régner de confeils que les miens.
O coup! ô trahifon trop indigne d'un homme!
Dure, dure à jamais l'esclavage de Rome!
Périffe mon amour, périffe mon espoir
Plûtoft que de ma main parte un crime fi noir.
Quoy! ne m'offre-t'il pas tout ce que je fouhaite,
Et qu'au prix de fon fang ma paffion achéte?
Pour joüir de fes dons faut-il l'affaffiner?
Et faut-il-luy ravir ce qu'il me veut donner?

Mais je dépens de vous, ô ferment téméraire!
O haine d'Æmilie! ô fouvenir d'un pére!
Ma foy, mon cœur, mon bras, tout vous eft engagé,
Et je ne puis plus rien que par voftre congé.
C'eft à vous à régler ce qu'il faut que je faffe;
C'eft à vous, Æmilie, à luy donner la grace;
Vos feules volontez préfident à fon fort,
Et tiennent en mes mains et fa vie et fa mort.
O Dieux, qui comme vous la rendez adorable,
Rendez-la comme vous à mes vœux éxorable,
Et, puisque de fes loix je ne puis m'affranchir,
Faites qu'à mes défirs je la puiffe fléchir.
Mais voicy de retour cette aimable inhumaine.

## SCÉNE IV.

### ÆMILIE, CINNA, FULVIE.

#### ÆMILIE.

Graces aux dieux, Cinna, ma frayeur étoit [vaine;
Aucun de tes amis ne t'a manqué de foy,
Et je n'ay point eu lieu de m'employer pour [toy.
Octave en ma préfence a tout dit à Livie,
Et par cette nouvelle il m'a rendu la vie.

#### CINNA.
Le défavoûrez-vous, et du don qu'il me fait
Voudrez-vous retarder le bien heureux effet?

#### ÆMILIE.
L'effet eft en ta main.

#### CINNA.
   Mais plûtoft en la voftre.

#### ÆMILIE.
Je fuis toûjours moy-mefme, et mon cœur n'eft point [autre;
Me donner à Cinna c'eft ne luy donner rien,
C'eft feulement luy faire un prefent de fon bien.

#### CINNA.
Vous pouvez touteffois... O ciel! l'ofay-je dire!

#### ÆMILIE.
Que puis-je, et que crains-tu?

## CINNA.
Je tremble, je foûpire,
Et voy que fi nos cœurs avoient mefmes defirs,
Je n'aurois pas befoin d'expliquer mes foûpirs.
Ainfi je fuis trop feur que je vay vous déplaire,
Mais je n'ofe parler et je ne puis me taire.

## ÆMILIE.
C'eft trop me gefner, parle.

## CINNA.
Il faut vous obéïr,
Je vay donc vous déplaire, et vous m'allez haïr.
Je vous aime, Æmilie, et le ciel me foudroye,
Si cette paffion ne fait toute ma joye,
Et fi je ne vous aime avec toute l'ardeur
Que peut un digne objet attendre d'un grand cœur!
Mais voyez à quel prix vous me donnez voftre ame,
En me rendant heureux, vous me rendez infame,
Cette bonté d'Augufte...

## ÆMILIE.
Il fuffit, je t'entens,
Je voy ton repentir et tes vœux inconftans:
Les faveurs du tyran emportent tes promeffes;
Tes feux et tes fermens cédent à fes careffes;
Et ton efprit crédule ofe s'imaginer
Qu'Augufte, pouvant tout, peut auffi me donner;
Tu me veux de fa main, plûtoft que de la mienne;
Mais ne croy pas qu'ainfi jamais je t'appartienne :
Il peut faire trembler la terre fous fes pas,
Mettre un roy hors du trofne et donner fes États[1],
De fes profcriptions rougir la terre et l'onde,
Et changer à fon gré l'ordre de tout le monde;
Mais le cœur d'Æmilie eft hors de fon pouvoir.

## CINNA.
Auffi n'eft-ce qu'à vous que je veux le devoir.
Je fuis toûjours moy-mefme, et ma foy toûjours pure;
La pitié que je fens ne me rend point parjure;
J'obéïs fans referve à tous vos fentimens,

---

1. On lifait jufqu'en 1660 inclufivement:
   Jeter un roy du trofne et donner fes États.

Et prens vos intereſts par delà mes ſermens.
  J'ay pû, vous le ſçavez, ſans parjure et ſans crime
Vous laiſſer échapper cette illuſtre victime :
Céſar ſe dépouillant du pouvoir ſouverain
Nous oſtoit tout prétexte à luy percer le ſein ;
La conjuration s'en alloit diſſipée,
Vos deſſeins avortez, voſtre haine trompée :
Moy ſeul j'ay raffermy ſon esprit étonné,
Et, pour vous l'immoler, ma main l'a couronné.
ÆMILIE.
Pour me l'immoler, traiſtre ! et tu veux que moy-meſme
Je retienne ta main ! qu'il vive, et que je l'aime !
Que je ſois le butin de qui l'oſe épargner,
Et le prix du conſeil qui le force à régner !
CINNA.
Ne me condamnez point quand je vous ay ſervie :
Sans moy, vous n'auriez plus de pouvoir ſur ſa vie,
Et, malgré ſes bien-faits, je rens tout à l'amour
Quand je veux qu'il périſſe ou vous doive le jour.
Avec les premiers vœux de mon obéïſſance
Souffrez ce foible effort de ma reconnoiſſance,
Que je taſche de vaincre un indigne couroux,
Et vous donner pour luy l'amour qu'il a pour vous.
Une ame généreuſe et que la vertu guide
Fuit la honte des noms d'ingrate et de perfide ;
Elle en hait l'infamie attachée au bonheur,
Et n'accepte aucun bien aux dépens de l'honneur.
ÆMILIE.
Je fais gloire, pour moy, de cette ignominie :
La perfidie eſt noble envers la tyrannie ;
Et, quand on rompt le cours d'un ſort ſi malheureux,
Les cœurs les plus ingrats ſont les plus généreux.
CINNA.
Vous faites des vertus au gré de voſtre haine.
ÆMILIE.
Je me fais des vertus dignes d'une Romaine.
CINNA.
Un cœur vraiment romain...
ÆMILIE.
Oſe tout pour ravir

Une odieuse vie à qui le fait servir ;
Il fuit plus que la mort la honte d'estre esclave.
### CINNA.
C'est l'estre avec honneur que de l'estre d'Octave ;
Et nous voyons souvent des rois à nos genoux
Demander pour appuy tels esclaves que nous.
Il abaisse à nos pieds l'orgueil des diadèmes,
Il nous fait souverains sur leurs grandeurs suprèmes,
Il prend d'eux les tributs dont il nous enrichit,
Et leur impose un joug dont il nous affranchit.
### ÆMILIE.
L'indigne ambition que ton cœur se propose !
Pour estre plus qu'un roy tu te crois quelque chose !
Aux deux bouts de la terre en est-il un si vain
Qu'il prétende égaler un citoyen romain ?
Antoine sur sa teste attira nostre haine
En se deshonorant par l'amour d'une reine ;
Attale, ce grand roy, dans la pourpre blanchy,
Qui du peuple romain se nommoit l'affranchy,
Quand de toute l'Asie il se fust veu l'arbitre,
Eust encor moins prisé son trosne que ce titre.
Souvien-toy de ton nom, soûtien sa dignité ;
Et, prenant d'un Romain la générosité,
Sçache qu'il n'en est point que le ciel n'ait fait naistre
Pour commander aux rois, et pour vivre sans maistre.
### CINNA.
Le ciel a trop fait voir en de tels attentats
Qu'il hait les assassins, et punit les ingrats ;
Et quoy qu'on entreprenne, et quoy qu'on éxécute,
Quand il éleve un trosne, il en venge la chûte ;
Il se met du party de ceux qu'il fait régner ;
Le coup dont on les tuë est long-temps à saigner,
Et, quand à les punir il a pû se résoudre,
De pareils châtimens n'appartiennent qu'au foudre.
### ÆMILIE.
Dy que de leur party toy-mesme tu te rens,
De te remettre au foudre à punir les tyrans.
Je ne t'en parle plus, va, sers la tyrannie ;
Abandonne ton ame à son lasche génie,
Et, pour rendre le calme à tòn esprit flotant,

## ACTE III.

Oublie et ta naiſſance et le prix qui t'attend.
Sans emprunter ta main pour ſervir ma colére,
Je ſçauray bien venger mon païs et mon pére.
J'aurois déja l'honneur d'un ſi fameux trépas,
Si l'amour jusqu'icy n'euſt arrêté mon bras ;
C'eſt luy qui, ſous tes loix me tenant aſſervie,
M'a fait en ta faveur prendre ſoin de ma vie :
Seule contre un tyran, en le faiſant périr
Par les mains de la garde il me falloit mourir;
Je t'euſſe par ma mort deſrobé ta captive;
Et comme pour toy ſeul l'amour veut que je vive,
J'ay voulu, mais en vain, me conſerver pour toy,
Et te donner moyen d'eſtre digne de moy.
   Pardonnez-moy, grands dieux, ſi je me ſuis trompée
Quand j'ay penſé chérir un neveu de Pompée,
Et ſi d'un faux ſemblant mon esprit abuſé
A fait choix d'un esclave en ſon lieu ſuppoſé.
Je t'aime touteſfois, quel que tu puiſſes eſtre ;
Et ſi pour me gagner il faut trahir ton maiſtre,
Mille autres à l'envy recevroient cette loy,
S'ils pouvoient m'acquérir à meſme prix que toy.
Mais n'appréhende pas qu'un autre ainſi m'obtienne.
Vy pour ton cher tyran, tandis que je meurs tienne :
Mes jours avec les ſiens ſe vont précipiter,
Puisque ta laſcheté n'oſe me mériter.
Vien me voir dans ſon ſang et dans le mien baignée,
De ma ſeule vertu mourir accompagnée,
Et te dire en mourant, d'un esprit ſatisfait :
*N'accuſe point mon ſort, c'eſt toi ſeul qui l'as fait;*
*Je deſcends dans la tombe où tu m'as condamnée,*
*Où la gloire me ſuit qui t'étoit destinée.*
*Je meurs en détruiſant un pouvoir absolu;*
*Mais je vivrois à toy, ſi tu l'avois voulu.*

### CINNA.

Et bien, vous le voulez, il faut vous ſatisfaire,
Il faut affranchir Rome, il faut venger un pére,
Il faut ſur un tyran porter de juſtes coups ;
Mais apprenez qu'Auguste eſt moins tyran que vous.
S'il nous oſte à ſon gré nos biens, nos jours, nos fem-
Il n'a point jusqu'icy tyranniſé nos ames ;       [mes,

Mais l'empire inhumain qu'éxercent vos beautez
Force jusqu'aux esprits, et jusqu'aux volontez.
Vous me faites priſer ce qui me deſhonore;
Vous me faites haïr ce que mon ame adore;
Vous me faites répandre un ſang pour qui je dois
Expoſer tout le mien et mille et mille fois.
Vous le voulez, j'y cours, ma parole eſt donnée;
Mais ma main auſſi-toſt contre mon ſein tournée
Aux manes d'un tel prince immolant voſtre amant,
A mon crime forcé joindra mon châtiment,
Et, par cette action dans l'autre confonduë,
Recouvrera ma gloire auſſi-toſt que perduë.
Adieu.

## SCÉNE V.

### ÆMILIE, FULVIE.

FULVIE.
Vous avez mis ſon ame au deſespoir.
ÆMILIE.
Qu'il ceſſe de m'aimer, ou ſuive ſon devoir.
FULVIE.
Il va vous obéir aux dépens de ſa vie.
Vous en pleurez!

ÆMILIE.
Hélas! cours après luy, Fulvie;
Et ſi ton amitié daigne me ſecourir,
Arrache-luy du cœur ce deſſein de mourir;
Dy-luy...
FULVIE.
Qu'en ſa faveur vous laiſſez vivre Auguſte?
ÆMILIE.
Ah! c'eſt faire à ma haine une loy trop injuſte.
FULVIE.
Et quoy donc?
ÆMILIE.
Qu'il achéve, et dégage ſa foy,
Et qu'il choiſiſſe après, de la mort ou de moy.

*Fin du troiſiéme acte.*

## ACTE IV.

### SCÉNE PRÉMIÉRE.

AUGUSTE, EUPHORBE, POLYCLÉTE, gardes.

AUGUSTE.

Tout ce que tu me dis, Euphorbe, est incroyable.
EUPHORBE.
Seigneur, le récit mesme en paroit effroyable :
On ne conçoit qu'à peine une telle fureur,
Et la seule pensée en fait frémir d'horreur.
AUGUSTE.
Quoy, mes plus chers amis! quoy, Cinna! quoy, Maxime!
Les deux que j'honorois d'une si haute estime,
A qui j'ouvrois mon cœur, et dont j'avois fait choix
Pour les plus importans et plus nobles emplois!
Après qu'entre leurs mains j'ay remis mon empire,
Pour m'arracher le jour l'un et l'autre conspire!
Maxime a veu sa faute, il m'en fait avertir,
Et montre un cœur touché d'un juste repentir,
Mais Cinna!
EUPHORBE.
Cinna seul dans sa rage s'obstine,
Et contre vos bontez d'autant plus se mutine;
Luy seul combat encor les vertüeux efforts
Que sur les conjurez fait ce juste remords,
Et, malgré les frayeurs à leurs regrets meslées,
Il tasche à raffermir leurs ames ébranlées.
AUGUSTE.
Luy seul les encourage, et luy seul les séduit!

O le plus déloyal que la terre ait produit!
O trahiſon conceuë au ſein d'une furie!
O trop ſenſible coup d'une main ſi chérie!
Cinna, tu me trahis! Polycléte, écoutez.
*Il luy parle à l'oreille.*
### POLYCLÈTE.
Tous vos ordres, Seigneur, ſeront éxécutez.
### AUGUSTE.
Qu'Éraſte en meſme temps aille dire à Maxime
Qu'il vienne recevoir le pardon de ſon crime.
*Polycléte rentre.*
### EUPHORBE.
Il l'a jugé trop grand pour ne pas s'en punir,
A peine du palais il a pû revenir,
Que, les yeux égarez et le regard farouche,
Le cœur gros de ſoûpirs, les ſanglots à la bouche,
Il déteſte ſa vie et ce complot maudit,
M'en apprend l'ordre entier tel que je vous l'ay dit,
Et m'ayant commandé que je vous avertiſſe,
Il ajouſte: *Dy-luy que je me fais juſtice,*
*Que je n'ignore point ce que j'ay mérité;*
Puis ſoudain dans le Tibre il s'eſt précipité,
Et l'eau groſſe et rapide, et la nuit aſſez noire
M'ont deſrobé la fin de ſa tragique hiſtoire.
### AUGUSTE.
Sous ce preſſant remords il a trop ſuccombé,
Et s'eſt à mes bontez luy-meſme deſrobé;
Il n'eſt crime envers moi qu'un repentir n'efface :
Mais puiſqu'il a voulu renoncer à ma grace,
Allez pourvoir au reſte, et faites qu'on ait ſoin
De tenir en lieu ſeur ce fidelle témoin.

## SCÉNE II.

### AUGUSTE.

iel, à qui voulez-vous deſormais que je fie
Les ſecrets de mon ame, et le ſoin de ma vie?
Reprenez le pouvoir que vous m'avez commis,
Si, donnant des ſujets, il oſte les amis,

Si tel eſt le destin des grandeurs ſouveraines
Que leurs plus grands bien-faits n'attirent que des haines,
Et ſi voſtre rigueur les condamne à chérir
Ceux que vous animez à les faire périr.
Pour elles rien n'eſt ſeur : qui peut tout, doit tout craindre.
　Rentre en toy-meſme, Octave, et ceſſe de te plaindre.
Quoy, tu veux qu'on t'épargne et n'as rien épargné !
Songe aux fleuves de ſang où ton bras s'eſt baigné,
De combien ont rougy les champs de Macédoine,
Combien en a verſé la défaite d'Antoine,
Combien celle de Sexte, et revoy tout d'un temps
Pérouſe au ſien noyée, et tous ſes habitans.
Remets dans ton esprit, après tant de carnages,
De tes proscriptions les ſanglantes images,
Où toy-meſme, des tiens devenu le bourreau,
Au ſein de ton tuteur enfonças le couteau ;
Et puis oſe accuſer le destin d'injustice
Quand tu vois que les tiens s'arment pour ton ſupplice,
Et que, par ton éxemple à ta perte guidez,
Ils violent les droits que tu n'as pas gardez.
Leur trahiſon eſt juste, et le ciel l'authoriſe :
Quitte ta dignité comme tu l'as acquiſe ;
Rens un ſang infidelle à l'infidélité,
Et ſouffre des ingrats après l'avoir été.
　Mais que mon jugement au beſoin m'abandonne !
Quelle fureur, Cinna, m'accuſe et te pardonne ?
Toy, dont la trahiſon me force à retenir
Ce pouvoir ſouverain dont tu me veux punir,
Me traite en criminel, et fait ſeule mon crime,
Reléve, pour l'abattre, un troſne illégitime,
Et, d'un zéle effronté couvrant ſon attentat,
S'oppoſe, pour me perdre, au bonheur de l'État ?
Donc jusqu'à l'oublier je pourrois me contraindre !
Tu vivrois en repos après m'avoir fait craindre !
Non non, je me trahis moy-meſme d'y penſer :
Qui pardonne aiſément invite à l'offenſer ;
Puniſſons l'aſſaſſin, proscrivons les complices.
　Mais quoy ! toûjours du ſang, et toûjours des supplices !
Ma crüauté se laſſe, et ne peut s'arrêter ;
Je veux me faire craindre, et ne fais qu'irriter.

Rome a pour ma ruïne une hydre trop fertile;
Une teſte coupée en fait renaiſtre mille,
Et le ſang répandu de mille conjurez
Rend mes jours plus maudits, et non plus aſſeurez.
Octave, n'atten plus le coup d'un nouveau Brute;
Meurs, et deſrobe-luy la gloire de ta chûte;
Meurs; tu ferois pour vivre un laſche et vain effort
Si tant de gens de cœur font des vœux pour ta mort,
Et ſi tout ce que Rome a d'illustre jeuneſſe
Pour te faire périr tour à tour s'intéreſſe :
Meurs, puisque c'eſt un mal que tu ne peux guérir;
Meurs enfin, puisqu'il faut ou tout perdre, ou mourir.
La vie eſt peu de choſe, et le peu qui t'en reste
Ne vaut pas l'acheter par un prix ſi funeste;
Meurs, mais quitte du moins la vie avec éclat,
Eteins-en le flambeau dans le ſang de l'ingrat,
A toy-mesme en mourant immole ce perfide;
Contentant ſes deſirs, puny ſon parricide;
Fais un tourment pour luy de ton propre trépas,
En faiſant qu'il le voye, et n'en joüiſſe pas :
Mais joüiſſons plûtoſt nous-meſmes de ſa peine,
Et, ſi Rome nous hait, triomphons de ſa haine.
  O Romains! ô vengeance! ô pouvoir absolu!
O rigoureux combat d'un cœur irréſolu
Qui fuit en meſme temps tout ce qu'il ſe propoſe!
D'un prince malheureux ordonnez quelque choſe.
Qui des deux doy-je ſuivre, et duquel m'éloigner?
Ou laiſſez-moy périr, ou laiſſez-moy régner.

## SCÉNE III.

### AUGUSTE, LIVIE.

#### AUGUSTE.

adame, on me trahit, et la main qui me tuë
Rend ſous mes déplaiſirs ma constance aba-
Cinna, Cinna le traiſtre...                [tuë.
  LIVIE.
            Euphorbe m'a tout dit,
Seigneur, et j'ay paſly cent fois à ce récit.

## Acte IV.

Mais écouteriez-vous les conseils d'une femme ?
### Auguste.
Hélas ! de quel conseil est capable mon ame ?
### Livie.
Voſtre ſévérité ſans produire aucun fruit,
Seigneur, jusqu'à preſent a fait beaucoup de bruit.
Par les peines d'un autre aucun ne s'intimide :
Salvidien à bas a ſoûlevé Lépide ;
Muréne a ſuccédé ; Cépion l'a ſuivy ;
Le jour à tous les deux dans les tourmens ravy
N'a point meſlé de crainte à la fureur d'Égnace
Dont Cinna maintenant oſe prendre la place,
Et dans les plus bas rangs les noms les plus abjets
Ont voulu s'ennoblir par de ſi hauts projets.
Après avoir en vain puny leur inſolence,
Eſſayez ſur Cinna ce que peut la clémence ;
Faites ſon châtiment de ſa confuſion,
Cherchez le plus utile en cette occaſion :
Sa peine peut aigrir une ville animée,
Son pardon peut ſervir à voſtre renommée ;
Et ceux que vos rigueurs ne font qu'effaroucher
Peut-eſtre à vos bontez ſe laiſſeront toucher.
### Auguste.
Gagnons-les tout à fait en quittant cét empire
Qui nous rend odieux, contre qui l'on conspire.
J'ay trop par vos avis conſulté là deſſus ;
Ne m'en parlez jamais, je ne conſulte plus.

Ceſſe de ſoûpirer, Rome, pour ta franchiſe ;
Si je t'ay miſe aux fers, moy-mesme je les briſe,
Et te rens ton État après l'avoir conquis,
Plus paiſible et plus grand que je ne te l'ay pris.
Si tu me veux haïr, hay-moy ſans plus rien feindre ;
Si tu me veux aimer, aime-moy ſans me craindre :
De tout ce qu'eut Sylla de puiſſance et d'honneur,
Laſſé comme il en fut, j'aspire à ſon bonheur.
### Livie.
Aſſez et trop long-temps ſon éxemple vous flate,
Mais gardez que ſur vous le contraire n'éclate :
Ce bonheur ſans pareil qui conſerva ſes jours
Ne ſeroit pas bonheur, s'il arrivoit toûjours.

#### AUGUSTE.
Et bien, s'il eſt trop grand, ſi j'ay tort d'y prétendre,
J'abandonne mon ſang à qui voudra l'épandre.
Après un long orage il faut trouver un port,
Et je n'en voy que deux, le repos ou la mort.
#### LIVIE.
Quoy ! vous voulez quitter le fruit de tant de peines !
#### AUGUSTE.
Quoy ! vous voulez garder l'objet de tant de haines ?
#### LIVIE.
Seigneur, vous emporter à cette extrémité,
C'eſt plûtoſt deſespoir que généroſité.
#### AUGUSTE.
Régner, et careſſer une main ſi traiſtreſſe,
Au lieu de ſa vertu, c'eſt montrer ſa foibleſſe.
#### LIVIE.
C'eſt régner ſur vous-meſme, et, par un noble choix,
Pratiquer la vertu la plus digne des rois.
#### AUGUSTE.
Vous m'aviez bien promis des conſeils d'une femme,
Vous me tenez parole, et c'en ſont là, Madame.
  Après tant d'ennemis à mes pieds abatus
Depuis vingt ans je régne, et j'en ſçay les vertus ;
Je ſçay leur divers ordre, et de quelle nature
Sont les devoirs d'un prince en cette conjoncture :
Tout ſon peuple eſt bleſſé par un tel attentat,
Et la ſeule penſée eſt un crime d'État,
Une offenſe qu'on fait à toute ſa province,
Dont il faut qu'il la venge, ou ceſſe d'eſtre prince.
#### LIVIE.
Donnez moins de croyance à voſtre paſſion.
#### AUGUSTE.
Ayez moins de foibleſſe, ou moins d'ambition.
#### LIVIE.
Ne traitez plus ſi mal un conſeil ſalutaire.
#### AUGUSTE.
Le ciel m'inspirera ce qu'icy je doy faire.
Adieu : nous perdons temps.
#### LIVIE.
                    Je ne vous quitte point,

## ACTE IV.

Seigneur, que mon amour n'aye obtenu ce point.
### AUGUSTE.
C'est l'amour des grandeurs qui vous rend importune.
### LIVIE.
J'aime voſtre perſonne et non voſtre fortune.
### *Elle eſt ſeule.*
Il m'échappe, ſuivons, et forçons-le de voir
Qu'il peut en faiſant grace affermir ſon pouvoir,
Et qu'enfin la clémence est la plus belle marque
Qui faſſe à l'univers connoiſtre un vray monarque.

## SCÉNE IV.
### ÆMILIE, FULVIE.

#### ÆMILIE.

D'où me vient cette joye, et que mal à propos
Mon eſprit malgré moy gouſte un entier repos!
Céſar mande Cinna ſans me donner d'alarmes!
Mon cœur eſt ſans ſoûpirs, mes yeux n'ont point [de larmes,
Comme ſi j'apprenois d'un ſecret mouvement
Que tout doit ſuccéder à mon contentement!
Ay-je bien entendu? me l'as-tu dit, Fulvie?
#### FULVIE.
J'avois gagné ſur luy qu'il aimeroit la vie,
Et je vous l'amenois plus traitable et plus doux
Faire un ſecond effort contre voſtre courroux;
Je m'en applaudiſſois, quand ſoudain Polycléte,
Des volontez d'Auguſte ordinaire interpréte,
Eſt venu l'aborder et ſans ſuite et ſans bruit,
Et de ſa part ſur l'heure au palais l'a conduit.
Auguſte eſt fort troublé, l'on ignore la cauſe;
Chacun diverſement ſoupçonne quelque choſe;
Tous préſument qu'il aye un grand ſujet d'ennuy,
Et qu'il mande Cinna pour prendre avis de lui.
Mais ce qui m'embarraſſe, et que je viens d'apprendre,
C'eſt que deux inconnus ſe ſont ſaiſis d'Evandre,
Qu'Euphorbe eſt arreſté ſans qu'on ſçache pourquoy,
Que meſme de ſon maiſtre on dit je ne ſçay quoy:
On luy veut imputer un deſeſpoir funeſte,

On parle d'eaux, de Tibre, et l'on fe taift du refte.

ÆMILIE.

Que de fujets de craindre et de defespérer,
Sans que mon trifte cœur en daigne murmurer!
A chaque occafion le ciel y fait defcendre
Un fentiment contraire à celuy qu'il doit prendre :
Une vaine frayeur tantoft m'a pû troubler,
Et je fuis infenfible alors qu'il faut trembler.
   Je vous entens, grands dieux! vos bontez que j'adore
Ne peuvent confentir que je me defhonore,
Et, ne me permettant foûpirs, fanglots, ny pleurs,
Soûtiennent ma vertu contre de tels malheurs.
Vous voulez que je meure avec ce grand courage
Qui m'a fait entreprendre un fi fameux ouvrage,
Et je veux bien périr comme vous l'ordonnez,
Et dans la mefme affiette où vous me retenez.
   O liberté de Rome! ô manes de mon pére!
J'ay fait de mon cofté tout ce que j'ay pû faire :
Contre voftre tyran j'ay ligué fes amis,
Et plus ofé pour vous qu'il ne m'étoit permis.
Si l'effet a manqué, ma gloire n'est pas moindre;
N'ayant pû vous venger, je vous iray rejoindre,
Mais fi fumante encor d'un généreux couroux,
Par un trépas fi noble et fi digne de vous,
Qu'il vous fera fur l'heure aifément reconnoiftre
Le fang des grands héros dont vous m'avez fait naiftre.

## SCÉNE V.

### MAXIME, ÆMILIE, FULVIE.

ÆMILIE.

Mais je vous voy, Maxime, et l'on vous faifoit mort!

MAXIME.

Euphorbe trompe Auguste avec ce faux rapport;
Se voyant arrêté, la trame découverte,
Il a feint ce trépas pour empefcher ma perte.

ÆMILIE.

Que dit-on de Cinna?

## Acte IV.

MAXIME.
            Que ſon plus grand regret
C'eſt de voir que Céſar ſçait tout voſtre ſecret;
En vain il le dénie, et le veut méconnoiſtre,
Évandre a tout conté pour excuſer ſon maiſtre,
Et par l'ordre d'Auguſte on vient vous arrêter.

ÆMILIE.
Celuy qui l'a receu tarde à l'éxécuter;
Je ſuis preſte à le ſuivre et laſſe de l'attendre.

MAXIME.
Il vous attend chez moy.

ÆMILIE.
            Chez vous!

MAXIME.
                        C'eſt vous ſurprendre :
Mais apprenez le ſoin que le ciel a de vous;
C'eſt un des conjurez qui va fuir avec nous.
Prenons noſtre avantage avant qu'on nous pourſuive;
Nous avons pour partir un vaiſſeau ſur la rive.

ÆMILIE.
Me connois-tu, Maxime, et ſçais-tu qui je ſuis?

MAXIME.
En faveur de Cinna je fais ce que je puis,
Et taſche à garantir de ce malheur extrême
La plus belle moitié qui reste de luy-meſme.
Sauvons-nous, Æmilie, et conſervons le jour
Afin de le venger par un heureux retour.

ÆMILIE.
Cinna dans ſon malheur eſt de ceux qu'il faut ſuivre,
Qu'il ne faut pas venger, de peur de leur ſurvivre.
Quiconque après ſa perte aspire à ſe ſauver,
Eſt indigne du jour qu'il taſche à conſerver.

MAXIME.
Quel deſespoir aveugle à ces fureurs vous porte!
O dieux! que de foibleſſe en une ame ſi forte!
Ce cœur ſi généreux rend ſi peu de combat,
Et du premier revers la fortune l'abat!
Rappelez, rappelez cette vertu ſublime,
Ouvrez enfin les yeux et connoiſſez Maxime:
C'eſt un autre Cinna qu'en luy vous regardez;

Le ciel vous rend en luy l'amant que vous perdez,
Et, puisque l'amitié n'en faiſoit plus qu'une ame,
Aimez en cet amy l'objet de voſtre flame.
Avec la meſme ardeur il ſçaura vous chérir,
Que...

ÆMILIE.

Tu m'oſes aimer, et tu n'oſes mourir!
Tu prétens un peu trop; mais, quoy que tu prétendes,
Ren-toy digne du moins de ce que tu demandes;
Ceſſe de fuir en laſche un glorieux trépas,
Ou de m'offrir un cœur que tu fais voir ſi bas;
Fay que je porte envie à ta vertu parfaite;
Ne te pouvant aimer, fay que je te regrette;
Montre d'un vray Romain la derniére vigueur,
Et mérite mes pleurs au défaut de mon cœur.
Quoy? ſi ton amitié pour Cinna s'intéreſſe,
Crois-tu qu'elle conſiſte à flater ſa maîtreſſe?
Apprens, appren de moy quel en eſt le devoir,
Et donne-m'en l'éxemple, ou vien le recevoir.

MAXIME.

Voſtre juſte douleur eſt trop impétüeuſe.

ÆMILIE.

La tienne en ta faveur eſt trop ingénieuſe.
Tu me parles déjà d'un bien-heureux retour,
Et dans tes déplaiſirs tu conçois de l'amour!

MAXIME.

Cet amour en naiſſant eſt touteſſois extrème,
C'eſt voſtre amant en vous, c'eſt mon amy que j'aime,
Et des meſmes ardeurs dont il fut embraſé...

ÆMILIE.

Maxime, en voila trop pour un homme aviſé.
Ma perte m'a ſurpriſe, et ne m'a point troublée;
Mon noble déſespoir ne m'a point aveuglée,
Ma vertu toute entiére agit ſans s'émouvoir,
Et je voy malgré moy plus que je ne veux voir.

MAXIME.

Quoy? vous ſuis-je ſuſpect de quelque perfidie?

ÆMILIE.

Ouy, tu l'ès, puis qu'enfin tu veux que je le die;
L'ordre de noſtre fuite eſt trop bien concerté

Pour ne te foupçonner d'aucune lafcheté.
Les dieux feroient pour nous prodigues en miracles
S'ils en avoient fans toy levé tous les obstacles ;
Fuy fans moy, tes amours font icy fuperflus.
### MAXIME.
Ah! vous m'en dites trop.
### ÆMILIE.
J'en préfume encor plus.
Ne crain pas toutesfois que j'éclate en injures,
Mais n'espére non plus m'éblouïr de parjures.
Si c'eft te faire tort que de m'en défier,
Vien mourir avec moy pour te justifier.
### MAXIME.
Vivez, belle Æmilie, et fouffrez qu'un esclave...
### ÆMILIE.
Je ne t'écoute plus qu'en préfence d'Octave!
Allons, Fulvie, allons.

## SCÉNE VI.

### MAXIME.

Defespéré, confus,
Et digne, s'il fe peut, d'un plus cruel refus,
Que réfous-tu, Maxime? et quel eft le fupplice
Que ta vertu prépare à ton vain artifice?
Aucune illufion ne te doit plus flater,
Æmilie en mourant va tout faire éclater ;
Sur un mefme échaffaut la perte de fa vie
Étalera fa gloire et ton ignominie,
Et fa mort va laiffer à la postérité
L'infame fouvenir de ta déloyauté.
Un mefme jour t'a veu, par une fauffe adreffe,
Trahir ton fouverain, ton amy, ta maîtreffe,
Sans que de tant de droits en un jour violez,
Sans que de deux amans au tyran immolez,
Il te reste aucun fruit, que la honte et la rage
Qu'un remords inutile allume en ton courage.
Euphorbe, c'eft l'effet de tes lafches confeils;
Mais que peut-on attendre enfin de tes pareils?

Jamais un affranchy n'eſt qu'un esclave infame;
Bien qu'il change d'état, il ne change point d'ame;
La tienne, encor ſervile, avec la liberté
N'a pû prendre un rayon de généroſité.
Tu m'as fait relever une injuste puiſſance;
Tu m'as fait démentir l'honneur de ma naiſſance;
Mon cœur te réſiſtoit, et tu l'as combatu
Jusqu'à ce que ta fourbe ait ſouillé ſa vertu.
Il m'en coûte la vie, il m'en coûte la gloire,
Et j'ay tout mérité pour t'avoir voulu croire.
Mais les dieux permettront à mes reſſentimens
De te ſacrifier aux yeux des deux amans,
Et j'oſe m'aſſeurer qu'en dépit de mon crime
Mon ſang leur ſervira d'aſſez pure victime,
Si dans le tien mon bras justement irrité
Peut laver le forfait de t'avoir écouté.

*Fin du quatriéme acte.*

## ACTE V.

### SCÉNE PRÉMIÉRE.

#### AUGUSTE, CINNA.

##### AUGUSTE.

Prens un siége, Cinna, prens, et sur toute chose
Observe éxactement la loy que je t'impose :
Préte sans me troubler l'oreille à mes discours;
D'aucun mot, d'aucun cry n'en interromps le cours ;
Tien ta langue captive; et, si ce grand silence
A ton émotion fait quelque violence,
Tu pourras me répondre après tout à loisir :
Sur ce point seulement contente mon desir.

##### CINNA.
Je vous obéïray, Seigneur.

##### AUGUSTE.
               Qu'il te souvienne
De garder ta parole, et je tiendray la mienne.
  Tu vois le jour, Cinna, mais ceux dont tu le tiens
Furent les ennemis de mon pére et les miens :
Au milieu de leur camp tu receus la naissance;
Et, lors qu'après leur mort tu vins en ma puissance,
Leur haine enracinée au milieu de ton sein
T'avoit mis contre moy les armes à la main;
Tu fus mon ennemy mesme avant que de naistre,
Et tu le fus encor quand tu me pûs connoistre,
Et l'inclination jamais n'a démenty
Ce sang qui t'avoit fait du contraire party :

Autant que tu l'as pû, les effets l'ont fuivie;
Je ne m'en fuis vengé qu'en te donnant la vie;
Je te fis prifonnier pour te combler de biens;
Ma cour fut ta prifon, mes faveurs tes liens;
Je te restitüay d'abord ton patrimoine;
Je t'enrichis après des dépouilles d'Antoine,
Et tu fçais que depuis, à chaque occafion,
Je fuis tombé pour toy dans la profufion.
Toutes les dignitez que tu m'as demandées,
Je te les ay fur l'heure et fans peine accordées;
Je t'ay préféré mefme à ceux dont les parens
Ont jadis dans mon camp tenu les premiers rangs,
A ceux qui de leur fang m'ont acheté l'empire,
Et qui m'ont confervé le jour que je respire:
De la façon enfin qu'avec toy j'ay vécu,
Les vainqueurs font jaloux du bonheur du vaincu.
Quand le ciel me voulut, en rappelant Mécéne,
Après tant de faveur montrer un peu de haine,
Je te donnay fa place en ce triste accident,
Et te fis après luy mon plus cher confident.
Aujourd'huy mefme encor mon ame irréfoluë,
Me preffant de quitter ma puiffance abfoluë,
De Maxime et de toy j'ay pris les feuls avis,
Et ce font malgré luy les tiens que j'ay fuivis.
Bien plus, ce mefme jour je te donne Æmilie,
Le digne objet des vœux de toute l'Italie,
Et qu'ont mife fi haut mon amour et mes foins
Qu'en te couronnant roi je t'aurois donné moins.
Tu t'en fouviens, Cinna, tant d'heur et tant de gloire
Ne peuvent pas fi-toft fortir de ta mémoire;
Mais ce qu'on ne pourroit jamais s'imaginer,
Cinna, tu t'en fouviens, et veux m'affaffiner.

CINNA.

Moy, Seigneur, moy que j'euffe une ame auffi traîtreffe!
Qu'un fi lafche deffein...

AUGUSTE.

Tu tiens mal ta promeffe,
Sieds-toy, je n'ay pas dit encor ce que je veux,
Tu te justifiras après, fi tu le peux.
Écoute cependant, et tien mieux ta parole.

Tu veux m'affaffiner, demain, au Capitole,
Pendant le facrifice, et ta main pour fignal
Me doit au lieu d'encens donner le coup fatal;
La moitié de tes gens doit occuper la porte,
L'autre moitié te fuivre et te préter main forte.
Ay-je de bons avis, ou de mauvais foupçons?
De tous ces meurtriers te diray-je les noms?
Procule, Glabrion, Virginian, Rutile,
Marcel, Plaute, Lénas, Pompone, Albin, Icile,
Maxime, qu'après toy j'avois le plus aimé;
Le reste ne vaut pas l'honneur d'eftre nommé;
Un tas d'hommes perdus de debtes et de crimes,
Que preffent de mes loix les ordres légitimes,
Et qui, defefpérant de les plus éviter,
Si tout n'eft renverfé, ne fçauroient fubfifter.
 Tu te tais, maintenant, et gardes le filence
Plus par confufion que par obéïffance.
Quel étoit ton deffein, et que prétendois-tu
Après m'avoir au temple à tes pieds abatu?
Affranchir ton païs d'un pouvoir monarchique?
Si j'ay bien entendu tantoft ta politique,
Son falut deformais dépend d'un fouverain
Qui, pour tout conferver, tienne tout en fa main,
Et fi fa liberté te faifoit entreprendre
Tu ne m'euffes jamais empefché de la rendre,
Tu l'aurois acceptée au nom de tout l'État
Sans vouloir l'acquérir par un affaffinat.
Quel étoit donc ton but? d'y régner en ma place?
D'un étrange malheur fon deftin le menace,
Si pour monter au trofne et luy donner la loy
Tu ne trouves dans Rome autre obstacle que moy;
Si jufques à ce point fon fort eft déplorable,
Que tu fois après moy le plus confidérable,
Et que ce grand fardeau de l'empire romain
Ne puiffe après ma mort tomber mieux qu'en ta main.
 Apprens à te connoiftre, et defcens en toy-mefme:
On t'honore dans Rome, on te courtife, on t'aime,
Chacun tremble fous toy, chacun t'offre des vœux,
Ta fortune eft bien haut, tu peux ce que tu veux,
Mais tu ferois pitié, mefme à ceux qu'elle irrite,

Si je t'abandonnois à ton peu de mérite.
Ofe me démentir, dy-moy ce que tu vaux;
Conte-moy tes vertus, tes glorieux travaux,
Les rares qualités par où tu m'as dû plaire,
Et tout ce qui t'éléve au-deſſus du vulgaire.
Ma faveur fait ta gloire, et ton pouvoir en vient,
Elle ſeule t'éléve, et ſeule te ſoûtient;
C'eſt elle qu'on adore, et non pas ta perſonne;
Tu n'as crédit, ny rang, qu'autant qu'elle t'en donne,
Et pour te faire cheoir je n'aurois aujourd'huy
Qu'à retirer la main qui ſeule eſt ton appuy.
J'aime mieux touteſſois céder à ton envie;
Régne, ſi tu le peux, aux dépens de ma vie.
Mais oſes-tu penſer que les Serviliens,
Les Coſſes, les Métels, les Pauls, les Fabiens,
Et tant d'autres enfin de qui les grands courages
Des héros de leur ſang ſont les vives images,
Quittent le noble orgueil d'un ſang ſi généreux
Jusqu'à pouvoir ſouffrir que tu régnes ſur eux?
Parle, parle, il eſt temps.

CINNA.

Je demeure ſtupide
Non que voſtre colére ou la mort m'intimide;
Je voy qu'on m'a trahy, vous m'y voyez reſver,
Et j'en cherche l'autheur ſans le pouvoir trouver.
Mais c'eſt trop y tenir toute l'ame occupée.
Seigneur, je ſuis Romain, et du ſang de Pompée.
Le pére et les deux fils, laſchement égorgez,
Par la mort de Céſar étoient trop peu vengez;
C'eſt là d'un beau deſſein l'illuſtre et ſeule cauſe,
Et puisqu'à vos rigueurs la trahiſon m'expoſe,
N'attendez point de moy d'infames repentirs,
D'inutiles regrets, ny de honteux ſoûpirs.
Le ſort vous eſt propice autant qu'il m'eſt contraire;
Je ſçay ce que j'ay fait et ce qu'il vous faut faire.
Vous devez un exemple à la poſtérité,
Et mon trépas importe à voſtre ſeureté.

AUGUSTE.

Tu me braves, Cinna, tu fais le magnanime,
Et, loin de t'excuſer, tu couronnes ton crime.

Voyons ſi ta conſtance ira juſques au bout.
Tu ſçais ce qui t'eſt dû, tu vois que je ſçay tout;
Fay ton arreſt toy-meſme, et choiſy tes ſupplices.

## SCÉNE II.

### AUGUSTE, LIVIE, CINNA, ÆMILIE, FULVIE.

#### LIVIE.

ous ne connoiſſez pas encor tous les complices; [voicy.
Voſtre Æmilie en eſt, Seigneur, et la
#### CINNA.
C'eſt elle-meſme, ô dieux!
#### AUGUSTE.
Et toy, ma fille, auſſi!
#### ÆMILIE.
Ouy, tout ce qu'il a fait, il l'a fait pour me plaire,
Et j'en étois, Seigneur, la cauſe et le ſalaire.
#### AUGUSTE.
Quoy! l'amour qu'en ton cœur j'ay fait naiſtre aujour-
T'emporte-t'il déja juſqu'à mourir pour luy? [d'huy
Ton ame à ces tranſports un peu trop s'abandonne,
Et c'eſt trop toſt aimer l'amant que je te donne.
#### ÆMILIE.
Cet amour qui m'expoſe à vos reſſentimens
N'eſt point le prompt effet de vos commandemens;
Ces flames dans nos cœurs ſans voſtre ordre étoient nées,
Et ce ſont des ſecrets de plus de quatre années.
Mais quoy que je l'aimaſſe, et qu'il brûlaſt pour moy,
Une haine plus forte à tous deux fit la loy :
Je ne voulus jamais luy donner d'eſpérance
Qu'il ne m'euſt de mon pére aſſeuré la vengeance;
Je la luy fis jurer; il chercha des amis:
Le ciel rompt le ſuccès que je m'étois promis,
Et je vous viens, Seigneur, offrir une victime,
Non pour ſauver ſa vie en me chargeant du crime,
Son trépas eſt trop juſte après ſon attentat,

Et toute excuſe eſt vaine en un crime d'État.
Mourir en ſa préſence, et rejoindre mon pére,
C'eſt tout ce qui m'améne, et tout ce que j'eſpére.
     AUGUSTE.
Jusques à quand, ô ciel, et par quelle raiſon
Prendrez-vous contre moy des traits dans ma maiſon?
Pour ſes débordemens j'en ay chaſſé Julie,
Mon amour en ſa place a fait choix d'Æmilie,
Et je la voy comme elle indigne de ce rang :
L'une m'oſtoit l'honneur, l'autre a ſoif de mon ſang;
Et, prenant toutes deux leur paſſion pour guide,
L'une fut impudique, et l'autre eſt parricide.
O ma fille, eſt-ce là le prix de mes bienfaits?
     ÆMILIE.
Ceux de mon pére en vous firent meſmes effets.
     AUGUSTE.
Songe avec quel amour j'élevay ta jeuneſſe.
     ÆMILIE.
Il éleva la voſtre avec meſme tendreſſe;
Il fut voſtre tuteur, et vous ſon aſſaſſin ;
Et vous m'avez au crime enſeigné le chemin.
Le mien d'avec le voſtre en ce point ſeul différe,
Que voſtre ambition s'eſt immolé mon pére,
Et qu'un juſte couroux dont je me ſens bruſler,
A ſon ſang innocent vouloit vous immoler.
     LIVIE.
C'en eſt trop, Æmilie, arreſte, et conſidére
Qu'il t'a trop bien payé les bien-faits de ton pére :
Sa mort dont la mémoire allume ta fureur
Fut un crime d'Octave, et non de l'empereur.
 Tous ces crimes d'État qu'on fait pour la couronne,
Le ciel nous en abſout, alors qu'il nous la donne,
Et dans le ſacré rang où ſa faveur l'a mis,
Le paſſé devient juſte, et l'avenir permis.
Qui peut y parvenir ne peut eſtre coupable;
Quoy qu'il ait fait ou faſſe, il eſt inviolable :
Nous luy devons nos biens, nos jours ſont en ſa main,
Et jamais on n'a droit ſur ceux du ſouverain.
     ÆMILIE.
Auſſi, dans le discours que vous venez d'entendre,

Je parlois pour l'aigrir, et non pour me défendre.
 Puniſſez-donc, Seigneur, ces criminels appas
Qui de vos favoris font d'illuſtres ingrats;
Tranchez mes triſtes jours pour aſſeurer les voſtres.
Si j'ay ſéduit Cinna, j'en ſéduiray bien d'autres,
Et je ſuis plus à craindre, et vous plus en danger,
Si j'ay l'amour enſemble et le ſang à venger.
### CINNA.
Que vous m'ayez ſéduit, et que je ſouffre encore
D'eſtre deſhonoré par celle que j'adore!
 Seigneur, la vérité doit icy s'exprimer :
J'avois fait ce deſſein avant que de l'aimer;
A mes plus ſaints déſirs la trouvant inflexible,
Je creus qu'à d'autres ſoins elle feroit ſenſible;
Je parlay de ſon pére, et de voſtre rigueur,
Et l'offre de mon bras ſuivit celle du cœur.
Que la vengeance eſt douce à l'eſprit d'une femme!
Je l'attaquay par là, par là je pris ſon ame;
Dans mon peu de mérite elle me négligeoit,
Et ne pût négliger le bras qui la vengeoit.
Elle n'a conſpiré que par mon artifice;
J'en ſuis le ſeul autheur, elle n'eſt que complice.
### ÆMILIE.
Cinna, qu'oſes-tu dire? eſt-ce là me chérir,
Que de m'oſter l'honneur quand il me faut mourir?
### CINNA.
Mourez, mais en mourant ne ſouillez point ma gloire.
### ÆMILIE.
La mienne ſe fleſtrit, ſi Céſar te veut croire.
### CINNA.
Et la mienne ſe perd ſi vous tirez à vous
Toute celle qui ſuit de ſi généreux coups.
### ÆMILIE.
Et bien, prens-en ta part, et me laiſſe la mienne;
Ce feroit l'affoiblir que d'affoiblir la tienne:
La gloire et les plaiſirs, la honte et les tourmens,
Tout doit eſtre commun entre de vrais amans.
 Nos deux ames, Seigneur, ſont deux ames romaines,
Uniſſant nos deſirs, nous uniſmes nos haines;
De nos parens perdus le vif reſſentiment

Nous apprit nos devoirs en un meſme moment;
En ce noble deſſein nos cœurs ſe rencontrérent,
Nos esprits généreux enſemble le formérent,
Enſemble nous cherchons l'honneur d'un beau trépas:
Vous vouliez nous unir, ne nous ſéparez pas.

### AUGUSTE.

Ouy, je vous uniray, couple ingrat et perfide,
Et plus mon ennemy qu'Antoine ny Lépide;
Ouy, je vous uniray, puisque vous le voulez:
Il faut bien ſatisfaire aux feux dont vous bruſlez;
Et que tout l'Univers, ſçachant ce qui m'anime,
S'étonne du ſupplice auſſi-bien que du crime.

## SCÉNE III.

### AUGUSTE, LIVIE, CINNA, MAXIME, ÆMILIE, FULVIE.

### AUGUSTE.

ais enfin le ciel m'aime, et ſes bien-faits
[nouveaux
Ont enlevé Maxime à la fureur des eaux.
Approche, ſeul amy que j'éprouve fidelle.

### MAXIME.

Honorez moins, Seigneur, une ame criminelle.

### AUGUSTE.

Ne parlons plus de crime après ton repentir,
Après que du péril tu m'as ſceu garantir;
C'eſt à toy que je dois et le jour et l'empire.

### MAXIME.

De tous vos ennemis connoiſſez mieux le pire.
Si vous régnez encor, Seigneur, ſi vous vivez,
C'eſt ma jalouſe rage à qui vous le devez.
 Un vertüeux remords n'a point touché mon ame;
Pour perdre mon rival j'ay découvert ſa trame;
Euphorbe vous a feint que je m'étois noyé,
De crainte qu'après moy vous n'euſſiez envoyé.
Je voulois avoir lieu d'abuſer Æmilie,
Effrayer ſon esprit, la tirer d'Italie,

## Acte V.

Et penſois la réſoudre à cet enlévement
Sous l'espoir du retour pour venger ſon amant.
Mais au lieu de gouſter ces groſſiéres amorces,
Sa vertu combatuë a redoublé ſes forces :
Elle a leu dans mon cœur. Vous ſçavez le ſurplus,
Et je vous en ferois des récits ſuperflus :
Vous voyez le ſuccès de mon laſche artifice ;
Si pourtant quelque grace est deuë à mon indice,
Faites périr Euphorbe au milieu des tourmens,
Et ſouffrez que je meure aux yeux de ces amans.
J'ai trahy mon amy, ma maitreſſe, mon maiſtre,
Ma gloire, mon païs, par l'avis de ce traiſtre,
Et croiray touteſfois mon bonheur infiny,
Si je puis m'en punir, après l'avoir puny.

AUGUSTE.

En eſt-ce aſſez, ô ciel ? et le ſort pour me nuire
A-t'il quelqu'un des miens qu'il veuille encor ſéduire ?
Qu'il joigne à ſes efforts le ſecours des enfers,
Je ſuis maiſtre de moy comme de l'univers.
Je le ſuis, je veux l'eſtre. O ſiécles, ô mémoire,
Conſervez à jamais ma derniére victoire ;
Je triomphe aujourd'huy du plus juste couroux
De qui le ſouvenir puiſſe aller jusqu'à vous.

Soyons amis, Cinna, c'eſt moy qui t'en convie.
Comme à mon ennemy je t'ay donné la vie,
Et, malgré la fureur de ton laſche destin,
Je te la donne encor comme à mon aſſaſſin.
Commençons un combat qui montre par l'iſſuë
Qui l'aura mieux de nous ou donnée, ou receuë.
Tu trahis mes bien-faits, je les veux redoubler :
Je t'en avois comblé, je t'en veux accabler.
Avec cette beauté que je t'avois donnée
Reçoy le conſulat pour la prochaine année.

Aime Cinna, ma fille, en cét illustre rang ;
Préféres-en la pourpre à celle de mon ſang.
Appren ſur mon éxemple à vaincre ta colére :
Te rendant un époux, je te rens plus qu'un pére.

ÆMILIE.

Et je me rens, Seigneur, à ces hautes bontez ;
Je recouvre la veuë auprès de leurs clartez :

Je connoy mon forfait qui me fembloit juſtice ;
Et ce que n'avoit pû la terreur du ſupplice,
Je fens naiſtre en mon ame un repentir puiſſant,
Et mon cœur en ſecret me dit qu'il y conſent.
  Le ciel a réſolu voſtre grandeur ſuprème,
Et pour preuve, Seigneur, je n'en veux que moy-meſme :
J'oſe avec vanité me donner cet éclat,
Puiſqu'il change mon cœur, qu'il veut changer l'État.
Ma haine va mourir, que j'ay crüe immortelle ;
Elle eſt morte, et ce cœur devient ſujet fidelle,
Et, prenant déſormais cette haine en horreur,
L'ardeur de vous ſervir ſuccéde à ſa fureur.

### CINNA.

Seigneur, que vous diray-je, après que nos offenſes
Au lieu de châtimens trouvent des récompenſes ?
O vertu ſans exemple ! ô clémence qui rend
Voſtre pouvoir plus juſte et mon crime plus grand !

### AUGUSTE.

Ceſſe d'en retarder un oubly magnanime,
Et tous deux avec moy faites grace à Maxime :
Il nous a trahis tous ; mais ce qu'il a commis
Vous conſerve innocens et me rend mes amis.

*A Maxime.*

Reprens auprès de moy ta place accoûtumée,
Rentre dans ton crédit et dans ta renommée ;
Qu'Euphorbe de tous trois ait ſa grace à ſon tour,
Et que demain l'hymen couronne leur amour.
Si tu l'aimes encor, ce ſera ton ſupplice.

### MAXIME.

Je n'en murmure point, il a trop de juſtice ;
Et je ſuis plus confus, Seigneur, de vos bontez
Que je ne ſuis jaloux du bien que vous m'oſtez.

### CINNA.

Souffrez que ma vertu dans mon cœur rappelée
Vous conſacre une foy laſchement violée,
Mais ſi ferme à préſent, ſi loin de chanceler,
Que la chûte du ciel ne pourroit l'ébranler.
  Puiſſe le grand moteur des belles deſtinées
Pour prolonger vos jours retrancher nos années ;
Et moy, par un bon-heur dont chacun ſoit jaloux,

Perdre pour vous cent fois ce que je tiens de vous!
### LIVIE.
Ce n'eſt pas tout, Seigneur : une céleste flame
D'un rayon prophétique illumine mon ame.
Oyez ce que les dieux vous font ſçavoir par moy :
De voſtre heureux destin c'eſt l'immüable loy.
 Après cette action vous n'avez rien à craindre ;
On portera le joug deſormais ſans ſe plaindre ;
Et les plus indomptez, renverſant leurs projets,
Mettront toute leur gloire à mourir vos ſujets.
Aucun laſche deſſein, aucune ingrate envie
N'attaquera le cours d'une ſi belle vie ;
Jamais plus d'aſſaſſins, ny de conspirateurs :
Vous avez trouvé l'art d'eſtre maiſtre des cœurs.
Rome, avec une joye et ſenſible et profonde,
Se démet en vos mains de l'empire du monde ;
Vos royales vertus luy vont trop enſeigner
Que ſon bonheur conſiste à vous faire régner.
D'une ſi longue erreur pleinement affranchie,
Elle n'a plus de vœux que pour la monarchie,
Vous prépare déja des temples, des autels,
Et le ciel une place entre les immortels ;
Et la postérité, dans toutes les provinces,
Donnera voſtre éxemple aux plus généreux princes.
### AUGUSTE.
J'en accepte l'augure et j'oſe l'espérer :
Ainſi toûjours les dieux vous daignent inspirer !
 Qu'on redouble demain les heureux ſacrifices
Que nous leur offrirons ſous de meilleurs auspices,
Et que vos conjurez entendent publier
Qu'Auguste a tout appris, et veut tout oublier.

*Fin du cinquiéme et dernier acte.*

# EXAMEN DE CINNA

Ce poëme a tant d'illustres fuffrages, qui luy donnent le premier rang parmy les miens, que je me ferois trop d'importans ennemis fi j'en difois du mal. Je ne le fuis pas affez de moy-mefme pour chercher des défauts où ils n'en ont point voulu voir, et acculer le jugement qu'ils en ont fait, pour obscurcir la gloire qu'ils m'en ont donnée. Cette approbation fi forte et fi générale vient fans doute de ce que la vray-semblance s'y trouve fi heureufement confervée aux endroits où la vérité luy manque, qu'il n'a jamais befoin de recourir au néceffaire. Rien n'y contredit l'histoire, bien que beaucoup de chofes y foient ajoutées; rien n'y eft violenté par les incommoditez de la repréfentation, ny par l'unité de jour, ny par celle de lieu.

Il eft vray qu'il s'y rencontre une duplicité de lieu particulier. La moitié de la pièce fe paffe chez Æmilie et l'autre dans le cabinet d'Auguste. J'aurois été ridicule fi j'avois prétendu que cet empereur délibéraft avec Maxime et Cinna s'il quitteroit l'empire ou non, précifément dans la mefme place où ce dernier vient de rendre conte à Æmilie de la conspiration qu'il a formée contre luy. C'eft ce qui m'a fait rompre la liaifon des fcénes au quatriéme acte, n'ayant pû me réfoudre à faire que Maxime vinft donner l'alarme à Æmilie de la conjuration découverte, au lieu mefme où Auguste en venoit de recevoir l'avis par fon ordre, et dont il ne faifoit que de fortir avec tant d'inquiétude et d'irréfolution. C'euft été une impudence extraordinaire, et tout à fait hors du vray-femblable, de fe préfenter dans fon cabinet un moment après qu'il luy avoit fait révéler le fecret de cette entreprife, et porter la nouvelle de fa fauffe mort. Bien loin de pouvoir furprendre Æmilie par la peur de fe voir arrétée, c'euft été fe faire arrêter luy-mefme, et fe précipiter dans un obstacle invincible au deffein qu'il vouloit éxécuter. Æmilie ne parle donc pas où parle Auguste, à la referve du cinquiéme acte; mais cela n'empefche pas qu'à confidérer tout le poëme enfemble, il n'aye fon unité de lieu, puisque tout s'y peut paffer, non feulement dans Rome ou dans un quartier de Rome, mais dans le feul palais d'Auguste, pourveu que vous y vouliez donner un appartement à Æmilie, qui foit éloigné du fien.

Le conte que Cinna luy rend de fa conspiration juftifie ce que j'ay dit ailleurs, que pour faire fouffrir une narration ornée, il faut que celuy qui la fait et celuy qui l'écoute ayent l'esprit assez tranquille, et s'y plaifent affez pour luy prêter toute la patience qui luy eft néceffaire. Æmilie a de la joye d'apprendre de la bouche de fon amant avec quelle chaleur il a fuivy fes intentions, et Cinna n'en a pas moins de luy pouvoir donner de fi belles espérances de l'effet qu'elle en fouhaite. C'eft pourquoy, quelque longue que foit cette narration fans interruption aucune, elle n'ennuye point; les ornemens de rhétorique dont j'ay tafché de l'enrichir ne la font point condamner de trop d'artifice, et la diverfité de fes figures ne fait point regretter le temps que j'y perds; mais fi j'avois attendu à la commencer qu'Évandre euft troublé ces deux amants par la nouvelle qu'il leur apporte, Cinna euft été obligé de s'en taire ou de la conclure en fix vers, et Æmilie n'en euft pû fupporter davantage.

Comme les vers d'*Horace* ont quelque chofe de plus net et de moins guindé pour les penfées que ceux du *Cid,* on peut dire que ceux de cette piéce ont quelque chofe de plus achevé que ceux d'*Horace*, et qu'enfin la facilité de concevoir le fujet, qui n'eft ny trop chargé d'incidens, ny trop embaraffé des récits de ce qui s'eft paffé avant le commencement de la piéce, eſt une des cauſes ſans doute de la grande approbation qu'il a receue. L'auditeur aime à s'abandonner à l'action préſente, et à n'eſtre point obligé, pour l'intelligence de ce qu'il voit, de réfléchir ſur ce qu'il a déjà veu, et de fixer ſa mémoire ſur les prémiers actes cependant que les derniers ſont devant ſes yeux. C'eſt l'incommodité des piéces embarraſſées, qu'en termes de l'art on nomme *implexes*, par un mot emprunté du latin, telles que ſont *Rodogune* et *Héraclius*. Elle ne ſe rencontre pas dans les ſimples, mais comme celles-là ont ſans doute beſoin de plus d'esprit pour les imaginer, et de plus d'art pour les conduire, celles-cy, n'ayant pas le meſme ſecours du coſté du ſujet, demandent plus de force de vers, de raiſonnement et de ſentimens pour les ſoûtenir.

# POLYEUCTE [1]

## MARTYR

### TRAGÉDIE CHRÉTIENNE

— 1640 —

1. *Polyeucte* fut publié pour la première fois en 1643, Paris, Ant. de Sommaville, in-4º. Le privilége, accordé « à nostre cher et bien amé le sieur Corneille », est du 30 janvier, l'« achevé d'imprimer à Roüen pour la première fois aux dépens de l'autheur par Laurens Maurry », est du 2 octobre de la même année.

On lit dans l'édition de M. Lefèvre, T. I, p. xlj, note 2 : « Peu de temps après que Corneille eut donné *Polyeucte*, La Serre fit représenter sa tragédie de *Thomas Morus*, et elle eut un succès inouï. » « On y suoit, dit La Serre, au mois de décembre et l'on « tua quatre portiers, de compte fait, la première fois qu'elle fut « jouée : voilà ce qu'on appelle de bonnes pièces ! M. Corneille « n'a point de preuves si puissantes des siennes ; et je lui céderai « volontiers le pas quand il aura fait tuer cinq portiers en un « seul jour. » L'auteur de cette note est tombé dans la plus étrange méprise. Ce succès inouï de *Thomas Morus*, tragédie en prose, ces quatre portiers tués, ce discours triomphant de La Serre, tout cela est emprunté à une fiction satirique, *le Parnasse réformé* (1668), dont l'auteur, Gabriel Guéret, se moquant de La Serre après Boileau et Saint-Amant, suppose voir et entendre dans un rêve les habitants des Champs Elysées, et fait tenir à l'auteur de *Thomas Morus* cette conversation avec Sénèque et Tacite. La Serre était mort en juillet 1665.

## A LA REINE RÉGENTE.

Madame,

Quelque connoiſſance que j'aye de ma foibleſſe, et quelque profond respect qu'imprime Voſtre Majesté dans les ames de ceux qui l'approchent, j'avoue que je me jette à ſes pieds ſans timidité et ſans défiance, et que je me tiens aſſeuré de luy plaire, parce que je ſuis aſſeuré de luy parler de ce qu'elle aime le mieux. Ce n'eſt qu'une piéce de théatre que je lui preſente, mais qui l'entretiendra de Dieu : la dignité de la matiére eſt si haute, que l'impuiſſance de l'artiſan ne la peut ravaler; et voſtre ame royale ſe plaiſt trop à cette ſorte d'entretien pour s'offenser des défauts d'un ouvrage où elle rencontrera les délices de ſon cœur. C'eſt par là, Madame, que j'espére obtenir de Voſtre Majesté le pardon du long temps que j'ay attendu à luy rendre cette ſorte d'hommage. Toutes les fois que j'ay mis ſur noſtre ſcéne des vertus morales ou politiques, j'en ay toûjours creu les tableaux trop peu dignes de paroiſtre devant elle, quand j'ay conſidéré qu'avec quelque ſoin que je les puſſe choiſir dans l'hiſtoire, et quelques ornemens dont l'artifice les puſt enrichir, elle en voyoit de plus grands éxemples dans elle-meſme. Pour rendre les choſes proportionnées, il falloit aller à la plus haute espéce, et n'entreprendre pas de rien offrir de cette nature à une reine très-chrétienne, et qui l'eſt beaucoup plus encore par ſes actions que par ſon titre, à moins que de luy offrir un portrait des vertus chrétiennes dont l'amour et la gloire de Dieu formaſſent les plus beaux traits, et qui rendiſt les plaiſirs qu'elle y pourra prendre auſſi propres à exercer ſa piété qu'à délaſſer ſon esprit. C'eſt à cette extraordinaire et admirable piété, MADAME, que la France eſt redevable des bénédictions qu'elle voit tomber sur les prémiéres armes de ſon roy; les heureux ſuccès qu'elles ont obtenus en ſont les rétributions éclatantes, et des coups du ciel, qui répand abondamment ſur tout le royaume les récompenſes et les graces que Voſtre Majeſté a méritées. Noſtre perte ſembloit infaillible après celle de noſtre grand monarque; toute l'Europe avoit déja pitié de nous, et s'imaginoit que nous nous allions précipiter dans un extrême deſordre, parce qu'elle nous voyoit dans une extrême déſolation : cependant la prudence et les soins de Voſtre Majeſté, les bons conſeils qu'elle a pris, les grands courages qu'elle a choiſis pour les éxécuter, ont agi ſi puiſſamment dans tous les beſoins de l'État, que cette prémiére année de ſa régence a non-ſeulement égalé les plus glorieuſes de l'autre régne, mais a meſme effacé, par la priſe de Thionville, le ſouvenir du malheur qui, devant ſes murs, avoit interrompu une longue ſuite de victoires. Permettez que je me laiſſe emporter au raviſſement que me donne cette penſée, et que je m'écrie dans ce transport :

Que vos ſoins, grande reine, enfantent de miracles!
Bruxelles et Madrid en ſont tout interdits;
Et ſi noſtre Apollon me les avoit prédits,
J'aurois moy-meſme oſé douter de ſes oracles.

Sous vos commandemens on force tous obstacles;
On porte l'épouvante aux cœurs les plus hardis,
Et par des coups d'eſſay vos États agrandis
Des drapeaux ennemis font d'illustres ſpectacles.

La Victoire elle-meſme accourant à mon roy,
Et mettant à ſes pieds Thionville et Rocroy,
Fait retentir ces vers ſur les bords de la Seine :

France, atten tout d'un règne ouvert en triomphant,
Puisque tu vois déja les ordres de ta reine
Faire un foudre en tes mains des armes d'un enfant.

Il ne faut point douter que des commencements fi merveilleux ne soyent soutenus par des progrès encore plus étonnans. Dieu ne laiffe point fes ouvrages imparfaits : il les achévera, Madame, et rendra non feulement la régence de Voftre Majesté, mais encore toute fa vie, un enchaifnement continuel de profpéritez. Ce font les vœux de toute la France, et ce font ceux que fait avec plus de zéle,

Madame,

DE VOSTRE MAJESTÉ,

Le très-humble, très-obéïffant, très-fidelle ferviteur et fujet,

CORNEILLE.

# ABRÉGÉ
## DU
## MARTYRE DE SAINT POLYEUCTE,
### ÉCRIT PAR SIMÉON MÉTAPHRASTE,
#### ET RAPPORTÉ PAR SURIUS.

L'ingénieuſe tiſſure des fictions avec la vérité, où conſiste le plus beau ſecret de la poéſie, produit d'ordinaire deux ſortes d'effets, ſelon la diverſité des esprits qui la voyent. Les uns ſe laiſſent ſi bien perſuader à cet enchaiſnement, qu'auſſitoſt qu'ils ont remarqué quelques événemens véritables, ils s'imaginent la meſme choſe des motifs qui les font naiſtre et des circonstances qui les accompagnent; les autres, mieux avertis de noſtre artifice, ſoupçonnent de fauſſeté tout ce qui n'eſt pas de leur connoiſſance : ſi bien que quand nous traitons quelque histoire écartée dont ils ne trouvent rien dans leur ſouvenir, ils l'attribuent toute entiére à l'effort de noſtre imagination, et la prennent pour une aventure de roman.

L'un et l'autre de ces effets feroit dangereux en cette rencontre : il y va de la gloire de Dieu, qui ſe plaiſt dans celle de ſes ſaints, dont la mort ſi précieuſe devant ſes yeux ne doit pas paſſer pour fabuleuſe devant ceux des hommes. Au lieu de ſanctifier noſtre théatre par ſa repréſentation, nous y profanerions la ſainteté de leurs ſouffrances, ſi nous permettions que la crédulité des uns et la défiance des autres, également abuſées par ce mélange, ſe mépriſſent également en la vénération qui leur eſt due, et que les prémiers la rendiſſent mal à propos à ceux qui ne la méritent pas, pendant que les autres la dénieroient à ceux à qui elle appartient.

Saint Polyeucte eſt un martyr dont, s'il m'eſt permis de parler ainſi, beaucoup ont plûtoſt appris le nom à la comédie qu'à l'égliſe. Le *Martyrologe romain* en fait mention ſur le 13 de février, mais en deux mots, ſuivant ſa coutume; Baronius, dans ses *Annales*, n'en dit qu'une ligne; le ſeul Surius, ou plûtoſt Moſander, qui l'a augmenté dans les derniéres impreſſions, en rapporte la mort aſſez au long ſur le neufiéme de janvier : et j'ay cru qu'il étoit de mon devoir d'en mettre icy l'abrégé. Comme il a été à propos d'en rendre la repreſentation agréable, afin que le plaiſir puſt inſinuer plus doucement l'utilité, et luy ſervir comme de véhicule pour la porter dans l'ame du peuple, il eſt juste auſſy de luy donner cette lumiére pour démêler la vérité d'avec les ornemens, et luy faire reconnoiſtre ce qui luy doit imprimer du respect comme ſaint, et ce qui le doit ſeulement divertir comme industrieux. Voicy donc ce que ce dernier nous apprend :

Polyeucte et Néarque étoient deux cavaliers étroitement liés enſemble d'amitié; ils vivoient en l'an 250, ſous l'empire de Décius; leur demeure étoit dans Méliténe, capitale d'Arménie; leur religion différente, Néarque étant chrétien, et Polyeucte ſuivant encore la ſecte des gentils, mais ayant toutes les qualités dignes d'un chrétien, et une grande inclination à le devenir. L'empereur ayant fait publier un édit très-rigoureux contre les chrétiens, cette publication donna un grand trouble à Néarque, non pour la crainte des ſupplices dont il étoit menacé, mais pour l'appréhenſion qu'il eut que leur amitié ne ſouffriſt quelque ſéparation ou refroidiſſement par cet édit, veu les peines qui y étoient propoſées à ceux de ſa religion, et les honneurs promis à ceux du parti contraire; il en conçut un ſi profond déplaiſir, que ſon amy s'en aperçut; et, l'ayant obligé de luy en dire la cauſe, il prit de là occaſion de luy ouvrir ſon cœur : « Ne craignez point, lui dit-il, que l'édit de l'empereur nous défunisse; j'ay veu cette nuit le Christ que vous adorez; il m'a dépouillé d'une robe sale pour me revétir d'une autre toute lumineuse, et m'a fait monter sur un cheval ailé pour le suivre : cette vision m'a résolu entiérement à faire ce qu'il y a longtemps que je médite; le seul nom de chrétien me manque ; et vous-mesme, toutes les fois que vous m'avez parlé de vostre grand Messie, vous avez pu remarquer que je vous ay toûjours écouté avec respect; et quand vous m'avez lu sa vie et ses enseignemens, j'ai toujours admiré la sainteté de ses actions et de ses discours. O Néarque! si je ne me croyois pas indigne d'aller à luy sans étre initié de ses mystéres et avoir receu la grace de ses sacremens, que vous verriez éclater l'ardeur que j'ay de mourir pour sa gloire et le soutien de ses éternelles véritez! » Néarque l'ayant éclaircy sur l'illusion du scrupule où il étoit par l'éxemple du bon larron, qui en un moment mérita le ciel, bien qu'il n'eust pas receu le baptéme, aussi-tost nostre martyr, plein d'une sainte ferveur, prend l'édit de l'empereur, crache dessus, et le déchire en morceaux qu'il jette au vent; et voyant des idoles que le peuple portoit sur les autels pour les adorer, il les arrache à ceux qui les portoient, les brise contre terre et les foule aux pieds, étonnant tout le monde et son amy mesme par la chaleur de ce zéle, qu'il n'avoit pas espéré.

Son beau-pére Félix, qui avoit la commission de l'empereur pour persécuter les chrétiens, ayant veu luy-mesme ce qu'avoit fait son gendre, saisi de douleur de voir l'espoir et l'appuy de sa famille perdus, tasche d'ébranler sa constance, prémiérement par de belles paroles, ensuite par des menaces, enfin par des coups qu'il luy fait donner par ses bourreaux sur tout le vilage : mais n'en ayant pû venir à bout, pour dernier effort il luy envoye sa fille Pauline, afin de voir si ses larmes n'auroient point plus de pouvoir sur l'esprit d'un mary que n'avoient eu les artifices et les rigueurs. Il n'avance rien davantage par là; au contraire, voyant que sa fermeté convertissoit beaucoup de païens, il le condamne à perdre la teſte. Cet arreſt fut éxécuté ſur l'heure; et le ſaint martyr, ſans autre bapteſme que de ſon ſang, s'en alla prendre poſſeſſion de la gloire que Dieu a promiſe à ceux qui renonceroient à eux-meſmes pour l'amour de luy.

Voilà en peu de mots ce qu'en dit Surius : le ſonge de Pauline, l'amour de Sévére, le bapteſme effectif de Polyeucte, le ſacrifice pour la victoire de l'empereur, la dignité de Félix que je fais gouverneur d'Arménie, la mort de Néarque, la converſion de Félix et de Pauline, ſont des inventions et des embelliſſemens de théatre. La ſeule victoire de l'empereur contre les Perſes a quelque fondement dans l'hiſtoire; et, ſans chercher d'autres auteurs, elle eſt rapportée par M. Coeffeteau dans ſon *Histoire romaine*; mais il ne dit pas, ny qu'il impoſa tribut, ny qu'il envoya faire des ſacrifices de remerciement en Arménie.

Si j'ay ajouté ces incidents et ces particularités ſelon l'art ou non, les ſçavans en jugeront ; mon but icy n'eſt pas de les juſtifier, mais ſeulement d'avertir le lecteur de ce qu'il en peut croire.

## ACTEURS.

FÉLIX, ſénateur romain, gouverneur d'Arménie.
POLYEUCTE, ſeigneur arménien, gendre de Félix.
SÉVÉRE, chevalier romain, favory de l'empereur Décie.
NÉARQUE, ſeigneur arménien, amy de Polyeucte.
PAULINE, fille de Félix et femme de Polyeucte.
STRATONICE, confidente de Pauline.
ALBIN, confident de Félix.
FABIAN, domestique de Sévére.
CLEON, domestique de Félix.
TROIS GARDES.

*La ſcéne eſt à Mélitene, capitale d'Arménie, dans le palais de Félix.*

# POLYEUCTE

TRAGÉDIE

## ACTE PRÉMIER

### SCÉNE I.

POLYEUCTE, NÉARQUE.

NÉARQUE.

uoy ! vous vous arrétez aux fonges d'une femme ! [ame!
De fi foibles fujets troublent cette grande
Et ce cœur, tant de fois dans la guerre éprouvé,
S'alarme d'un péril qu'une femme a refvé !
POLYEUCTE.
Je fçay ce qu'eft un fonge, et le peu de croyance
Qu'un homme doit donner à fon extravagance,
Qui d'un amas confus des vapeurs de la nuit
Forme de vains objets que le réveil détruit.
Mais vous ne fçavez pas ce que c'eft qu'une femme ;
Vous ignorez quels droits elle a fur toute l'ame,
Quand, après un long temps qu'elle a fçeu nous charmer,
Les flambeaux de l'hymen viennent de s'allumer.
Pauline, fans raifon dans la douleur plongée,
Craint, et croit déjà voir ma mort qu'elle a fongée ;
Elle oppofe fes pleurs au deffein que je fais,
Et tafche à m'empefcher de fortir du palais.

Je méprife la crainte, et je céde à fes larmes ;
Elle me fait pitié fans me donner d'alarmes ;
Et mon cœur attendry, fans eftre intimidé,
N'ofe déplaire aux yeux dont il eft poffédé.
L'occafion, Néarque, eft-elle fi preffante
Qu'il faille eftre infenfible aux foûpirs d'une amante ?
Par un peu de remife épargnons fon ennuy,
Pour faire en plein repos ce qu'il trouble aujourd'huy.
### NÉARQUE.
Avez-vous cependant une pleine affeurance
D'avoir affez de vie ou de perféverance ?
Et Dieu, qui tient voftre ame et vos jours dans fa main,
Promet-il à vos vœux de le pouvoir demain ?
Il eft toûjours tout juste et tout bon, mais fa grace
Ne defcend pas toûjours avec mefme efficace ;
Après certains momens que perdent nos longueurs
Elle quitte ces traits qui pénétrent les cœurs ;
Le noftre s'endurcit, la repouffe, l'égare :
Le bras qui la verfoit en devient plus avare,
Et cette fainte ardeur qui doit porter au bien
Tombe plus rarement, ou n'opére plus rien.
Celle qui vous preffoit de courir au baptefme,
Languiffante déja, ceffe d'eftre la mefme,
Et, pour quelques foûpirs qu'on vous a fait ouïr,
Sa flamme fe diffipe, et va s'évanoüir.
### POLYEUCTE.
Vous me connoiffez mal : la mefme ardeur me brufle,
Et le defir s'accroift quand l'effet fe recule.
Ces pleurs que je regarde avec un œil d'époux,
Me laiffent dans le cœur auffi chrétien que vous ;
Mais, pour en recevoir le facré caractére
Qui lave nos forfaits dans une eau falutaire,
Et qui, purgeant noftre ame et deffillant nos yeux,
Nous rend le premier droit que nous avions aux cieux,
Bien que je le préfére aux grandeurs d'un empire,
Comme le bien fuprême et le feul où j'aspire,
Je croy, pour fatisfaire un juste et faint amour,
Pouvoir un peu remettre, et différer d'un jour.
### NÉARQUE.
Ainfi du genre humain l'ennemy vous abufe :

Ce qu'il ne peut de force, il l'entreprend de rufe.
Jaloux des bons deffeins qu'il tafche d'ébranler,
Quand il ne les peut rompre, il pouffe à reculer;
D'obstacle fur obstacle il va troubler le voftre,
Aujourd'huy par des pleurs, chaque jour par quel-
Et ce fonge rempli de noires vifions     [qu'autre;
N'eft que le coup d'effay de fes illufions :
Il met tout en ufage, et priére et menace;
Il attaque toûjours, et jamais ne fe laffe;
Il croit pouvoir enfin ce qu'encor il n'a pû,
Et que ce qu'on différe eft à demy-rompu.
   Rompez fes premiers coups, laiffez pleurer Pauline.
Dieu ne veut point d'un cœur où le monde domine,
Qui regarde en arrière, et, douteux en fon choix,
Lorsque fa voix l'appelle, écoute une autre voix.

### POLYEUCTE.

Pour fe donner à luy faut-il n'aimer perfonne?

### NÉARQUE.

Nous pouvons tout aimer, il le fouffre, il l'ordonne;
Mais, à vous dire tout, ce Seigneur des feigneurs
Veut le premier amour et les premiers honneurs.
Comme rien n'eft égal à fa grandeur fuprême,
Il faut ne rien aimer qu'après luy, qu'en luy-mefme,
Négliger pour luy plaire, et femme, et biens, et rang,
Expofer pour fa gloire et verfer tout fon fang.
Mais que vous étes loin de cette ardeur parfaite
Qui vous eft néceffaire, et que je vous fouhaite!
Je ne puis vous parler que les larmes aux yeux.
Polyeucte, aujourd'huy qu'on nous hait en tous lieux,
Qu'on croit fervir l'État quand on nous perfécute,
Qu'aux plus afpres tourmens un chrétien eft en butte,
Comment en pourrez-vous furmonter les douleurs,
Si vous ne pouvez pas réfister à des pleurs?

### POLYEUCTE.

Vous ne m'étonnez point; la pitié qui me bleffe
Sied bien aux plus grands cœurs et n'a point de foibleffe.
Sur mes pareils, Néarque, un bel œil eft bien fort;
Tel craint de le fafcher qui ne craint pas la mort;
Et s'il faut affronter les plus crüels fupplices,
Y trouver des appas, en faire mes délices,

Voſtre Dieu, que je n'oſe encor nommer le mien,
M'en donnera la force en me faiſant chrétien.
### NÉARQUE.
Haſtez-vous donc de l'eſtre.
### POLYEUCTE.
Ouy, j'y cours, cher Néarque,
Je bruſle d'en porter la glorieuſe marque.
Mais Pauline s'afflige, et ne peut conſentir,
Tant ce ſonge la trouble, à me laiſſer ſortir.
### NÉARQUE.
Voſtre retour pour elle en aura plus de charmes;
Dans une heure au plus tard vous eſſuirez ſes larmes;
Et l'heur de vous revoir luy ſemblera plus doux,
Plus elle aura pleuré pour un ſi cher époux.
Allons, on nous attend.
### POLYEUCTE
Appaiſez donc ſa crainte,
Et calmez la douleur dont ſon ame eſt atteinte.
Elle revient.
### NÉARQUE.
Fuyez.
### POLYEUCTE.
Je ne puis.
### NÉARQUE.
Il le faut;
Fuyez un ennemy qui ſçait voſtre défaut,
Qui le trouve aiſément, qui bleſſe par la veuë,
Et dont le coup mortel vous plaiſt quand il vous tuë.

## SCÉNE II.

### POLYEUCTE, NÉARQUE, PAULINE, STRATONICE.

### POLYEUCTE.

Fuyons, puiſqu'il le faut. Adieu, Pauline, adieu. [ce lieu.
Dans une heure au plus tard je reviens en
### PAULINE.
Quel ſujet ſi preſſant à ſortir vous convie?

Y va-t'il de l'honneur? y va-t'il de la vie?
POLYEUCTE.
Il y va de bien plus.
PAULINE.
Quel est donc ce secret?
POLYEUCTE.
Vous le sçaurez un jour. Je vous quitte à regret;
Mais enfin il le faut.
PAULINE.
Vous m'aimez?
POLYEUCTE.
Je vous aime,
Le ciel m'en soit témoin, cent fois plus que moy-mesme;
Mais...
PAULINE.
Mais mon déplaisir ne vous peut émouvoir!
Vous avez des secrets que je ne puis sçavoir!
Quelle preuve d'amour! Au nom de l'hyménée,
Donnez à mes soûpirs cette seule journée.
POLYEUCTE.
Un songe vous fait peur!
PAULINE.
Ses présages sont vains,
Je le sçay; mais enfin je vous aime, et je crains.
POLYEUCTE.
Ne craignez rien de mal pour une heure d'absence.
Adieu: vos pleurs sur moy prennent trop de puissance,
Je sens déja mon cœur prest à se révolter,
Et ce n'est qu'en fuyant que j'y puis résister.

## SCÉNE III.

### PAULINE, STRATONICE.

PAULINE.

Va, néglige mes pleurs, cours et te précipite [prédite;
Au devant de la mort que les dieux m'ont
Suy cet agent fatal de tes mauvais destins,

Qui peut-eſtre te livre aux mains des aſſaſſins.

Tu vois, ma Stratonice, en quel ſiécle nous ſommes :
Voilà noſtre pouvoir ſur les esprits des hommes,
Voilà ce qui nous reste, et l'ordinaire effet
De l'amour qu'on nous offre et des vœux qu'on nous fait! [raines,
Tant qu'ils ne ſont qu'amans, nous ſommes ſouve-
Et jusqu'à la conqueſte ils nous traitent de reines;
Mais après l'hyménée ils ſont rois à leur tour.

### STRATONICE.

Polyeucte pour vous ne manque point d'amour.
S'il ne vous traite icy d'entiére confidence,
S'il part malgré vos pleurs, c'eſt un trait de prudence;
Sans vous en affliger, préſumez avec moy
Qu'il eſt plus à propos qu'il vous céle pourquoy;
Aſſurez-vous ſur luy qu'il en a juste cauſe.
Il eſt bon qu'un mary nous cache quelque choſe,
Qu'il ſoit quelquefois libre, et ne s'abaiſſe pas
A nous rendre toujours conte de tous ſes pas.
On n'a tous deux qu'un cœur qui ſent meſmes traverſes;
Mais ce cœur a pourtant ſes fonctions diverſes,
Et la loy de l'hymen qui vous tient aſſemblez
N'ordonne pas qu'il tremble alors que vous tremblez.
Ce qui fait vos frayeurs ne peut le mettre en peine;
Il eſt Arménien, et vous étes Romaine,
Et vous pouvez ſçavoir que nos deux nations
N'ont pas ſur ce ſujet meſmes impreſſions.
Un ſonge en noſtre esprit paſſe pour ridicule,
Il ne nous laiſſe espoir, ny crainte, ny ſcrupule,
Mais il paſſe dans Rome avec authorité
Pour fidelle miroir de la fatalité.

### PAULINE.

Quelque peu de crédit que chez vous il obtienne,
Je croy que ta frayeur égaleroit la mienne,
Si de telles horreurs t'avoient frapé l'esprit,
Si je t'en avois fait ſeulement le récit.

### STRATONICE.

A raconter ſes maux ſouvent on les ſoulage.

### PAULINE.

Écoute; mais il faut te dire davantage,

Et que, pour mieux comprendre un si triste discours,
Tu sçaches ma foiblesse et mes autres amours.
Une femme d'honneur peut avoüer sans honte
Ces surprises des sens que la raison surmonte;
Ce n'est qu'en ces assauts qu'éclate la vertu,
Et l'on doute d'un cœur qui n'a point combatu.
  Dans Rome, où je nasquis, ce malheureux visage
D'un chevalier romain captiva le courage;
Il s'appeloit Sévére. Excuse les soûpirs
Qu'arrache encor un nom trop cher à mes desirs.
STRATONICE.
Est-ce luy qui n'aguére aux dépens de sa vie
Sauva des ennemis vostre empereur Décie,
Qui leur tira mourant la victoire des mains,
Et fit tourner le sort des Perses aux Romains?
Luy qu'entre tant de morts immolez à son maistre
On ne pût rencontrer, ou du moins reconnoistre;
A qui Décie enfin pour des exploits si beaux
Fit si pompeusement dresser de vains tombeaux?
PAULINE.
Hélas! c'étoit luy-mesme, et jamais nostre Rome
N'a produit plus grand cœur, ny veu plus honneste
Puisque tu le connois, je ne t'en diray rien.  [homme.
Je l'aimay, Stratonice, il le méritoit bien.
Mais que sert le mérite où manque la fortune?
L'un étoit grand en luy, l'autre foible et commune;
Trop invincible obstacle, et dont trop rarement
Triomphe auprès d'un pére un vertüeux amant.
STRATONICE.
La digne occasion d'une rare constance!
PAULINE.
Dy plûtost d'une indigne et folle résistance.
Quelque fruit qu'une fille en puisse recueillir,
Ce n'est une vertu que pour qui veut faillir.
  Parmy ce grand amour que j'avois pour Sévére
J'attendois un époux de la main de mon pére,
Toujours preste à le prendre; et jamais ma raison
N'avoüa de mes yeux l'aimable trahison.
Il possédoit mon cœur, mes desirs, ma pensée;
Je ne luy cachois point combien j'étois blessée;

Nous foûpirions enfemble, et pleurions nos malheurs;
Mais au lieu d'espérance il n'avoit que des pleurs;
Et, malgré des foûpirs fi doux, fi favorables,
Mon pére et mon devoir étoient inéxorables.
Enfin je quittay Rome et ce parfait amant,
Pour fuivre icy mon pére en fon gouvernement;
Et luy, defespéré, s'en alla dans l'armée
Chercher d'un beau trépas l'illustre renommée.
Le reste, tu le fçais. Mon abord en ces lieux
Me fit voir Polyeucte, et je plûs à fes yeux;
Et comme il eft icy le chef de la nobleffe,
Mon pére fut ravy qu'il me prift pour maîtreffe,
Et par fon alliance il fe creut affeuré
D'eftre plus redoutable et plus confidéré.
Il approuva fa flame, et conclud l'hyménée;
Et moy, comme à fon lit je me vis destinée,
Je donnay par devoir à fon affection
Tout ce que l'autre avoit par inclination.
Si tu peux en douter, juge-le par la crainte
Dont en ce triste jour tu me vois l'ame atteinte.

STRATONICE.

Elle fait affez voir à quel point vous l'aimez.
Mais quel fonge, après tout, tient vos fens alarmez?

PAULINE.

Je l'ay veu cette nuit, ce malheureux Sévére,
La vengeance à la main, l'œil ardent de colére.
Il n'étoit point couvert de ces tristes lambeaux,
Qu'une ombre défolée emporte des tombeaux;
Il n'étoit point percé de ces coups pleins de gloire
Qui, retranchant fa vie, affeurent fa mémoire;
Il fembloit triomphant, et tel que fur fon char
Victorieux dans Rome entre noftre Céfar.
Après un peu d'effroy que m'a donné fa veuë,
*Porte à qui tu voudras la faveur qui m'eft due,*
*Ingrate,* m'a-t'il dit, *et ce jour expiré,*
*Pleure à loifir l'époux que tu m'as préféré.*
A ces mots j'ay frémy, mon ame s'eft troublée;
En fuite des chrétiens une impie affemblée,
Pour avancer l'effet de ce discours fatal,
A jetté Polyeucte aux pieds de fon rival.

Soudain à ſon ſecours j'ay réclamé mon pére;
Hélas! c'eſt de tout point ce qui me deſespére,
J'ay veu mon pére meſme, un poignard à la main,
Entrer le bras levé pour luy percer le ſein :
Là, ma douleur trop forte a brouillé ces images;
Le ſang de Polyeucte a ſatisfait leurs rages,
Je ne ſçay ny comment, ny quand ils l'ont tüé,
Mais je ſçay qu'à ſa mort tous ont contribué.
Voilà quel eſt mon ſonge.
### STRATONICE.
Il eſt vray qu'il eſt triste;
Mais il faut que voſtre ame à ces frayeurs réſiste:
La viſion de ſoy peut faire quelque horreur,
Mais non-pas vous donner une juste terreur.
Pouvez-vous craindre un mort? pouvez-vous craindre
  un pére,
Qui chérit voſtre époux, que voſtre époux révére,
Et dont le juste choix vous a donnée à luy
Pour s'en faire en ces lieux un ferme et ſeur appuy?
### PAULINE.
Il m'en a dit autant, et rit de mes alarmes;
Mais je crains des chrétiens les complots et les charmes,
Et que ſur mon époux leur troupeau ramaſſé
Ne venge tant de ſang que mon pére a verſé.
### STRATONICE.
Leur ſécte eſt inſenſée, impie et ſacrilége,
Et dans ſon ſacrifice uſe de ſortilége;
Mais ſa fureur ne va qu'à briſer nos autels;
Elle n'en veut qu'aux dieux, et non-pas aux mortels.
Quelque ſévérité que ſur eux on déploye,
Ils ſouffrent ſans murmure et meurent avec joye;
Et depuis qu'on les traite en criminels d'État,
On ne peut les charger d'aucun aſſaſſinat.
### PAULINE.
Tay-toy, mon pére vient.

## SCÉNE IV.

### FÉLIX, ALBIN, PAULINE, STRATONICE.

FÉLIX.

Ma fille, que ton songe
En d'étranges frayeurs ainsi que toy me plonge!
Que j'en crains les effets qui semblent s'approcher!

PAULINE.

Quelle subite alarme ainsi vous peut toucher?

FÉLIX.

Sévére n'est point mort.

PAULINE.

Quel mal nous fait sa vie?

FÉLIX.

Il est le favory de l'empereur Décie.

PAULINE.

Après l'avoir sauvé des mains des ennemis,
L'espoir d'un si haut rang luy devenoit permis.
Le destin, aux grands cœurs si souvent mal propice,
Se résout quelquefois à leur faire justice.

FÉLIX.

Il vient icy luy-mesme.

PAULINE.

Il vient!

FÉLIX.

Tu le vas voir.

PAULINE.

C'en est trop; mais comment le pouvez-vous sçavoir?

FÉLIX.

Albin l'a rencontré dans la proche campagne;
Un gros de courtisans en foule l'accompagne,
Et montre assez quel est son rang et son crédit.
Mais, Albin, redy-luy ce que les gens t'ont dit.

ALBIN.

Vous sçavez quelle fut cette grande journée
Que sa perte pour nous rendit si fortunée,
Où l'empereur captif, par sa main dégagé,
Rasseura son party déja découragé,

Tandis que sa vertu succomba sous le nombre;
Vous sçavez les honneurs qu'on fit faire à son ombre,
Après qu'entre les morts on ne le pût trouver :
Le roy de Perse aussi l'avoit fait enlever.
Témoin de ses hauts faits et de son grand courage,
Ce monarque en voulut connoistre le visage;
On le mit dans sa tente, où, tout percé de coups,
Tout mort qu'il paroissoit, il fit mille jaloux.
Là, bien-tost il montra quelque signe de vie :
Ce prince généreux en eut l'ame ravie,
Et sa joye, en dépit de son dernier malheur,
Du bras qui le causoit honora la valeur;
Il en fit prendre soin, la cure en fut secrette,
Et, comme au bout d'un mois sa santé fut parfaite,
Il offrit dignitez, alliance, trésors,
Et pour gagner Sévére il fit cent vains efforts.
Après avoir comblé ses refus de loüange,
Il envoye à Décie en proposer l'échange,
Et soudain l'empereur, transporté de plaisir,
Offre au Perse son frére, et cent chefs à choisir.
Ainsi revint au camp le valeureux Sévére
De sa haute vertu recevoir le salaire;
La faveur de Décie en fut le digne prix.
De nouveau l'on combat, et nous sommes surpris.
Ce malheur toutefois sert à croistre sa gloire,
Luy seul rétablit l'ordre et gagne la victoire,
Mais si belle, et si pleine, et par tant de beaux faits
Qu'on nous offre tribut, et nous faisons la paix.
L'empereur, qui luy montre une amour infinie,
Après ce grand succès l'envoye en Arménie;
Il vient en apporter la nouvelle en ces lieux,
Et par un sacrifice en rendre hommage aux dieux.

FÉLIX.
O ciel! en quel état ma fortune est réduite!

ALBIN.
Voilà ce que j'ay sceu d'un homme de la suite,
Et j'ay couru, Seigneur, pour vous y disposer.

FÉLIX.
Ah, sans doute, ma fille, il vient pour t'épouser.
L'ordre d'un sacrifice est pour luy peu de chose,

C'eſt un prétexte faux, dont l'amour eſt la cauſe.
### PAULINE.
Cela pourroit bien eſtre; il m'aimoit chérement.
### FÉLIX.
Que ne permettra-t'il à ſon reſſentiment!
Et jusques à quel point ne porte ſa vengeance
Une juſte coléreavec tant de puiſſance!
Il nous perdra, ma fille.
### PAULINE.
        Il eſt trop généreux.
### FÉLIX.
Tu veux flater en vain un pére malheureux;
Il nous perdra, ma fille. Ah, regret qui me tuë,
De n'avoir pas aimé la vertu toute nüe!
Ah, Pauline, en effet tu m'as trop obéï;
Ton courage étoit bon, ton devoir l'a trahy.
Que ta rebellion m'euſt été favorable!
Qu'elle m'euſt garanty d'un état déplorable!
Si quelque espoir me reste, il n'eſt plus aujourd'huy
Qu'en l'absolu pouvoir qu'il te donnoit ſur luy;
Ménage en ma faveur l'amour qui le poſſéde,
Et d'où provient mon mal fay ſortir le reméde.
### PAULINE.
Moy! moy, que je revoye un ſi puiſſant vainqueur,
Et m'expoſe à des yeux qui me perçent le cœur!
Mon pére, je ſuis femme, et je ſçay ma foibleſſe;
Je ſens déja mon cœur qui pour luy s'intéreſſe,
Et pouſſera ſans doute en dépit de ma foy
Quelque ſoûpir indigne et de vous et de moy.
Je ne le verray point.
### FÉLIX.
        Raſſeure un peu ton ame.
### PAULINE.
Il eſt toûjours aimable, et je ſuis toûjours femme.
Dans le pouvoir ſur moy que ſes regards ont eu,
Je n'oſe m'aſſeurer de toute ma vertu.
Je ne le verray point.
### FÉLIX.
        Il faut le voir, ma fille
Ou tu trahis ton pére et toute ta famille.

## Acte I.

PAULINE.
C'eſt à moy d'obéïr puisque vous commandez,
Mais voyez les périls où vous me hazardez.
FÉLIX.
Ta vertu m'eſt connuë.
PAULINE.
Elle vaincra ſans doute,
Ce n'eſt pas le ſuccès que mon ame redoute;
Je crains ce dur combat et ces troubles puiſſans
Que fait déja chez moy la révolte des ſens.
Mais, puisqu'il faut combattre un ennemy que j'aime,
Souffrez que je me puiſſe armer contre moy-meſme,
Et qu'un peu de loiſir me prépare à le voir.
FÉLIX.
Jusqu'au devant des murs je vay le recevoir;
Rappelle cependant tes forces étonnées,
Et ſonge qu'en tes mains tu tiens nos destinées.
PAULINE.
Ouy, je vay de nouveau dompter mes ſentimens,
Pour ſervir de victime à vos commandemens.

*Fin du prémier acte.*

## ACTE II

### SCÉNE PRÉMIÉRE.

#### SÉVÉRE, FABIAN.

##### SÉVÉRE.

Cependant que Félix donne ordre au facrifice,
Pourray-je prendre un temps à mes vœux fi
    propice? [yeux
Pourray-je voir Pauline et rendre à fes beaux
L'hommage fouverain que l'on va rendre aux dieux?
Je ne t'ay point celé que c'eft ce qui m'améne:
Le reste eft un prétexte à foulager ma peine;
Je viens facrifier, mais c'eft à fes beautez
Que je viens immoler toutes mes volontez.

##### FABIAN.

Vous la verrez, Seigneur.

##### SÉVÉRE.

                 Ah, quel comble de joye:
Cette chére beauté confent que je la voye!
Mais ay-je fur fon ame encor quelque pouvoir?
Quelque reste d'amour s'y fait-il encor voir?
Quel trouble, quel transport luy caufe ma venuë?
Puis-je tout espérer de cette heureufe veuë?
Car je voudrois mourir plûtoft que d'abufer
Des lettres de faveur que j'ay pour l'époufer;
Elles font pour Félix, non pour triompher d'elle:
Jamais à fes defirs mon cœur ne fut rebelle,
Et, fi mon mauvais fort avoit changé le fien,
Je me vaincrois moy-mefme, et ne prétendrois rien.

##### FABIAN.

Vous la verrez, c'eft tout ce que je vous puis dire.

SÉVÉRE.
D'où vient que tu frémis, et que ton cœur soûpire?
Ne m'aime-t'elle plus? éclaircy-moy ce point.
FABIAN.
M'en croirez-vous, Seigneur? ne la revoyez point;
Portez en lieu plus haut l'honneur de vos careſſes :
Vous trouverez à Rome aſſez d'autres maîtreſſes;
Et, dans ce haut degré de puiſſance et d'honneur,
Les plus grands y tiendront voſtre amour à bonheur.
SÉVÉRE.
Qu'à des penſers ſi bas mon ame ſe ravale!
Que je tienne Pauline à mon ſort inégale!
Elle en a mieux uſé, je la dois imiter;
Je n'aime mon bonheur que pour la mériter.
Voyons-la, Fabian, ton discours m'importune;
Allons mettre à ſes pieds cette haute fortune :
Je l'ay dans les combats trouvée heureuſement
En cherchant une mort digne de ſon amant;
Ainſi ce rang eſt ſien, cette faveur eſt ſienne,
Et je n'ay rien enfin que d'elle je ne tienne.
FABIAN.
Non, mais encor un coup ne la revoyez point.
SÉVÉRE.
Ah, c'en eſt trop, enfin éclaircy-moy ce point.
As-tu veu des froideurs quand tu l'en as priée?
FABIAN.
Je tremble à vous le dire, elle eſt...
SÉVÉRE.
Quoy?
FABIAN.
Mariée.
SÉVÉRE.
Soûtien-moy, Fabian; ce coup de foudre eſt grand,
Et frape d'autant plus, que plus il me ſurprend.
FABIAN.
Seigneur, qu'eſt devenu ce généreux courage?
SÉVÉRE.
La constance eſt icy d'un difficile uſage;
De pareils déplaiſirs accablent un grand cœur;
La vertu la plus maſle en perd toute vigueur,

Et, quand d'un feu si beau les ames sont éprises,
La mort les trouble moins que de telles surprises.
Je ne suis plus à moy quand j'entens ce discours.
Pauline est mariée!
### FABIAN.
Ouy, depuis quinze jours;
Polyeucte, un seigneur des premiers d'Arménie,
Gouste de son hymen la douceur infinie.
### SÉVÉRE.
Je ne la puis du moins blasmer d'un mauvais choix;
Polyeucte a du nom, et sort du sang des rois :
Foibles soulagemens d'un malheur sans reméde !
Pauline, je verray qu'un autre vous posséde !
O ciel! qui malgré moy me renvoyez au jour,
O sort, qui redonniez l'espoir à mon amour,
Reprenez la faveur que vous m'avez prétée,
Et rendez-moy la mort que vous m'avez ostée!
Voyons-la touteffois, et dans ce triste lieu
Achevons de mourir en luy disant adieu;
Que mon cœur, chez les morts emportant son image,
De son dernier soûpir puisse luy faire hommage.
### FABIAN.
Seigneur, considérez...
### SÉVÉRE.
Tout est considéré.
Quel desordre peut craindre un cœur desespéré?
N'y consent-elle pas ?
### FABIAN.
Ouy, Seigneur, mais...
### SÉVÉRE.
N'importe.
### FABIAN.
Cette vive douleur en deviendra plus forte.
### SÉVÉRE.
Et ce n'est pas un mal que je veuille guérir;
Je ne veux que la voir, soûpirer et mourir.
### FABIAN.
Vous vous échaperez sans doute en sa presence :
Un amant qui perd tout n'a plus de complaisance,
Dans un tel entretien il suit sa passion,

Et ne pouſſe qu'injure et qu'imprécation.
### SÉVÉRE.
Juge autrement de moy : mon respect dure encore ;
Tout violent qu'il eſt, mon deſespoir l'adore.
Quels reproches auſſi peuvent m'eſtre permis ?
Dequoy puis-je accuſer qui ne m'a rien promis ?
Elle n'eſt point parjure, elle n'eſt point legére ;
Son devoir m'a trahy, mon malheur, et ſon pére.
Mais ſon devoir fut juste, et ſon pére eut raiſon ;
J'impute à mon malheur toute la trahiſon ;
Un peu moins de fortune et plûtoſt arrivée
Euſt gagné l'un par l'autre, et me l'euſt conſervée ;
Trop heureux, mais trop tard, je n'ai pu l'acquérir ;
Laiſſe-la moy donc voir, ſoûpirer, et mourir.
### FABIAN.
Ouy, je vay l'aſſeurer qu'en ce malheur extrème
Vous étes aſſez fort pour vous vaincre vous-meſme.
Elle a craint comme moy ces prémiers mouvemens
Qu'une perte impréveuë arrache aux vrais amans,
Et dont la violence excite aſſez de trouble,
Sans que l'objet preſent l'irrite et le redouble.
### SÉVÉRE.
Fabian, je la voy.
### FABIAN.
Seigneur, ſouvenez-vous....
### SÉVÉRE.
Hélas ! elle aime un autre, un autre eſt ſon époux.

## SCÉNE II.
### SÉVÉRE, PAULINE, STRATONICE, FABIAN.

#### PAULINE.
Ouy, je l'aime, Seigneur, et n'en fais point d'excuſe ; [abuſe,
Que tout autre que moy vous flate, et vous
Pauline a l'ame noble, et parle à cœur ou-
Le bruit de votre mort n'eſt point ce qui vous perd. [vert.
Si le ciel en mon choix euſt mis mon hyménée,

A vos feules vertus je me ferois donnée,
Et toute la rigueur de voftre prémier fort
Contre voftre mérite euft fait un vain effort;
Je découvrois en vous d'affez illustres marques,
Pour vous preférer mefme aux plus heureux monarques;
Mais puisque mon devoir m'impofoit d'autres loix,
De quelque amant pour moy que mon pére euft fait choix,
Quand à ce grand pouvoir que la valeur vous donne,
Vous auriez ajoufté l'éclat d'une couronne,
Quand je vous aurois veu, quand je l'aurois haï,
J'en aurois foûpiré, mais j'aurois obéï,
Et fur mes paffions ma raifon fouveraine
Euft blafmé mes foûpirs et diffipé ma haine.

SÉVÉRE.

Que vous êtes heureufe, et qu'un peu de foûpirs
Fait un aifé reméde à tous vos déplaifirs!
Ainfi de vos defirs toûjours reine absoluë,
Les plus grands changemens vous trouvent réfoluë;
De la plus forte ardeur vous portez vos esprits
Jusqu'à l'indifférence, et peut-eftre au mépris;
Et voftre fermeté fait fuccéder fans peine
La faveur au dédain, et l'amour à la haine.
Qu'un peu de voftre humeur ou de voftre vertu
Soulageroit les maux de ce cœur abatu!
Un foupir, une larme à regret épanduë
M'auroit déja guéry de vous avoir perduë;
Ma raifon pourroit tout fur l'amour affoibly,
Et de l'indifférence iroit jusqu'à l'oubly;
Et mon feu deformais fe réglant sur le voftre,
Je me tiendrois heureux entre les bras d'une autre.
O trop aimable objet, qui m'avez trop charmé,
Eft-ce là comme on aime, et m'avez-vous aimé?

PAULINE.

Je vous l'ay trop fait voir, Seigneur; et fi mon ame
Pouvoit bien étouffer les restes de fa flame,
Dieux, que j'éviterois de rigoureux tourmens!
Ma raifon, il eft vray, dompte mes fentimens;
Mais, quelque authorité que fur eux elle ait prife,
Elle n'y régne pas, elle les tyrannife;
Et, quoy que le dehors foit fans émotion,

Le dedans n'eſt que trouble, et que ſédition :
Un je ne ſçay quel charme encor vers vous m'emporte;
Voſtre mérite eſt grand, ſi ma raiſon eſt forte;
Je le vois encor tel qu'il alluma mes feux,
D'autant plus puiſſamment ſolliciter mes vœux
Qu'il eſt environné de puiſſance et de gloire,
Qu'en tous lieux après vous il traiſne la victoire,
Que j'en ſçay mieux le prix, et qu'il n'a point déceu
Le généreux espoir que j'en avois conceu.
Mais ce meſme devoir qui le vainquit dans Rome,
Et qui me range icy deſſous les loix d'un homme,
Repouſſe encor ſi bien l'effort de tant d'appas,
Qu'il déchire mon ame et ne l'ébranſle pas.
C'eſt cette vertu meſme, à nos deſirs crüelle,
Que vous loüiez alors, en blasphémant contre elle;
Plaignez-vous-en encor, mais loüez ſa rigueur
Qui triomphe à la fois de vous et de mon cœur,
Et voyez qu'un devoir moins ferme et moins ſincére
N'auroit pas mérité l'amour du grand Sévére.

SÉVÉRE.

Ah, madame, excuſez une aveugle douleur
Qui ne connoit plus rien que l'excès du malheur;
Je nommois inconstance et prenois pour un crime
De ce juste devoir l'effort le plus ſublime.
De grace, montrez moins à mes ſens deſolez
La grandeur de ma perte et ce que vous valez;
Et, cachant par pitié cette vertu ſi rare
Qui redouble mes feux lorsqu'elle nous ſépare,
Faites voir des défauts qui puiſſent à leur tour
Affoiblir ma douleur avecque mon amour.

PAULINE.

Hélas! cette vertu, quoiqu'enfin invincible,
Ne laiſſe que trop voir une ame trop ſenſible.
Ces pleurs en ſont témoins, et ces laſches ſoûpirs
Qu'arrachent de nos feux les crüels ſouvenirs :
Trop rigoureux effet d'une aimable préſence
Contre qui mon devoir a trop peu de défenſe.
Mais ſi vous estimez ce vertüeux devoir,
Conſervez-m'en la gloire, et ceſſez de me voir.
Épargnez-moy des pleurs qui coulent à ma honte;

Épargnez-moy des feux qu'à regret je furmonte;
Enfin épargnez-moy ces tristes entretiens
Qui ne font qu'irriter vos tourmens et les miens.
SÉVÉRE.
Que je me prive ainfi du feul bien qui me reste!
PAULINE.
Sauvez-vous d'une veuë à tous les deux funeste.
SÉVÉRE.
Quel prix de mon amour! quel fruit de mes travaux!
PAULINE.
C'eft le remède feul qui peut guérir nos maux.
SÉVÉRE.
Je veux mourir des miens; aimez-en la mémoire.
PAULINE.
Je veux guérir des miens; ils fouilleroient ma gloire.
SÉVÉRE.
Ah, puisque voftre gloire en prononce l'arreft,
Il faut que ma douleur céde à fon intéreft.
Eft-il rien que fur moy cette gloire n'obtienne?
Elle me rend les foins que je dois à la mienne.
Adieu; je vay chercher au milieu des combats
Cette immortalité que donne un beau trépas,
Et remplir dignement, par une mort pompeufe,
De mes premiers exploits l'attente avantageufe,
Si touteffois, après ce coup mortel du fort,
J'ay de la vie affez pour chercher une mort.
PAULINE.
Et moy, dont voftre veuë augmente le fupplice,
Je l'éviteray mefme en voftre facrifice;
Et, feule dans ma chambre enfermant mes regrets,
Je vay pour vous aux dieux faire des vœux fecrets.
SÉVÉRE.
Puiffe le juste ciel, content de ma ruïne,
Combler d'heur et de jours Polyeucte et Pauline!
PAULINE.
Puiffe trouver Sévère, après tant de malheur,
Une félicité digne de fa valeur!
SÉVÉRE.
Il la trouvoit en vous.

## Acte II.

**PAULINE.**
    Je dépendois d'un pére.
**SÉVÉRE.**
O devoir qui me perd, et qui me defespére!
Adieu, trop vertüeux objet, et trop charmant.
**PAULINE.**
Adieu, trop malheureux et trop parfait amant.

## SCÉNE III.

### PAULINE, STRATONICE.

**STRATONICE.**
Je vous ay plaint tous deux, j'en verfe encor des larmes;
Mais du moins voſtre esprit eſt hors de ſes alarmes,
Vous voyez clairement que voſtre ſonge eſt vain;
Sévére ne vient pas la vengeance à la main.
**PAULINE.**
Laiſſe-moy respirer du moins ſi tu m'as plainte :
Au fort de ma douleur tu rappelles ma crainte;
Souffre un peu de relaſche à mes esprits troublez,
Et ne m'accable point par des maux redoublez.
**STRATONICE.**
Quoy, vous craignez encor!
**PAULINE.**
                    Je tremble, Stratonice;
Et, bien que je m'effraye avec peu de justice,
Cette injuste frayeur ſans ceſſe reproduit
L'image des malheurs que j'ay veus cette nuit.
**STRATONICE.**
Sévére eſt généreux.
**PAULINE.**
        Malgré ſa retenuë,
Polyeucte ſanglant frappe toûjours ma vuë.
**STRATONICE.**
Vous voyez ce rival faire des vœux pour luy.
**PAULINE.**
Je croy meſme au beſoin qu'il feroit ſon appuy;

Mais, foit cette croyance ou fauffe ou véritable,
Son féjour en ce lieu m'eft toûjours redoutable.
A quoy que fa vertu puiffe le difpofer,
Il eft puiffant, il m'aime, et vient pour m'époufer.

## SCÉNE IV.

### POLYEUCTE, NÉARQUE, PAULINE, STRATONICE.

#### POLYEUCTE.

C'eft trop verfer de pleurs, il eft temps qu'ils tariffent, [finiffent :
Que voftre douleur ceffe, et vos craintes
Malgré les faux avis par vos dieux envoyez,
Je fuis vivant, madame, et vous me revoyez.
#### PAULINE.
Le jour eft encor long, et ce qui plus m'effraye.
La moitié de l'avis fe trouve déjà vraye.
J'ay crû Sévére mort, et je le vois icy.
#### POLYEUCTE.
Je le fçay, mais enfin j'en prens peu de foucy.
Je fuis dans Méliténe, et, quel que foit Sévére,
Voftre pére y commande, et l'on m'y confidére ;
Et je ne penfe pas qu'on puiffe avec raifon
D'un cœur tel que le fien craindre une trahifon.
On m'avoit affeuré qu'il vous failoit vifite,
Et je venois luy rendre un honneur qu'il mérite.
#### PAULINE.
Il vient de me quitter affez trifte et confus ;
Mais j'ay gagné fur luy qu'il ne me verra plus.
#### POLYEUCTE.
Quoy ! vous me foupçonnez déja de quelque ombrage !
#### PAULINE.
Je ferois à tous trois un trop fenfible outrage.
J'affeure mon repos que troublent les regards :
La vertu la plus ferme évite les hazards ;
Qui s'expofe au péril veut bien trouver fa perte ;
Et, pour vous en parler avec une ame ouverte,

## Acte II.

Depuis qu'un vray mérite a pû nous enflamer,
Sa prefence toûjours a droit de nous charmer.
Outre qu'on doit rougir de s'en laiffer furprendre,
On fouffre à réfifter, on fouffre à s'en défendre ;
Et, bien que la vertu triomphe de ces feux,
La victoire eft pénible, et le combat honteux.

### POLYEUCTE.

O vertu trop parfaite, et devoir trop fincére !
Que vous devez coûter de regrets à Sévére !
Qu'aux dépens d'un beau feu vous me rendez heureux !
Et que vous étes doux à mon cœur amoureux !
Plus je voy mes défauts, et plus je vous contemple,
Plus j'admire...

## SCÉNE V.

### POLYEUCTE, PAULINE, NÉARQUE, STRATONICE, CLÉON.

#### CLÉON.

Seigneur, Félix vous mande au temple ;
La victime eft choifie, et le peuple à genoux,
Et pour facrifier on n'attend plus que vous.

#### POLYEUCTE.

Va, nous allons te fuivre. Y venez-vous, madame ?

#### PAULINE.

Sévére craint ma veuë, elle irrite fa flamme ;
Je luy tiendray parole, et ne veux plus le voir.
Adieu : vous l'y verrez ; penfez à fon pouvoir,
Et reffouvenez-vous que fa faveur eft grande.

#### POLYEUCTE.

Allez, tout fon crédit n'a rien que j'appréhende ;
Et comme je connoy fa générofité,
Nous ne nous combattrons que de civilité.

## SCÈNE VI.

### POLYEUCTE, NEARQUE.

NÉARQUE.

ù penſez-vous aller?
POLYEUCTE.
Au temple, où l'on m'appelle.
NÉARQUE.
Quoy! vous meſler aux vœux d'une troupe infidelle?
Oubliez-vous déja que vous étes chrétien?
POLYEUCTE.
Vous par qui je le ſuis, vous en ſouvient-il bien?
NÉARQUE.
J'abhorre les faux dieux.
POLYEUCTE.
Et moy, je les déteste.
NÉARQUE.
Je tiens leur culte impie.
POLYEUCTE.
Et je le tiens funeste.
NÉARQUE.
Fuyez-donc leurs autels.
POLYEUCTE.
Je les veux renverſer,
Et mourir dans leur temple, ou les y terraſſer.
Allons, mon cher Néarque, allons aux yeux des hommes
Braver l'idolatrie, et montrer qui nous ſommes:
C'eſt l'attente du ciel, il nous la faut remplir;
Je viens de le promettre, et je vay l'accomplir.
Je rends graces au Dieu que tu m'as fait connoiſtre
De cette occaſion qu'il a ſi-toſt fait naiſtre,
Où déja ſa bonté, preſte à me couronner,
Daigne éprouver la foy qu'il vient de me donner.
NÉARQUE.
Ce zèle eſt trop ardent, ſouffrez qu'il ſe modére.
POLYEUCTE.
On n'en peut avoir trop pour le Dieu qu'on révére.

NÉARQUE.
Vous trouverez la mort.
POLYEUCTE.
Je la cherche pour luy.
NÉARQUE.
Et fi ce cœur s'ébranfle ?
POLYEUCTE.
Il fera mon appuy.
NÉARQUE.
Il ne commande point que l'on s'y précipite.
POLYEUCTE.
Plus elle eft volontaire, et plus elle mérite.
NÉARQUE.
Il fuffit, fans chercher, d'attendre et de fouffrir.
POLYEUCTE.
On fouffre avec regret, quand on n'ofe s'offrir.
NÉARQUE.
Mais dans ce temple enfin la mort eft affeurée.
POLYEUCTE.
Mais dans le ciel déjà la palme eft préparée.
NÉARQUE.
Par une fainte vie il faut la mériter.
POLYEUCTE.
Mes crimes en vivant me la pourroient ofter.
Pourquoy mettre au hazard ce que la mort affeure ?
Quand elle ouvre le ciel peut-elle fembler dure ?
Je fuis chrétien, Néarque, et le fuis tout à fait ;
La foy que j'ay receuë aspire à fon effet.
Qui fuit croit lafchement, et n'a qu'une foy morte.
NÉARQUE.
Ménagez voftre vie, à Dieu mefme elle importe ;
Vivez pour protéger les chrétiens en ces lieux.
POLYEUCTE.
L'éxemple de ma mort les fortifira mieux.
NÉARQUE.
Vous voulez donc mourir !
POLYEUCTE.
Vous aimez donc à vivre !
NÉARQUE.
Je ne puis déguifer que j'ay peine à vous fuivre.

Sous l'horreur des tourmens je crains de fuccomber.
### POLYEUCTE.
Qui marche affeurément n'a point peur de tomber.
Dieu fait part, au befoin, de fa force infinie ;
Qui craint de le nier dans fon ame le nie ;
Il croit le pouvoir faire, et doute de fa foy.
### NÉARQUE.
Qui n'appréhende rien préfume trop de foy.
### POLYEUCTE.
J'attens tout de fa grace et rien de ma foibleffe.
Mais loin de me preffer, il faut que je vous preffe !
D'où vient cette froideur ?
### NÉARQUE.
Dieu mefme a craint la mort.
### POLYEUCTE.
Il s'eft offert, pourtant ; fuivons ce faint effort,
Dreffons-luy des autels fur des monceaux d'idoles.
Il faut (je me fouviens encor de vos paroles)
Négliger pour luy plaire, et femme, et biens et rang,
Expofer, pour fa gloire, et verfer tout fon fang.
Hélas ! qu'avez vous fait de cette amour parfaite
Que vous me fouhaitiez, et que je vous fouhaite ?
S'il vous en reste encor, n'étes-vous point jaloux
Qu'à grand' peine ehrétien j'en montre plus que vous ?
### NÉARQUE.
Vous fortez du baptefme, et ce qui vous anime
C'eft la grace qu'en vous n'affoiblit aucun crime ;
Comme encor tout entiére, elle agit pleinement,
Et tout femble poffible à fon feu véhément.
Mais cette mefme grace en moy diminüée,
Et par mille péchez fans ceffe exténüée,
Agit aux grands effets avec tant de langueur,
Que tout femble impoffible à fon peu de vigueur :
Cette indigne molleffe et ces laches défenfes
Sont des punitions qu'attirent mes offenfes ;
Mais Dieu, dont on ne doit jamais fe défier,
Me donne voftre exemple à me fortifier.
Allons, cher Polyeucte, allons aux yeux des hommes
Braver l'idolatrie et montrer qui nous fommes ;
Puiffay-je vous donner l'exemple de fouffrir,

Comme vous me donnez celuy de vous offrir.
### POLYEUCTE.
A cét heureux transport que le ciel vous envoye,
Je reconnoy Néarque et j'en pleure de joye.
 Ne perdons plus de temps; le facrifice eft preft;
Allons-y du vray Dieu foûtenir l'intéreft;
Allons fouler aux pieds ce foudre ridicule
Dont arme un bois pourry ce peuple trop crédule;
Allons en éclairer l'aveuglement fatal;
Allons brifer ces dieux de pierre et de métal;
Abandonnons nos jours à cette ardeur céleste;
Faifons triompher Dieu : qu'il difpofe du reste.
### NÉARQUE.
Allons faire éclater fa gloire aux yeux de tous,
Et répondre avec zéle à ce qu'il veut de nous.

*Fin du fecond acte.*

# ACTE III.

## SCÉNE PRÉMIÉRE.

### PAULINE.

Que de foucis flotans! que de confus nuages
Prefentent à mes yeux d'inconstantes images!
Douce tranquillité, que je n'ofe espérer,
Que ton divin rayon tarde à les éclairer!
Mille agitations que mes troubles produifent
Dans mon cœur ébranflé tour à tour fe détruifent;
Aucun espoir n'y coule où j'ofe perfister;
Aucun effroy n'y régne où j'ofe m'arrèter;
Mon esprit embraffant tout ce qu'il s'imagine
Voit tantoft mon bonheur, et tantoft ma rüine,
Et fuit leur vaine idée avec fi peu d'effet
Qu'il ne peut espérer ny craindre tout-à-fait.
Sévére inceffamment brouille ma fantaifie;
J'espére en fa vertu, je crains fa jaloufie,
Et je n'ofe penfer que d'un œil bien égal
Polyeucte en ces lieux puiffe voir fon rival.
Comme entre deux rivaux la haine eft naturelle,
L'entreveuë aifément fe termine en querelle;
L'un voit aux mains d'autruy ce qu'il croit mériter,
L'autre un défespéré qui peut trop attenter.
Quelque haute raifon qui régle leur courage,
L'un conçoit de l'envie, et l'autre de l'ombrage;
La honte d'un affront que chacun d'eux croit voir
Ou de nouveau receuë, ou prefte à recevoir,
Confumant dès l'abord toute leur patience,
Forme de la colére et de la défiance,
Et faififfant enfemble et l'époux et l'amant,

## Acte III.

En dépit d'eux les livre à leur reſſentiment.
Mais que je me figure une étrange chimére,
Et que je traite mal Polyeucte et Sévére!
Comme ſi la vertu de ces fameux rivaux
Ne pouvoit s'affranchir de ces communs défauts
Leurs ames à tous deux, d'elles-meſmes maiſtreſſes,
Sont d'un ordre trop haut pour de telles baſſeſſes
Ils ſe verront au temple en hommes généreux.
Mais las! ils ſe verront, et c'eſt beaucoup pour eux.
Que ſert à mon époux d'eſtre dans Méliténe
Si contre luy Sévére arme l'aigle romaine,
Si mon pére y commande, et craint ce favory,
Et ſe repent déja du choix de mon mary?
Si peu que j'ay d'eſpoir ne luit qu'avec contrainte;
En naiſſant il avorte, et fait place à la crainte;
Ce qui doit l'affermir ſert à le diſſiper.
Dieux! faites que ma peur puiſſe enfin ſe tromper!

### SCÉNE II.

#### PAULINE, STRATONICE.

PAULINE.

ais ſçachons-en l'iſſuë. Et bien, ma Stratonice,
Comment s'eſt terminé ce pompeux ſacrifice?
Ces rivaux généreux au temple ſe ſont veus?

STRATONICE.

Ah! Pauline.

PAULINE.

Mes vœux ont-ils été deceus?
J'en voy ſur ton viſage une mauvaiſe marque.
Se ſont-ils querellez?

STRATONICE.

Polyeucte, Néarque,
Les chrétiens...

PAULINE.

Parle donc! Les chrétiens?

STRATONICE.

Je ne puis.

PAULINE.
Tu prépares mon ame à d'étranges ennuis.
STRATONICE.
Vous n'en ſçauriez avoir une plus juste cauſe.
PAULINE.
L'ont-ils aſſaſſiné ?
STRATONICE.
Ce ſeroit peu de choſe.
Tout voſtre ſonge eſt vray, Polyeucte n'eſt plus.
PAULINE.
Il eſt mort ?
STRATONICE.
Non, il vit, mais (ô pleurs ſuperflus!)
Ce courage ſi grand, cette ame ſi divine,
N'eſt plus digne du jour, ny digne de Pauline.
Ce n'eſt plus cet époux ſi charmant à vos yeux ;
C'eſt l'ennemy commun de l'État et des Dieux,
Un méchant, un infame, un rebelle, un perfide,
Un traiſtre, un ſcélerat, un laſche, un parricide,
Une peste éxécrable à tous les gens de bien,
Un ſacrilége impie ; en un mot, un chrétien.
PAULINE.
Ce mot auroit ſuffy ſans ce torrent d'injures.
STRATONICE.
Ces titres aux chrétiens ſont-ce des impoſtures ?
PAULINE.
Il eſt ce que tu dis s'il embraſſe leur foy,
Mais il eſt mon époux, et tu parles à moy.
STRATONICE.
Ne conſidérez plus que le Dieu qu'il adore.
PAULINE.
Je l'aimay par devoir, ce devoir dure encore.
STRATONICE.
Il vous donne à preſent ſujet de le haïr :
Qui trahit tous nos Dieux auroit pû vous trahir.
PAULINE.
Je l'aimerois encor quand il m'auroit trahie ;
Et, ſi de tant d'amour tu peux eſtre ébahie,
Appren que mon devoir ne dépend point du ſien :
Qu'il y manque, s'il veut, je doy faire le mien.

## ACTE III.

Quoy! s'il aimoit ailleurs, ferois-je difpenfée [1]
A fuivre, à fon éxemple, une ardeur infenfée?
Quelque chrétien qu'il foit, je n'en ay point d'horreur:
Je chéry fa perfonne, et je hay fon erreur.
Mais quel reffentiment en témoigne mon pére?

### STRATONICE.
Une fecrette rage, un excès de coléré,
Malgré qui touteffois un reste d'amitié
Montre pour Polyeucte encor quelque pitié;
Il ne veut point fur luy faire agir fa juftice
Que du traiftre Néarque il n'ait veu le fupplice.

### PAULINE.
Quoy! Néarque en eft donc?

### STRATONICE.
Néarque l'a féduit;
De leur vieille amitié c'eft là l'indigne fruit.
Ce perfide tantoft, en dépit de luy-mefme,
L'arrachant de vos bras, le traifnoit au baptefme.
Voilà ce grand fecret et fi myftérieux
Que n'en pouvoit tirer voftre amour curieux.

### PAULINE.
Tu me blafmois alors d'eftre trop importune.

### STRATONICE.
Je ne prévoyois pas une telle infortune.

### PAULINE.
Avant qu'abandonner mon ame à mes douleurs,
Il me faut effayer la force de mes pleurs;
En qualité de femme ou de fille, j'efpére
Qu'ils vaincront un époux ou fléchiront un pére.
Que fi fur l'un et l'autre ils manquent de pouvoir,
Je ne prendray confeil que de mon défefpoir.
Appren-moy cependant ce qu'ils ont fait au temple.

### STRATONICE.
C'eft une impiété qui n'eut jamais d'éxemple.
Je ne puis y penfer fans frémir à l'inftant,
Et crains de faire un crime en vous la racontant.
Apprenez en deux mots leur brutale infolence.
Le preftre avoit à peine obtenu du filence,

---

1. On disait alors *dispensée à* pour *autorisée à*.

Et devers l'orient affeuré fon aspect,
Qu'ils ont fait éclater leur manque de respect.
A chaque occafion de la cérémonie,
A l'envy l'un et l'autre étaloit fa manie,
Des myftéres facrez hautement fe moquoit,
Et traitoit de mépris les dieux qu'on invoquoit.
Tout le peuple en murmure et Félix s'en offenfe;
Mais tous deux s'emportant à plus d'irrévérence :
*Quoy!* luy dit Polyeucte en élevant fa voix,
*Adorez-vous des dieux ou de pierre ou de bois?*
Icy difpenfez-moy du récit des blafphèmes
Qu'ils ont vomy tous deux contre Jupiter mefmes[1];
L'adultére et l'incefte en étoient les plus doux.
*Oyez,* dit-il en fuite, *oyez, peuple; oyez tous :*

   *Le Dieu de Polyeucte et celuy de Néarque*
*De la terre et du ciel eft l'abfolu monarque;*
*Seul eftre indépendant, feul maiftre du deftin,*
*Seul principe éternel, et fouveraine fin.*
*C'eft ce Dieu des chrétiens qu'il faut qu'on remercie*
*Des victoires qu'il donne à l'empereur Décie;*
*Luy feul tient en fa main le fuccès des combats;*
*Il le veut élever, il le peut mettre à bas;*
*Sa bonté, fon pouvoir, fa juftice eft immenfe;*
*C'eft luy feul qui punit, luy feul qui récompenfe :*
*Vous adorez en vain des monftres impuiffans.*

Se jettant à ces mots fur le vin et l'encens,
Après en avoir mis les faints vafes par terre,
Sans crainte de Félix, fans crainte du tonnerre,
D'une fureur pareille ils courent à l'autel.
Cieux! a-t'on veu jamais, a-t'on rien veu de tel?
Du plus puiffant des dieux nous voyons la ftatuë
Par une main impie à leurs pieds abatuë,
Les myftéres troublez, le temple profané,
La fuite et les clameurs d'un peuple mutiné,
Qui craint d'eftre accablé fous le couroux célefte;
Félix... Mais le voicy qui vous dira le refte.

---

1. L'adverbe *même* s'employait en poésie avec ou sans *s* final selon le besoin du vers, comme aujourd'hui encore l'adverbe *naguère*.

## Acte III.

PAULINE.
Que fon vifage eft fombre et plein d'émotion !
Qu'il montre de tristeffe et d'indignation !

## SCÉNE III.

### FÉLIX, PAULINE, STRATONICE.

FÉLIX.

ne telle infolence avoir ofé paroiftre
En public ! à ma vuë ! Il en mourra, le
    PAULINE.    [traiftre !
Souffrez que voftre fille embraffe vos genoux.
FÉLIX.
Je parle de Néarque, et non de voftre époux.
Quelque indigne qu'il foit de ce doux nom de gendre,
Mon ame luy conferve un fentiment plus tendre ;
La grandeur de fon crime et de mon déplaifir
N'a pas éteint l'amour qui me l'a fait choifir.
PAULINE.
Je n'attendois pas moins de la bonté d'un pére.
FÉLIX.
Je pouvois l'immoler à ma juste colére :
Car vous n'ignorez pas à quel comble d'horreur
De fon audace impie a monté la fureur ;
Vous l'avez pu fçavoir, du moins, de Stratonice.
PAULINE.
Je fçay que de Néarque il doit voir le fupplice.
FÉLIX.
Du confeil qu'il doit prendre il fera mieux instruit
Quand il verra punir celuy qui l'a féduit.
    Au fpectacle fanglant d'un amy qu'il faut fuivre,
La crainte de mourir et le defir de vivre
Reffaififfent une ame avec tant de pouvoir
Que qui voit le trépas ceffe de le vouloir.
L'éxemple touche plus que ne fait la menace ;
Cette indiscrette ardeur tourne bien-toft en glace,
Et nous verrons bien-toft fon cœur inquiété
Me demander pardon de tant d'impiété.

PAULINE.
Vous pouvez espérer qu'il change de courage?
FÉLIX.
Aux dépens de Néarque il doit fe rendre fage.
PAULINE.
Il le doit; mais, hélas! où me renvoyez-vous?
Et quels tristes hazards ne court point mon époux
Si de fon inconstance il faut qu'enfin j'espére
Le bien que j'espérois de la bonté d'un pére?
FÉLIX.
Je vous en fais trop voir, Pauline, à confentir
Qu'il évite la mort par un prompt repentir.
Je devois mefme peine à des crimes femblables;
Et, mettant différence entre ces deux coupables,
J'ay trahy la justice à l'amour paternel;
Je me fuis fait pour luy moy-mefme criminel;
Et j'attendois de vous, au milieu de vos craintes,
Plus de remercîmens que je n'entens de plaintes.
PAULINE.
De quoy remercier qui ne me donne rien?
Je fçay quelle est l'humeur et l'esprit d'un chrétien.
Dans l'obstination jusqu'au bout il demeure:
Vouloir fon repentir, c'eft ordonner qu'il meure.
FÉLIX.
Sa grace eft en fa main, c'eft à luy d'y refver.
PAULINE.
Faites-la toute entiére.
FÉLIX.
Il la peut achever.
PAULINE.
Ne l'abandonnez pas aux fureurs de fa fecte.
FÉLIX.
Je l'abandonne aux loix qu'il faut que je respecte.
PAULINE.
Eft-ce ainfi que d'un gendre un beau-pére eft l'appuy?
FÉLIX.
Qu'il faffe autant pour foy comme je fais pour luy.
PAULINE.
Mais il eft aveuglé.

## ACTE III.

FÉLIX.

Mais il fe plaift à l'eftre.
Qui chérit fon erreur ne la veut pas connoiftre.

PAULINE.

Mon pére, au nom des dieux....

FÉLIX.

Ne les réclamez pas,
Ces dieux dont l'intereft demande fon trépas.

PAULINE.

Ils écoutent nos vœux.

FÉLIX.

Et bien, qu'il leur en faffe.

PAULINE.

Au nom de l'empereur dont vous tenez la place...

FÉLIX.

J'ay fon pouvoir en main; mais, s'il me l'a commis,
C'eft pour le déployer contre fes ennemis.

PAULINE.

Polyeucte l'eft-il?

FÉLIX.

Tous chrétiens font rebelles.

PAULINE.

N'écoutez point pour luy ces maximes cruelles;
En époufant Pauline il s'eft fait voftre fang.

FÉLIX.

Je regarde la faute, et ne voy plus fon rang.
Quand le crime d'État fe mefle au facrilége,
Le fang ny l'amitié n'ont plus de privilége.

PAULINE.

Quel excès de rigueur!

FÉLIX.

Moindre que fon forfait.

PAULINE.

O de mon fonge affreux trop véritable effet!
Voyez-vous qu'avec luy vous perdez voftre fille?

FÉLIX.

Les dieux et l'empereur font plus que ma famille.

PAULINE.

La perte de tous deux ne vous peut arrêter!

####### FÉLIX.
J'ay les dieux et Décie enſemble à redouter.
Mais nous n'avons encor à craindre rien de triste :
Dans ſon aveuglement penſez-vous qu'il perſiste?
S'il nous ſembloit tantoſt courir à ſon malheur,
C'eſt d'un nouveau chrétien la première chaleur.
####### PAULINE.
Si vous l'aimez encor, quittez cette espérance
Que deux fois en un jour il change de croyance :
Outre que les chrétiens ont plus de dureté,
Vous attendez de luy trop de legéreté.
Ce n'eſt point une erreur, avec le lait ſuccée,
Que ſans l'éxaminer ſon ame ait embraſſée :
Polyeucte eſt chrétien parce qu'il l'a voulu,
Et vous portoit au temple un esprit réſolu.
Vous devez préſumer de luy comme du reste:
Le trépas n'eſt pour eux ny honteux ny funeste ;
Ils cherchent de la gloire à mépriſer nos dieux;
Aveugles pour la terre, ils aspirent aux cieux;
Et, croyant que la mort leur en ouvre la porte,
Tourmentez, déchirez, aſſaſſinez, n'importe,
Les ſupplices leur ſont ce qu'à nous les plaiſirs,
Et les ménent au but où fondent leurs deſirs :
La mort la plus infame, ils l'appellent martyre.
####### FÉLIX.
Et bien donc, Polyeucte aura ce qu'il deſire :
N'en parlons plus.
####### PAULINE.
Mon pére!

## SCÉNE IV.

### FÉLIX, ALBIN, PAULINE, STRATONICE.

####### FÉLIX.
Albin, en eſt-ce fait?
####### ALBIN.
Ouy, Seigneur, et Néarque a payé ſon forfait.
####### FÉLIX.
Et noſtre Polyeucte a veu trancher ſa vie?

## Acte III.

#### Albin.
Il l'a veu, mais, hélas! avec un œil d'envie,
Il bruſle de le ſuivre, au lieu de reculer,
Et ſon cœur s'affermit, au lieu de s'ébranſler.
#### Pauline.
Je vous le diſois bien. Encor un coup, mon pére,
Si jamais mon respect a pû vous ſatisfaire,
Si vous l'avez priſé, ſi vous l'avez chéry....
#### Félix.
Vous aimez trop, Pauline, un indigne mary.
#### Pauline.
Je l'ay de voſtre main, mon amour eſt ſans crime;
Il eſt de voſtre choix la glorieuſe estime,
Et j'ay, pour l'accepter, éteint le plus beau feu
Qui d'une ame bien née ait mérité l'aveu.
  Au nom de cette aveugle et prompte obéïſſance
Que j'ay toûjours renduë aux loix de la naiſſance,
Si vous avez pû tout ſur moy, ſur mon amour,
Que je puiſſe ſur vous quelque choſe à mon tour!
Par ce juste pouvoir à preſent trop à craindre,
Par ces beaux ſentiments qu'il m'a fallu contraindre,
Ne m'oſtez pas vos dons; ils ſont chers à mes yeux,
Et m'ont aſſez coûté pour m'eſtre précieux.
#### Félix.
Vous m'importunez trop; bien que j'aye un cœur tendre,
Je n'aime la pitié qu'au prix que j'en veux prendre;
Employez mieux l'effort de vos justes douleurs;
Malgré moy m'en toucher c'eſt perdre et temps et pleurs;
J'en veux eſtre le maiſtre; et je veux bien qu'on ſçache
Que je la deſavoüe alors qu'on me l'arrache.
Préparez-vous à voir ce malheureux chrétien,
Et faites voſtre effort, quand j'auray fait le mien.
Allez! n'irritez plus un pére qui vous aime,
Et taſchez d'obtenir voſtre époux de luy-meſme.
Tantoſt jusqu'en ce lieu je le feray venir :
Cependant quittez-nous, je veux l'entretenir.
#### Pauline.
De grace, permettez...
#### Félix.
          Laiſſez-nous ſeuls, vous dy-je.

Votre douleur m'offenſe autant qu'elle m'afflige.
A gagner Polyeucte appliquez tous vos ſoins;
Vous avancerez plus en m'importunant moins.

### SCÈNE V.

#### FÉLIX, ALBIN.

FÉLIX.

Albin, comme eſt-il mort?
ALBIN.
En brutal, en impie,
En bravant les tourmens, en dédaignant la
Sans regret, ſans murmure, et ſans étonnement, [vie,
Dans l'obſtination et l'endurciſſement,
Comme un chrétien enfin; le blaſphème à la bouche.
FÉLIX.
Et l'autre?
ALBIN.
Je l'ay dit déja, rien ne le touche;
Loin d'en eſtre abatu, ſon cœur en eſt plus haut.
On l'a violenté pour quitter l'échaffaut;
Il eſt dans la priſon où je l'ay veu conduire;
Mais vous êtes bien loin encor de le réduire.
FÉLIX.
Que je ſuis malheureux!
ALBIN.
Tout le monde vous plaint.
FÉLIX.
On ne ſçait pas les maux dont mon cœur eſt atteint.
De penſers ſur penſers mon ame eſt agitée;
De ſoucis ſur ſoucis elle eſt inquiétée;
Je ſens l'amour, la haine, et la crainte, et l'eſpoir,
La joye et la douleur tour à tour l'émouvoir;
J'entre en des ſentiments qui ne ſont pas croyables;
J'en ay de violens, j'en ay de pitoyables;
J'en ay de généreux qui n'oſeroient agir;
J'en ay meſme de bas, et qui me font rougir.
J'aime ce malheureux que j'ay choiſi pour gendre,

Je hay l'aveugle erreur qui le vient de furprendre.
Je déplore fa perte, et, le voulant fauver,
J'ay la gloire des Dieux enfemble à conferver ;
Je redoute leur foudre et celuy de Décie ;
Il y va de ma charge, il y va de ma vie.
Ainfi tantoft pour luy je m'expofe au trépas,
Et tantoft je le perds pour ne me perdre pas.
### ALBIN.
Décie excufera l'amitié d'un beau-pére ;
Et d'ailleurs Polyeucte, eft d'un fang qu'on révére.
### FÉLIX.
A punir les chrétiens fon ordre eft rigoureux,
Et plus l'éxemple eft grand, plus il eft dangereux.
On ne diftingue point quand l'offenfe eft publique ;
Et, lors qu'on diffimule un crime domeftique,
Par quelle authorité peut-on, par quelle loy,
Chaftier en autruy ce qu'on fouffre chez foy ?
### ALBIN.
Si vous n'ofez avoir d'égard à fa perfonne,
Écrivez à Décie afin qu'il en ordonne.
### FÉLIX.
Sévére me perdroit fi j'en ufois ainfi.
Sa haine et fon pouvoir font mon plus grand foucy.
Si j'avois différé de punir un tel crime,
Quoy qu'il foit généreux, quoy qu'il foit magnanime,
Il eft homme, et fenfible, et je l'ay dédaigné,
Et de tant de mépris fon efprit indigné,
Que met au défefpoir cet hymen de Pauline,
Du couroux de Décie obtiendroit ma ruïne.
Pour venger un affront tout femble eftre permis,
Et les occafions tentent les plus remis.
Peut-eftre (et ce foupçon n'eft pas fans apparence)
Il rallume en fon cœur déja quelque efpérance,
Et, croyant bien-toft voir Polyeucte puny,
Il rappelle un amour à grand peine banny.
Juge fi fa coléré, en ce cas implacable,
Me feroit innocent de fauver un coupable,
Et s'il m'épargneroit, voyant par mes bontez
Une feconde fois fes deffeins avortez.
    Te diray-je un penfer indigne, bas, et lafche ?
Je l'étouffe, il renaift ; il me flate et me fafche.

L'ambition toûjours me le vient prefenter,
Et tout ce que je puis, c'eft de le détester.
Polyeucte eft icy l'appuy de ma famille;
Mais fi par fon trépas l'autre époufoit ma fille,
J'acquerrois bien par là de plus puiffans appuis
Qui me mettroient plus haut cent fois que je ne fuis
Mon cœur en prend par force une maligne joye;
Mais que plûtoft le ciel à tes yeux me foudroye
Qu'à des penfers fi bas je puiffe confentir
Que jufque-là ma gloire ofe fe démentir.

ALBIN.
Voftre cœur eft trop bon, et voftre ame trop haute.
Mais vous réfolvez-vous à punir cette faute?

FÉLIX.
Je vay dans la prifon faire tout mon effort
A vaincre cet esprit par l'effroy de la mort,
Et nous verrons après ce que pourra Pauline.

ALBIN.
Que ferez-vous enfin fi toûjours il s'obstine?

FÉLIX.
Ne me preffe point tant; dans un tel déplaifir
Je ne puis que réfoudre, et ne fçay que choifir.

ALBIN.
Je dois vous avertir en ferviteur fidelle
Qu'en fa faveur déja la ville fe rebelle,
Et ne peut voir paffer par la rigueur des loix
Sa derniére efpérance et le fang de fes rois.
Je tiens fa prifon mefme affez mal affeurée;
J'ay laiffé tout autour une troupe éplorée;
Je crains qu'on ne la force.

FÉLIX.
            Il faut donc l'en tirer,
Et l'amener icy pour nous en affeurer.

ALBIN.
Tirez-l'en donc vous-mefme, et d'un espoir de grace
Appaifez la fureur de cette populace.

FÉLIX.
Allons! et s'il perfiste à demeurer chrétien,
Nous en difpoferons fans qu'elle en fçache rien.

*Fin du troifiéme acte.*

# ACTE IV.

## SCÉNE PRÉMIÉRE.

POLYEUCTE, CLÉON.
Trois autres gardes.

POLYEUCTE.

Gardes, que me veut-on?
CLÉON.
Pauline vous demande.
POLYEUCTE.
O prefence, ô combat que fur tout j'appréhende!
Félix, dans la prifon j'ay triomphé de toy,
J'ay ry de ta menace et t'ay veu fans effroy:
Tu prens pour t'en venger de plus puiffantes armes;
Je craignois beaucoup moins tes bourreaux que fes
Seigneur, qui vois icy les périls que je cours, [larmes.
En ce preffant befoin redouble ton fecours.
Et toy qui, tout fortant encor de la victoire,
Regardes mes travaux du féjour de la gloire,
Cher Néarque, pour vaincre un fi fort ennemy,
Préte du haut du ciel la main à ton amy.
    Gardes, oferiez-vous me rendre un bon office?
Non pour me dérober aux rigueurs du fupplice:
Ce n'eft pas mon deffein qu'on me faffe évader;
Mais, comme il fuffira de trois à me garder,
L'autre m'obligeroit d'aller quérir Sévére;
Je croy que fans péril on peut me fatisfaire:
Si j'avois pû luy dire un fecret important,
Il vivroit plus heureux, et je mourrois content.

###### CLÉON.
Si vous me l'ordonnez j'y cours en diligence.
###### POLYEUCTE.
Sévére à mon défaut fera ta récompenfe.
Va, ne perd point de temps, et revien promptement.
###### CLÉON.
Je feray de retour, Seigneur, dans un moment.

## SCÉNE II.

#### POLYEUCTE.

*Les gardes fe retirent aux coins du théatre.*

Source délicieufe, en miféres féconde,
Que voulez-vous de moy, flatteufes voluptez?
Honteux attachemens de la chair et du monde,
Que ne me quittez-vous quand je vous ay quittez?
Allez, honneurs, plaifirs, qui me livrez la guerre;
Toute voftre félicité,
Sujette à l'instabilité,
En moins de rien tombe par terre;
Et, comme elle a l'éclat du verre,
Elle en a la fragilité[1].

---

1. « J'ai ouï dire souvent à M. Corneille qu'il avait fait, dans
« son *Polyeucte*, au sujet de la Fortune, ces deux vers si cé-
« lèbres :

« Et, comme elle a l'éclat du verre,
« Elle en a la fragilité,

« sans savoir qu'ils fussent de M. Godeau, évêque de Vence, car
« ils sont originairement de M. Godeau, qui les avoit faits, dans
« son *Ode* au cardinal de Richelieu, quinze ans avant que
« M. Corneille les eût faits dans son *Polyeucte*. Il est assez or-
« dinaire de se rencontrer ainsi dans la pensée et dans l'expres-
« sion des autres. » (Observation de Ménage, p. 116 des *Poésies de Malherbe avec les Observations de Ménage, segonde édition*, 1689, in-12.)

Ménage citait là de mémoire. La pièce de Godeau, fort à la
louange sans doute du cardinal de Richelieu, est toutefois inti-

Ainsi n'espérez pas qu'après vous je soûpire.
Vous étalez en vain vos charmes impuissans;
Vous me montrez en vain par tout ce vaste empire
Les ennemis de Dieu pompeux et florissans,
Il étale à son tour des revers équitables
  Par qui les grands sont confondus;
  Et les glaives qu'il tient pendus
  Sur les plus fortunez coupables
  Sont d'autant plus inévitables
  Que leurs coups sont moins attendus.

Tigre altéré de sang, Décie impitoyable,
Ce Dieu t'a trop longtemps abandonné les siens;
De ton heureux destin voy la suite effroyable :
Le Scythe va venger la Perse et les chrétiens,
Encor un peu plus outre, et ton heure est venuë;
  Rien ne t'en sçauroit garantir;
  Et la foudre qui va partir,
  Toute preste à crever la nuë,
  Ne peut plus estre retenuë
  Par l'attente du repentir.

Que cependant Félix m'immole à ta colère;
Qu'un rival plus puissant éblouïsse ses yeux;
Qu'aux dépens de ma vie il s'en fasse beau-pére,
Et qu'à titre d'esclave il commande en ces lieux :
Je consens, ou plûtost j'aspire à ma ruïne.
  Monde, pour moy tu n'as plus rien.
  Je porte, en un cœur tout chrétien,
  Une flame toute divine,
  Et je ne regarde Pauline
  Que comme un obstacle à mon bien.

tulée : *Au Roy. Ode.* Elle est in-4º. On lit à la fin de sa trente-troisième strophe :

> Mais leur gloire tombe par terre,
> Et, comme elle a l'éclat du verre,
> Elle en a la fragilité.

Publius Syrus avait dit avant Godeau et avant Corneille :

> Fortuna vitrea est; tum cum splendet frangitur.

Saintes douceurs du ciel, adorables idées,
Vous rempliſſez un cœur qui vous peut recevoir;
De vos ſacrez attraits les ames poſſédées
Ne conçoivent plus rien qui les puiſſe émouvoir.
Vous promettez beaucoup et donnez davantage :
   Vos biens ne ſont point inconstans,
   Et l'heureux trépas que j'attens
   Ne vous ſert que d'un doux paſſage
   Pour nous introduire au partage
   Qui nous rend à jamais contens.

C'eſt vous, ô feu divin que rien ne peut éteindre,
Qui m'allez faire voir Pauline ſans la craindre.
Je la voy, mais mon cœur, d'un ſaint zéle enflamé,
N'en gouſte plus l'appas dont il étoit charmé;
Et mes yeux, éclairez des céleſtes lumiéres,
Ne trouvent plus aux ſiens leurs graces coutumiéres.

## SCÉNE III.

### POLYEUCTE, PAULINE, gardes.

#### POLYEUCTE.

Madame, quel deſſein vous fait me demander?
Eſt-ce pour me combatre ou pour me ſeconder?
Cet effort généreux de voſtre amour parfaite
Vient-il à mon ſecours? vient-il à ma défaite?
Apportez-vous icy la haine, ou l'amitié,
Comme mon ennemie, ou ma chére moitié?

#### PAULINE.

Vous n'avez point icy d'ennemis que vous-meſme;
Seul vous vous haïſſez, lors que chacun vous aime;
Seul vous éxécutez tout ce que j'ay reſvé :
Ne veuillez pas vous perdre, et vous étes ſauvé.
A quelque extrémité que voſtre crime paſſe,
Vous étes innocent ſi vous vous faites grace.
Daignez conſidérer le ſang dont vous ſortez,
Vos grandes actions, vos rares qualitez;
Chéry de tout le peuple, eſtimé chez le prince,

Gendre du gouverneur de toute la province;
Je ne vous conté à rien le nom de mon époux:
C'eſt un bonheur pour moy, qui n'eſt pas grand pour vous.
Mais, après vos exploits, après voſtre naiſſance,
Après voſtre pouvoir, voyez noſtre eſpérance,
Et n'abandonnez pas à la main d'un bourreau
Ce qu'à nos juſtes vœux promet un ſort ſi beau.

POLYEUCTE.

Je conſidére plus; je ſçay mes avantages,
Et l'eſpoir que ſur eux forment les grands courages.
Ils n'aſpirent enfin qu'à des biens paſſagers,
Que troublent les ſoucis, que ſuivent les dangers;
La mort nous les ravit, la fortune s'en joüe;
Aujourd'huy dans le trofne, et demain dans la boüe;
Et leur plus haut éclat fait tant de mécontens
Que peu de vos Céſars en ont joüy long-temps.
J'ay de l'ambition, mais plus noble et plus belle:
Cette grandeur périt, j'en veux une immortelle,
Un bonheur aſſeuré, ſans meſure et ſans fin,
Au deſſus de l'envie, au deſſus du deſtin.
Eſt-ce trop l'acheter que d'une triſte vie,
Qui tantoſt, qui ſoudain me peut eſtre ravie,
Qui ne me fait joüir que d'un inſtant qui fuit,
Et ne peut m'aſſeurer de celuy qui le ſuit?

PAULINE.

Voilà de vos chrétiens les ridicules ſonges;
Voilà juſqu'à quel point vous charment leurs menſonges:
Tout voſtre ſang eſt peu pour un bonheur ſi doux.
Mais, pour en diſpoſer, ce ſang eſt-il à vous?
Vous n'avez pas la vie ainſi qu'un héritage;
Le jour qui vous la donne en meſme temps l'engage;
Vous la devez au prince, au public, à l'État.

POLYEUCTE.

Je la voudrois pour eux perdre dans un combat;
Je ſçay quel en eſt l'heur et quelle en eſt la gloire.
Des ayeux de Décie on vante la mémoire,
Et ce nom, précieux encor à vos Romains,
Au bout de ſix cens ans luy met l'empire aux mains.
Je doy ma vie au peuple, au prince, à ſa couronne;
Mais je la doy bien plus au Dieu qui me la donne:

Si mourir pour fon prince eft un illuftre fort,
Quand on meurt pour fon Dieu, quelle fera la mort?
### PAULINE.
Quel Dieu!
### POLYEUCTE.
Tout-beau, Pauline : il entend vos paroles,
Et ce n'eft pas un Dieu comme vos dieux frivoles,
Infenfibles et fourds, impuiffans, mutilez,
De bois, de marbre, ou d'or, comme vous les voulez :
C'eft le Dieu des chrétiens, c'eft le mien, c'eft le voftre,
Et la terre et le ciel n'en connoiffent point d'autre.
### PAULINE.
Adorez-le dans l'ame, et n'en témoignez rien.
### POLYEUCTE.
Que je fois tout enfemble idolatre et chrétien!
### PAULINE.
Ne feignez qu'un moment : laiffez partir Sévére,
Et donnez lieu d'agir aux bontez de mon pére.
### POLYEUCTE.
Les bontez de mon Dieu font bien plus à chérir :
Il m'ofte des périls que j'aurois pû courir,
Et, fans me laiffer lieu de tourner en arriére,
Sa faveur me couronne entrant dans la carriére ;
Du premier coup de vent il me conduit au port,
Et, fortant du baptefme, il m'envoye à la mort.
Si vous pouviez comprendre et le peu qu'eft la vie,
Et de quelles douceurs cette mort eft fuivie...
Mais que fert de parler de ces trefors cachez
A des esprits que Dieu n'a pas encor touchez?
### PAULINE.
Crüel, car il eft temps que ma douleur éclate,
Et qu'un juste reproche accable une ame ingrate ;
Eft-ce là ce beau feu? font-ce là tes fermens?
Témoignes-tu pour moy les moindres fentimens?
Je ne te parlois point de l'état déplorable
Où ta mort va laiffer ta femme inconfolable ;
Je croyois que l'amour t'en parleroit affez,
Et je ne voulois pas de fentiments forcez.
Mais cette amour fi ferme et fi bien méritée
Que tu m'avois promife et que je t'ay portée,

Quand tu me veux quitter, quand tu me fais mourir,
Te peut-elle arracher une larme, un soûpir?
Tu me quittes, ingrat, et le fais avec joye;
Tu ne la caches pas, tu veux que je la voye;
Et ton cœur, insensible à ces tristes appas,
Se figure un bonheur où je ne seray pas!
C'est donc là le dégoust qu'apporte l'hyménée?
Je te suis odieuse après m'estre donnée!
### POLYEUCTE.
Hélas!
### PAULINE.
Que cét hélas a de peine à sortir!
Encor s'il commençoit un heureux repentir,
Que, tout forcé qu'il est, j'y trouverois de charmes!
Mais courage, il s'émeut, je voy couler des larmes.
### POLYEUCTE.
J'en verse, et plûst à Dieu qu'à force d'en verser
Ce cœur trop endurcy se pûst enfin percer.
Le déplorable état où je vous abandonne
Est bien digne des pleurs que mon amour vous donne,
Et, si l'on peut au ciel sentir quelques douleurs,
J'y pleureray pour vous l'excès de vos malheurs;
Mais si, dans ce séjour de gloire et de lumiére,
Ce Dieu tout juste et bon peut souffrir ma priére,
S'il y daigne écouter un conjugal amour,
Sur vostre aveuglement il répandra le jour.
Seigneur, de vos bontez il faut que je l'obtienne;
Elle a trop de vertu pour n'estre pas chrétienne;
Avec trop de mérite il vous plût la former
Pour ne pas vous connoistre et ne vous pas aimer,
Pour vivre des enfers esclave infortunée,
Et sous leur triste joug mourir comme elle est née.
### PAULINE.
Que dis-tu, malheureux? qu'oses-tu souhaiter?
### POLYEUCTE.
Ce que de tout mon sang je voudrois acheter.
### PAULINE.
Que plûtost....
### POLYEUCTE.
C'est en vain qu'on se met en défense:

Ce Dieu touche les cœurs lors que moins on y penfe.
Ce bien-heureux moment n'eft pas encor venu ;
Il viendra; mais le temps ne m'en eft pas connu.
### PAULINE.
Quittez cette chimére, et m'aimez.
### POLYEUCTE.
Je vous aime,
Beaucoup moins que mon Dieu, mais bien plus que moy-
### PAULINE. [mefme.
Au nom de cet amour, ne m'abandonnez pas.
### POLYEUCTE.
Au nom de cet amour, daignez fuivre mes pas.
### PAULINE.
C'eft peu de me quitter, tu veux donc me féduire?
### POLYEUCTE.
C'eft peu d'aller au ciel, je vous y veux conduire.
### PAULINE.
Imaginations!
### POLYEUCTE.
Célestes véritez!
### PAULINE.
Étrange aveuglement!
### POLYEUCTE.
Éternelles clartez!
### PAULINE.
Tu préféres la mort à l'amour de Pauline!
### POLYEUCTE.
Vous préférez le monde à la bonté divine!
### PAULINE.
Va, crüel, va mourir! Tu ne m'aimas jamais.
### POLYEUCTE.
Vivez heureufe au monde, et me laiffez en paix.
### PAULINE.
Ouy, je t'y vay laiffer, ne t'en mets plus en peine;
Je vay....

## SCÉNE IV.

### POLYEUCTE, PAULINE, SÉVÉRE, FABIAN, gardes.

#### PAULINE.

Mais quel deſſein en ce lieu vous améne,
Sévére? Auroit-on crû qu'un cœur ſi généreux
Pûſt venir jusqu'icy braver un malheureux?
#### POLYEUCTE.
Vous traitez mal, Pauline, un ſi rare mérite ;
A ma ſeule priére il rend cette viſite.
   Je vous ay fait, Seigneur, une incivilité,
Que vous pardonnerez à ma captivité.
Poſſeſſeur d'un tréſor dont je n'étois pas digne,
Souffrez avant ma mort que je vous le réſigne,
Et laiſſe la vertu la plus rare à nos yeux
Qu'une femme jamais pûſt recevoir des cieux
Aux mains du plus vaillant et du plus honneſte homme
Qu'ait adoré la terre et qu'ait veu naiſtre Rome.
Vous étes digne d'elle, elle eſt digne de vous ;
Ne la refuſez pas de la main d'un époux :
S'il vous a deſunis, ſa mort va vous rejoindre ;
Qu'un feu jadis ſi beau n'en devienne pas moindre ;
Rendez-luy voſtre cœur et recevez ſa foy ;
Vivez heureux enſemble, et mourez comme moy :
C'eſt le bien qu'à tous deux Polyeucte deſire.
   Qu'on me méne à la mort, je n'ay plus rien à dire.
Allons! gardes, c'eſt fait.

## SCÉNE V.

### SÉVÉRE, PAULINE, FABIAN.

#### SÉVÉRE.
                  Dans mon étonnement
Je ſuis confus pour luy de ſon aveuglement ;
Sa réſolution a ſi peu de pareilles
Qu'à peine je me fie encor à mes oreilles.

Un cœur qui vous chérit (mais quel cœur affez bas
Auroit pû vous connoiftre, et ne vous chérir pas?)
Un homme aimé de vous, fi-toft qu'il vous polféde,
Sans regret il vous quitte; il fait plus, il vous céde,
Et, comme fi vos feux étoient un don fatal,
Il en fait un prefent luy-mefme à fon rival!
Certes, ou les chrétiens ont d'étranges manies,
Ou leurs félicitez doivent eftre infinies,
Puisque, pour y prétendre, ils ofent rejetter
Ce que de tout l'empire il faudroit acheter.
 Pour moy, fi mes deftins, un peu plûtoft propices,
Euffent de voftre hymen honoré mes fervices,
Je n'aurois adoré que l'éclat de vos yeux,
J'en aurois fait mes rois, j'en aurois fait mes dieux;
On m'auroit mis en poudre, on m'auroit mis en cendre
Avant que....

### PAULINE.

    Brifons là; je crains de trop entendre,
Et que cette chaleur, qui fent vos premiers feux,
Ne pouffe quelque fuite indigne de tous deux.
Sévére, connoiffez Pauline tout entiére.
 Mon Polyeucte touche à fon heure derniére;
Pour achever de vivre il n'a plus qu'un moment;
Vous en étes la caufe, encor qu'innocemment.
Je ne fçay fi voftre ame, à vos defirs ouverte,
Auroit ofé former quelque efpoir fur fa perte;
Mais fçachez qu'il n'eft point de fi crüels trépas
Où d'un front affeuré je ne porte mes pas,
Qu'il n'eft point aux enfers d'horreurs que je n'endure,
Plûtoft que de fouiller une gloire fi pure,
Que d'époufer un homme, après fon trifte fort,
Qui de quelque façon foit caufe de fa mort;
Et, fi vous me croyiez d'une ame fi peu faine,
L'amour que j'eus pour vous tourneroit tout en haine.
Vous étes généreux, foyez-le jufqu'au bout.
Mon pére eft en état de vous accorder tout;
Il vous craint, et j'avance encor cette parole
Que, s'il perd mon époux, c'eft à vous qu'il l'immole.
Sauvez ce malheureux, employez-vous pour luy;
Faites-vous un effort pour luy fervir d'appuy.

Je sçay que c'est beaucoup que ce que je demande ;
Mais plus l'effort est grand, plus la gloire en est grande :
Conserver un rival dont vous étes jaloux,
C'est un trait de vertu qui n'appartient qu'à vous ;
Et si ce n'est assez de vostre renommée,
C'est beaucoup qu'une femme autrefois tant aimée,
Et dont l'amour peut-estre encor vous peut toucher,
Doive à vostre grand cœur ce qu'elle a de plus cher.
Souvenez-vous enfin que vous étes Sévére.
Adieu. Résolvez seul ce que vous voulez faire ;
Si vous n'étes pas tel que je l'ose espérer,
Pour vous priser encor je le veux ignorer.

## SCÉNE VI.

### SÉVÉRE, FABIAN.

#### SÉVÉRE.

Qu'est-ce-cy, Fabian, quel nouveau coup de
    foudre                        [poudre ?
Tombe sur mon bonheur et le réduit en
Plus je l'estime près, plus il est éloigné ;
Je trouve tout perdu quand je croy tout gagné ;
Et toûjours la fortune, à me nuire obstinée,
Tranche mon espérance aussi-tost qu'elle est née.
Avant qu'offrir des vœux je reçoy des refus :
Toûjours triste, toûjours et honteux et confus
De voir que laschement elle ait osé renaistre,
Qu'encor plus laschement elle ait osé paroistre,
Et qu'une femme enfin dans la calamité
Me fasse des leçons de générosité.
   Vostre belle ame est haute autant que malheureuse,
Mais elle est inhumaine autant que généreuse,
Pauline, et vos douleurs avec trop de rigueur
D'un amant tout à vous tyrannisent le cœur. [donne ;
C'est donc peu de vous perdre, il faut que je vous
Que je serve un rival lors qu'il vous abandonne,
Et que, par un crüel et généreux effort,
Pour vous rendre en ses mains je l'arrache à la mort.

#### FABIAN.
Laiſſez à ſon deſtin cette ingrate famille ;
Qu'il accorde, s'il veut, le pére avec la fille,
Polyeucte et Félix, l'épouſe avec l'époux :
D'un ſi crüel effort quel prix eſpérez-vous ?
#### SÉVÉRE.
La gloire de montrer à cette ame ſi belle
Que Sévére l'égale, et qu'il eſt digne d'elle,
Qu'elle m'étoit bien deuë, et que l'ordre des cieux,
En me la refuſant, m'eſt trop injurieux.
#### FABIAN.
Sans acculer le ſort ny le ciel d'injuſtice,
Prenez garde au péril qui ſuit un tel ſervice ;
Vous hazardez beaucoup, Seigneur, penſez-y bien.
Quoy ! vous entreprenez de ſauver un chrétien ?
Pouvez-vous ignorer pour cette ſecte impie
Quelle eſt et fut toûjours la haine de Décie ?
C'eſt un crime vers luy ſi grand, ſi capital,
Qu'à voſtre faveur meſme il peut eſtre fatal.
#### SÉVÉRE.
Cét avis feroit bon pour quelque ame commune.
S'il tient entre ſes mains ma vie et ma fortune,
Je ſuis encor Sévére, et tout ce grand pouvoir
Ne peut rien ſur ma gloire et rien ſur mon devoir.
Icy l'honneur m'oblige, et j'y veux ſatisfaire ;
Qu'après le ſort ſe montre ou propice ou contraire :
Comme ſon naturel eſt toûjours inconſtant,
Périſſant glorieux, je périray content.
Je te diray bien plus, mais avec confidence ;
La ſecte des chrétiens n'eſt pas ce que l'on penſe :
On les hait ; la raiſon, je ne la connoy point,
Et je ne voy Décie injuſte qu'en ce point.
Par curioſité j'ay voulu les connoiſtre ;
On les tient pour ſorciers dont l'enfer eſt le maiſtre ;
Et ſur cette croyance on punit du trépas
Des myſtéres ſecrets que nous n'entendons pas.
Mais Cérès Eleuſine et la Bonne Déeſſe
Ont leurs ſecrets comme eux à Rome et dans la Gréce ;
Encor impunément nous ſouffrons en tous lieux,
Leur Dieu ſeul excepté, toute ſorte de dieux :

Tous les monstres d'Égypte ont leurs temples dans Rome;
Nos ayeux à leur gré faiſoient un dieu d'un homme;
Et, leur ſang parmy nous conſervant leurs erreurs,
Nous rempliſſons le ciel de tous nos empereurs :
Mais, à parler ſans fard de tant d'apothéoſes,
L'effet eſt bien douteux de ces métamorphoſes.
 Les chrétiens n'ont qu'un Dieu, maiſtre absolu de tout,
De qui le ſeul vouloir fait tout ce qu'il réſout :
Mais, ſi j'oſe entre nous dire ce qu'il me ſemble,
Les noſtres bien ſouvent s'accordent mal enſemble,
Et, me dûſt leur colére écraſer à tes yeux,
Nous en avons beaucoup, pour eſtre de vrais dieux[1].
Enfin, chez les chrétiens les mœurs ſont innocentes,
Les vices déteſtez, les vertus floriſſantes[2];
Ils font des vœux pour nous qui les perſécutons;
Et, depuis tant de temps que nous les tourmentons,
Les a-t'on veus mutins ? les a-t'on veus rebelles ?

1. Après ce vers on liſait dans l'édition originale et dans les éditions des *Œuvres* jusqu'en 1660 exclusivement :

Peut-eſtre qu'après tout ces croyances publiques
Ne ſont qu'inventions de ſages politiques,
 Pour contenir un peuple, ou bien pour l'émouvoir,
Et deſſus ſa foibleſſe affermir leur pouvoir.

 « Quoique ces vers, dit Jolly, l'éditeur des *Œuvres de Cor-*
« *neille* de 1738, t. I, p. xxx, n'expriment que le doute vague
« d'un payen, à qui les extravagances de sa religion rendoient
« suspectes toutes les autres religions, et qui n'avoit aucune
« connoissance des preuves évidentes de la nôtre, M. Corneille
« s'est reproché plusieurs fois de les avoir fait imprimer. »
 2. Corneille semble avoir trouvé que l'éloge que Sévère faisait d'abord ici des chrétiens des premiers siècles passait peut-être un peu la mesure, ou plutôt arrivait à ressembler à une épigramme contre les chrétiens du règne et de la cour de Louis XIV. Après ce vers il ajoutait les quatre suivants, qui ont été retranchés par lui dans l'édition de 1660 :

Jamais un adultére, un traiſtre, un aſſaſſin;
Jamais d'yvrognerie et jamais de larcin;
Ce n'eſt qu'amour entr'eux, que charité ſincére;
Chacun y chérit l'autre et le ſecourt en frére.

Nos princes ont-ils eu des foldats plus fidelles?
Furieux dans la guerre, ils fouffrent nos bourreaux,
Et, lyons au combat, ils meurent en agneaux.
J'ay trop de pitié d'eux pour ne les pas défendre.
Allons trouver Félix ; commençons par fon gendre,
Et contentons ainfi, d'une feule action,
Et Pauline, et ma gloire, et ma compaffion.

*Fin du quatriéme acte.*

## ACTE V.

### SCÉNE PRÉMIÉRE.

#### FÉLIX, ALBIN, CLÉON.

##### FÉLIX.

Albin, as-tu bien veu la fourbe de Sévére?
As-tu bien veu ſa haine, et vois-tu ma mi-
[ſére?
##### ALBIN.
Je n'ay veu rien en luy qu'un rival généreux,
Et ne voy rien en vous qu'un pére rigoureux.
##### FÉLIX.
Que tu discernes mal le cœur d'avec la mine!
Dans l'ame il hait Félix et dédaigne Pauline,
Et, s'il l'aima jadis, il estime aujourd'huy
Les restes d'un rival trop indignes de luy.
Il parle en ſa faveur, il me prie, il menace,
Et me perdra, dit-il, ſi je ne luy fais grace;
Tranchant du généreux, il croit m'épouvanter;
L'artifice eſt trop lourd pour ne pas l'éventer.
Je ſçay des gens de cour quelle eſt la politique,
J'en connoy mieux que luy la plus fine pratique.
C'eſt en vain qu'il tempeſte et feint d'eſtre en fureur:
Je voy ce qu'il prétend auprès de l'empereur.
De ce qu'il me demande il m'y feroit un crime;
Épargnant ſon rival, je ſerois ſa victime,
Et, s'il avoit affaire à quelque mal-adroit,
Le piége eſt bien tendu, ſans doute il le perdroit;
Mais un vieux courtiſan eſt un peu moins crédule;
Il voit quand on le joüe et quand on diſſimule;
Et moy, j'en ay tant veu de toutes les façons

Qu'à luy-mefme au befoin j'en ferois des leçons.
####### ALBIN.
Dieux! que vous vous gefnez par cette défiance!
####### FÉLIX.
Pour fubfifter en cour c'eft la haute fcience.
Quand un homme une fois a droit de nous haïr,
Nous devons préfumer qu'il cherche à nous trahir;
Toute fon amitié nous doit eftre fufpecte.
Si Polyeucte enfin n'abandonne fa fecte,
Quoy que fon protecteur ait pour luy dans l'esprit,
Je fuivray hautement l'ordre qui m'eft prescrit.
####### ALBIN.
Grace, grace, Seigneur! que Pauline l'obtienne!
####### FÉLIX.
Celle de l'empereur ne fuivroit pas la mienne;
Et, loin de le tirer de ce pas dangereux,
Ma bonté ne feroit que nous perdre tous deux.
####### ALBIN.
Mais Sévére promet...
####### FÉLIX.
Albin, je m'en défie,
Et connoy mieux que luy la haine de Décie;
En faveur des chrétiens s'il choquoit fon courroux,
Luy-mefme affeurément fe perdroit avec nous.
Je veux tenter pourtant encor une autre voye.
Amenez Polyeucte; et, fi je le renvoye,
S'il demeure infenfible à ce dernier effort,
Au fortir de ce lieu qu'on luy donne la mort.
####### ALBIN.
Voftre ordre eft rigoureux.
####### FÉLIX.
Il faut que je le fuive
Si je veux empefcher qu'un défordre n'arrive.
Je voy le peuple émeu pour prendre fon party;
Et toy-mefme tantoft tu m'en as adverty:
Dans ce zéle pour luy qu'il fait déja paroiftre,
Je ne fçais fi long-temps j'en pourrois eftre maiftre;
Peut-eftre dès demain, dès la nuit, dès ce foir,
J'en verrois des effets que je ne veux pas voir;
Et Sévére auffi-toft, courant à fa vengeance,

# Acte V.

M'iroit calomnier de quelque intelligence.
Il faut rompre ce coup qui me feroit fatal.
### Albin.
Que tant de prévoyance eſt un étrange mal !
Tout vous nuit, tout vous perd, tout vous fait de l'ombrage;
Mais voyez que ſa mort mettra ce peuple en rage,
Que c'eſt mal le guérir que le déſeſpérer.
### Félix.
En vain après ſa mort il voudra murmurer ;
Et, s'il oſe venir à quelque violence,
C'eſt à faire à céder deux jours à l'inſolence :
J'auray fait mon devoir, quoy qu'il puiſſe arriver.
Mais Polyeucte vient, taſchons à le ſauver.
Soldats, retirez-vous et gardez bien la porte.

## SCÉNE II.

### FÉLIX, POLYEUCTE, ALBIN.

#### Félix.

s-tu donc pour la vie une haine ſi forte,
Malheureux Polyeucte ? et la loy des chrétiens
T'ordonne-t'elle ainſi d'abandonner les [tiens?
#### Polyeucte.
Je ne hay point la vie, et j'en aime l'uſage,
Mais ſans attachement qui ſente l'esclavage,
Toûjours preſt à la rendre au Dieu dont je la tiens;
La raiſon me l'ordonne, et la loy des chrétiens ;
Et je vous montre à tous par là comme il faut vivre,
Si vous avez le cœur aſſez bon pour me ſuivre.
#### Félix.
Te ſuivre dans l'abîme où tu te veux jetter ?
#### Polyeucte.
Mais plûtoſt dans la gloire où je m'en vay monter.
#### Félix.
Donne-moy pour le moins le temps de la connoiſtre;
Pour me faire chrétien, ſers-moy de guide à l'eſtre,
Et ne dédaigne pas de m'inſtruire en ta foy,

Ou toy-mefme à ton Dieu tu répondras de moy.
### POLYEUCTE.
N'en riez point, Félix, il fera voftre juge.
Vous ne trouverez point devant luy de refuge :
Les rois et les bergers y font d'un mefme rang;
De tous les fiens fur vous il vengera le fang.
### FÉLIX.
Je n'en répandray plus; et, quoy qu'il en arrive,
Dans la foy des chrétiens je fouffriray qu'on vive;
J'en feray protecteur.
### POLYEUCTE.
Non, non! perfécutez,
Et foyez l'inftrument de nos félicitez.
Celle d'un vray chrétien n'eft que dans les fouffrances;
Les plus crüels tourmens luy font des récompenfes.
Dieu, qui rend le centuple aux bonnes actions,
Pour comble donne encor les perfécutions.
Mais ces fecrets pour vous font fafcheux à comprendre;
Ce n'eft qu'à fes élus que Dieu les fait entendre.
### FÉLIX.
Je te parle fans fard et veux eftre chrétien.
### POLYEUCTE.
Qui peut donc retarder l'effet d'un fi grand bien?
### FÉLIX.
La prefence importune...
### POLYEUCTE.
Et de qui? de Sévére?
### FÉLIX.
Pour luy feul contre toy j'ay feint tant de colère :
Diffimule un moment jusques à fon départ.
### POLYEUCTE.
Félix, c'eft donc ainfi que vous parlez fans fard?
Portez à vos payens, portez à vos idoles
Le lucre empoifonné que fément vos paroles.
Un chrétien ne craint rien, ne diffimule rien;
Aux yeux de tout le monde il eft toujours chrétien.
### FÉLIX.
Ce zéle de ta foy ne fert qu'à te féduire,
Si tu cours à la mort plûtoft que de m'inftruire.

## Acte V.

POLYEUCTE.
Je vous en parlerois icy hors de faifon ;
Elle eft un don du Ciel, et non de la raifon ;
Et c'eft là que bien-toft, voyant Dieu face à face,
Plus aifément pour vous j'obtiendray cette grace.

FÉLIX.
Ta perte cependant me va défespérer.

POLYEUCTE.
Vous avez en vos mains de quoy la réparer ;
En vous oftant un gendre on vous en donne un autre
Dont la condition répond mieux à la voftre :
Ma perte n'eft pour vous qu'un change avantageux.

FÉLIX.
Ceffe de me tenir ce discours outrageux.
Je t'ay confidéré plus que tu ne mérites ;
Mais, malgré ma bonté, qui croift plus tu l'irrites,
Cette infolence enfin te rendroit odieux,
Et je me vengerois auffi bien que nos Dieux.

POLYEUCTE.
Quoy! vous changez bien-toft d'humeur et de langage!
Le zéle de vos Dieux rentre en voftre courage!
Celuy d'eftre chrétien s'échappe! et par hazard
Je vous viens d'obliger à me parler fans fard!

FÉLIX.
Va, ne préfume pas que, quoy que je te jure,
De tes nouveaux docteurs je fuive l'imposture.
Je flattois ta manie, afin de t'arracher
Du honteux précipice où tu vas trébucher ;
Je voulois gagner temps pour ménager ta vie
Après l'éloignement d'un flateur de Décie ;
Mais j'ay fait trop d'injure à nos Dieux tout-puiffans ;
Choify de leur donner ton fang, ou de l'encens.

POLYEUCTE.
Mon choix n'eft point douteux. Mais j'aperçois Pauline :
O ciel!

## SCÉNE III.

### FÉLIX, POLYEUCTE, PAULINE, ALBIN.

#### PAULINE.
Qui de vous deux aujourd'huy m'affaffine?
Sont-ce tous deux enfemble, ou chacun à fon tour?
Ne pourray-je fléchir la nature ou l'amour?
Et n'obtiendray-je rien d'un époux ny d'un pére?
#### FÉLIX.
Parlez à voftre époux.
#### POLYEUCTE.
Vivez avec Sévére.
#### PAULINE.
Tygre, affaffine-moy du moins fans m'outrager.
#### POLYEUCTE.
Mon amour par pitié cherche à vous foulager.
Il voit quelle douleur dans l'ame vous poffède,
Et fçait qu'un autre amour en eft le feul remède.
Puifqu'un fi grand mérite a pû vous enflamer,
Sa prefence toûjours a droit de vous charmer :
Vous l'aimiez, il vous aime, et fa gloire augmentée...
#### PAULINE.
Que t'ay-je fait, crüel, pour eftre ainfi traitée,
Et pour me reprocher, au mépris de ma foy,
Un amour fi puiffant que j'ay vaincu pour toy?
Voy, pour te faire vaincre un fi fort adverfaire,
Quels efforts à moy-mefme il a fallu me faire;
Quels combats j'ay donnez pour te donner un cœur
Si juftement acquis à fon premier vainqueur;
Et, fi l'ingratitude en ton cœur ne domine,
Fay quelque effort fur toy pour te rendre à Pauline.
Appren d'elle à forcer ton propre fentiment;
Pren fa vertu pour guide en ton aveuglement;
Souffre que de toy-mefme elle obtienne ta vie,
Pour vivre fous tes loix à jamais affervie.
Si tu peux rejetter de fi juftes defirs,
Regarde au moins fes pleurs, écoute fes foûpirs;
Ne défefpére pas une ame qui t'adore.

## POLYEUCTE.

Je vous l'ay déja dit, et vous le dis encore :
Vivez avec Sévére, ou mourez avec moy.
Je ne méprife point vos pleurs ny voſtre foy,
Mais de quoy que pour vous noſtre amour m'entretienne,
Je ne vous connoy plus, fi vous n'étes chrétienne.
C'en eſt aſſez : Félix, reprenez ce courroux,
Et ſur cet inſolent vengez vos dieux et vous.

## PAULINE.

Ah, mon pére, ſon crime à peine eſt pardonnable,
Mais, s'il eſt inſenſé, vous étes raiſonnable ;
La nature eſt trop forte, et les aimables traits,
Imprimez dans le ſang, ne s'effacent jamais :
Un pére eſt toûjours pére, et ſur cette aſſeurance
J'oſe appuyer encor un reste d'eſpérance.
Jettez ſur voſtre fille un regard paternel :
Ma mort ſuivra la mort de ce cher criminel ;
Et les dieux trouveront ſa peine illégitime,
Puiſqu'elle confondra l'innocence et le crime,
Et qu'elle changera, par ce redoublement,
En injuſte rigueur un juſte châtiment.
Nos destins par vos mains rendus inſéparables
Nous doivent rendre heureux enſemble, ou miſérables,
Et vous ſeriez crüel jusques au dernier point,
Si vous deſuniſſiez ce que vous avez joint.
Un cœur à l'autre uny jamais ne ſe retire,
Et pour l'en ſéparer il faut qu'on le déchire.
Mais vous étes ſenſible à mes juſtes douleurs,
Et d'un œil paternel vous regardez mes pleurs.

## FÉLIX.

Ouy, ma fille, il eſt vray qu'un pére eſt toûjours pére,
Rien n'en peut effacer le ſacré caractére ;
Je porte un cœur ſenſible, et vous l'avez percé.
Je me joins avec vous contre cet inſenſé.
Malheureux Polyeucte, es-tu ſeul inſenſible,
Et veux-tu rendre ſeul ton crime irrémiſſible ?
Peux-tu voir tant de pleurs d'un œil ſi détaché ?
Peux-tu voir tant d'amour ſans en eſtre touché ?
Ne reconnois-tu plus ny beau-pére ni femme,
Sans amitié pour l'un, et pour l'autre ſans flame ?

Pour reprendre les noms et de gendre et d'époux,
Veux-tu nous voir tous deux embraſſer tes genoux?
### POLYEUCTE.
Que tout cét artifice eſt de mauvaiſe grace!
Après avoir deux fois eſſayé la menace,
Après m'avoir fait voir Néarque dans la mort,
Après avoir tenté l'amour et ſon effort,
Après m'avoir montré cette ſoif du bapteſme
Pour oppoſer à Dieu l'intéreſt de Dieu meſme,
Vous vous joignez enſemble! Ah! ruſes de l'enfer!
Faut-il tant de fois vaincre avant que triompher!
Vos réſolutions uſent trop de remiſe;
Prenez la voſtre enfin, puisque la mienne eſt priſe.

Je n'adore qu'un Dieu, maiſtre de l'univers,
Sous qui tremblent le ciel, la terre et les enfers;
Un Dieu qui, nous aimant d'une amour infinie,
Voulut mourir pour nous avec ignominie,
Et qui, par un effort de cet excès d'amour,
Veut pour nous en victime eſtre offert chaque jour.
Mais j'ay tort d'en parler à qui ne peut m'entendre.
Voyez l'aveugle erreur que vous oſez défendre:
Des crimes les plus noirs vous ſouillez tous vos dieux;
Vous n'en puniſſez point qui n'ait ſon maiſtre aux cieux;
La proſtitution, l'adultére, l'inceſte,
Le vol, l'aſſaſſinat, et tout ce qu'on déteſte,
C'eſt l'éxemple qu'à ſuivre offrent vos immortels.
J'ay profané leur temple et briſé leurs autels;
Je le ferois encor, ſi j'avois à le faire,
Meſme aux yeux de Félix, meſme aux yeux de Sévére,
Meſme aux yeux du ſénat, aux yeux de l'empereur.
### FÉLIX.
Enfin ma bonté céde à ma juſte fureur:
Adore-les, ou meurs.
### POLYEUCTE.
Je ſuis chrétien.
### FÉLIX.
Impie.
Adore-les, te dy-je, ou renonce à la vie.
### POLYEUCTE.
Je ſuis chrétien.

### FÉLIX.
Tu l'es? ô cœur trop obstiné !
Soldats, éxécutez l'ordre que j'ay donné.
### PAULINE.
Où le conduifez-vous?
### FÉLIX.
A la mort.
### POLYEUCTE.
A la gloire.
Chére Pauline, adieu; confervez ma mémoire.
### PAULINE.
Je te fuivray partout, et mourray, fi tu meurs.
### POLYEUCTE.
Ne fuivez point mes pas, ou quittez vos erreurs.
### FÉLIX.
Qu'on l'ofte de mes yeux, et que l'on m'obéïffe.
Puifqu'il aime à périr, je confens qu'il périffe.

## SCÉNE IV.

### FÉLIX, ALBIN.

#### FÉLIX.

Je me fais violence, Albin, mais je l'ay dû;
Ma bonté naturelle aifément m'euft perdu.
Que la rage du peuple à prefent fe déploye,
Que Sévére en fureur tonne, éclate, foudroye,
M'étant fait cét effort, j'ay fait ma feureté.
Mais n'es-tu point furpris de cette dureté?
Vois-tu comme le fien des cœurs impénétrables,
Ou des impiétez à ce point éxécrables?
Du moins j'ay fatisfait mon esprit affligé:
Pour amollir fon cœur je n'ay rien négligé;
J'ay feint mefme à tes yeux des lafchetez extrêmes,
Et certes, fans l'horreur de fes derniers blasphèmes
Qui m'ont remply foudain de colére et d'effroy,
J'aurois eu de la peine à triompher de moy.
### ALBIN.
Vous maudirez peut-eftre un jour cette victoire,

Qui tient je ne sçay quoy d'une action trop noire,
Indigne de Félix, indigne d'un Romain,
Répandant voſtre ſang par voſtre propre main.
#### Félix.
Ainſi l'ont autrefois verſé Brute et Manlie;
Mais leur gloire en a creu; loin d'en eſtre affoiblie,
Et quand nos vieux héros avoient de mauvais ſang,
Ils euſſent pour le perdre ouvert leur propre flanc.
#### Albin.
Voſtre ardeur vous ſéduit, mais, quoy qu'elle vous die,
Quand vous la ſentirez une fois refroidie,
Quand vous verrez Pauline, et que ſon déſespoir
Par ſes pleurs et ſes cris ſçaura vous émouvoir...
#### Félix.
Tu me fais ſouvenir qu'elle a ſuivy ce traiſtre,
Et que ce déſespoir qu'elle fera paroiſtre
De mes commandemens pourra troubler l'effet:
Va donc, cours y mettre ordre et voir ce qu'elle fait;
Romps ce que ſes douleurs y donneroient d'obſtacle,
Tire-la, ſi tu peux, de ce triſte ſpectacle;
Taſche à la conſoler. Va donc, qui te retient?
#### Albin.
Il n'en eſt pas beſoin, Seigneur, elle revient.

## SCÉNE V.

### FÉLIX, PAULINE, ALBIN.

#### Pauline.

ére barbare, achéve, achéve ton ouvrage,
Cette ſeconde hoſtie eſt digne de ta rage:
Joins ta fille à ton gendre; oſe: que tardes-tu?
Tu vois le meſme crime ou la meſme vertu;
Ta barbarie en elle a les meſmes matiéres.
Mon époux en mourant m'a laiſſé ſes lumiéres,
Son ſang, dont tes bourreaux viennent de me couvrir,
M'a deſſillé les yeux, et me les vient d'ouvrir.
Je voy, je ſçay, je croy, je ſuis déſabuſée;
De ce bien-heureux ſang tu me vois baptiſée;
Je ſuis chrétienne, enfin; n'eſt-ce point aſſez dit?

## Acte V.

Conferve en me perdant ton rang et ton crédit,
Redoute l'empereur, appréhende Sévére;
Si tu ne veux périr, ma perte eft néceffaire.
Polyeucte m'appelle à cét heureux trépas;
Je voy Néarque et luy qui me tendent les bras.
Méne, méne-moy voir tes dieux que je déteste;
Ils n'en ont brifé qu'un, je briferay le reste.
On m'y verra braver tout ce que vous craignez,
Ces foudres impuiffans qu'en leurs mains vous peignez,
Et, faintement rebelle aux loix de la naiffance,
Une fois envers toy manquer d'obéïffance.
Ce n'eft point ma douleur que par là je fais voir;
C'eft la grace qui parle, et non le défespoir.
Le faut-il dire encor, Félix? je fuis chrétienne;
Affermy par ma mort ta fortune et la mienne;
Le coup à l'un et l'autre en fera précieux,
Puisqu'il t'affeure en terre, en m'élevant aux cieux.

### SCÉNE VI.
#### FÉLIX, SÉVÉRE, PAULINE, ALBIN, FABIAN.

##### Sévére.

ére dénaturé, malheureux politique,
Esclave ambitieux d'une peur chimérique,
Polyeucte est donc mort, et par vos crüautez
Vous penfez conferver vos tristes dignitez!
La faveur que pour luy je vous avois offerte
Au lieu de le fauver précipite fa perte!
J'ay prié, menacé, mais fans vous émouvoir,
Et vous m'avez creu fourbe ou de peu de pouvoir.
Et bien, à vos dépens vous verrez que Sévére
Ne fe vante jamais que de ce qu'il peut faire,
Et par voftre ruïne il vous fera juger
Que qui peut bien vous perdre euft pû vous protéger.
Continüez aux Dieux ce fervice fidelle,
Par de telles horreurs montrez-leur voftre zéle.
Adieu; mais quand l'orage éclatera fur vous,
Ne doutez point du bras dont partiront les coups.

#### Félix.
Arrêtez-vous, Seigneur, et d'une ame appaiſée
Souffrez que je vous livre une vengeance aiſée.
　Ne me reprochez plus que par mes crüautez
Je taſche à conſerver mes triſtes dignitez :
Je dépoſe à vos pieds l'éclat de leur faux luſtre ;
Celle où j'oſe aſpirer eſt d'un rang plus illuſtre ;
Je m'y trouve forcé par un ſecret appas ;
Je céde à des transports que je ne connoy pas ;
Et, par un mouvement que je ne puis entendre,
De ma fureur je paſſe au zéle de mon gendre.
C'eſt luy, n'en doutez point, dont le ſang innocent
Pour ſon perſécuteur prie un Dieu tout-puiſſant ;
Son amour épandu ſur toute la famille
Tire après luy le pére auſſi bien que la fille.
J'en ay fait un martyr, ſa mort me fait chrétien :
J'ay fait tout ſon bonheur, il veut faire le mien.
C'eſt ainſi qu'un chrétien ſe venge et ſe courrouce ;
Heureuſe crüauté, dont la ſuite eſt ſi douce !
Donne la main, Pauline. Apportez des liens ;
Immolez à vos dieux ces deux nouveaux chrétiens.
Je le ſuis, elle l'eſt, ſuivez voſtre colére.
#### Pauline.
Qu'heureuſement enfin je retrouve mon pére !
Cét heureux changement rend mon bonheur parfait.
#### Félix.
Ma fille, il n'appartient qu'à la main qui le fait.
#### Sévére.
Qui ne ſeroit touché d'un ſi tendre ſpectacle ?
De pareils changemens ne vont point ſans miracle.
Sans doute vos chrétiens qu'on perſécute en vain
Ont quelque choſe en eux qui ſurpaſſe l'humain ;
Ils ménent une vie avec tant d'innocence
Que le ciel leur en doit quelque reconnoiſſance ;
Se relever plus forts, plus ils ſont abbatus,
N'eſt pas auſſi l'effet des communes vertus.
Je les aimay toûjours, quoy qu'on m'en ait pû dire ;
Je n'en voy point mourir que mon cœur n'en ſoûpire,
Et peut-eſtre qu'un jour je les connoiſtray mieux.
J'approuve cependant que chacun ait ſes dieux,

Qu'il les ferve à la mode et fans peur de la peine.
Si vous étes chrétien, ne craignez plus ma haine;
Je les aime, Félix, et de leur protecteur
Je n'en veux pas fur vous faire un perfécuteur.
 Gardez voftre pouvoir, reprenez-en la marque;
Servez bien voftre Dieu, fervez noftre monarque,
Je perdray mon crédit envers fa Majesté,
Ou vous verrez finir cette févérité :
Par cette injuste haine il fe fait trop d'outrage.
### FÉLIX.
Daigne le ciel en vous achever fon ouvrage,
Et, pour vous rendre un jour ce que vous méritez,
Vous inspirer bien-toft toutes les véritez.
 Nous autres, béniffons noftre heureufe avanture.
Allons à nos martyrs donner la fepulture,
Baifer leurs corps facrez, les mettre en digne lieu,
Et faire retentir partout le nom de Dieu.

*Fin du cinquième et dernier acte.*

# POLYEUCTE

Ce martyre eſt rapporté par Surius ſur le neufième de janvier. Polyeucte vivoit en l'année 250, ſous l'empereur Décius; il étoit Arménien, ami de Néarque, et gendre de Félix, qui avoit la commiſſion de l'empereur pour faire éxécuter ſes édits contre les chrétiens. Cet amy l'ayant réſolu à le faire chrétien, il déchira ces édits qu'on publioit, arracha les idoles des mains de ceux qui les portoient ſur les autels pour les adorer, les briſa contre terre, réſiſta aux larmes de ſa femme Pauline, que Félix employa auprès de luy pour le ramener à leur culte, et perdit la vie par l'ordre de ſon beau-pére, ſans autre baptesme que celuy de ſon ſang. Voilà ce que m'a prêté l'histoire; le reste eſt de mon invention.

Pour donner plus de dignité à l'action, j'ay fait Félix gouverneur d'Arménie, et ay pratiqué un ſacrifice public afin de rendre l'occaſion plus illuſtre, et donner un prétexte à Sévére de venir en cette province, ſans faire éclater ſon amour avant qu'il en euſt l'aveu de Pauline. Ceux qui veulent arrêter nos héros dans une médiocre bonté, où quelques interprétes d'Ariſtote bornent leur vertu, ne trouveront pas icy leur conte, puisque celle de Polyeucte va juſqu'à la ſainteté, et n'a aucun meſlange de foibleſſe. J'en ay déjà parlé ailleurs, et, pour confirmer ce que j'en ay dit par quelques authoritez, j'ajoûteray icy que Minturnus, dans ſon *Traité du poëte*, agite cette queſtion, *ſi la paſſion de Jéſus-Chriſt et les martyres des ſaints doivent eſtre exclus du théatre à cauſe qu'ils paſſent cette médiocre bonté*, et réſout en ma faveur. Le célèbre

Heinsius, qui non seulement a traduit la *Poëtique* de noftre philofophe, mais a fait un *Traité de la constitution de la tragédie*, felon fa penfée, nous en a donné une fur le martyre des Innocens. L'illuftre Grotius a mis fur la fcéne la paffion mefme de Jéfus-Chrift, et l'hiftoire de Jofeph; et le favant Buchanan a fait la mefme chofe de celle de Jephté, et de la mort de faint Jean-Baptifte. C'est fur ces exemples que j'ay hazardé ce poëme, où je me fuis donné des licences qu'ils n'ont pas prifes, de changer l'hiftoire en quelque chofe, et d'y mefler des épifodes d'invention. Auffi m'étoit-il plus permis fur cette matiére qu'à eux fur celle qu'ils ont choifie. Nous ne devons qu'une croyance pieufe à la vie des faints, et nous avons le mefme droit fur ce que nous en tirons pour le porter fur le théatre, que fur ce que nous empruntons des autres hiftoires. Mais nous devons une foy chrétienne et indifpenfable à tout ce qui eft dans la Bible, qui ne nous laiffe aucune liberté d'y rien changer. J'eftime touteffois qu'il ne nous eft pas défendu d'y ajoufter quelque chofe, pourveu qu'il ne détruife rien de ces véritez dictées par le Saint Efprit. Buchanan ny Grotius ne l'ont pas fait dans leurs poëmes, mais auffi ne les ont-ils pas rendus affez fournis pour noftre théatre, et ne s'y font propofé pour exemple que la conftitution la plus fimple des anciens. Heinfius a plus ofé qu'eux dans celuy que j'ay nommé. Les anges qui bercent l'enfant Jéfus, et l'ombre de Mariane avec les furies qui agitent l'efprit d'Hérode, font des agrémens qu'il n'a pas trouvez dans l'Évangile. Je croy mefme qu'on en peut fupprimer quelque chofe quand il y a apparence qu'il ne plairoit pas fur le théatre, pourveu qu'on ne mette rien en la place, car alors ce feroit changer l'hiftoire; ce que le refpect que nous devons à l'Écriture ne permet point. Si j'avois à y expofer celle de David et Betfabée, je ne décrirois pas comme il en devint amoureux en la voyant fe baigner dans une fontaine, de peur que l'image de cette nudité ne fît une impreffion trop chatouilleufe dans l'efprit de l'auditeur; mais je me contenterois de le peindre avec de l'amour pour elle, fans parler aucunement de quelle maniére cet amour fe feroit emparé de fon cœur.

Je reviens à Polyeucte, dont le fuccès a été très heureux. Le ftile n'en eft pas fi fort ny fi majeftüeux que celuy de *Cinna* et de *Pompée*; mais il a quelque chofe de plus touchant, et les tendreffes de l'amour humain y font un fi agréable meflange avec la fermeté du divin que fa reprefentation a fatisfait tout enfemble les dévots et les gens du monde. A mon gré, je n'ay point fait de piéce où l'ordre du théatre foit plus beau, et l'enchaifnement des fcénes mieux ménagé. L'unité d'action et celle de jour et de lieu y ont leur juftefle, et les fcrupules qui peuvent naiftre touchant ces deux derniéres fe diffiperont aifément, pour peu qu'on me veuille préter de cette faveur que l'auditeur nous doit toûjours, quand l'occafion s'en offre, en reconnoiffance de la peine que nous avons prife à le divertir.

Il eft hors de doute que fi nous appliquons ce poëme à nos coûtumes, le facrifice fe fait trop toft après la venuë de Sévére, et cette précipitation fortira du vrayfemblable par la néceffité d'obéïr à la régle. Quand le roy envoye fes ordres dans les villes, pour y faire rendre des actions de grace pour fes victoires, ou pour d'autres bénédictions qu'il reçoit du ciel, on ne les éxécute pas dès le jour mefme; mais auffi il faut du temps pour affembler le clergé, les magiftrats, et les corps de ville, et c'eft ce qui en fait différer l'éxécution. Nos acteurs n'avoient icy aucune de ces affemblées à faire.

Il fuffifoit de la prefence de Sévére et de Félix, et du miniftére du grand-prêtre, et ainfi nous n'avons eu aucun befoin de remettre ce facrifice en un autre jour. D'ailleurs, comme Félix craignoit ce favory, qu'il croyoit irrité du mariage de fa fille, il étoit bien aife de luy donner le moins d'occafion de tarder qu'il luy étoit poffible, et de tafcher durant fon peu de féjour à gagner fon efprit par une prompte complaifance, et montrer tout enfemble une impatience d'obéïr aux volontez de l'empereur.

L'autre fcrupule regarde l'unité de lieu, qui eft affez éxacte, puisque tout s'y paffe dans une falle ou antichambre commune aux appartemens de Félix et de fa fille. Il femble que la bien-féance y foit un peu forcée pour conferver cette unité au fecond acte, en ce que Pauline vient jusque dans cette antichambre pour trouver Sévére, dont elle devroit attendre la vifite dans fon cabinet. A quoy je répons qu'elle a eu deux raifons de venir au devant de luy. L'une, pour faire plus d'honneur à un homme dont fon pére redoutoit l'indignation, et qu'il luy avoit commandé d'adoucir en fa faveur : l'autre, pour rompre plus aifément la converfation avec luy, en fe retirant dans ce cabinet, s'il ne vouloit pas la quitter à fa priére, et fe délivrer par cette retraite d'un entretien dangereux pour elle; ce qu'elle n'euft pû faire fi elle euft receu fa vifite dans fon appartement.

Sa confidence avec Stratonice touchant l'amour qu'elle avoit eu pour ce cavalier me fait faire une réflexion fur le temps qu'elle prend pour cela. Il s'en fait beaucoup fur nos théatres, d'affections qui ont déjà duré deux ou trois ans, dont on attend à révéler le fecret justement au jour de l'action qui fe prefente, et non feulement fans aucune raifon de choifir ce jour-là plûtoft qu'un autre pour le déclarer, mais lors mefme que vray-femblablement on s'en eft dû ouvrir beaucoup auparavant avec la perfonne à qui on en fait confidence. Ce font chofes dont il faut instruire le fpectateur en les faifant apprendre par un des acteurs à l'autre, mais il faut prendre garde avec foin que celuy à qui on les apprend ait eu lieu de les ignorer jusque-là auffi bien que le fpectateur, et que quelque occafion tirée du fujet oblige celuy qui les récite à rompre enfin un filence qu'il a gardé fi long-temps. L'infante dans *le Cid* avouë à Léonor l'amour fecret qu'elle a pour luy, et l'auroit pû faire un an ou fix mois plûtoft. Cléopatre, dans *Pompée*, ne prend pas des mefures plus justes avec Charmion. Elle luy conte la paffion de Céfar pour elle, et comme

Chaque jour fes couriers
Lui portent en tribut fes vœux et fes lauriers.

Cependant, comme il ne paroit perſonne avec qui elle aye plus d'ouverture de cœur qu'avec cette Charmion, il y a grande apparence que c'étoit elle meſme dont cette reine ſe ſervoit pour introduire ces couriers, et qu'ainſi elle devoit ſçavoir déjà tout ce commerce entre Céſar et ſa maîtreſſe. Du moins il falloit marquer quelque raiſon qui luy euſt laiſſé ignorer juſque-là tout ce qu'elle luy apprend, et de quel autre ministère cette princeſſe s'étoit ſervie pour recevoir ces couriers. Il n'en va pas de meſme icy. Pauline ne s'ouvre avec Stratonice que pour luy faire entendre le ſonge qui la trouble, et les ſujets qu'elle a de s'en alarmer; et, comme elle n'a fait ce ſonge que la nuit d'auparavant et qu'elle ne luy euſt jamais révélé son ſecret ſans cette occaſion qui l'y oblige, on peut dire qu'elle n'a point eu lieu de luy faire cette confidence plûtoſt qu'elle ne l'a faite.

Je n'ay point fait de narration de la mort de Polyeucte, parce que je n'avois perſonne pour la faire, ny pour l'écouter, que des payens qui ne la pouvoient ny écouter ny faire que comme ils avoient fait et écouté celle de Néarque; ce qui auroit été une répétition et marque de ſtérilité, et en outre n'auroit pas répondu à la dignité de l'action principale, qui eſt terminée par là. Ainſi j'ay mieux aimé la faire connoiſtre par un ſaint emportement de Pauline que cette mort a convertie, que par un récit qui n'euſt point eu de grace dans une bouche indigne de le prononcer. Félix, ſon père, ſe convertit après elle, et ces deux converſions, quoy que miraculeuſes, ſont ſi ordinaires dans les martyres, qu'elles ne ſortent point de la vray-ſemblance, parce qu'elles ne ſont pas de ces événemens rares et ſinguliers qu'on ne peut tirer en éxemple, et elles ſervent à remettre le calme dans les esprits de Félix, de Sévère et de Pauline, que ſans cela j'aurois eu bien de la peine à retirer du théatre dans un état qui rendiſt la piéce complète, en ne laiſſant rien à ſouhaiter à la curioſité de l'auditeur.

# POMPÉE

### TRAGÉDIE[1]

— 1644 —

1. La première édition de cette pièce est de 1644, in-4o. L'achevé d'imprimer est du 16 février. Le Privilége, commun à cette tragédie et au *Menteur*, avait été accordé le 22 janvier même année à Corneille, qui le céda à Ant. de Sommaville et à Aug. Courbé, dont les noms figurent sur le titre. Dans ce Privilége et dans l'édition orginale la pièce était intitulée : *La Mort de Pompée;* et c'est ainsi qu'aujourd'hui encore on la désigne ordinairement. Mais, dès le recueil de 1648, Corneille ne l'imprima plus que sous le titre que nous lui donnons. Dans l'édition originale la dédicace est suivie d'une pièce de vers : *A Son Eminence. Remerciement.* On la trouvera dans le volume de Poésies diverses. — L'édition originale est ornée d'un frontispice de Chauveau, représentant l'assassinat de Pompée. — Dans le recueil de 1648, Corneille a fait imprimer en caractères italiques, dans tout le cours de cette tragédie, les vers par lui imités de Lucain.

### A MONSEIGNEUR

L'ÉMINENTISSIME

### CARDINAL MAZARIN

Monseigneur,

Je prefente le grand Pompée à Voftre Éminence, c'eft-à-dire le plus grand perfonnage de l'ancienne Rome au plus illuftre de la nouvelle; je mets fous la protection du premier ministre de noftre jeune roy un héros qui, dans fa bonne fortune, fut le protecteur de beaucoup de rois, et qui, dans fa mauvaife, eut encore des rois pour fes ministres. Il espère de la générofité de Voftre Éminence qu'elle ne dédaignera pas de luy conferver cette feconde vie que j'ay tafché de luy redonner, et que, luy rendant cette justice qu'elle fait rendre par tout le royaume, elle le vengera pleinement de la mauvaife politique de la cour d'Égypte. Il l'espère, et avec raifon, puisque dans le peu de féjour qu'il a fait en France, il a déja fceu de la voix publique que les maximes dont vous vous fervez pour la conduite de cét État ne font point fondées fur d'autres principes que ceux de la vertu. Il a fceu d'elle les obligations que vous a la France de l'avoir choifie pour voftre feconde mére, qui vous eft d'autant plus redevable, que les grands fervices que vous luy rendez font de purs effets de voftre inclination et de voftre zéle, et non pas des devoirs de voftre naiffance. Il a fceu d'elle que Rome s'eft acquittée envers noftre jeune monarque de ce qu'elle devoit à ſes prédéceſſeurs, par le preſent qu'elle luy a fait de voſtre perſonne. Il a ſu d'elle enfin que la ſolidité de voſtre prudence et la netteté de vos lumiéres enfantent des conſeils ſi avantageux pour le gouvernement, qu'il ſemble que ce ſoit à vous que, par un esprit de prophétie, noſtre Virgile ait adreſſé ces vers il y a plus de ſeize ſiécles :

*Tu regere imperio populos, Romane, memento.*

Voilà, MONSEIGNEUR, ce que ce grand homme a appris en apprenant à parler françois :

*Pauca, sed a pleno venientia pectore veri.*

Et comme la gloire de Voſtre Éminence eſt aſſeurée ſur la fidélité de cette voix publique, je n'y meſleray point la foibleſſe de mes penſées, ni la rudeſſe de mes expreſſions, qui pourroient diminuer quelque choſe de ſon éclat; et je n'ajouſteray rien aux célébres témoignages qu'elle vous rend, qu'une profonde vénération pour les hautes qualitez qui vous les ont acquis, avec une protestation très-ſincére et très-inviolable d'eſtre toute ma vie,

   MONSEIGNEUR,
    DE VOSTRE ÉMINENCE,
      Le très-humble, très-obéiſſant,
      et très-fidelle ſerviteur,

         CORNEILLE.

## AU LECTEUR

Si je voulois faire icy ce que j'ay fait en mes deux derniers ouvrages, et te donner le texte ou l'abrégé des auteurs dont cette histoire est tirée, afin que tu puffes remarquer en quoy je m'en ferois écarté pour l'accommoder au théatre, je ferois un avant-propos dix fois plus long que mon poëme, et j'aurois à rapporter des livres entiers de presque tous ceux qui ont écrit l'histoire romaine. Je me contenteray de t'avertir que celuy dont je me suis le plus servi a été le poëte Lucain, dont la lecture m'a rendu si amoureux de la force de ses pensées et de la majesté de son raisonnement, qu'afin d'en enrichir nostre langue, j'ay fait cét effort pour réduire en poëme dramatique ce qu'il a traité en épique. Tu trouveras icy cent ou deux cents vers traduits ou imités de luy. J'ay tasché de suivre ce grand homme dans le reste, et de prendre son caractére quand son éxemple m'a manqué : si je suis demeuré bien loin derriére, tu en jugeras. Cependant j'ay creu ne te déplaire pas de te donner icy trois passages qui ne viennent pas mal à mon sujet. Le premier est un épitaphe de Pompée, prononcé par Caton dans Lucain. Les deux autres sont deux peintures de Pompée et de César, tirées de Velleius Paterculus. Je les laisse en latin, de peur que ma traduction n'oste trop de leur grâce et de leur force. Les dames se les feront expliquer.

## EPITAPHIUM POMPEII MAGNI.

### CATO, APUD LUCANUM, LIB. IX [1].

Civis obit, inquit, multum majoribus impar
Nosse modum juris, sed in hoc tamen utilis ævo,
Cui non ulla fuit justi reverentia : salva
Libertate potens, et solus plebe parata
Privatus servire sibi, rectorque senatus,
Sed regnantis, erat. Nil belli jure poposcit :
Quæque dari voluit, voluit sibi posse negari.
Immodicas possedit opes, sed plura retentis
Intulit : invasit ferrum ; sed ponere norat.
Prætulit arma togæ, sed pacem armatus amavit.
Juvit sumpta ducem, juvit dimissa potestas.
Casta domus, luxuque carens, corruptaque nunquam
Fortuna domini. Clarum et venerabile nomen
Gentibus, et multum nostræ quod proderat urbi.
Olim vera fides, Sylla Marioque receptis,
Libertatis obit : Pompeio rebus adempto
Nunc et ficta perit. Non jam regnare pudebit :
Nec color imperii, nec frons erit ulla senatus.
O felix, cui summa dies fuit obvia victo,
Et cui quærendos Pharium scelus obtulit enses !
Forsitan in soceri potuisset vivere regno.
Scire mori, sors prima viris, sed proxima cogi.
Et mihi, si fatis aliena in jura venimus,
Da talem, Fortuna, Jubam : non deprecor hosti
Servari, dum me servet cervice recisa.

---

## ICON POMPEII MAGNI.

### VELLEIUS PATERCULUS, LIB. II, C. XXIX.

uit hic genitus matre Lucilia, stirpis senatoriæ, forma excellens, non ea qua flos commendatur ætatis, sed dignitate et constantia : quæ in illam conveniens amplitudinem, fortunam quoque ejus ad ultimum vitæ co-

---

1. V. 190 et seqq.

mitata est diem : innocentia eximius, sanctitate præcipuus, eloquentia medius; potentiæ quæ honoris causa ad eum deferretur, non ut ab eo occuparetur, cupidissimus : dux bello peritissimus : civis in toga (nisi ubi vereretur ne quem haberet parem) modestissimus amicitiarum tenax, in offensis exorabilis, in reconcilianda gratia fidelissimus, in accipienda satisfactione facillimus, potentia sua nunquam aut raro ad impotentiam usus, pene omnium votorum expers, nisi numeraretur inter maxima, in civitate libera dominaque gentium, indignari, cum omnes cives jure haberet pares, quemquam æqualem dignitate conspicere.

## ICON C. J. CÆSARIS.

### VELLEIUS PATERCULUS, LIB. II, C. XLI.

Hic nobilissima Juliorum genitus familia, et, quod inter omnes antiquissimos constabat ab Anchise ac Venere deducens genus, forma omnium civium excellentissimus, vigore animi acerrimus, munificentia effusissimus, animo super humanam et naturam et fidem evectus, magnitudine cogitationum, celeritate bellandi, patientia periculorum, Magno illi Alexandro, sed sobrio, neque iracundo, simillimus : qui denique semper et somno et cibo in vitam, non in voluptatem uteretur.

# ACTEURS

JULES CÉSAR.
MARC ANTOINE.
LÉPIDE.
CORNÉLIE, femme de Pompée.
PTOLOMÉE, roy d'Égypte.
CLÉOPATRE, fœur de Ptolomée.
PHOTIN, chef du confeil d'Égypte.
ACHILLAS, lieutenant général des armées du roy d'Égypte.
SEPTIME, tribun romain à la folde du roy d'Égypte.
CHARMION, dame d'honneur de Cléopatre.
ACHORÉE, écuyer de Cléopatre.
PHILIPPE, affranchy de Pompée.
TROUPE DE ROMAINS.
TROUPE D'ÉGYPTIENS.

*La fcéne eft en Aléxandrie, dans le palais de Ptolomée.*

# POMPÉE

TRAGÉDIE.

## ACTE PREMIER.

### SCÉNE PREMIÉRE.

PTOLOMÉE, PHOTIN, ACHILLAS, SEPTIME.

PTOLOMÉE.

e destin fe déclare, et nous venons d'en-
    tendre                        [gendre.
Ce qu'il a réfolu du beau-pére et du
Quand les dieux étonnez fembloient fe
    partager,
Pharfale a décidé ce qu'ils n'ofoient juger.
Ses fleuves teints de fang, et rendus plus rapides
Par le débordement de tant de parricides,
Cét horrible débris d'aigles, d'armes, de chars,
Sur fes champs empestez confufément épars,
Ces montagnes de morts, privez d'honneurs fuprèmes,
Que la nature force à fe venger eux-mefmes,
Et dont les troncs pourris exhalent dans les vents
Dequoy faire la guerre au reste des vivans,
Sont les titres affreux dont le droit de l'épée,
Justifiant Céfar, a condamné Pompée.
Ce déplorable chef du party le meilleur,

Que fa fortune laffe abandonne au malheur,
Devient un grand éxemple, et laiffe à la mémoire
Des changemens du fort une éclatante histoire.
Il fuit, luy qui, toùjours triomphant et vainqueur,
Vit fes prospéritez égaler fon grand cœur;
Il fuit, et dans nos ports, dans nos murs, dans nos villes;
Et, contre fon beau-pére ayant befoin d'aziles,
Sa déroute orgueilleufe en cherche aux mefmes lieux
Où contre les Titans en trouvèrent les dieux.
Il croit que ce climat, en dépit de la guerre,
Ayant fauvé le ciel, fauvera bien la terre,
Et, dans fon défespoir à la fin fe meflant,
Pourra préter l'épaule au monde chancelant.
Ouy, Pompée avec luy porte le fort du monde,
Et veut que noftre Égypte, en miracles féconde,
Serve à fa liberté de fépulchre ou d'appuy,
Et reléve fa chûte, ou trébuche fous luy.
　C'eft de quoy, mes amis, nous avons à réfoudre;
Il apporte en ces lieux les palmes ou la foudre:
S'il couronna le pére, il hazarde le fils;
Et, nous l'ayant donnée, il expofe Memphis.
Il faut le recevoir, ou hafter fon fupplice,
Le fuivre, ou le pouffer dedans le précipice.
L'un me femble peu feur, l'autre peu généreux,
Et je crains d'eftre injuste, et d'eftre malheureux.
Quoy que je faffe enfin, la fortune ennemie
M'offre bien des périls, ou beaucoup d'infamie;
C'eft à moy de choifir, c'eft à vous d'avifer
A quel choix vos confeils doivent me difpofer.
Il s'agit de Pompée, et nous aurons la gloire
D'achever de Céfar ou troubler la victoire,
Et je puis dire enfin que jamais potentat
N'eut à délibérer d'un fi grand coup d'État.
PHOTIN.
Seigneur, quand par le fer les chofes font vuidées,
La justice et le droit font de vaines idées,
Et qui veut eftre juste en de telles faifons
Balance le pouvoir, et non pas les raifons.
　Voyez donc voftre force, et regardez Pompée,
Sa fortune abatuë et fa valeur trompée.

Céſar n'eſt pas le ſeul qu'il fuye en cét état :
Il fuit et le reproche et les yeux du ſénat,
Dont plus de la moitié piteuſement étale
Une indigne curée aux vautours de Pharſale ;
Il fuit Rome perdue, il fuit tous les Romains,
A qui par ſa défaite il met les fers aux mains ;
Il fuit le déſespoir des peuples et des princes,
Qui vengeroient ſur luy le ſang de leurs provinces,
Leurs États et d'argent et d'hommes épuiſez,
Leurs troſnes mis en cendre et leurs ſceptres briſez :
Autheur des maux de tous, il eſt à tous en bute,
Et fuit le monde entier écraſé ſous ſa chûte.
Le défendrez-vous ſeul contre tant d'ennemis ?
L'eſpoir de ſon ſalut en luy ſeul étoit mis,
Luy ſeul pouvoit pour ſoy : cédez alors qu'il tombe.
Soûtiendrez-vous un faix ſous qui Rome ſuccombe,
Sous qui tout l'univers ſe trouve foudroyé,
Sous qui le grand Pompée a luy-meſme ployé ?
Quand on veut ſoûtenir ceux que le ſort accable,
A force d'eſtre juſte on eſt ſouvent coupable,
Et la fidélité qu'on garde imprudemment,
Après un peu d'éclat traiſne un long châtiment,
Trouve un noble revers, dont les coups invincibles,
Pour eſtre glorieux, ne ſont pas moins ſenſibles.

Seigneur, n'attirez point le tonnerre en ces lieux,
Rangez-vous du party des deſtins et des dieux,
Et, ſans les accuſer d'injuſtice ou d'outrage,
Puiſqu'ils font les heureux, adorez leur ouvrage ;
Quels que ſoient leurs décrets, déclarez-vous pour eux,
Et, pour leur obéïr, perdez le malheureux.
Preſſé de toutes parts des coléres céleſtes,
Il en vient deſſus vous faire fondre les reſtes,
Et ſa teſte qu'à peine il a pû dérober,
Toute preſte de choir, cherche avec qui tomber.
Sa retraite chez vous en effet n'eſt qu'un crime ;
Elle marque ſa haine, et non pas ſon eſtime ;
Il ne vient que vous perdre en venant prendre port :
Et vous pouvez douter s'il eſt digne de mort !
Il devoit mieux remplir nos vœux et noſtre attente,
Faire voir ſur ſes nefs la victoire flotante :

Il n'euſt icy trouvé que joye et que feſtins ;
Mais puiſqu'il eſt vaincu, qu'il s'en prenne aux deſtins.
J'en veux à ſa diſgrace et non à ſa perſonne ;
J'éxécute à regret ce que le ciel ordonne,
Et du meſme poignard pour Céſar deſtiné
Je perce en ſoûpirant ſon cœur infortuné.
Vous ne pouvez enfin qu'aux dépens de ſa teſte
Mettre à l'abry la voſtre, et parer la tempeſte.
Laiſſez nommer ſa mort un injuſte attentat :
La juſtice n'eſt pas une vertu d'État ;
Le choix des actions ou mauvaiſes ou bonnes
Ne fait qu'anéantir la force des couronnes :
Le droit des rois conſiſte à ne rien épargner ;
La timide équité détruit l'art de régner.
Quand on craint d'eſtre injuſte on a toûjours à craindre,
Et qui veut tout pouvoir doit oſer tout enfraindre,
Fuir comme un deſhonneur la vertu qui le pert,
Et voler ſans ſcrupule au crime qui lui ſert.
C'eſt là mon ſentiment. Achillas et Septime
S'attacheront peut-eſtre à quelqu'autre maxime ;
Chacun a ſon avis ; mais, quel que ſoit le leur,
Qui punit le vaincu ne craint point le vainqueur.
### ACHILLAS.
Seigneur, Photin dit vray ; mais, quoy que de Pompée
Je voye et la fortune et la valeur trompée,
Je regarde ſon ſang comme un ſang précieux,
Qu'au milieu de Pharſale ont reſpecté les dieux.
Non qu'en un coup d'État je n'approuve le crime,
Mais s'il n'eſt néceſſaire, il n'eſt point légitime :
Et quel beſoin icy d'une extréme rigueur?
Qui n'eſt point au vaincu ne craint point le vainqueur.
Neutre juſqu'à preſent, vous pouvez l'eſtre encore ;
Vous pouvez adorer Céſar, ſi l'on l'adore ;
Mais, quoy que vos encens le traitent d'immortel,
Cette grande victime eſt trop pour ſon autel,
Et ſa teſte immolée au dieu de la victoire
Imprime à voſtre nom une tache trop noire :
Ne le pas ſecourir ſuffit ſans l'opprimer.
En uſant de la ſorte on ne vous peut blaſmer.
Vous luy devez beaucoup ; par luy Rome animée

A fait rendre le fceptre au feu roy Ptolomée.
Mais la reconnoiffance et l'hofpitalité
Sur les ames des rois n'ont qu'un droit limité.
Quoy que doive un monarque, et dûft-il fa couronne,
Il doit à fes fujets encor plus qu'à perfonne,
Et ceffe de devoir, quand la dette eft d'un rang
A ne point s'acquitter qu'aux dépens de leur fang.
S'il eft jufte d'ailleurs que tout fe confidére,
Que hazardoit Pompée en fervant voftre pére?
Il fe voulut par là faire voir tout puiffant,
Et vit croiftre fa gloire en le rétabliffant.
Il le fervit enfin, mais ce fut de la langue ;
La bourfe de Céfar fit plus que fa harangue:
Sans fes mille talens, Pompée et fes difcours
Pour rentrer en Égypte étoient un froid fecours.
Qu'il ne vante donc plus fes mérites frivoles,
Les effets de Céfar valent bien fes paroles :
Et, fi c'eft un bien-fait qu'il faut rendre aujourd'huy,
Comme il parla pour vous, vous parlerez pour luy.
Ainfi vous le pouvez et devez reconnoiftre.
Le recevoir chez vous, c'eft recevoir un maiftre,
Qui, tout vaincu qu'il eft, bravant le nom de roy,
Dans vos propres États vous donneroit la loy.
  Fermez-luy donc vos ports, mais épargnez fa tefte.
S'il le faut touteffois ma main eft toute prefte;
J'obéis avec joye, et je ferois jaloux
Qu'autre bras que le mien portaft les prémiers coups.
                    SEPTIME.
Seigneur, je fuis Romain, je connoy l'un et l'autre,
Pompée a befoin d'aide, il vient chercher la voftre;
Vous pouvez, comme maiftre abfolu de fon fort,
Le fervir, le chaffer, le livrer vif ou mort.
Des quatre le prémier vous feroit trop funefte;
Souffrez donc qu'en deux mots j'éxamine le refte.
  Le chaffer, c'eft vous faire un puiffant ennemy,
Sans obliger par là le vainqueur qu'à demy,
Puifque c'eft luy laiffer et fur mer et fur terre
La fuite d'une longue et difficile guerre,
Dont peut-eftre tous deux également laffez
Se vengeroient fur vous de tous les maux paffez.

Le livrer à César n'est que la mesme chose;
Il luy pardonnera s'il faut qu'il en dispose,
Et, s'armant à regret de générosité,
D'une fausse clémence il fera vanité;
Heureux de l'asservir en luy donnant la vie,
Et de plaire par là, mesme à Rome asservie,
Cependant que, forcé d'épargner son rival,
Aussi-bien que Pompée il vous voudra du mal.
   Il faut le délivrer du péril et du crime,
Asseurer sa puissance et sauver son estime,
Et du party contraire en ce grand chef détruit
Prendre sur vous le crime et luy laisser le fruit.
C'est là mon sentiment, ce doit estre le vostre;
Par là vous gagnez l'un, et ne craignez plus l'autre,
Mais, suivant d'Achillas le conseil hazardeux,
Vous n'en gagnez aucun, et les perdez tous deux.

### PTOLOMÉE.

N'éxaminons donc plus la justice des causes,
Et cédons au torrent qui roule toutes choses.
Je passe au plus de voix, et de mon sentiment
Je veux bien avoir part à ce grand changement.
   Assez et trop long-temps l'arrogance de Rome
A crû qu'estre Romain c'estoit estre plus qu'homme.
Abatons sa superbe avec sa liberté;
Dans le sang de Pompée éteignons sa fierté;
Tranchons l'unique espoir où tant d'orgueil se fonde,
Et donnons un tyran à ces tyrans du monde.
Secondons le destin qui les veut mettre aux fers,
Et prêtons-luy la main pour venger l'univers.
Rome, tu serviras; et ces rois que tu braves,
Et que ton insolence ose traiter d'esclaves,
Adoreront César avec moins de douleur,
Puisqu'il sera ton maistre aussi-bien que le leur.
   Allez donc, Achillas, allez avec Septime
Nous immortaliser par cét illustre crime;
Qu'il plaise au ciel, ou non, laissez-m'en le soucy.
Je croy qu'il veut sa mort, puisqu'il l'améne icy.

### ACHILLAS.

Seigneur, je croy tout juste alors qu'un roy l'ordonne.

PTOLOMÉE.
Allez, et haſtez-vous d'aſſeurer ma couronne,
Et vous reſſouvenez que je mets en vos mains
Le deſtin de l'Égypte et celuy des Romains.

## SCÉNE II.

### PTOLOMÉE, PHOTIN.

#### PTOLOMÉE.

Photin, ou je me trompe, ou ma ſœur eſt
déceuë. [iſſuë.
De l'abord de Pompée elle eſpére autre
Sçachant que de mon pére il a le testament,
Elle ne doute point de ſon couronnement ;
Elle ſe croit déja ſouveraine maîtreſſe
D'un ſceptre partagé que ſa bonté luy laiſſe,
Et, ſe promettant tout de leur vieille amitié,
De mon troſne en ſon ame elle prend la moitié,
Où de ſon vain orgueil les cendres rallumées
Pouſſent déja dans l'air de nouvelles fumées.

#### PHOTIN.

Seigneur, c'eſt un motif que je ne diſois pas,
Qui devoit de Pompée avancer le trépas.
Sans doute il jugeroit de la ſœur et du frére
Suivant le teſtament du feu roy voſtre pére,
Son hoſte et ſon amy, qui l'en daigna ſaiſir :
Jugez après cela de voſtre déplaiſir.
Ce n'eſt pas que je veuille, en vous parlant contre elle,
Rompre les ſacrez nœuds d'une amour fraternelle ;
Du troſne et non du cœur je la veux éloigner,
Car c'eſt ne régner pas qu'eſtre deux à régner.
Un roy qui s'y réſout eſt mauvais politique ;
Il détruit ſon pouvoir quand il le communique,
Et les raiſons d'État... Mais, ſeigneur, la voicy.

## SCÉNE III.

#### PTOLOMÉE, CLÉOPATRE, PHOTIN.

CLÉOPATRE.

Seigneur, Pompée arrive, et vous étes icy !
PTOLOMÉE.
J'attens dans mon palais ce guerrier magna- [nime,
Et luy viens d'envoyer Achillas et Septime.
CLÉOPATRE.
Quoy ! Septime à Pompée ! à Pompée Achillas !
PTOLOMÉE.
Si ce n'eſt aſſez d'eux, allez, ſuivez leurs pas.
CLÉOPATRE.
Donc pour le recevoir c'eſt trop que de vous-meſme ?
PTOLOMÉE.
Ma ſœur, je dois garder l'honneur du diadème.
CLÉOPATRE.
Si vous en portez un, ne vous en ſouvenez
Que pour baiſer la main de qui vous le tenez,
Que pour en faire hommage aux pieds d'un ſi grand
PTOLOMÉE. [homme.
Au ſortir de Pharſale eſt-ce ainſi qu'on le nomme ?
CLÉOPATRE.
Fuſt-il dans ſon malheur de tous abandonné,
Il eſt toûjours Pompée, et vous a couronné.
PTOLOMÉE.
Il n'en eſt plus que l'ombre, et couronna mon pére,
Dont l'ombre, et non pas moy, luy doit ce qu'il espére.
Il peut aller, s'il veut, deſſus ſon monument
Recevoir ſes devoirs et ſon remercîment.
CLÉOPATRE.
Après un tel bien-fait, c'eſt ainſi qu'on le traite !
PTOLOMÉE.
Je m'en ſouviens, ma ſœur, et je voy ſa défaite.
CLÉOPATRE.
Vous la voyez de vray, mais d'un œil de mépris.

PTOLOMÉE.
Le temps de chaque chofe ordonne et fait le prix.
Vous qui l'eſtimez tant, allez lui rendre hommage;
Mais ſongez qu'au port meſme il peut faire naufrage.
CLÉOPATRE.
Il peut faire naufrage, et meſme dans le port!
Quoy! vous auriez oſé lui préparer la mort?
PTOLOMÉE.
J'ay fait ce que les dieux m'ont inſpiré de faire,
Et que pour mon État j'ay jugé néceſſaire.
CLÉOPATRE.
Je ne le voy que trop, Photin et ſes pareils
Vous ont empoiſonné de leurs laſches conſeils;
Ces ames que le ciel ne forma que de bouë...
PHOTIN.
Ce ſont de nos conſeils, ouy, madame; et j'avouë...
CLÉOPATRE.
Photin, je parle au roy; vous répondrez pour tous
Quand je m'abaiſſeray juſqu'à parler à vous.
PTOLOMÉE, à *Photin*.
Il faut un peu ſouffrir de cette humeur hautaine:
Je ſçais voſtre innocence et je connois ſa haine;
Après tout, c'eſt ma ſœur, oyez ſans repartir.
CLÉOPATRE.
Ah! s'il eſt encor temps de vous en repentir,
Affranchiſſez-vous d'eux et de leur tyrannie,
Rappelez la vertu par leurs conſeils bannie,
Cette haute vertu, dont le ciel et le ſang
Enflent toûjours les cœurs de ceux de noſtre rang.
PTOLOMÉE.
Quoy! d'un frivole eſpoir déja préoccupée,
Vous me parlez en reine en parlant de Pompée,
Et d'un faux zéle ainſi voſtre orgueil revêtu
Fait agir l'intereſt ſous le nom de vertu!
Confeſſez-le, ma ſœur, vous ſçauriez vous en taire,
N'étoit le teſtament du feu roy noſtre pére,
Vous ſçavez qu'il le garde.
CLÉOPATRE.
    Et vous ſçaurez auſſi
Que la ſeule vertu me fait parler ainſi,

Et que, fi l'interest m'avoit préoccupée,
J'agirois pour Céfar et non-pas pour Pompée.
Apprenez un fecret que je voulois cacher,
Et ceffez deformais de me rien reprocher.
   Quand ce peuple infolent qu'enferme Alexandrie
Fit quitter au feu roi fon trofne et fa patrie,
Et que jusque dans Rome il alla du Sénat
Implorer la pitié contre un tel attentat,
Il nous mena tous deux pour toucher fon courage,
Vous, affez jeune encor, moy, déja dans un age
Où ce peu de beauté que m'ont donné les cieux
D'un affez vif éclat faifoit briller mes yeux.
Céfar en fut épris, et du moins j'eus la gloire
De le voir hautement donner lieu de le croire ;
Mais, voyant contre lui le fénat irrité,
Il fit agir Pompée et fon authorité.
Ce dernier nous fervit à fa feule prière,
Qui de leur amitié fut la preuve derniére ;
Vous en fçavez l'effet, et vous en joüiffez.
Mais pour un tel amant ce ne fut pas affez ;
Après avoir pour nous employé ce grand homme
Qui nous gagna foudain toutes les voix de Rome,
Son amour en voulut feconder les efforts,
Et, nous ouvrant fon cœur, nous ouvrit fes tréfors.
Nous eufmes de fes feux, encor en leur naiffance,
Et les nerfs de la guerre, et ceux de la puiffance ;
Et les mille talens qui luy font encore dûs
Remirent en nos mains tous nos États perdus.
Le roy, qui s'en fouvint à fon heure fatale,
Me laiffa comme à vous la dignité royale,
Et, par fon testament, il vous fit cette loy
Pour me rendre une part de ce qu'il tint de moy.
C'eft ainfi qu'ignorant d'où vint ce bon office,
Vous appelez faveur ce qui n'eft que justice,
Et l'ofez accufer d'une aveugle amitié,
Quand du tout qu'il me doit il me rend la moitié.
                PTOLOMÉE.
Certes, ma fœur, le conte eft fait avec adreffe.
              CLÉOPATRE.
Céfar viendra bien-toft et j'en ay lettre expreffe ;

Et peut-eltre aujourd'huy vos yeux feront témoins
De ce que voſtre esprit s'imagine le moins.
Ce n'eſt pas fans ſujet que je parlois en reine.
Je n'ay receu de vous que mépris et que haine,
Et de ma part du ſceptre indigne raviſſeur,
Vous m'avez plus traitée en esclave qu'en fœur;
Meſme, pour éviter des effets plus finiſtres,
Il m'a fallu flater vos inſolens ministres,
Dont j'ay craint jusqu'icy le fer ou le poiſon;
Mais Pompée ou Céſar m'en va faire raiſon,
Et, quoy qu'avec Photin Achillas en ordonne,
Ou l'une ou l'autre main me rendra ma couronne.
Cependant mon orgueil vous laiſſe à démeſler
Quel étoit l'intéreſt qui me failoit parler.

## SCÉNE IV.

### PTOLOMÉE, PHOTIN.

#### PTOLOMÉE.

Que dites-vous, amy, de cette ame orgueil-
[leuſe?
#### PHOTIN.
Seigneur, cette ſurpriſe eſt pour moy mer-
veilleuſe;
Je n'en ſçais que penſer, et mon cœur étonné
D'un ſecret que jamais il n'auroit ſoupçonné,
Inconstant et confus dans ſon incertitude,
Ne ſe réſout à rien qu'avec inquiétude.
#### PLOLOMÉE.
Sauverons-nous Pompée?
#### PHOTIN.
Il faudroit faire effort,
Si nous l'avions ſauvé, pour conclure ſa mort.
Cléopatre vous hait; elle eſt fiére, elle eſt belle,
Et ſi l'heureux Céſar a de l'amour pour elle,
La teſte de Pompée eſt l'unique preſent
Qui vous faſſe contr'elle un rempart ſuffiſant.
#### PTOLOMÉE.
Ce dangereux esprit a beaucoup d'artifice.

PHOTIN.
Son artifice eſt peu contre un ſi grand ſervice.
PTOLOMÉE.
Mais ſi, tout grand qu'il eſt, il céde à ſes appas?
PHOTIN.
Il la faudra flater : mais ne m'en croyez pas ;
Et, pour mieux empeſcher qu'elle ne vous opprime,
Conſultez-en encor Achillas et Septime.
PTOLOMÉE.
Allons donc les voir faire, et montons à la tour,
Et nous en réſoudrons enſemble à leur retour.

*Fin du prémier acte.*

## ACTE II.

### SCÉNE PRÉMIÉRE.

#### CLÉOPATRE, CHARMION.

##### CLÉOPATRE.

Je l'aime, mais l'éclat d'une li belle flame,
Quelque brillant qu'il loit, n'éblouït point mon ame,
Et toûjours ma vertu retrace dans mon cœur
Ce qu'il doit au vaincu, bruflant pour le vainqueur.
Auffi qui l'ofe aimer porte un ame trop haute
Pour fouffrir feulement le foupçon d'une faute,
Et je le traiterois avec indignité
Si j'aspirois à lui par une lafcheté.

##### CHARMION.

Quoi! vous aimez Céfar, et, fi vous étiez creuë,
L'Égypte pour Pompée armeroit à fa veuë,
En prendroit la défenfe, et par un prompt fecours
Du destin de Pharfale arréteroit le cours!
L'amour certes fur vous a bien peu de puiffance.

##### CLÉOPATRE.

Les princes ont cela de leur haute naiffance.
Leur ame dans leur fang prend des impreffions
Qui deffous leur vertu rangent leurs paffions;
Leur générofité foûmet tout à leur gloire;
Tout eft illustre en eux, quand ils daignent le croire;
Et fi le peuple y voit quelques déréglemens,
C'eft quand l'avis d'autruy corrompt leurs fentimens.
Ce malheur de Pompée achéve la ruïne,
Le roy l'euft fecouru, mais Photin l'affaffine:

Il croit cette ame baſſe et le montre ſans foy,
Mais s'il croyoit la ſienne il agiroit en roy.
     CHARMION.
Ainſi donc de Céſar l'amante et l'ennemie...
     CLÉOPATRE.
Je luy garde ma flamme éxempt d'infamie,
Un cœur digne de luy.
     CHARMION.
       Vous poſſédez le ſien?
     CLÉOPATRE.
Je croy le poſſéder.
     CHARMION.
       Mais le ſavez-vous bien?
     CLÉOPATRE.
Appren qu'une princeſſe aimant ſa renommée,
Quand elle dit qu'elle aime, eſt ſeure d'eſtre aimée,
Et que les plus beaux feux dont ſon cœur ſoit épris,
N'oſeroient l'expoſer aux hontes d'un mépris.
 Noſtre ſéjour à Rome enflama ſon courage :
Là j'eus de ſon amour le prémier témoignage,
Et depuis, jusqu'icy chaque jour ſes couriers
M'apportent en tribut ſes vœux et ſes lauriers.
Partout, en Italie, aux Gaules, en Espagne,
La fortune le ſuit, et l'amour l'accompagne;
Son bras ne dompte point de peuple, ny de lieux
Dont il ne rende hommage au pouvoir de mes yeux;
Et de la meſme main dont il quitte l'épée
Fumante encor du ſang des amis de Pompée,
Il trace des ſoûpirs, et d'un ſtile plaintif
Dans ſon champ de victoire il ſe dit mon captif.
Ouy, tout victorieux il m'écrit de Pharſale;
Et ſi la diligence à ſes feux eſt égale,
Ou plûtoſt ſi la mer ne s'oppoſe à ſes feux,
L'Égypte le va voir me preſenter ſes vœux.
Il vient, ma Charmion, jusque dans nos murailles
Chercher auprès de moy le prix de ſes batailles,
M'offrir toute ſa gloire, et ſoûmettre à mes loix
Ce cœur et cette main qui commandent aux rois,
Et ma rigueur, meſlée aux faveurs de la guerre,
Feroit un malheureux du maiſtre de la terre.

## Acte II.

CHARMION.
J'oferois bien jurer que vos charmans appas
Se vantent d'un pouvoir dont ils n'uferont pas,
Et que le grand Céfar n'a rien qui l'importune,
Si vos feules rigueurs ont droit fur la fortune.
Mais quelle eft voftre attente et que prétendez-vous,
Puisque d'une autre femme il eft déja l'époux,
Et qu'avec Calphurnie un paifible hyménée
Par des liens facrés tient fon ame enchaîfnée?
CLÉOPATRE.
Le divorce aujourd'huy fi commun aux Romains
Peut rendre en ma faveur tous ces obstacles vains;
Céfar en fçait l'ufage et la cérémonie :
Un divorce chez luy fit place à Calphurnie.
CHARMION.
Par cette melme voye il pourra vous quitter.
CLÉOPATRE.
Peut-eftre mon bon-heur fçaura mieux l'arréter;
Peut-eftre mon amour aura quelque avantage
Qui fçaura mieux que moy ménager fon courage.
Mais laiffons au hazard ce qui peut arriver,
Achevons cet hymen, s'il fe peut achever;
Ne duraft-il qu'un jour, ma gloire eft fans feconde
D'eftre du moins un jour la maîtreffe du monde.
J'ay de l'ambition, et, foit vice ou vertu,
Mon cœur fous fon fardeau veut bien eftre abatu;
J'en aime la chaleur, et la nomme fans ceffe
La feule paffion digne d'une princeffe.
Mais je veux que la gloire anime fes ardeurs,
Qu'elle mène fans honte au faifte des grandeurs,
Et je la defavouë alors que fa manie
Nous prefente le trofne avec ignominie.
Ne t'étonne donc plus, Charmion, de me voir
Défendre encor Pompée et fuivre mon devoir.
Ne pouvant rien de plus pour fa vertu féduite,
Dans mon ame en fecret je l'exhorte à la fuite,
Et voudrois qu'un orage écartant fes vaiffeaux
Malgré luy l'enlevaft aux mains de fes bourreaux.
Mais voicy de retour le fidelle Achorée
Par qui j'en apprendray la nouvelle affeûrée.

## SCÉNE II.

### CLEOPATRE, ACHORÉE, CHARMION.

#### CLÉOPATRE.

En eſt-ce déja fait, et nos bords malheureux
Sont-ils déja ſouillez d'un ſang ſi généreux?
#### ACHORÉE.
Madame, j'ay couru par voſtre ordre au rivage;
J'ay veu la trahiſon, j'ay veu toute ſa rage ;
Du plus grand des mortels j'ay veu trancher le ſort;
J'ay veu dans ſon malheur la gloire de ſa mort,
Et puiſque vous voulez qu'icy je vous raconte
La gloire d'une mort qui nous couvre de honte,
Écoutez, admirez, et plaignez ſon trépas.
Ses trois vaiſſeaux en rade avoient mis voile bas,
Et, voyant dans le port préparer nos galéres,
Il croyoit que le roi, touché de ſes miſéres,
Par un beau ſentiment d'honneur et de devoir,
Avec toute ſa cour le venoit recevoir ;
Mais voyant que ce prince, ingrat à ſes mérites,
N'envoyoit qu'un esquif remply de ſatellites,
Il ſoupçonne auſſi-toſt ſon manquement de foy,
Et ſe laiſſe ſurprendre à quelque peu d'effroy.
Enfin, voyant nos bords et noſtre flote en armes,
Il condamne en ſon cœur ces indignes alarmes,
Et réduit tous les ſoins d'un ſi preſſant ennuy
A ne hazarder pas Cornélie avec luy :
*N'expoſons,* luy dit-il, *que cette ſeule teſte,*
*A la réception que l'Égypte m'apreſte,*
*Et tandis que moy ſeul j'en courray le danger,*
*Songe à prendre la fuite afin de me venger.*
*Le roy Juba nous garde une foy plus ſincére ;*
*Chez luy tu trouveras et mes fils, et ton pére ;*
*Mais quand tu les verrois deſcendre chez Pluton,*
*Ne déſeſpére pas du vivant de Caton.*
Tandis que leur amour en cét adieu conteſte,
Achillas à ſon bord joint ſon esquif funeſte;

Septime se presente, et, luy tendant la main,
Le saluë empereur en langage romain ;
Et comme député de ce jeune monarque :
*Passez, Seigneur,* dit-il, *passez dans cette barque,*
*Les sables et les bancs cachez dessous les eaux*
*Rendent l'accès mal seur à de plus grands vaisseaux.*
 Ce héros voit la fourbe, et s'en mocque dans l'ame :
Il reçoit les adieux des siens et de sa femme,
Leur défend de le suivre, et s'avance au trépas
Avec le mesme front qu'il donnoit les États.
La mesme majesté sur son visage empreinte
Entre ces assassins montre un esprit sans crainte ;
Sa vertu tout entiére à la mort le conduit :
Son affranchy Philippe est le seul qui le suit ;
C'est de luy que j'ay sceu ce que je viens de dire ;
Mes yeux ont veu le reste, et mon cœur en soûpire,
Et croit que César mesme à de si grands malheurs
Ne pourra refuser des soûpirs et des pleurs.
CLÉOPATRE.
N'épargnez pas les miens ; achevez, Achorée,
L'histoire d'une mort que j'ay déja pleurée.
ACHORÉE.
On l'améne, et du port nous le voyons venir,
Sans que pas un d'entr'eux daigne l'entretenir.
Ce mépris luy fait voir ce qu'il en doit attendre.
Si-tost qu'on a pris terre, on l'invite à descendre.
Il se léve, et soudain pour signal Achillas
Derriére ce héros tirant son coutelas,
Septime et trois des siens, lasches enfans de Rome,
Percent à coups pressez les flancs de ce grand homme,
Tandis qu'Achillas mesme, épouvanté d'horreur,
De ces quatre enragez admire la fureur.
CLÉOPATRE.
Vous qui livrez la terre aux discordes civiles,
Si vous vengez sa mort, dieux, épargnez nos villes !
N'imputez rien aux lieux, reconnoissez les mains ;
Le crime de l'Égypte est fait par des Romains.
Mais que fait et que dit ce généreux courage ?
ACHORÉE.
D'un des pans de sa robe il couvre son visage,

A fon mauvais destin en aveugle obéït,
Et dédaigne de voir le ciel qui le trahit,
De peur que d'un coup d'œil contre une telle offenfe
Il ne femble implorer fon aide ou fa vengeance.
Aucun gémiffement à fon cœur échapé
Ne le montre, en mourant, digne d'eftre frapé;
Immobile à leurs coups, en luy-mefme il rappelle
Ce qu'eut de beau fa vie, et ce qu'on dira d'elle,
Et tient la trahifon que le roy leur prescrit
Trop au-deffous de luy pour y préter l'esprit.
Sa vertu dans leur crime augmente ainfi fon lustre,
Et fon dernier foûpir eft un foûpir illustre,
Qui, de cette grande ame achevant les destins,
Étale tout Pompée aux yeux des affaffins.
Sur les bords de l'esquif fa tefte ainfi panchée,
Par le traiftre Septime indignement tranchée,
Paffe au bout d'une lance en la main d'Achillas,
Ainfi qu'un grand trophée après de grands combats.
On defcend, et pour comble à fa noire avanture,
On donne à ce héros la mer pour fépulture,
Et le tronc fous les flots roule dorefnavant
Au gré de la fortune, et de l'onde, et du vent.
La triste Cornélie à cét affreux fpectacle
Par de longs cris aigus tafche d'y mettre obstacle,
Défend ce cher époux de la voix et des yeux,
Puis, n'espérant plus rien, léve les mains aux cieux;
Et, cédant tout à coup à la douleur plus forte,
Tombe, dans fa galére, évanoüye ou morte.
Les fiens, en ce défastre, à force de ramer,
L'éloignent de la rive, et regagnent la mer.
Mais fa fuite eft mal feure, et l'infame Septime,
Qui fe voit dérober la moitié de fon crime,
Afin de l'achever prend fix vaiffeaux au port,
Et pourfuit fur les eaux Pompée après fa mort.
    Cependant Achillas porte au roy fa conquefte;
Tout le peuple tremblant en détourne la tefte;
Un effroy général offre à l'un fous fes pas
Des abimes ouverts pour venger ce trépas,
L'autre entend le tonnerre, et chacun fe figure
Un défordre foudain de toute la nature;

Tant l'excès du forfait, troublant leurs jugemens,
Prefente à leur terreur l'excès des châtimens.
　Philippe, d'autre part, montrant fur le rivage
Dans une ame fervile un généreux courage,
Examine d'un œil et d'un foin curieux
Où les vagues rendront ce dépoſt précieux,
Pour luy rendre, s'il peut, ce qu'aux morts on doit rendre,
Dans quelque urne chétive en ramaſſer la cendre,
Et d'un peu de pouſſiére élever un tombeau
A celuy qui du monde eut le fort le plus beau.
Mais comme vers l'Afrique on pourſuit Cornélie,
On voit d'ailleurs Céſar venir de Theſſalie;
Une flote paroît qu'on a peine à conter....

### CLÉOPATRE.

C'eſt luy-meſme, Achorée, il n'en faut point douter.
Tremblez, tremblez, méchans : voicy venir la foudre.
Cléopatre a de quoy vous mettre tous en poudre :
Céſar vient, elle eſt reine, et Pompée eſt vengé;
La tyrannie eſt bas, et le fort a changé.
Admirons cependant le destin des grands hommes,
Plaignons-les, et par eux jugeons ce que nous sommes.
　Ce prince d'un ſénat maiſtre de l'univers,
Dont le bonheur ſembloit au deſſus du revers,
Luy que la Rome a veu, plus craint que le tonnerre,
Triompher en trois fois des trois parts de la terre,
Et qui voyoit encor en ces derniers hazards
L'un et l'autre conſul ſuivre ſes étendarts;
Si-toſt que d'un malheur ſa fortune eſt ſuivie,
Les monstres de l'Égypte ordonnent de ſa vie;
On voit un Achillas, un Septime, un Photin,
Arbitres ſouverains d'un ſi noble destin;
Un roy qui de ſes mains a receu la couronne
A ces pestes de cour laſchement l'abandonne.
Ainſi finit Pompée ; et peut-eſtre qu'un jour
Céſar éprouvera meſme fort à ſon tour.
Rendez l'augure faux, dieux, qui voyez mes larmes,
Et fecondez par tout et mes vœux et ſes armes.

### CHARMION.

Madame, le roy vient, qui pourra vous oüir.

## SCÉNE III.

PTOLOMÉE, CLÉOPATRE, CHARMION.

PTOLOMÉE.

Sçavez-vous le bon-heur dont nous allons [joüir,
Ma sœur?

CLÉOPATRE.

Oüy, je le sçay, le grand César arrive :
Sous les loix de Photin je ne suis plus captive.

PTOLOMÉE.

Vous haïssez toûjours ce fidelle sujet?

CLÉOPATRE.

Non, mais en liberté je ry de son projet.

PTOLOMÉE.

Quel projet faisoit-il dont vous pûssiez vous plaindre ?

CLÉOPATRE.

J'en ay souffert beaucoup et j'avois plus à craindre.
Un si grand politique est capable de tout,
Et vous donnez les mains à tout ce qu'il résout.

PTOLOMÉE.

Si je suy ses conseils, j'en connoy la prudence.

CLÉOPATRE.

Si j'en crains les effets, j'en voy la violence.

PTOLOMÉE.

Pour le bien de l'État tout est juste en un roy.

CLÉOPATRE.

Ce genre de justice est à craindre pour moy.
Après ma part du sceptre à ce titre usurpée,
Il en coûte la vie et la teste à Pompée.

PTOLOMÉE.

Jamais un coup d'État ne fut mieux entrepris.
Le voulant secourir, César nous eust surpris;
Vous voyez sa vitesse; et l'Égypte troublée
Avant qu'estre en défense en seroit accablée;
Mais je puis maintenant à cét heureux vainqueur,
Offrir en seureté mon trosne et vostre cœur.

CLÉOPATRE.

Je feray mes presens, n'ayez soin que des vostres,

## Acte II.

Et dans vos intereſts n'en confondez point d'autres.
#### Ptolomée.
Les voſtres ſont les miens, étant de meſme ſang.
#### Cléopatre.
Vous pouvez dire encor, étant de meſme rang,
Étant rois l'un et l'autre; et touteſfois je penſe
Que nos deux intereſts ont quelque différence.
#### Ptolomée.
Ouy, ma ſœur, car l'État dont mon cœur eſt content
Sur quelques bords du Nil à grand peine s'étend :
Mais Céſar à vos loix ſoûmettant ſon courage,
Vous va faire régner ſur le Gange et le Tage.
#### Cléopatre.
J'ay de l'ambition, mais je la ſçay régler,
Elle peut m'éblouïr et non pas m'aveugler;
Ne parlons point icy du Tage, ny du Gange :
Je connoy ma portée, et ne prens point le change.
#### Ptolomée.
L'occaſion vous rit, et vous en uſerez.
#### Cléopatre.
Si je n'en uſe bien, vous m'en accuſerez.
#### Ptolomée.
J'en eſpére beaucoup, veu l'amour qui l'engage.
#### Cléopatre.
Vous la craignez peut-eſtre encore davantage;
Mais, quelque occaſion qui me rie aujourd'huy,
N'ayez aucune peur, je ne veux rien d'autruy;
Je ne garde pour vous ny haine ny colére,
Et je ſuis bonne ſœur, ſi vous n'étes bon frére.
#### Ptolomée.
Vous montrez cependant un peu bien du mépris.
#### Cléopatre.
Le temps de chaque choſe ordonne et fait le prix.
#### Ptolomée.
Voſtre façon d'agir le fait aſſez connoiſtre.
#### Cléopatre.
Le grand Céſar arrive, et vous avez un maiſtre.
#### Ptolomée.
Il l'eſt de tout le monde, et je l'ay fait le mien.

### Cléopatre.

Allez luy rendre hommage, et j'attendray le fien.
Allez, ce n'eſt pas trop pour luy que de vous meſme :
Je garderay pour vous l'honneur du diadème.
Photin vous vient aider à le bien recevoir;
Conſultez avec luy quel eſt voſtre devoir.

## SCÉNE IV.

### PTOLOMÉE, PHOTIN.

#### Ptolomée.

J'ay ſuivy tes conſeils; mais plus je l'ay flatée,
Et plus dans l'inſolence elle s'eſt emportée;
Si bien qu'enfin, outré de tant d'indignitez,
Je m'allois emporter dans les extrémitez ;
Mon bras, dont les mépris forçoient la retenuë,
N'euſt plus conſidéré Céſar, ny ſa venuë,
Et l'euſt miſe en état, malgré tout ſon appuy,
De s'en plaindre à Pompée auparavant qu'à luy.
L'arrogante ! à l'oüir elle eſt déja ma reine,
Et ſi Céſar en croit ſon orgueil et ſa haine,
Si, comme elle s'en vante, elle eſt ſon cher objet,
De ſon frére et ſon roy je deviens ſon ſujet.
Non, non, prévenons-la : c'eſt foibleſſe d'attendre
Le mal qu'on voit venir ſans vouloir s'en défendre;
Oſtons-luy les moyens de nous plus dédaigner ;
Oſtons-luy les moyens de plaire et de régner ;
Et ne permettons pas qu'après tant de bravades
Mon ſceptre ſoit le prix d'une de ſes œillades.

#### Photin.

Seigneur, ne donnez point de prétexte à Céſar
Pour attacher l'Égypte aux pompes de ſon char.
Ce cœur ambitieux, qui par toute la terre
Ne cherche qu'à porter l'eſclavage et la guerre,
Enflé de ſa victoire et des reſſentimens
Qu'une perte pareille imprime aux vrais amans,
Quoy que vous ne rendiez que juſtice à vous meſme,
Prendroit l'occaſion de venger ce qu'il aime;

Et, pour s'affujétir et vos États et vous,
Imputeroit à crime un fi juste couroux.
### PTOLOMÉE.
Si Cléopatre vit, s'il la voit, elle eſt reine.
### PHOTIN.
Si Cléopatre meurt, voſtre perte eſt certaine.
### PTOLOMÉE.
Je perdray qui me perd, ne pouvant me fauver.
### PHOTIN.
Pour la perdre avec joye il faut vous conferver.
### PTOLOMÉE.
Quoi! pour voir fur fa teſte éclater ma couronne?
Sceptre, s'il faut enfin que ma main t'abandonne,
Paſſe, paſſe plûtoſt en celle du vainqueur.
### PHOTIN.
Vous l'arracherez mieux de celle d'une fœur.
Quelques feux que d'abord il luy faſſe paroiſtre,
Il partira bien-toſt, et vous ferez le maiſtre.
L'amour à fes pareils ne donne point d'ardeur
Qui ne céde aifément aux foins de leur grandeur :
Il voit encor l'Afrique et l'Espagne occupées
Par Juba, Scipion, et les jeunes Pompées,
Et le monde à fes loix n'eſt point affujéty,
Tant qu'il verra durer ces restes du party.
Au fortir de Pharfale un fi grand capitaine
Sçauroit mal fon métier s'il laiſſoit prendre haleine
Et s'il donnoit loifir à des cœurs fi hardis
De relever du coup dont ils font étourdis.
S'il les vainq, s'il parvient où fon defir aspire,
Il faut qu'il aille à Rome établir fon empire,
Joüir de la fortune et de fon attentat,
Et changer à fon gré la forme de l'État.
Jugez durant ce temps ce que vous pourrez faire.
Seigneur, voyez Céfar, forcez-vous à luy plaire;
Et, luy déférant tout, veuillez vous fouvenir
Que les événemens régleront l'avenir.
Remettez en fes mains trofne, fceptre, couronne,
Et, fans en murmurer, fouffrez qu'il en ordonne.
Il en croira fans doute ordonner juftement
En fuivant du feu roy l'ordre et le testament;

L'importance d'ailleurs de ce dernier fervice
Ne permet pas d'en craindre une entiére injustice.
Quoy qu'il en falle enfin, feignez d'y confentir,
Loüez fon jugement, et laiffez-le partir.    [geances,
Après, quand nous verrons le temps propre aux ven-
Nous aurons et la force, et les intelligences.
Jusque-là réprimez ces transports violens
Qu'excitent d'une fœur les mépris infolens;
Les bravades enfin font des discours frivoles,
Et qui fonge aux effets néglige les paroles.

PTOLOMÉE.

Ah! tu me rends la vie et le fceptre à la fois;
Un fage confeiller eft le bon-heur des rois.
Cher appuy de mon trofne, allons fans plus attendre
Offrir tout à Céfar, afin de tout reprendre;
Avec toute ma flote allons le recevoir,
Et par ces vains honneurs féduire fon pouvoir.

*Fin du fecond acte.*

# ACTE III.

## SCÉNE PRÉMIÉRE.

### CHARMION, ACHORÉE.

CHARMION.

Ouy, tandis que le roy va luy-mesme en personne  
                                              [ronne,  
Jusqu'aux pieds de César prosterner sa cou-  
Cléopatre s'enferme en son appartement,  
Et, sans s'en émouvoir, attend son compliment.  
Comment nommerez-vous une humeur si hautaine?

ACHORÉE.

Un orgueil noble et juste, et digne d'une reine  
Qui soûtient avec cœur et magnanimité  
L'honneur de sa naissance et de sa dignité.  
Luy pourray-je parler?

CHARMION.

        Non; mais elle m'envoye  
Sçavoir à cet abord ce qu'on a veu de joye;  
Ce qu'à ce beau present César a témoigné;  
S'il a paru content, ou s'il l'a dédaigné;  
S'il traite avec douceur, s'il traite avec empire;  
Ce qu'à nos assassins enfin il a sceu dire.

ACHORÉE.

La teste de Pompée a produit des effets  
Dont ils n'ont pas sujet d'estre fort satisfaits.  
Je ne sçay si César prendroit plaisir à feindre;  
Mais pour eux jusqu'icy je trouve lieu de craindre:  
S'ils aimoient Ptolomée, ils l'ont fort mal servy.  
  Vous l'avez veu partir, et moy je l'ay suivy.  
Ses vaisseaux en bon ordre ont éloigné la ville,

Et pour joindre Céfar n'ont avancé qu'un mille :
Il venoit à plein voile; et fi dans les hazards
Il éprouva toûjours pleine faveur de Mars,
Sa flote qu'à l'envy favorisoit Neptune
Avoit le vent en poupe ainfi que fa fortune.
Dès le premier abord noftre prince étonné
Ne s'eft plus fouvenu de fon front couronné;
Sa frayeur a paru fous fa fauffe allégreffe,
Toutes fes actions ont fenty la baffeffe :
J'en ay rougi moy-mefme, et me fuis plaint à moy
De voir là Ptolomée, et n'y point voir de roy;
Et Céfar, qui lifoit fa peur fur fon vifage,
Le flatoit par pitié pour luy donner courage.
Luy, d'une voix tombante, offrant ce don fatal :
*Seigneur, vous n'avez plus,* luy dit-il, *de rival ;*
*Ce que n'ont pu les Dieux dans voftre Theffalie,*
*Je vay mettre en vos mains Pompée et Cornélie;*
*En voicy déja l'un, et pour l'autre, elle fuit;*
*Mais avec fix vaiffeaux un des miens la pourfuit.*
   A ces mots Achillas découvre cette tefte.
Il femble qu'à parler encor elle s'apprefte,
Qu'à ce nouvel affront un reste de chaleur
En fanglots mal formez exhale fa douleur.
Sa bouche encor ouverte et fa veuë égarée
Rappellent fa grande ame à peine féparée,
Et fon couroux mourant fait un dernier effort
Pour reprocher aux Dieux fa défaite et fa mort.
Céfar à cet aspect, comme frappé du foudre,
Et comme ne fçachant que croire ou que réfoudre,
Immobile, et les yeux fur l'objet attachez,
Nous tient affez longtemps fes fentimens cachez;
Et je diray, fi j'ofe en faire conjecture,
Que, par un mouvement commun à la nature,
Quelque maligne joye en fon cœur s'élevoit,
Dont fa gloire indignée à peine le fauvoit.
L'aife de voir la terre à fon pouvoir foûmife
Chatoüilloit malgré luy fon ame avec furprife,
Et de cette douceur fon esprit combatu
Avec un peu d'effort raffeuroit fa vertu.
S'il aime fa grandeur, il hait la perfidie;

## ACTE III.

Il fe juge en autruy, fe tafte, s'étudie,
Examine en fecret fa joye et fes douleurs,
Les balance, choifit, laiffe couler des pleurs,
Et, forçant fa vertu d'eftre encor la maitreffe,
Se montre généreux par un trait de foibleffe.
En fuite il fait ofter ce prefent de fes yeux,
Léve les mains enfemble et les regards aux cieux,
Lafche deux ou trois mots contre cette infolence;
Puis tout triste et penfif il s'obftine au filence,
Et mefme à fes Romains ne daigne repartir
Que d'un regard farouche et d'un profond foûpir.
Enfin, ayant pris terre avec trente cohortes,
Il fe faifit du port, il fe faifit des portes,
Met des gardes par tout et des ordres fecrets,
Fait voir fa défiance ainfi que fes regrets,
Parle d'Egypte en maiftre, et de fon adverfaire,
Non plus comme ennemy, mais comme fon beau-pére.
Voilà ce que j'ay veu.

### CHARMION.
Voilà ce qu'attendoit,
Ce qu'au juste Ofiris la reine demandoit.
Je vay bien la ravir avec cette nouvelle,
Vous, continuez-luy ce fervice fidelle.

### ACHORÉE.
Qu'elle n'en doute point. Mais Céfar vient. Allez,
Peignez-luy bien nos gens paffes et defolez;
Et moy, foit que l'iffuë en foit douce ou funeste,
J'iray l'entretenir, quand j'auray veu le reste.

## SCÉNE II.

CÉSAR, PTOLOMÉE, LÉPIDE, PHOTIN,
ACHORÉE, SOLDATS ROMAINS,
SOLDATS ÉGYPTIENS.

### PTOLOMÉE.

eigneur, montez au trofne et commandez
      CÉSAR. [icy.
Connoiffez-vous Céfar, de luy parler ainfi?
Que m'offriroit de plus la fortune ennemie,

A moy qui tiens le trofne égal à l'infamie?
Certes, Rome à ce coup pourroit bien fe vanter
D'avoir eu jufte lieu de me perfécuter,
Elle qui d'un mefme œil les donne et les dédaigne,
Qui ne voit rien aux rois qu'elle aime ou quelle craigne,
Et qui verfe en nos cœurs, avec l'ame et le fang,
Et la haine du nom, et le mépris du rang.
C'eft ce que de Pompée il vous falloit apprendre:
S'il en euft aimé l'offre, il euft fceu s'en défendre,
Et le trofne et le roy fe feroient ennoblis
A foûtenir la main qui les a rétablis.
Vous euffiez pû tomber, mais tout couvert de gloire;
Voftre chûte euft valu la plus haute victoire;
Et fi voftre deftin n'euft pû vous en fauver,
Céfar euft pris plaifir à vous en relever.
Vous n'avez pû former une fi noble envie.
Mais quel droit aviez-vous fur cette illuftre vie?
Que vous devoit fon fang pour y tremper vos mains,
Vous qui devez respect au moindre des Romains?
Ay-je vaincu pour vous dans les champs de Pharfale,
Et, par une victoire aux vaincus trop fatale,
Vous ay-je acquis fur eux, en ce dernier effort,
La puiffance abfoluë et de vie et de mort?
Moy qui n'ay jamais pû la fouffrir à Pompée,
La fouffriray-je en vous fur luy-mefme ufurpée,
Et que de mon bonheur vous ayez abufé
Jufqu'à plus attenter que je n'aurois ofé?
De quel nom, après tout, penfez-vous que je nomme
Ce coup où vous tranchez du fouverain de Rome,
Et qui fur un feul chef luy fait bien plus d'affront,
Que fur tant de milliers ne fit le roy de Pont?
Penfez-vous que j'ignore ou que je diffimule
Que vous n'auriez pas eu pour moy plus de fcrupule,
Et que, s'il m'euft vaincu, voftre efprit complaifant
Luy faifoit de ma tefte un femblable prefent?
Graces à ma victoire, on me rend des hommages
Où ma fuite euft receu toutes fortes d'outrages;
Au vainqueur, non à moy, vous faites tout l'honneur :
Si Céfar en joüit, ce n'eft que par bonheur.
Amitié dangereufe, et redoutable zéle,

Que régle la Fortune, et qui tourne avec elle!
Mais parlez, c'eſt trop eſtre interdit et confus.
### PTOLOMÉE.
Je le ſuis, il eſt vray, ſi jamais je le fus;
Et vous-meſme avoûrez que j'ay ſujet de l'eſtre.
 Étant né ſouverain, je vois icy mon maiſtre;
Icy, dy-je, où ma cour tremble en me regardant,
Où je n'ay point encor agi qu'en commandant,
Je vois une autre cour ſous une autre puiſſance,
Et ne puis plus agir qu'avec obéiſſance.
De voſtre ſeul aspect je me ſuis veu ſurpris :
Jugez ſi vos discours raſſeurent mes esprits!
Jugez par quels moyens je puis ſortir d'un trouble
Que forme le respect, que la crainte redouble,
Et ce que vous peut dire un prince épouvanté
De voir tant de colére et tant de majesté.
Dans ces étonnemens dont mon ame eſt frapée
De rencontrer en vous le vengeur de Pompée,
Il me ſouvient pourtant que s'il fut noſtre appuy,
Nous vous dûmes deſlors autant et plus qu'à luy :
Voſtre faveur pour nous éclata la prémiére,
Tout ce qu'il fit après fut à voſtre priére :
Il émût le ſénat pour des rois outragez,
Que ſans cette priére il auroit négligez.
Mais de ce grand ſénat les ſaintes ordonnances
Euſſent peu fait pour nous, ſeigneur, ſans vos finances;
Par là de nos mutins le feu roy vint à bout,
Et, pour en bien parler, nous vous devons le tout.
Nous avons honoré voſtre amy, voſtre gendre,
Jusqu'à ce qu'à vous-meſme il ait oſé ſe prendre;
Mais voyant ſon pouvoir, de vos ſuccès jaloux,
Paſſer en tyrannie et s'armer contre vous...
### CÉSAR.
Tout beau : que voſtre haine en ſon ſang aſſouvie
N'aille point à ſa gloire; il ſuffit de la vie.
N'avancez rien icy que Rome oſe nier,
Et justifiez-vous, ſans le calomnier.
### PTOLOMÉE.
Je laiſſe donc aux dieux à juger ſes penſées,
Et diray ſeulement qu'en vos guerres paſſées,

Où vous fuſtes forcé par tant d'indignitez,
Tous nos vœux ont été pour vos prospéritez ;
Que, comme il vous traitoit en mortel adverſaire,
J'ay crû ſa mort pour vous un malheur néceſſaire ;
Et que ſa haine injuste, augmentant tous les jours,
Jusque dans les enfers chercheroit du ſecours ;
Ou qu'enfin, s'il tomboit deſſous voſtre puiſſance,
Il nous falloit pour vous craindre voſtre clémence ;
Et que le ſentiment d'un cœur trop généreux,
Uſant mal de vos droits, vous rendiſt malheureux.

J'ay donc conſidéré qu'en ce péril extrème,
Nous vous devions, ſeigneur, ſervir malgré vous-meſme ;
Et, ſans attendre d'ordre en cette occaſion,
Mon zéle ardent l'a priſe à ma confuſion.
Vous m'en déſavoüez, vous l'imputez à crime ;
Mais pour ſervir Céſar rien n'eſt illégitime.
J'en ay ſouillé mes mains pour vous en préſerver,
Vous pouvez en joüir et le déſapprouver,
Et plus j'ay fait pour vous, plus l'action eſt noire,
Puisque c'eſt d'autant plus vous immoler ma gloire,
Et que ce ſacrifice, offert par mon devoir,
Vous aſſeure la voſtre avec voſtre pouvoir.

CÉSAR.

Vous cherchez, Ptolomée, avecque trop de ruſes
De mauvaiſes couleurs et de froides excuſes.
Voſtre zèle étoit faux, ſi ſeul il redoutoit
Ce que le monde entier à pleins vœux ſouhaitoit,
Et s'il vous a donné ces craintes trop ſubtiles,
Qui m'oſtent tout le fruit de nos guerres civiles,
Où l'honneur ſeul m'engage, et que pour terminer
Je ne veux que celuy de vaincre et pardonner,
Où mes plus dangereux et plus grands adverſaires,
Si-toſt qu'ils ſont vaincus, ne ſont plus que mes fréres ;
Et mon ambition ne va qu'à les forcer,
Ayant dompté leur haine, à vivre et m'embraſſer.

O combien d'allégreſſe une ſi triste guerre
Auroit-elle laiſſé deſſus toute la terre,
Si Rome avoit peu voir marcher en meſme char,
Vainqueurs de leur discorde, et Pompée et Céſar !
Voilà ces grands malheurs que craignoit voſtre zéle.

O crainte ridicule autant que criminelle!
Vous craigniez ma clémence! ah! n'ayez plus ce soin;
Souhaitez-la plûtoſt, vous en avez beſoin.
Si je n'avois égard qu'aux loix de la justice,
Je m'appaiſerois Rome avec voſtre ſupplice,
Sans que ny vos respects, ny voſtre repentir,
Ny voſtre dignité vous puſſent garantir;
Voſtre troſne luy-meſme en ſeroit le théatre :
Mais, voulant épargner le ſang de Cléopatre,
J'impute à vos flateurs toute la trahiſon,
Et je veux voir comment vous m'en ferez raiſon;
Suivant les ſentimens dont vous ferez capable,
Je ſçauray vous tenir innocent ou coupable.
Cependant à Pompée élevez des autels;
Rendez-luy les honneurs qu'on rend aux immortels;
Par un prompt ſacrifice expiez tous vos crimes;
Et ſurtout penſez bien au choix de vos victimes.
Allez y donner ordre, et me laiſſez icy
Entretenir les miens ſur quelque autre ſoucy.

## SCÈNE III.

### CÉSAR, ANTOINE, LÉPIDE.

#### CÉSAR.

Antoine, avez-vous veu cette reine adorable?

#### ANTOINE.

Ouy, ſeigneur, je l'ay veuë : elle est incomparable;
Le ciel n'a point encor, par de ſi doux accords,
Uny tant de vertus aux graces d'un beau corps.
Une majesté douce épand ſur ſon viſage
Dequoy s'aſſujétir le plus noble courage;
Ses yeux ſçavent ravir, ſon discours ſçait charmer,
Et ſi j'étois Céſar, je la voudrois aimer.

#### CÉSAR.

Comme a-t'elle receu les offres de ma flame?

#### ANTOINE.

Comme n'oſant la croire, et la croyant dans l'ame:

Par un refus modeste et fait pour inviter,
Elle s'en dit indigne, et la croit mériter.
### CÉSAR.
En pourray-je eftre aimé?
### ANTOINE.
Douter qu'elle vous aime,
Elle qui de vous feul attend fon diadème,
Qui n'eſpére qu'en vous! Douter de fes ardeurs,
Vous qui pouvez la mettre au faifte des grandeurs!
Que voftre amour fans crainte à fon amour prétende;
Au vainqueur de Pompée il faut que tout fe rende;
Et vous l'éprouverez. Elle craint touteffois
L'ordinaire mépris que Rome fait des rois;
Et furtout elle craint l'amour de Calphurnie:
Mais, l'une et l'autre crainte à voftre aspect bannie,
Vous ferez fuccéder un espoir affez doux,
Lors que vous daignerez luy dire un mot pour vous.
### CÉSAR.
Allons donc l'affranchir de ces frivoles craintes,
Luy montrer de mon cœur les fenfibles atteintes,
Allons, ne tardons plus.
### ANTOINE.
Avant que de la voir,
Sçachez que Cornélie eft en voftre pouvoir;
Septime vous l'améne, orgueilleux de son crime,
Et penfe auprès de vous fe mettre en haute estime:
Dès qu'ils ont abordé, vos chefs par vous instruits,
Sans leur rien témoigner les ont icy conduits.
### CÉSAR.
Qu'elle entre. Ah! l'importune et fafcheufe nouvelle!
Qu'à mon impatience elle femble crüelle!
O ciel! et ne pourray-je enfin à mon amour
Donner en liberté ce qui reste du jour?

## SCÉNE IV.

### CÉSAR, CORNÉLIE, ANTOINE, LÉPIDE, SEPTIME.

#### Septime.

Seigneur...

#### César.

Allez, Septime, allez vers voſtre maiſtre ;
Céſar ne peut ſouffrir la preſence d'un traiſ-
D'un Romain laſche aſſez pour ſervir ſous un roy, [tre,
Après avoir ſervy ſous Pompée et ſous moy.

*Septime rentre.*

#### Cornélie.

Céſar, car le deſtin que dans tes fers je brave,
Me fait ta priſonniére, et non pas ton esclave,
Et tu ne prétens pas qu'il m'abate le cœur
Juſqu'à te rendre hommage et te nommer ſeigneur.
De quelque rude trait qu'il m'oſe avoir frapée,
Vefve du jeune Craſſe et vefve de Pompée,
Fille de Scipion, et, pour dire encor plus,
Romaine, mon courage eſt encor au-deſſus ;
Et, de tous les aſſauts que ſa rigueur me livre,
Rien ne me fait rougir que la honte de vivre.
J'ay veu mourir Pompée, et ne l'ay pas ſuivy ;
Et bien que le moyen m'en aye été ravy,
Qu'une pitié crüelle à mes douleurs profondes
M'aye oſté le ſecours et du fer et des ondes,
Je doy rougir pourtant, après un tel malheur,
De n'avoir pû mourir d'un excès de douleur :
Ma mort étoit ma gloire, et le deſtin m'en prive
Pour croiſtre mes malheurs, et me voir ta captive.
Je doy bien toutefſois rendre graces aux dieux
De ce qu'en arrivant je te trouve en ces lieux,
Que Céſar y commande, et non pas Ptoloméé,
Hélas ! et ſous quel aſtre, ô ciel, m'as-tu formée,
Si je leur doy des vœux de ce qu'ils ont permis
Que je rencontre icy mes plus grands ennemis, [prince
Et tombe entre leurs mains plûtoſt qu'aux mains d'un

Qui doit à mon époux fon trofne et fa province?
  Céfar, de ta victoire écoute moins le bruit;
Elle n'eft que l'effet du malheur qui me fuit :
Je l'ay porté pour dot chez Pompée et chez Craffe;
Deux fois du monde entier j'ay caufé la disgrace;
Deux fois de mon hymen le nœud mal afforty
A chaffé tous les dieux du plus jufte party :
Heureufe en mes malheurs fi ce trifte hyménée
Pour le bonheur de Rome à Céfar m'euft donnée,
Et fi j'euffe avec moy porté dans ta maifon
D'un aftre envenimé l'invincible poifon !
Car, enfin, n'atten pas que j'abaiffe ma haine :
Je te l'ay déja dit, Céfar, je fuis Romaine,
Et, quoy que ta captive, un cœur comme le mien,
De peur de s'oublier, ne te demande rien.
Ordonne; et fans vouloir qu'il tremble ou s'humilie,
Souvien-toy feulement que je fuis Cornélie.
            CÉSAR.
O d'un illuftre époux noble et digne moitié,
Dont le courage étonne, et le fort fait pitié !
Certes, vos fentimens font affez reconnoiftre
Qui vous donna la main et qui vous donna l'eftre,
Et l'on juge aifément au cœur que vous portez,
Où vous étes entrée, et de qui vous fortez.
L'ame du jeune Craffe, et celle de Pompée,
L'une et l'autre vertu par le malheur trompée,
Le fang des Scipions protecteur de nos dieux,
Parlent par voftre bouche et brillent dans vos yeux;
Et Rome dans fes murs ne voit point de famille
Qui foit plus honorée ou de femme ou de fille.
Pleuft au grand Jupiter, pleuft à ces mefmes dieux
Qu'Annibal euft bravez jadis fans vos ayeux,
Que ce héros fi cher dont le ciel vous fépare
N'euft pas fi mal connu la cour d'un roy barbare,
Ny mieux aimé tenter une incertaine foy
Que la vieille amitié qu'il euft trouvée en moy;
Qu'il euft voulu fouffrir qu'un bonheur de mes armes
Euft vaincu fes foupçons, diffipé fes alarmes;
Et qu'enfin, m'attendant fans plus fe défier,
Il m'euft donné moyen de me juftifier !

Alors, foulant aux pieds la discorde et l'envie,
Je l'euſſe conjuré de ſe donner la vie,
D'oublier ma victoire, et d'aimer un rival
Heureux d'avoir vaincu pour vivre ſon égal :
J'euſſe alors regagné ſon ame ſatisfaite
Jusqu'à luy faire aux dieux pardonner ſa défaite;
Il euſt fait à ſon tour, en me rendant ſon cœur,
Que Rome euſt pardonné la victoire au vainqueur.
Mais puisque par ſa perte, à jamais ſans ſeconde,
Le ſort a dérobé cette allégreſſe au monde,
Céſar s'efforcera de s'acquitter vers vous
De ce qu'il voudroit rendre à cét illuſtre époux.
Prenez donc en ces lieux liberté tout entiére;
Seulement pour deux jours ſoyez ma priſonniére,
Afin d'eſtre témoin comme après nos débats
Je chéris ſa mémoire et venge ſon trépas,
Et de pouvoir apprendre à toute l'Italie
De quel orgueil nouveau m'enfle la Theſſalie.
Je vous laiſſe à vous-meſme et vous quitte un moment.
Choiſiſſez-luy, Lépide, un digne apartement;
Et qu'on l'honore icy, mais en dame romaine,
C'eſt à dire un peu plus qu'on n'honore la reine.
Commandez, et chacun aura ſoin d'obéïr.

CORNÉLIE.

O ciel! que de vertus vous me faites haïr!

*Fin du troiſiéme acte.*

# ACTE IV.

## SCÉNE PRÉMIÉRE.

### PTOLOMÉE, ACHILLAS, PHOTIN.

#### PTOLOMÉE.

Quoy! de la mesme main et de la mesme
 épée [Pompée,
Dont il vient d'immoler le malheureux
 Septime, par César indignement chassé,
Dans un tel désespoir à vos yeux a passé?

#### ACHILLAS.

Ouy, seigneur; et sa mort a dequoy vous apprendre
La honte qu'il prévient, et qu'il vous faut attendre.
Jugez quel est César à ce couroux si lent.
Un moment pousse et rompt un transport violent;
Mais l'indignation qu'on prend avec étude
Augmente avec le temps, et porte un coup plus rude;
Ainsi n'espérez pas de le voir modéré;
Par adresse il le fasche après s'estre asseuré.
Sa puissance établie, il a soin de sa gloire.
Il poursuivoit Pompée, et chérit sa mémoire;
Et veut tirer à soy, par un couroux accort,
L'honneur de sa vengeance et le fruit de sa mort.

#### PTOLOMÉE.

Ah! si je t'avois crû, je n'aurois pas de maistre,
Je serois dans le trosne où le ciel m'a fait naistre;
Mais c'est une imprudence assez commune aux rois,
D'écouter trop d'avis et se tromper au choix:
Le destin les aveugle au bord du précipice;
Ou si quelque lumiére en leur ame se glisse,

Cette fauſſe clarté, dont il les éblouït,
Les plonge dans un gouffre, et puis s'évanoüit.
### PHOTIN.
J'ay mal connu Céſar ; mais puisqu'en ſon eſtime
Un ſi rare ſervice eſt un énorme crime,
Il porte dans ſon flanc dequoy nous en laver ;
C'eſt là qu'eſt noſtre grace, il nous l'y faut trouver.
Je ne vous parle plus de ſouffrir ſans murmure,
D'attendre ſon départ pour venger cette injure ;
Je ſçais mieux conformer les remédes au mal.
Juſtifions ſur luy la mort de ſon rival ;
Et, noſtre main alors également trempée
Et du ſang de Céſar et du ſang de Pompée,
Rome, ſans leur donner des titres différens,
Se croira par vous ſeul libre de deux tyrans.
### PTOLOMÉE.
Ouy, par là ſeulement ma perte eſt évitable ;
C'eſt trop craindre un tyran que j'ay fait redoutable ;
Montrons que la fortune eſt l'œuvre de nos mains ;
Deux fois en meſme jour diſpoſons des Romains ;
Faiſons leur liberté comme leur esclavage.
Céſar, que tes exploits n'enflent plus ton courage :
Conſidére les miens, tes yeux en ſont témoins.
Pompée étoit mortel, et tu ne l'ès pas moins ;
Il pouvoit plus que toy ; tu luy portois envie :
Tu n'as, non plus que luy, qu'une ame et qu'une vie ;
Et ſon ſort que tu plains te doit faire penſer
Que ton cœur eſt ſenſible, et qu'on peut le percer.
Tonne, tonne à ton gré, fay peur de ta juſtice :
C'eſt à moy d'appaiſer Rome par ton ſupplice ;
C'eſt à moy de punir ta cruëlle douceur,
Qui n'épargne en un roy que le ſang de ſa ſœur.
Je n'abandonne plus ma vie et ma puiſſance
Au hazard de la haine ou de ton inconſtance ;
Ne croy pas que jamais tu puiſſes à ce prix
Récompenſer ſa flame, ou punir ſes mépris ;
J'emploiray contre toy de plus nobles maximes.
Tu m'as prescrit tantoſt de choiſir des victimes,
De bien penſer au choix ; j'obéïs et je voy
Que je n'en puis choiſir de plus dignes que toy,

Ny dont le fang offert, la fumée et la cendre
Puiffent mieux fatisfaire aux manes de ton gendre.
  Mais ce n'eſt pas aſſez, amis, de s'irriter ;
Il faut voir quels moyens on a d'éxécuter :
Toute cette chaleur eſt peut-eſtre inutile ;
Les ſoldats du tyran ſont maiſtres de la ville ;
Que pouvons-nous contr'eux, et, pour les prévenir,
Quel temps devons-nous prendre, et quel ordre tenir ?
            ACHILLAS.
Nous pouvons tout, ſeigneur, en l'état où nous ſommes.
A deux milles d'icy vous avez ſix mille hommes,
Que depuis quelques jours, craignant des remûmens,
Je faiſois tenir preſts à tous événemens.
Quelques ſoins qu'ait Céſar, ſa prudence eſt deceuë.
Cette ville a ſous terre une ſecrette iſſuë,
Par où fort aiſément on les peut cette nuit
Juſque dans le palais introduire ſans bruit :
Car contre ſa fortune aller à force ouverte,
Ce ſeroit trop courir vous-meſme à voſtre perte.
Il nous le faut ſurprendre au milieu du feſtin,
Enyvré des douceurs de l'amour et du vin.
Tout le peuple eſt pour nous. Tantoſt, à ſon entrée,
J'ay remarqué l'horreur que ce peuple a montrée,
Lors qu'avec tant de faſte il a veu ſes faiſceaux
Marcher arrogamment et braver nos drapeaux.
Au ſpectacle inſolent de ce pompeux outrage,
Ses farouches regards étinceloient de rage :
Je voyois ſa fureur à peine ſe dompter ;
Et, pour peu qu'on le pouſſe, il eſt preſt d'éclater.
Mais ſur tout les Romains que commandoit Septime,
Preſſez de la terreur que ſa mort leur imprime,
Ne cherchent qu'à venger par un coup généreux
Le mépris qu'en leur chef ce ſuperbe a fait d'eux.
            PTOLOMÉE.
Mais qui pourra de nous approcher ſa perſonne,
Si durant le feſtin ſa garde l'environne ?
            PHOTIN.
Les gens de Cornélie, entre qui vos Romains
Ont déja reconnu des frères, des germains,
Dont l'aſpre déplaiſir leur a laiſſé paroiſtre

# ACTE IV.

Une soif d'immoler leur tyran à leur maistre :
Ils ont donné parole, et peuvent, mieux que nous,
Dans les flancs de César porter les prémiers coups ;
Son faux art de clémence, ou plûtost sa folie,
Qui pense gagner Rome en flatant Cornélie,
Leur donnera sans doute un assez libre accès,
Pour de ce grand dessein asseurer le succès.
 Mais voicy Cléopatre ; agissez avec feinte,
Seigneur, et ne montrez que foiblesse et que crainte.
Nous allons vous quitter, comme objets odieux
Dont l'aspect importun offenseroit ses yeux.
       PTOLOMÉE.
Allez, je vous rejoins.


## SCÉNE II.

### PTOLOMÉE, CLÉOPATRE, ACHORÉE, CHARMION.

CLÉOPATRE.
          J'ay veu César, mon frére,
Et de tout mon pouvoir combatu sa colére.
       PTOLOMÉE.
Vous êtes généreuse ; et j'avois attendu
Cét office de sœur que vous m'avez rendu.
Mais cet illustre amant vous a bientost quittée.
       CLÉOPATRE.
Sur quelque brouillerie, en la ville excitée,
Il a voulu luy-mesme appaiser les debats
Qu'avec nos citoyens ont eus quelques soldats ;
Et moy, j'ay bien voulu moy-mesme vous redire
Que vous ne craigniez rien pour vous ny vostre empire ;
Et que le grand César blasme vostre action
Avec moins de couroux que de compassion.
Il vous plaint d'écouter ces lasches politiques,
Qui n'inspirent aux rois que des mœurs tyranniques.
Ainsi que la naissance, ils ont les esprits bas ;
En vain on les éléve à régir des États :
Un cœur né pour servir sçait mal comme on commande ;

Sa puiſſance l'accable alors qu'elle eſt trop grande ;
Et ſa main, que le crime en vain fait redouter,
Laiſſe choir le fardeau qu'elle ne peut porter.

### PTOLOMÉE.

Vous dites vray, ma ſœur, et ces effets ſiniſtres
Me font bien voir ma faute au choix de mes miniſtres.
Si j'avois écouté de plus nobles conſeils,
Je vivrois dans la gloire où vivent mes pareils ;
Je mériterois mieux cette amitié ſi pure
Que pour un frére ingrat vous donne la nature ;
Céſar embraſſeroit Pompée en ce palais ;
Noſtre Égypte à la terre auroit rendu la paix,
Et verroit ſon monarque encor à juſte titre
Amy de tous les deux, et peut-eſtre l'arbitre.
Mais, puiſque le paſſé ne peut ſe révoquer,
Trouvez bon qu'avec vous mon cœur s'oſe expliquer.
  Je vous ay maltraitée, et vous étes ſi bonne
Que vous me conſervez la vie et la couronne ;
Vainquez-vous tout-à-fait, et, par un digne effort,
Arrachez Achillas et Photin à la mort :
Elle leur eſt bien deuë ; ils vous ont offenſée ;
Mais ma gloire en leur perte eſt trop intéreſſée :
Si Céſar les punit des crimes de leur roy,
Toute l'ignominie en réjaillit ſur moy ;
Il me punit en eux ; leur ſupplice eſt ma peine.
Forcez, en ma faveur, une trop juſte haine.
Dequoy peut ſatisfaire un cœur ſi généreux
Le ſang abject et vil de ces deux malheureux ?
Que je vous doive tout : Céſar cherche à vous plaire ;
Et vous pouvez d'un mot déſarmer ſa colére.

### CLÉOPATRE.

Si j'avois en mes mains leur vie et leur trépas,
Je les mépriſe aſſez pour ne m'en venger pas ;
Mais ſur le grand Céſar je puis fort peu de choſe,
Quand le ſang de Pompée à mes deſirs s'oppoſe.
Je ne me vante pas de pouvoir le fléchir ;
J'en ay déja parlé, mais il a ſceu gauchir ;
Et, tournant le diſcours ſur une autre matiére,
Il n'a ny refuſé, ny ſouffert ma priére.
Je veux bien touteffois encor m'y hazarder,

# Acte IV.

Mes efforts redoublez pourront mieux fuccéder;
Et j'ofe croire...

### Ptolomée.

Il vient; fouffrez que je l'évite;
Je crains que ma prefence à vos yeux ne l'irrite,
Que fon couroux émeu ne s'aigriffe à me voir;
Et vous agirez feule avec plus de pouvoir.

## SCÉNE III.

### CÉSAR, CLÉOPATRE, ANTOINE, LÉPIDE, CHARMION, ACHORÉE,
#### ROMAINS.

### César.

Reine, tout eft paifible; et la ville calmée,
Qu'un trouble affez léger avoit trop alarmée,
N'a plus à redouter le divorce inteftin
Du foldat infolent et du peuple mutin.
Mais, ô dieux! ce moment que je vous ay quittée
D'un trouble bien plus grand a mon ame agitée;
Et ces foins importuns, qui m'arrachoient de vous,
Contre ma grandeur mefme allumoient mon couroux.
Je luy voulois du mal de m'eftre fi contraire,
De rendre ma prefence ailleurs fi néceffaire;
Mais je luy pardonnois, au fimple fouvenir
Du bonheur qu'à ma flâme elle fait obtenir.
C'eft elle dont je tiens cette haute efpérance
Qui flate mes defirs d'une illuftre apparence,
Et fait croire à Céfar qu'il peut former des vœux,
Qu'il n'eft pas tout-à-fait indigne de vos feux,
Et qu'il peut en prétendre une jufte conquefte,
N'ayant plus que les dieux au deffus de fa tefte.
Ouy, reine, fi quelqu'un dans ce vafte univers
Pouvoit porter plus haut la gloire de vos fers;
S'il étoit quelque trofne où vous puffiez paroiftre
Plus dignement affife en captivant fon maiftre;
J'irois, j'irois à luy, moins pour le luy ravir
Que pour luy difputer le droit de vous fervir;

Et je n'aspirerois au bonheur de vous plaire
Qu'après avoir mis bas un fi grand adverfaire.
C'étoit pour acquérir un droit fi précieux
Que combatoit par tout mon bras ambitieux,
Et dans Pharfale mefme il a tiré l'épée
Plus pour le conferver que pour vaincre Pompée.
Je l'ay vaincu, princeffe, et le dieu des combats
M'y favorifoit moins que vos divins appas;
Ils conduifoient ma main, ils enfloient mon courage;
Cette pleine victoire eft leur dernier ouvrage :
C'eft l'effet des ardeurs qu'ils daignoient m'inspirer;
Et vos beaux yeux enfin m'ayant fait foûpirer,
Pour faire que voftre ame avec gloire y réponde,
M'ont rendu le prémier et de Rome et du monde.
C'eft ce glorieux titre, à préfent effectif,
Que je viens ennoblir par celuy de captif:
Heureux fi mon esprit gagne tant fur le voftre
Qu'il en estime l'un et me permette l'autre.

### CLÉOPATRE.

Je fçais ce que je dois au fouverain bonheur
Dont me comble et m'accable un tel excès d'honneur.
Je ne vous tiendray plus mes paffions fecrettes;
Je fçais ce que je fuis, je fçais ce que vous étes;
Vous daignaftes m'aimer dès mes plus jeunes ans;
Le fceptre que je porte eft un de vos prefens;
Vous m'avez par deux fois rendu le diadème:
J'avouë après cela, Seigneur, que je vous aime,
Et que mon cœur n'eft point à l'épreuve des traits
Ny de tant de vertus, ny de tant de bien-faits.
Mais, hélas! ce haut rang, cette illustre naiffance,
Cét état de nouveau rangé fous ma puiffance,
Ce fceptre par vos mains dans les miennes remis,
A mes vœux innocens font autant d'ennemis:
Ils allument contre eux une implacable haine;
Ils me font méprifable alors qu'ils me font reine;
Et fi Rome eft encor telle qu'auparavant,
Le trofne où je me fieds m'abaiffe en m'élevant;
Et ces marques d'honneur, comme titres infames,
Me rendent à jamais indigne de vos flames.

J'ofe encor toutesfois, voyant voftre pouvoir,

## Acte IV.

Permettre à mes defirs un généreux espoir.
Après tant de combats je fais qu'un fi grand homme
A droit de triompher des caprices de Rome,
Et que l'injuste horreur qu'elle eut toûjours des rois
Peut céder, par voftre ordre, à de plus juftes loix;
Je fçay que vous pouvez forcer d'autres obstacles;
Vous me l'avez promis, et j'attens ces miracles:
Voftre bras dans Pharfale a fait de plus grands coups,
Et je ne les demande à d'autres dieux qu'à vous.

### César.

Tout miracle eft facile où mon amour s'applique.
Je n'ay plus qu'à courir les coftes de l'Afrique,
Qu'à montrer mes drapeaux au refte épouvanté
Du party malheureux qui m'a perfécuté;
Rome, n'ayant plus lors d'ennemis à me faire,
Par impuiffance enfin prendra foin de me plaire;
Et vos yeux la verront, par un fuperbe accueil,
Immoler à vos pieds fa haine et fon orgueil.
Encor une défaite, et dans Alexandrie
Je veux que cette ingrate en ma faveur vous prie;
Et qu'un jufte respect, conduifant fes regards,
A voftre chafte amour demande des Céfars.
C'eft l'unique bonheur où mes defirs prétendent;
C'eft le fruit que j'attens des lauriers qui m'attendent:
Heureux fi mon destin, encor un peu plus doux,
Me les faifoit cueillir fans m'éloigner de vous!
Mais, las! contre mon feu mon feu me follicite,
Si je veux eftre à vous, il faut que je vous quitte;
En quelques lieux qu'on fuye, il me faut y courir,
Pour achever de vaincre et de vous conquérir.
Permettez cependant qu'à ces douces amorces
Je prenne un nouveau cœur et de nouvelles forces,
Pour faire dire encor aux peuples pleins d'effroy,
Que venir, voir et vaincre eft mefme chofe en moy.

### Cléopatre.

C'eft trop, c'eft trop, feigneur; fouffrez que j'en abufe:
Voftre amour fait ma faute, il fera mon excufe.
Vous me rendez le fceptre et peut-eftre le jour;
Mais fi j'ofe abufer de cét excès d'amour,
Je vous conjure encor, par fes plus puiffants charmes,

Par ce juste bonheur qui fuit toûjours vos armes,
Par tout ce que j'espére et que vous attendez,
De n'enfanglanter pas ce que vous me rendez.
Faites grace, feigneur; ou fouffrez que j'en faffe,
Et montre à tous par là que j'ay repris ma place.
Achillas et Photin font gens à dédaigner;
Ils font affez punis en me voyant régner;
Et leur crime...

### César.

Ah! prenez d'autres marques de reine;
Deffus mes volontez vous étes fouveraine;
Mais, fi mes fentimens peuvent eftre écoutez,
Choififfez des fujets dignes de vos bontez;
Ne vous donnez fur moy qu'un pouvoir légitime,
Et ne me rendez point complice de leur crime.
C'eft beaucoup que pour vous j'ofe épargner le roy;
Et fi mes feux n'étoient...

## SCÉNE IV.

### CÉSAR, CORNÉLIE, CLÉOPATRE, ACHORÉE, ANTOINE, LÉPIDE, CHARMION,
#### ROMAINS.

### Cornélie.

Céfar, pren garde à toy:
Ta mort eft réfoluë, on la jure, on l'aprefte;
A celle de Pompée on veut joindre ta tefte.
Prens-y garde, Céfar, ou ton fang répandu
Bien-toft parmy le fien fe verra confondu.
Mes esclaves en font; appren de leurs indices
L'auteur de l'attentat, et l'ordre, et les complices:
Je te les abandonne.

### César.

O cœur vraiment romain,
Et digne du héros qui vous donna la main!
Ses manes, qui du ciel ont veu de quel courage
Je préparois la mienne à venger fon outrage,
Mettant leur haine bas, me fauvent aujourd'huy

## ACTE IV.

Par la moitié qu'en terre il nous laiſſe de luy.
Il vit, il vit encor en l'objet de ſa flame,
Il parle par ſa bouche, il agit dans ſon ame;
Il la pouſſe, et l'oppoſe à cette indignité,
Pour me vaincre par elle en généroſité.

### CORNÉLIE.

Tu te flates, Céſar, de mettre en ta croyance
Que la haine ait fait place à la reconnoiſſance;
Ne le préſume plus; le ſang de mon époux
A rompu pour jamais tout commerce entre nous.
J'attens la liberté qu'icy tu m'as offerte,
Afin de l'employer toute entiére à ta perte,
Et je te chercheray par tout des ennemis,
Si tu m'oſes tenir ce que tu m'as promis.
Mais, avec cette ſoif que j'ay de ta ruïne,
Je me jette au devant du coup qui t'aſſaſſine,
Et forme des deſirs avec trop de raiſon
Pour en aimer l'effet par une trahiſon :
Qui la ſçait et la ſouffre a part à l'infamie.
Si je veux ton trépas, c'eſt en juſte ennemie :
Mon époux a des fils; il aura des neveux :
Quand ils te combatront, c'eſt là que je le veux;
Et qu'une digne main par moy-meſme animée,
Dans ton champ de bataille, aux yeux de ton armée,
T'immole noblement et par un digne effort
Aux manes du héros dont tu venges la mort.
Tous mes ſoins, tous mes vœux haſtent cette vengeance :
Ta perte la recule, et ton ſalut l'avance.
Quelque eſpoir qui d'ailleurs me l'oſe ou puiſſe offrir,
Ma juſte impatience auroit trop à ſouffrir :
La vengeance éloignée eſt à demy perduë;
Et, quand il faut l'attendre, elle eſt trop cher venduë.
Je n'iray point chercher ſur les bords afriquains
Le foudre ſouhaité que je vois en tes mains:
La teſte qu'il menace en doit eſtre frapée :
J'ay pû donner la tienne au lieu d'elle à Pompée,
Ma haine avoit le choix; mais cette haine enfin
Sépare ſon vainqueur d'avec ſon aſſaſſin,
Et ne croit avoir droit de punir ta victoire
Qu'après le châtiment d'une action ſi noire.

Rome le veut ainſi ; ſon adorable front
Auroit dequoy rougir d'un trop honteux affront,
De voir en meſme jour, après tant de conqueſtes,
Sous un indigne fer les deux plus nobles teſtes.
Son grand cœur, qu'à tes loix en vain tu crois ſoûmis,
En veut aux criminels plus qu'à ſes ennemis,
Et tiendroit à malheur le bien de ſe voir libre,
Si l'attentat du Nil affranchiſſoit le Tybre.
Comme autre qu'un Romain n'a pû l'aſſujettir,
Autre auſſi qu'un Romain ne l'en doit garantir.
Tu tomberois icy ſans eſtre ſa victime ;
Au lieu d'un châtiment ta mort ſeroit un crime ;
Et, ſans que tes pareils en conceuſſent d'effroy,
L'éxemple que tu dois périroit avec toy.
Venge-la de l'Egypte à ſon appuy fatale,
Et je la vengeray, ſi je puis, de Pharſale.
Va, ne perds point de temps, il preſſe. Adieu : tu peux
Te vanter qu'une fois j'ay fait pour toy des vœux.

## SCÉNE V.

### CÉSAR, CLÉOPATRE, ANTOINE, LÉPIDE, ACHORÉE, CHARMION.

#### César.

on courage m'étonne autant que leur au-
dace. [grâce !
Reine, voyez pour qui vous me demandiez
#### Cléopatre.
Je n'ay rien à vous dire : allez, ſeigneur, allez
Venger ſur ces méchans tant de droits violez. [rent,
On m'en veut plus qu'à vous ; c'eſt ma mort qu'ils reſpi-
C'eſt contre mon pouvoir que les traiſtres conſpirent ;
Leur rage, pour l'abattre, attaque mon ſoûtien,
Et par voſtre trépas cherche un paſſage au mien.
Mais, parmy ces transports d'une juste colére,
Je ne puis oublier que leur chef eſt mon frère.
Le ſçaurez-vous, ſeigneur ? et pourray-je obteni
Que ce cœur irrité daigne s'en ſouvenir ?

## ACTE IV.

#### CÉSAR.

Oüy, je me fouviendray que ce cœur magnanime
Au bonheur de fon fang veut pardonner fon crime.
Adieu, ne craignez rien ; Achillas et Photin
Ne font pas gens à vaincre un fi puiffant destin ;
Pour les mettre en déroute, eux, et tous leurs complices,
Je n'ay qu'à déployer l'appareil des fupplices,
Et, pour foldats choifis, envoyer des bourreaux,
Qui portent hautement mes haches pour drapeaux.
*Céfar rentre avec les Romains.*

#### CLÉOPATRE.

Ne quittez pas Céfar ; allez, cher Achorée,
Repouffer avec luy ma mort qu'on a jurée ;
Et, quand il punira nos lafches ennemis,
Faites-le fouvenir de ce qu'il m'a promis.
Ayez l'œil fur le roy dans la chaleur des armes,
Et confervez fon fang pour épargner mes larmes.

#### ACHORÉE.

Madame, affeurez-vous qu'il ne peut y périr,
Si mon zéle et mes foins peuvent le fecourir.

*Fin du quatriéme acte.*

# ACTE V.

## SCÉNE PREMIÉRE.

CORNÉLIE, *tenant une petite urne en ſa main,*
PHILIPPE.

### Cornélie.

Mes yeux, puis-je vous croire, et n'eſt-ce point un ſonge
Qui ſur mes triſtes vœux a formé ce menſonge?
Te revoy-je, Philippe, et cét époux ſi cher
A-t'il reçeu de toy les honneurs du bûcher?
Cette urne que je tiens contient-elle ſa cendre?
  O vous, à ma douleur objet terrible et tendre,
Éternel entretien de haine et de pitié,
Reste du grand Pompée, écoutez ſa moitié.
N'attendez point de moy de regrets ny de larmes;
Un grand cœur à ſes maux applique d'autres charmes.
Les foibles déplaiſirs s'amuſent à parler,
Et quiconque ſe plaint cherche à ſe conſoler.
Moy, je jure des dieux la puiſſance ſuprême,
Et, pour dire encore plus, je jure par vous-meſme,
Car vous pouvez bien plus ſur ce cœur affligé
Que le respect des dieux qui l'ont mal protégé :
Je jure donc par vous, ô pitoyable reste,
Ma divinité ſeule après ce coup funeste,
Par vous, qui ſeul icy pouvez me ſoulager,
De n'éteindre jamais l'ardeur de le venger.
Ptolomée à Céſar, par un laſche artifice,
Rome, de ton Pompée a fait un ſacrifice;
Et je n'entreray point dans tes murs déſolez,

Que le preſtre et le dieu ne luy ſoient immolez.
Faites-m'en ſouvenir et ſoûtenez ma haine,
O cendres, mon espoir auſſi bien que ma peine ;
Et, pour m'aider un jour à perdre ſon vainqueur,
Verſez dans tous les cœurs ce que reſſent mon cœur.
  Toy, qui l'as honoré ſur cette infame rive
D'une flame pieuſe autant comme chétive,
Dy-moy, quel bon démon a mis en ton pouvoir
De rendre à ce héros ce funébre devoir.

PHILIPPE.

Tout couvert de ſon ſang, et plus mort que luy-meſme,
Après avoir cent fois maudit le diadème,
Madame, j'ay porté mes pas et mes ſanglots
Du côté que le vent pouſſoit encor les flots.
Je cours long-temps en vain, mais enfin d'une roche
J'en découvre le tronc vers un ſable aſſez proche,
Où la vague en couroux ſembloit prendre plaiſir
A feindre de le rendre et puis s'en reſſaiſir.
Je m'y jette et l'embraſſe, et le pouſſe au rivage ;
Et, ramaſſant ſous luy le débris d'un naufrage,
Je luy dreſſe un bucher à la haſte, et ſans art,
Tel que je pûs ſur l'heure, et qu'il plût au hazard.
A peine bruſloit-il, que le ciel plus propice
M'envoye un compagnon en ce pieux office,
Cordus, un vieux Romain qui demeure en ces lieux
Retournant de la ville, y détourne les yeux,
Et, n'y voyant qu'un tronc dont la teſte eſt coupée,
A cette triste marque il reconnoit Pompée.
Soudain, la larme à l'œil : *O toy, qui que tu ſois,*
*A qui le ciel permet de ſi dignes emplois,*
*Ton ſort eſt bien,* dit-il, *autre que tu ne penſes ;*
*Tu crains des châtimens, atten des récompenſes.*
*Céſar eſt en Égypte, et venge hautement*
*Celuy pour qui ton zéle a tant de ſentiment.*
*Tu peux faire éclater les ſoins qu'on t'en voit prendre,*
*Tu peux meſme à ſa veſve en reporter la cendre,*
*Son vainqueur l'a receuë avec tout le respect*
*Qu'un dieu pourroit icy trouver à ſon aspect ;*
*Achéve, je reviens.* Il part et m'abandonne,
Et rapporte auſſi-toſt ce vaſe qu'il me donne,

Où fa main et la mienne enfin ont renfermé
Ces restes d'un héros par le feu confumé.
### CORNÉLIE.
O que fa piété mérite de loüanges!
### PHILIPPE.
En entrant j'ay trouvé des défordres étranges,
J'ay veu fuir tout un peuple en foule vers le port,
Où le roy, difoit-on, s'étoit fait le plus fort :
Les Romains pourfuivoient; et Céfar, dans la place
Ruiffelante du fang de cette populace,
Montroit de fa justice un éxemple affez beau,
Faifant paffer Photin par les mains d'un bourreau.
Auffi-toft qu'il me voit, il daigne me connoiftre,
Et prenant de ma main les cendres de mon maiftre :
*Restes d'un demy-dieu, dont à peine je puis*
*Égaler le grand nom, tout vainqueur que j'en fuis,*
*De vos traiftres,* dit-il, *voyez punir les crimes;*
*Attendant des autels, recevez ces victimes;*
*Bien d'autres vont les fuivre. Et toy, cours au palais*
*Porter à fa moitié ce don que je luy fais;*
*Porte à fes déplaisirs cette foible allégeance,*
*Et dy-luy que je cours achever fa vengeance.*
Ce grand homme à ces mots me quitte en foûpirant,
Et baife avec respect ce vafe qu'il me rend.
### CORNÉLIE.
O foûpirs! ô respect! ô qu'il eft doux de plaindre
Le fort d'un ennemy quand il n'eft plus à craindre!
Qu'avec chaleur, Philippe, on court à le venger,
Lors qu'on s'y voit forcé par fon propre danger,
Et quand cét intereft qu'on prend pour fa mémoire
Fait noftre feureté comme il croift noftre gloire!
Céfar eft généreux, j'en veux eftre d'accord;
Mais le roy le veut perdre, et fon rival eft mort.
Sa vertu laiffe lieu de douter à l'envie
De ce qu'elle feroit, s'il le voyoit en vie :
Pour grand qu'en foit le prix, fon péril en rabat;
Cette ombre qui la couvre en affoiblit l'éclat;
L'amour mefme s'y mefle, et le force à combatre;
Quand il venge Pompée, il défend Cléopatre.
Tant d'interefts font joints à ceux de mon époux,

Que je ne devrois rien à ce qu'il fait pour nous,
Si, comme par foy-mefme un grand cœur juge un autre,
Je n'aimois mieux juger fa vertu par la noftre,
Et croire que nous feuls armons ce combatant,
Parce qu'au point qu'il eft j'en voudrois faire autant.

## SCÉNE II.

### CLÉOPATRE, CORNÉLIE, PHILIPPE, CHARMION.

#### CÉOPATRE.

Je ne viens pas icy pour troubler une plainte
Trop jufte à la douleur dont vous êtes atteinte;
Je viens pour rendre hommage aux cendres d'un héros
Qu'un fidelle affranchy vient d'arracher aux flots,
Pour le plaindre avec vous, et vous jurer, madame,
Que j'aurois confervé ce maiftre de voftre ame
Si le ciel qui vous traite avec trop de rigueur
M'en euft donné la force auffi-bien que le cœur.
Si pourtant, à l'aspect de ce qu'il vous renvoye,
Vos douleurs laiffoient place à quelque peu de joye,
Si la vengeance avoit de quoy vous foulager,
Je vous dirois auffi qu'on vient de vous venger;
Que le traiftre Photin... vous le fçavez, peut-eftre?

#### CORNÉLIE.
Ouy, princeffe, je fçay qu'on a puny ce traiftre.

#### CLÉOPATRE.
Un fi prompt châtiment vous doit eftre bien doux.

#### CORNÉLIE.
S'il a quelque douceur, elle n'eft que pour vous.

#### CLÉOPATRE.
Tous les cœurs trouvent doux le fuccès qu'ils espèrent.

#### CORNÉLIE.
Comme nos interefts, nos fentimens différent.
Si Céfar à fa mort joint celle d'Achillas,
Vous êtes fatisfaite, et je ne la fuis pas.
Aux manes de Pompée il faut une autre offrande;

La victime eſt trop baſſe, et l'injure eſt trop grande ;
Et ce n'eſt pas un ſang que pour la reparer
Son ombre et ma douleur daignent confidérer :
L'ardeur de le venger, dans mon ame allumée,
En attendant Céſar, demande Ptolomée.
Tout indigne qu'il eſt de vivre et de régner,
Je ſçay bien que Céſar le force à l'épargner ;
Mais quoy que ſon amour ait oſé vous promettre,
Le ciel plus juste enfin n'oſera le permettre ;
Et, s'il peut une fois écouter tous mes vœux,
Par la main l'un de l'autre ils périront tous deux.
Mon ame à ce bonheur, ſi le ciel me l'envoye,
Oubliera ſes douleurs pour s'ouvrir à la joye ;
Mais ſi ce grand ſouhait demande trop pour moy,
Si vous n'en perdez qu'un, ô ciel, perdez le roy.

#### CLÉOPATRE.

Le ciel ſur nos ſouhaits ne régle pas les choſes.

#### CORNÉLIE.

Le ciel régle ſouvent les effets ſur les cauſes,
Et rend aux criminels ce qu'ils ont mérité.

#### CLÉOPATRE.

Comme de la justice, il a de la bonté.

#### CORNÉLIE.

Ouy ; mais il faut juger, à voir comme il commence,
Que ſa justice agit, et non pas ſa clémence.

#### CLÉOPATRE.

Souvent de la justice il paſſe à la douceur.

#### CORNÉLIE.

Reine, je parle en veſve, et vous parlez en ſœur.
Chacune a ſon ſujet d'aigreur ou de tendreſſe,
Qui dans le ſort du roy justement l'intéreſſe ;
Apprenons par le ſang qu'on aura répandu
A quels ſouhaits le ciel a le mieux répondu,
Voici voſtre Achorée.

## SCÉNE III.

#### CORNÉLIE, CLÉOPATRE, ACHORÉE, PHILIPPE, CHARMION.

CLÉOPATRE.
Hélas! fur fon vifage
Rien ne s'offre à mes yeux que de mauvais préfage.
Ne nous déguifez rien, parlez fans me flater;
Qu'ay-je à craindre, Achorée? ou qu'ay-je à regretter?
ACHORÉE.
Auffi-toft que Céfar euft fceu la perfidie...
CLÉOPATRE.
Ce ne font pas les foins que je veux qu'on me die.
Je fçay qu'il fit trancher et clorre ce conduit
Par où ce grand fecours devoit eftre introduit;
Qu'il manda tous les fiens pour s'affeurer la place,
Où Photin a receu le prix de fon audace;
Que d'un fi prompt fupplice Achillas étonné
S'eft aifément faifi du port abandonné,
Que le roy l'a fuivy; qu'Antoine a mis à terre
Ce qui dans fes vaiffeaux reftoit de gens de guerre;
Que Céfar l'a rejoint; et je ne doute pas
Qu'il n'ait fceu vaincre encor, et punir Achillas.
ACHORÉE.
Ouy, madame, on a veu fon bon-heur ordinaire...
CLÉOPATRE.
Dites-moy feulement s'il a fauvé mon frére,
S'il m'a tenu promeffe.
ACHORÉE.
Ouy, de tout fon pouvoir.
CLÉOPATRE.
C'eft là l'unique point que je voulois fçavoir.
Madame, vous voyez, les dieux m'ont écoutée.
CORNÉLIE.
Ils n'ont que différé la peine méritée.
CLÉOPATRE.
Vous la vouliez fur l'heure, ils l'en ont garanty.
ACHORÉE.
Il faudroit qu'à nos vœux il euft mieux confenty.

CLÉOPATRE.
Que difiez-vous naguére, et que viens-je d'entendre?
Accordez ces discours que j'ay peine à comprendre.
ACHORÉE.
Aucuns ordres ny foins n'ont pû le fecourir;
Malgré Céfar et nous il a voulu périr :
Mais il eft mort, madame, avec toutes les marques
Que puiffent laiffer d'eux les plus dignes monarques;
Sa vertu rappelée a foûtenu fon rang,
Et fa perte aux Romains a coûté bien du fang.
  Il combatoit Antoine avec tant de courage,
Qu'il emportoit déja fur luy quelque avantage;
Mais l'abord de Céfar a changé le destin :
Auffi-toft Achillas fuit le fort de Photin;
Il meurt, mais d'une mort trop belle pour un traiftre,
Les armes à la main, en défendant fon maiftre :
Le vainqueur crie en vain qu'on épargne le roy;
Ces mots au lieu d'espoir luy donnent de l'effroy;
Son esprit alarmé les croit un artifice
Pour réferver fa tefte à l'affront d'un fupplice.
Il pouffe dans nos rangs, il les perce, et fait voir
Ce que peut la vertu qu'arme le défespoir;
Et fon cœur, emporté par l'erreur qui l'abufe,
Cherche par tout la mort que chacun luy refufe.
Enfin, perdant haleine après ces grands efforts,
Près d'eftre environné, fes meilleurs foldats morts,
Il voit quelques fuyards fauter dans une barque;
Il s'y jette, et les fiens, qui fuivent leur monarque,
D'un fi grand nombre en foule accablent ce vaiffeau,
Que la mer l'engloutit avec tout fon fardeau.
  C'eft ainfi que fa mort luy rend toute fa gloire,
A vous toute l'Égypte, à Céfar la victoire.
Il vous proclame reine, et, bien qu'aucun Romain
Du fang que vous pleurez n'ait veu rougir fa main,
Il nous fait voir à tous un déplaifir extrême,
Il foûpire, il gémit. Mais le voicy luy-mefme,
Qui pourra mieux que moy vous montrer la douleur
Que luy donne du roy l'invincible malheur.

## ACTE V.

## SCÉNE IV.

### CÉSAR, CORNÉLIE, CLÉOPATRE, ANTOINE, LÉPIDE, ACHORÉE, CHARMION, PHILIPPE.

#### CORNÉLIE.

Céfar, tien-moy parole, et me ren mes galéres.
Achillas et Photin ont receu leurs falaires :
Leur roy n'a pû joüir de ton cœur adoucy ;
Et Pompée eft vengé ce qu'il peut l'eftre icy.
Je n'y fçaurois plus voir qu'un funeste rivage
Qui de leur attentat m'offre l'horrible image,
Ta nouvelle victoire, et le bruit éclatant     [stant ;
Qu'aux changemens de roy pouffe un peuple incon-
Et, parmi ces objets, ce qui le plus m'afflige,
C'eft d'y revoir toûjours l'ennemy qui m'oblige.
Laiffe-moy m'affranchir de cette indignité,
Et fouffre que ma haine agiffe en liberté.
A cét empreffement j'ajoûte une requefte :
Voy l'urne de Pompée, il y manque fa tefte,
Ne me la retien plus ; c'eft l'unique faveur
Dont je te puis encor prier avec honneur.

#### CÉSAR.

Il eft juste, et Céfar eft tout preft de vous rendre
Ce reste où vous avez tant de droit de prétendre ;
Mais il eft juste auffi qu'après tant de fanglots
A fes manes erraus nous rendions le repos,
Qu'un bucher allumé par ma main et la voftre
Le venge pleinement de la honte de l'autre ;
Que fon ombre s'appaife en voyant noftre ennuy ;
Et qu'une urne plus digne et de vous et de luy,
Après la flame éteinte et les pompes finies,
Renferme avec éclat fes cendres réünies.
De cette mefme main dont il fut combatu,
Il verra des autels dreffez à fa vertu ;
Il recevra des vœux, de l'encens, des victimes,
Sans recevoir par là d'honneurs que légitimes.

Pour ces juſtes devoirs je ne veux que demain ;
Ne me refuſez pas ce bonheur ſouverain,
Faites un peu de force à voſtre impatience ;
Vous êtes libre après ; partez en diligence ;
Portez à noſtre Rome un ſi digne tréſor ;
Portez...

### CORNÉLIE.

Non-pas, Céſar, non-pas à Rome encor :
Il faut que ta défaite et que tes funérailles
A cette cendre aimée en ouvrent les murailles ;
Et, quoy qu'elle la tienne auſſi chére que moy,
Elle n'y doit rentrer qu'en triomphant de toy.
Je la porte en Afrique ; et c'eſt là que j'eſpére
Que les fils de Pompée, et Caton, et mon pére,
Secondez par l'effort d'un roy plus généreux,
Ainſi que la juſtice auront le ſort pour eux.
C'eſt là que tu verras ſur la terre et ſur l'onde
Le débris de Pharſale armer un autre monde ;
Et c'eſt là que j'iray, pour haſter tes malheurs,
Porter de rang en rang ces cendres et mes pleurs.
Je veux que de ma haine ils reçoivent des régles,
Qu'ils ſuivent au combat des urnes au lieu d'aigles ;
Et que ce triste objet porte en leur ſouvenir
Les ſoins de le venger, et ceux de te punir.
Tu veux à ce héros rendre un devoir ſuprème,
L'honneur que tu luy rens réjaillit ſur toy-meſme ;
Tu m'en veux pour témoin : j'obéïs au vainqueur ;
Mais ne préſume pas toucher par là mon cœur.
La perte que j'ay faite eſt trop irréparable ;
La ſource de ma haine eſt trop inépuiſable :
A l'égal de mes jours je la feray durer ;
Je veux vivre avec elle, avec elle expirer.
Je t'avoûray pourtant, comme vraîment Romaine,
Que pour toy mon eſtime eſt égale à ma haine ;
Que l'une et l'autre eſt juſte, et montre le pouvoir
L'une de ta vertu, l'autre de mon devoir ;
Que l'une eſt généreuſe et l'autre intéreſſée,
Et que dans mon eſprit l'une et l'autre eſt forcée ;
Tu vois que ta vertu, qu'en vain on veut trahir,
Me force de priſer ce que je doy haïr :

Juge ainſi de la haine où mon devoir me lie ;
La vevſe de Pompée y force Cornélie.
J'iray, n'en doute point, au ſortir de ces lieux,
Soûlever contre toy les hommes et les dieux ;
Ces dieux qui t'ont flaté, ces dieux qui m'ont trompée,
Ces dieux qui dans Pharſale ont mal ſervy Pompée,
Qui, la foudre à la main, l'ont pû voir égorger ;
Ils connoiſtront leur faute, et le voudront venger.
Mon zèle, à leur refus, aidé de ſa mémoire,
Te ſçaura bien ſans eux arracher la victoire ;
Et, quand tout mon effort ſe trouvera rompu,
Cléopatre fera ce que je n'auray pû.
Je ſçay quelle eſt ta flame et quelles ſont ſes forces,
Que tu n'ignores pas comme on fait les divorces,
Que ton amour t'aveugle, et que pour l'épouſer
Rome n'a point de loix que tu n'oſes briſer :
Mais ſçache auſſi qu'alors la jeuneſſe romaine
Se croira tout permis ſur l'époux d'une reine,
Et que de cét hymen tes amis indignez
Vengeront ſur ton ſang leurs avis dédaignez.
J'empeſche ta ruïne, empeſchant tes careſſes.
Adieu : j'attens demain l'effet de tes promeſſes.

## SCÉNE V.

### CÉSAR, CLÉOPATRE, ANTOINE, LÉPIDE, ACHORÉE, CHARMION.

#### CLÉOPATRE.

Plûtoſt qu'à ces périls je vous puiſſe expoſer,
Seigneur, perdez en moy ce qui les peut cauſer :
Sacrifiez ma vie au bonheur de la voſtre ;
Le mien ſera trop grand, et je n'en veux point d'autre,
Indigne que je ſuis d'un Céſar pour époux,
Que de vivre en voſtre ame, étant morte pour vous.
#### CÉSAR.
Reine, ces vains projets ſont le ſeul avantage
Qu'un grand cœur impuiſſant a du ciel en partage :

Comme il a peu de force, il a beaucoup de foins,
Et, s'il pouvoit plus faire, il fouhaiteroit moins.
Les dieux empefcheront l'effet de ces augures,
Et mes félicitez n'en feront pas moins pures,
Pourveu que voftre amour gagne fur vos douleurs
Qu'en faveur de Céfar vous tariffiez vos pleurs,
Et que voftre bonté, fenfible à ma priére,
Pour un fidelle amant oublie un mauvais frére.
 On aura pû vous dire avec quel déplaifir
J'ay veu le défespoir qu'il a voulu choifir,
Avec combien d'efforts j'ai voulu le défendre
Des paniques terreurs qui l'avoient pû furprendre;
Il s'eft de mes bontez jufqu'au bout défendu,
Et, de peur de le perdre, il s'eft enfin perdu.
O honté pour Céfar, qu'avec tant de puiffance,
Tant de foins de vous rendre entiére obéïffance,
Il n'ait pû toutesfois, en ces événemens,
Obéïr au prémier de vos commandemens!
Prenez-vous-en au ciel, dont les ordres fublimes
Malgré tous nos efforts fçavent punir les crimes;
Sa rigueur envers luy vous ouvre un fort plus doux,
Puisque par cette mort l'Égypte eft toute à vous.
### CLÉOPATRE.
Je fçais que j'en reçois un nouveau diadéme,
Qu'on n'en peut accufer que les dieux et luy-mefme;
Mais comme il eft, feigneur, de la fatalité
Que l'aigreur foit meflée à la félicité,
Ne vous offenfez pas fi cét heur de vos armes,
Qui me rend tant de biens, me coûte un peu de larmes,
Et fi, voyant la mort deuë à fa trahifon,
Je donne à la nature ainfi qu'à la raifon.
Je n'ouvre point les yeux fur ma grandeur fi proche,
Qu'auffi-toft à mon cœur mon fang ne le reproche;
J'en reffens dans mon âme un murmure fecret,
Et ne puis remonter au trofne fans regret.
### ACHORÉE.
Un grand peuple, feigneur, dont cette cour eft pleine,
Par des cris redoublez demande à voir fa reine,
Et, tout impatient, déja fe plaint aux cieux
Qu'on luy donne trop tard un bien fi précieux.

## Acte V.

CÉSAR.

Ne luy refuſons plus le bonheur qu'il deſire :
Princeſſe, allons par là commencer voſtre empire.
  Faſſe le juſte ciel, propice à mes deſirs,
Que ces longs cris de joye étouffent vos ſoûpirs,
Et puiſſent ne laiſſer dedans voſtre penſée
Que l'image des traits dont mon ame eſt bleſſée !
Cependant, qu'à l'envy ma ſuite et voſtre cour
Préparent pour demain la pompe d'un beau jour,
Où, dans un digne employ l'une et l'autre occupée,
Couronne Cléopatre et m'appaiſe Pompée,
Éléve à l'une un troſne, à l'autre des autels,
Et jure à tous les deux des respects immortels.

*Fin du cinquiéme et dernier acte.*

A bien confidérer cette piéce, je ne croy pas qu'il y en aye fur le théatre où l'histoire foit plus confervée, et plus falfifiée tout enfemble. Elle eft fi connuë, que je n'ay ofé en changer les événemens, mais il s'y en trouvera peu qui foient arrivez comme je les fais arriver. Je n'y ay ajoufté que ce qui regarde Cornélie, qui femble s'y offrir d'elle-mefme, puisque dans la vérité hiftorique elle étoit dans le mefme vaiffeau que fon mary, lorsqu'il aborda en Égypte, qu'elle le vit defcendre dans la barque où il fut affaffiné à fes yeux par Septime, et qu'elle fut pourfuivie fur mer par les ordres de Ptolomée. C'eft ce qui m'a donné occafion de feindre qu'on l'atteignit, et qu'elle fut ramenée devant Céfar, bien que l'histoire n'en parle point. La diverfité des lieux où les chofes fe font paffées, et la longueur du temps qu'elles ont confumé dans la vérité hiftorique, m'ont réduit à cette falfification, pour les ramener dans l'unité de jour et de lieu. Pompée fut maffacré devant les murs de Pélufium, qu'on appelle aujourd'huy Damiette, et Céfar prit terre à Aléxandrie. Je n'ay nommé ny l'une ny l'autre ville, de peur que le nom de l'une n'arreftaft l'imagination de l'auditeur, et ne lui fift remarquer malgré luy la fauffeté de ce qui s'eft paffé ailleurs. Le lieu particulier eft, comme dans *Polyeucte*, un grand veftibule commun à tous les appartemens du palais royal, et cette unité n'a rien que de vray-femblable, pourveu qu'on fe détache de la vérité hiftorique. Le prémier, le troifiéme et le quatriéme acte y ont leur juftesse manifeste; il y peut avoir quelque difficulté pour le fecond et le cinquiéme dont Cléopatre ouvre l'un, et Cornélie l'autre. Elles fembleroient toutes deux avoir plus de raifon de parler dans leur appartement; mais l'impatience de la curiofité féminine les en peut faire fortir l'une pour apprendre plûtoft les nouvelles de la mort de Pompée, ou par Achorée qu'elle a envoyé en eftre témoin, ou par le prémier qui entrera dans ce veftibule; et l'autre pour en fçavoir du combat de Céfar et des Romains contre Ptolomée et les Égyptiens, pour empefcher que ce héros n'en aille donner à Cléopatre avant qu'à elle, et pour obtenir de luy d'autant plûtoft la permiffion de partir. Enquoy on peut remarquer que comme elle fçait qu'il eft amoureux de cette reine, et qu'elle peut douter qu'au retour de fon combat, les trouvant enfemble, il ne luy faffe le prémier compliment, le foin qu'elle a de conferver la dignité romaine luy fait prendre la parole la prémiére, et obliger par là Céfar à luy répondre avant qu'il puiffe dire rien à l'autre.

Pour le temps, il m'a fallu réduire en foûlevement tumultüaire une guerre qui n'a pû durer guéres moins d'un an, puisque Plutarque rapporte qu'incontinent après que Céfar fuft party d'Alexandrie, Cléopatre accoucha de Céfarion. Quand Pompée fe préfenta pour entrer en Égypte, cette princeffe et le roy fon frére avoient chacun leur armée prefte à en venir aux mains l'une contre l'autre, et n'avoient garde ainfi de loger dans le mefme palais. Céfar dans fes Commentaires ne parle point de fes amours avec elle, ny que la tefte de Pompée luy fuft prefentée quand il arriva. C'eft Plutarque et Lucain qui nous apprennent l'un et l'autre, mais ils ne luy font prefenter cette tefte que par un des miniftres du roy, nommé Théodore, et non pas par le roy mefme, comme je l'ay fait.

Il y a quelque chofe d'extraordinaire dans le titre de ce poëme, qui porte le nom d'un héros qui n'y parle point; mais il ne laiffe pas d'en eftre en quelque forte le principal acteur, puisque fa mort eft la caufe unique de tout ce qui s'y paffe. J'ay juftifié ailleurs l'unité d'action qui s'y rencontre, par cette raifon, que les événemens y ont une telle dépendance l'un de l'au-

tre, que la tragédie n'auroit pas été complete, fi je ne
l'euffe pouffée jusqu'au terme où je la fais finir. C'eft
à ce deffein que dès le prémier acte je fais connoiftre
la venuë de Céfar, à qui la cour d'Égypte immole
Pompée pour gagner les bonnes graces du Victorieux,
et ainfi il m'a fallu néceffairement faire voir quelle
reception il feroit à leur lafche et cruëlle politique. J'ay
avancé l'âge de Ptolomée afin qu'il puft agir, et que
portant le titre de roy, il tafchaft d'en foûtenir le
caractére. Bien que les historiens et le poëte Lucain
l'appellent communément *rex puer*, *le roy enfant*, il
ne l'étoit pas à tel point, qu'il ne fuft en état d'époufer fa fœur Cléopatre, comme l'avoit ordonné fon pére.
Hirtius dit qu'il étoit *puer jam adulta œtate*, et Lucain
appelle Cléopatre inceftüeufe, dans ce vers qu'il adreffe
à ce roy par apostrophe.

  Incestæ sceptris cessure sororis,

foit qu'elle euft déja contracté ce mariage inceftüeux,
foit à caufe qu'après la guerre d'Alexandrie et la mort
de Ptolomée, Céfar la fift époufer à fon jeune frére,
qu'il rétablit dans le trofne : d'où l'on peut tirer une
conféquence infaillible, que fi le plus jeune des deux
fréres étoit en âge de fe marier quand Céfar partit
d'Égypte, l'aifné en étoit capable quand il y arriva,
puifqu'il n'y tarda pas plus d'un an.

Le caractére de Cléopatre garde une reffemblance
ennoblie par ce qu'on y peut imaginer de plus illuftre.
Je ne la fais amoureufe que par ambition, et en forte
qu'elle femble n'avoir point d'amour, qu'en tant qu'il
peut fervir à fa grandeur. Quoy que la réputation
qu'elle a laiffée la faffe paffer pour une femme lascive
et abandonnée à fes plaifirs, et que Lucain, peut-
eftre en haine de Céfar, la nomme en quelque endroit
*meretrix regina*, et faffe dire ailleurs à l'eunuque Photin qui gouvernoit fous le nom de fon frére Ptolomée,

  Quem non è nobis credit Cleopatra nocentem,
  A quo casta fuit ?

je trouve qu'à bien examiner l'histoire, elle n'avoit que de l'ambition fans amour, et que par politique elle fe fervoit des avantages de fa beauté, pour affermir fa fortune. Cela paroift vifible, en ce que les historiens ne marquent point qu'elle fe foit donnée, qu'aux deux prémiers hommes du monde Céfar et Antoine, et qu'après la déroute de ce dernier, elle n'épargna aucun artifice pour engager Auguste dans la mefme paffion qu'ils avoient euë pour elle, et fit voir par là qu'elle ne s'étoit attachée qu'à la haute puiffance d'Antoine, et non pas à fa perfonne.

Pour le ftile, il eft plus élevé en ce poëme qu'en aucun des miens, et ce font fans contredit les vers les plus pompeux que j'aye faits. La gloire n'en eft pas toute à moy. J'ay traduit de Lucain tout ce que j'y ay trouvé de propre à mon fujet, et comme je n'ay point fait de fcrupule d'enrichir noftre langue du pillage que j'ay pû faire chez luy, j'ay tafché pour le refte à entrer fi bien dans fa maniére de former fes penfées et de s'expliquer, que ce qu'il m'a fallu y joindre du mien fentift fon génie, et ne fuft pas indigne d'eftre pris pour un larcin que je luy euffe fait. J'ay parlé en l'éxamen de *Polyeucte* de ce que je trouve à redire en la confidence que fait Cléopatre à Charmion au fecond acte : il ne me reste qu'un mot touchant les narrations d'Achorée, qui ont toûjours paffé pour fort belles; en quoy je ne veux pas aller contre le jugement du public, mais feulement faire remarquer de nouveau que celuy qui les fait, et les perfonnes qui les écoutent, ont l'esprit affez tranquille pour avoir toute la patience qu'il y faut donner. Celle du troifiéme acte, qui eft à mon gré la plus magnifique, a été accufée de n'eftre pas reçuë par une perfonne digne de la recevoir : mais bien que Charmion qui l'écoute ne foit qu'une domestique de Cléopatre, qu'on peut touteffois prendre pour fa dame d'honneur, étant envoyée exprès par cette reine pour l'écouter, elle tient lieu de cette reine mefme, qui cependant montre un orgueil digne d'elle, d'attendre la vifite de Céfar dans fa chambre fans aller au-devant de luy. D'ailleurs Cléopatre euft rompu tout le reſte de ce troiſiéme acte, ſi elle s'y fuſt montrée; et il m'a fallu la cacher par adreſſe de théatre, et trouver pour cela dans l'action un prétexte qui fuſt glorieux pour elle, et qui ne laiſſaſt point paroiſtre le ſecret de l'art qui m'obligeoit à l'empeſcher de ſe produire.

# ERRATUM

Page 69 de ce volume, au faux-titre de *l'Illusion co-mique,* comme ensuite au titre de départ et aux titres courants, on a à tort imprimé *l'Illusion* seulement, bien que, dans nos notes, nous ayons constamment donné à cette pièce son titre complet.

# TABLE DES PIÈCES

CONTENUES

DANS LE TOME DEUXIEME.

---

|  | Pages |
|---|---|
| Médée, tragédie.................................. | 5 |
| L'Illusion comique, comédie................ | 69 |
| Le Cid, tragédie................................ | 145 |
| Horace, tragédie............................... | 233 |
| Cinna, tragédie................................ | 309 |
| Polyeucte martyr, tragédie chrétienne...... | 381 |
| Pompée, tragédie.............................. | 467 |
| *Erratum*........................................ | 534 |

PARIS, IMPRIMERIE DE J. CLAYE, RUE SAINT-BENOIT, 7.